HISTOIRE

DU

CONSULAT

ET DE

L'EMPIRE

TOME XV

L'auteur déclare réserver ses droits à l'égard de la traduction en Langues étrangères, notamment pour les Langues Allemande, Anglaise, Espagnole et Italienne.

Ce volume a été déposé au Ministère de l'Intérieur (Direction de la Librairie), le 30 mars 1857.

PARIS. IMPRIMÉ PAR HENRI PLON, RUE GARANCIÈRE, 8

HISTOIRE
DU
CONSULAT
ET DE
L'EMPIRE

FAISANT SUITE
A L'HISTOIRE DE LA RÉVOLUTION FRANÇAISE

PAR M. A. THIERS

TOME QUINZIÈME

PARIS
PAULIN, LIBRAIRE-ÉDITEUR
60, RUE RICHELIEU

1857

HISTOIRE
DU CONSULAT
ET
DE L'EMPIRE.

LIVRE QUARANTE-SIXIÈME.

WASHINGTON ET SALAMANQUE.

Événements qui se passaient en Europe pendant l'expédition de Russie. — Situation difficile de l'Angleterre; détresse croissante du commerce et des classes ouvrières; désir général de la paix. — Assassinat de M. Perceval, principal membre du cabinet britannique. — Sans la guerre de Russie, cette mort, quoique purement accidentelle, aurait pu devenir l'occasion d'un changement politique. — A tous les maux qui résultent pour l'Angleterre du blocus continental s'ajoute le danger d'une guerre imminente avec l'Union américaine. — Où en étaient restées les questions de droit maritime entre l'Europe et l'Amérique. — Renonciation de la part des Américains au système de *non-intercourse*, en faveur des puissances qui leur restitueront les légitimes droits de la neutralité. — Saisissant cette occasion, Napoléon promet de révoquer les decrets de Berlin et de Milan, si l'Amérique obtient le rappel des *ordres du conseil*, ou si à défaut elle fait respecter son pavillon. — L'Amérique accepte cette proposition avec empressement. — Négociation qui dure plus d'une année pour obtenir de l'Angleterre la révocation des *ordres du conseil*. — Entêtement de l'Angleterre dans son système, et refus des propositions américaines, fondé sur ce que la révocation des décrets de Berlin et de Milan n'est pas sincère. — Puériles contestations de la diplomatie britannique sur ce sujet. — Napoléon ne se bornant plus à une simple promesse de révocation, rend le décret du

LIVRE XLVI.

28 avril 1811, par lequel les décrets de Berlin et de Milan sont, par rapport à l'Amérique, révoqués purement et simplement. — L'Angleterre contestant encore un fait devenu évident, les Américains sont disposés à lui déclarer la guerre. — Dernières hésitations de leur part dues aux procédés malentendus de Napoléon, et aux dispositions des divers partis en Amérique. — État de ces partis. — Fédéralistes et républicains. — Le président Maddisson. — La guerre résolue d'abord pour 1811 est remise à 1812. — Les violences redoublées de l'Angleterre, et surtout la *presse* exercée sur les matelots américains, décident enfin le gouvernement de l'Union. — Le président Maddisson propose une suite de mesures militaires. — Vive agitation dans le congrès, et déclaration de guerre à l'Angleterre. — Importance de cet événement, et conséquences qu'il aurait pu avoir sans le désastre de Russie, et sans les événements d'Espagne. — État de la guerre dans la Péninsule. — Dégoût croissant de Napoléon pour cette guerre. — Situation dans laquelle il avait laissé les choses en partant pour la Russie, et résolution qu'il avait prise de déférer le commandement en chef au roi Joseph. — Comment ce commandement avait été accepté dans les diverses armées qui occupaient la Péninsule. — État des armées du nord, de Portugal, du centre, d'Andalousie et d'Aragon. — Résistance à l'autorité de Joseph dans tous les états-majors, excepté dans celui de l'armée de Portugal, qui avait besoin de lui. — Projets de lord Wellington, évidemment dirigés contre l'armée de Portugal. — Joseph, éclairé par le maréchal Jourdan, son major général, discerne parfaitement le danger dont on est menacé, et le signale aux deux armées du nord et d'Andalousie, qui sont seules en mesure de secourir efficacement l'armée de Portugal. — Refus des généraux Dorsenne et Caffarelli, qui sont successivement appelés à commander l'armée du nord. — Refus du maréchal Soult, commandant en Andalousie, et ses longues contestations avec Joseph. — Situation grave et difficile de l'armée de Portugal, placée sous l'autorité du maréchal Marmont. — Opérations préliminaires de lord Wellington au printemps de 1812. — Voulant empêcher les armées d'Andalousie et de Portugal de se porter secours l'une à l'autre, il exécute une surprise contre les ouvrages du pont d'Almaraz sur le Tage. — Enlèvement et destruction de ces ouvrages par le général Hill les 18 et 19 mai. — Après ce coup hardi, lord Wellington passe l'Aguéda dans les premiers jours de juin. — Sa marche vers Salamanque. — Retraite du maréchal Marmont sur la Tormès. — Attaque et prise des forts de Salamanque. — Retraite du maréchal Marmont derrière le Douro. — Situation et force des deux armées en présence. — Le maréchal Marmont, après avoir appelé à lui la division des Asturies, et réuni environ quarante mille hommes, n'attendant plus de secours ni de l'armée du nord, ni de celle d'Andalousie, ni même de celle du centre, se décide à repasser le Douro, afin de forcer les Anglais à rétrograder. — Il espère les éloigner par ses manœuvres, sans être exposé à leur livrer bataille. — Passage du Douro, marche heureuse sur la Tormès, et retraite des Anglais sous Salamanque,

à la position des Arapiles. — Le maréchal Marmont essaye de manœuvrer encore autour de la position des Arapiles, afin d'obliger lord Wellington à rentrer en Portugal. — Au milieu de ces mouvements hasardés, les deux armées s'abordent, et en viennent aux mains. — Bataille de Salamanque, livrée et perdue le 22 juillet. — Le maréchal Marmont, gravement blessé, est remplacé par le général Clausel. — Funestes conséquences de cette bataille. — Pendant qu'on la livrait, le roi Joseph, qui n'avait pu décider les diverses armées à secourir celle de Portugal, avait pris le parti de la secourir lui-même, mais sans l'en avertir à temps. — Inutile marche de Joseph sur Salamanque à la tête d'une force de treize à quatorze mille hommes. — Il passe quelques jours au delà du Guadarrama, afin de ralentir les progrès de lord Wellington, et de dégager l'armée de Portugal vivement poursuivie. — Grâce à sa présence et à la vigueur du général Clausel, on sauve les débris de l'armée de Portugal qu'on recueille aux environs de Valladolid. — État moral et matériel de cette armée, toujours malheureuse malgré sa vaillance. — Profond chagrin de Joseph menacé d'avoir bientôt les Anglais dans sa capitale. — N'ayant plus d'autre ressource, il ordonne, d'après le conseil du maréchal Jourdan, l'évacuation de l'Andalousie. — Ses ordres impératifs au maréchal Soult. — Après avoir poursuivi quelques jours l'armée de Portugal, lord Wellington, ne résistant pas au désir de faire à Madrid une entrée triomphale, abandonne la poursuite de cette armée, et pénètre dans Madrid le 12 août. — Joseph, obligé d'évacuer sa capitale, se retire vers la Manche, et, désespérant d'être rejoint à temps par l'armée d'Andalousie, se réfugie à Valence. — Horribles souffrances de l'armée du centre et des familles fugitives qu'elle traîne à sa suite. — Elle trouve heureusement bon accueil et abondance de toutes choses auprès du maréchal Suchet. — Le maréchal Soult, averti par Joseph de sa retraite sur Valence, se décide enfin à évacuer l'Andalousie, et prend la route de Murcie pour se rendre à Valence. — Dépêches qu'il adresse à Napoléon afin d'expliquer sa conduite. — Hasard qui fait tomber ces dépêches dans les mains de Joseph. — Irritation de Joseph. — Son entrevue avec le maréchal Soult à Fuente de Higuera le 3 octobre. — Conférence avec les trois maréchaux Jourdan, Soult et Suchet sur le plan de campagne à suivre pour reconquérir Madrid, et rejeter les Anglais en Portugal. — Avis des trois maréchaux. — Sagesse du plan proposé par le maréchal Jourdan, et adoption de ce plan. — Les deux armées d'Andalousie et du centre réunies marchent sur Madrid vers la fin d'octobre. — Temps perdu par lord Wellington à Madrid; sa tardive apparition devant Burgos. — Belle résistance de la garnison de Burgos. — L'armée de Portugal renforcée oblige lord Wellington à lever le siége de Burgos. — Alarmé de la concentration de forces dont il est menacé, lord Wellington se retire de nouveau sous les tours de Salamanque, et y prend position. — Pendant ce temps Joseph, arrivé sur le Tage avec les armées du centre et d'Andalousie réunies, chasse devant lui le général Hill, l'expulse de Madrid, rentre dans cette capitale le 2 novembre, et en part immédiatement pour se mettre

LIVRE XLVI.

Mai 1812.

à la poursuite des Anglais. — Son arrivée le 6 novembre au delà du Guadarrama. — L'armée de Portugal, qui s'était arrêtée sur les bords du Douro, se joint à lui. — Réunion de plus de quatre-vingt mille Français, les meilleurs soldats de l'Europe, devant lord Wellington à Salamanque. — Heureuse occasion de venger nos malheurs. — Plan d'attaque proposé par le maréchal Jourdan, approuvé par tous les généraux, et refusé par le maréchal Soult. — Joseph, craignant qu'un plan désapprouvé par le général de la principale armée ne soit mal exécuté, renonce au plan du maréchal Jourdan, et laisse au maréchal Soult le choix et la responsabilité de la conduite à tenir. — Le maréchal Soult passe la Tormès à un autre point que celui qu'indiquait le maréchal Jourdan, et voit s'échapper l'armée anglaise. — Lord Wellington n'ayant que quarante mille Anglais et tout au plus vingt mille Portugais et Espagnols, enveloppé par plus de quatre-vingt mille Français, réussit à se retirer sain et sauf en Portugal. — Juste mécontentement des trois armées françaises contre leurs chefs, et leur entrée en cantonnements. — Retour de Joseph à Madrid. — Fâcheuses conséquences de cette campagne, qui, s'ajoutant au désastre de Moscou, aggravent la situation de la France. — Joie en Europe, surtout en Allemagne, et soulèvement inouï des esprits à l'aspect des malheurs imprévus de Napoléon.

Événements qui se passaient en Angleterre, en Amérique et en Espagne pendant la campagne de Russie.

Pendant que s'accomplissait au nord de l'Europe la catastrophe sans exemple que nous venons de retracer, les rivages lointains de l'Atlantique, les plages brûlantes de l'Espagne étaient le théâtre d'événements moins extraordinaires sans doute, mais extrêmement graves, comme tous ceux qui découlaient de la politique exorbitante de Napoléon, et prouvant tout aussi évidemment la folie de cette politique. On y pouvait voir démontrée clairement cette vérité que nous avons déjà énoncée, que si, au lieu d'aller chercher à vaincre l'Europe au fond de la Russie, Napoléon avait persévéré à la combattre sur le théâtre difficile, mais choisi par lui, de la Péninsule et de l'Atlantique, en conduisant à terme la guerre d'Espagne et le blocus continental, il eût probablement contraint l'Angleterre à céder, désarmé du même coup l'Europe entière, sinon pour toujours, du moins pour bien des années, et se serait ainsi ménagé le temps (la raison venant l'éclairer), de faire du faîte même de sa grandeur les sacrifices qui auraient rendu sa domination durable en la rendant supportable. Il faut donc avant de reprendre les suites de la fatale expédition de Russie, retracer les événements de l'Espagne et de l'Amérique pendant l'année 1812, les uns funestes, les autres inutilement heureux, tous effets de la même cause, la volonté mobile et désordonnée d'un génie immense mais sans frein.

Mai 1812

Lorsque Napoléon dégoûté de la guerre d'Espagne, au moment même où la persévérance aurait pu en corriger le vice, avait songé à porter ses forces au nord, la Grande-Bretagne était, comme on l'a vu, dans une situation des plus difficiles. Les succès obtenus par lord Wellington grâce à nos fautes avaient sans doute rendu en Angleterre quelque sérénité aux esprits, mais on y sentait tous les jours davantage les cruelles gênes imposées au commerce, on entrevoyait avec effroi le terme d'une puissance financière trop peu ménagée, et on pensait sans cesse au danger qui menacerait l'armée britannique, si jamais Napoléon dirigeait contre elle un effort décisif. La situation commerciale ne s'était point améliorée. D'énormes quantités de denrées coloniales en sucres, cafés, cotons, accumulées ou dans des docks, ou sur des vaisseaux qui obstruaient la Tamise; des quantités non moins considérables d'objets manufacturés ne sortant pas de chez les fabricants qui les avaient produits, ou de chez les spéculateurs qui les avaient achetés; les unes et les autres servant

Continuation des embarras commerciaux de l'Angleterre.

de motif à une vaste émission de papier de commerce, que la banque escomptait, et dont elle fournissait la valeur en papier-monnaie qui perdait 20 à 25 pour cent; une baisse continue du change résultant de cet état de choses, laquelle ne pouvait être arrêtée qu'au moyen d'une exportation illégale et continue de numéraire, à ce point qu'à Gravelines et Dunkerque seulement les *smogleurs* apportaient par mois plusieurs millions de guinées en or : telle était, avons-nous dit, la situation commerciale de l'Angleterre depuis quelques années. Des dépenses publiques qui commençaient à être de cent millions sterling par an (2 milliards 500 millions de francs) contre 90 millions sterling de ressources, dans lesquelles figurait un emprunt annuel de 20 millions sterling, constituaient la situation financière. La disette qui nous avait tourmentés cette année, n'avait pas moins sévi en Angleterre, et des bandes d'ouvriers brisant les métiers, égorgeant quelquefois les manufacturiers, demandant du pain avec des cris qui auraient fait trembler un gouvernement moins habitué aux clameurs d'un peuple libre, mais qui devaient émouvoir tout gouvernement sage et humain, ajoutaient le dernier trait à cette détresse, causée par une longue guerre au sein de la plus prodigieuse richesse qui eût encore paru sur notre globe.

Il est vrai que cent vaisseaux de guerre, deux cents frégates, portant sur toutes les mers un pavillon victorieux, qu'une armée de terre peu nombreuse, mais vaillante et sagement conduite, et enfin un cabinet qui seul en Europe n'avait pas subi les volontés despotiques de Napoléon, dédommageaient la glorieuse Angleterre de ses souffrances. Mais tous les gens sages reconnaissaient que cette situation cachait de grands périls, que si le génie redoutable auquel on avait affaire mettait quelque prudence et quelque suite dans ses desseins, il pouvait en continuant son blocus continental un an ou deux encore, réduire le commerce et les finances de l'Angleterre aux dernières extrémités, et terminer même l'interminable guerre d'Espagne, en jetant à la mer lord Wellington et sa brave armée. Cent mille des six cent mille hommes perdus en Russie, et la personne de Napoléon, auraient dans la Péninsule rendu ce résultat infaillible. Voilà ce que tout le monde sentait confusément, et ce que chacun exprimait avec le langage qui lui était propre. Les opposants du parlement britannique le disaient en langage de parti; le peuple le vociférait dans les rues de Londres à la façon de la populace; des ministres éclairés le disaient eux-mêmes dans le sein du cabinet anglais, et le marquis de Wellesley, frère du célèbre lord Wellington, personnage aussi clairvoyant qu'éloquent, partageant cet avis, était sorti du ministère par antipathie pour le caractère de M. Perceval et pour sa politique inflexible. Mais il y a une ornière de la guerre, ornière aussi profonde que celle de la paix quand on s'y est traîné longtemps, et dont alors on ne savait pas plus sortir en Angleterre qu'en France. On y était, on y restait, bien qu'on eût songé plus d'une fois à s'en tirer. Le résultat, il est vrai, devait donner raison à ceux qui s'obstinaient à rester dans cette ornière, mais avec un peu de sagesse de la part de Napoléon, il en eût été tout autrement.

<small>Mai 1812.

Désir général de la paix.</small>

Un sentiment honorable, mêlé à un sentiment intéressé, y retenait, il faut le reconnaître, le gros de la nation, c'était la sympathie qu'on avait conçue pour les insurgés espagnols, et le désir aussi d'empêcher Napoléon d'établir son influence dans la Péninsule. Si Napoléon avait fait un sacrifice à cet égard, ou bien si par une victoire décisive il eût dégagé l'honneur de l'Angleterre envers les Espagnols, la paix eût été immédiatement acceptée, avec de prodigieux agrandissements pour la France. Deux hommes seulement manifestaient en Angleterre une résolution inébranlable, c'étaient M. Perceval et lord Wellington. Le premier, avocat habile, cœur honnête, mais esprit étroit et indomptable, désagréable même à ses collègues par son entêtement, et devenu par ce défaut, ou cette qualité, le véritable chef du cabinet, ne voulait pas céder, uniquement par opiniâtreté de caractère. Lord Wellington, par l'intérêt de sa gloire qui grandissait tous les jours dans la Péninsule, et par une sagacité profonde qui lui faisait démêler dans la conduite des affaires d'Espagne un commencement de déraison, signe ordinaire de la fin des dominations exorbitantes, lord Wellington voulait persévérer, et disait que sans être assuré de se maintenir toujours dans la Péninsule, il croyait entrevoir cependant que le vaste empire de Napoléon approchait de sa ruine. Le prince régent, arrivé depuis une année au gouvernement de l'État, hésitait entre les chefs de l'opposition, ses anciens amis, et les ministres, anciens dépositaires de la confiance de son père. Peu à peu il s'était habitué à ceux-ci, et s'était refroidi pour ceux-là;

mais il sentait le danger de s'obstiner dans le système d'une guerre sans terme, et le danger aussi de remettre soudainement le pouvoir aux mains d'hommes qui n'avaient jamais dirigé cette guerre, qui la condamnaient même, dans un moment où pour la bien finir il fallait peut-être savoir y persévérer quelque temps encore. Au milieu de ces perplexités, il avait essayé au commencement de 1812, comme nous l'avons dit ailleurs, de ménager entre les ministres et les lords Grey et Grenville un rapprochement qu'il désirait beaucoup, et qu'il n'était point parvenu à opérer. Tout à coup un événement imprévu, qui dans toute autre situation aurait certainement amené un changement de pouvoir en Angleterre, avait fait disparaître de la scène le principal ministre, par un crime étrange, auquel on ne put découvrir d'autre cause que la folie d'un individu. Le nommé Bellingham, espèce de maniaque qui croyait avoir rendu en Russie des services à son pays, qui ne cessait d'en réclamer le prix tantôt auprès de l'ambassadeur, lord Gower, tantôt auprès des membres du cabinet, et qui tous les jours assiégeait les avenues du parlement pour intéresser à sa cause des protecteurs puissants, résolut de tuer l'un des personnages qu'il avait sollicités en vain. Celui qu'il aurait voulu immoler à sa vengeance était lord Gower. Il rencontra M. Perceval, et le tua d'un coup de pistolet. Il se constitua lui-même prisonnier, s'avoua coupable, et mourut avec la tranquillité d'un insensé. On avait cru d'abord à un crime politique; on se convainquit bientôt du contraire; néanmoins quelque chose de politique apparut dans ce crime,

Mai 1812.

Mort de M. Perceval.

ce furent les cris féroces d'une populace exaspérée par la souffrance, et donnant des témoignages d'intérêt au misérable qui avait frappé un homme illustre, justiciable de l'histoire, mais non du poignard des assassins.

Si un pareil événement avait eu lieu avant qu'on pût prévoir la guerre de Russie, probablement il eût amené un changement de système. Mais M. Perceval avait été frappé le 11 mai, au moment même où Napoléon marchait vers le Niémen, et cette guerre qui ouvrait des perspectives toutes nouvelles à la vieille politique de M. Pitt, ne permettait pas qu'on changeât de direction. En confiant les affaires extérieures à lord Castlereagh, le prince régent avait manifesté sa résolution de persévérer dans la politique de MM. Pitt et Perceval.

C'était une première chance heureuse que l'expédition de Russie enlevait à Napoléon. Il allait voir s'en évanouir une autre non moins regrettable, c'était celle qui aurait pu naître de la guerre imminente entre l'Angleterre et l'Amérique.

Cette guerre, toujours possible, toujours probable depuis plus d'un an, venait enfin d'être déclarée.

Si Napoléon pour soumettre aux rigueurs du blocus continental les puissances du continent, était condamné à les froisser cruellement, l'Angleterre pour exercer son despotisme sur les mers, était condamnée aussi à froisser non moins cruellement les puissances maritimes. Pour obliger en effet toutes les nations commerçantes à venir toucher à Londres ou à Malte, y recevoir permission de naviguer, y payer tribut, s'y charger de marchandises anglaises;

pour les obliger à reconnaître comme bloqués des ports qui ne l'avaient jamais été, même par des forces illusoires, il fallait exercer une tyrannie insupportable sur mer, et tout aussi odieuse que celle de Napoléon sur terre. Si Napoléon sous prétexte de fermer au commerce britannique une portion de rivage, s'en emparait, témoin la Hollande, Oldenbourg, les villes anséatiques, l'Angleterre ne pouvant prendre possession de l'Océan, s'y arrogeait des droits qui valaient bien les usurpations territoriales de Napoléon, et qui devaient tôt ou tard révolter les nations intéressées à la liberté des mers.

C'était là une des circonstances dont Napoléon aurait pu profiter, et qui lui aurait procuré des alliés, comme il en donnait à l'Angleterre par les rigueurs du blocus continental, s'il avait su, en quoi que ce soit, attendre les bienfaits du temps.

La plupart des puissances maritimes de l'ancien monde, absorbées dans son immense empire, avaient disparu. Mais au delà de l'Atlantique il en restait une inaccessible aux armées européennes, grandissant en silence, acquérant chaque jour des forces qu'on soupçonnait, sans les connaître, c'était l'Amérique, véritable Hercule au berceau, qui devait étonner l'univers dès qu'il ferait un premier essai de sa vigueur naturelle. On se rappelle l'attitude qu'avaient prise à son égard l'Angleterre et la France, à propos du droit maritime, soutenu par l'une, contesté par l'autre, et il semblait que toutes deux fissent assaut de fautes sur ce théâtre où elles auraient eu tant d'intérêt à se bien conduire. Mais le cabinet britannique ayant même surpassé les fautes de Napoléon,

Mai 1812.

Excès de pouvoirs commis par l'Angleterre sur les mers, et assez semblables à ceux que Napoléon se permet sur le continent.

Mai 1812.

la balance allait enfin verser en faveur de ce dernier, et la guerre s'était détournée de la France pour assaillir l'Angleterre, conjoncture bien heureuse, si quelque chose avait pu être heureux encore, lorsque toutes nos ressources venaient de s'engloutir dans l'abîme du Nord.

L'Amérique révoque l'acte de *non-intercourse*, et déclare qu'elle rétablira ses relations commerciales avec celle des puissances belligérantes qui renoncera à ses prétentions arbitraires sur les mers.

On a vu plus haut comment l'Amérique révoltée par les *ordres du conseil*, qui exigeaient qu'on touchât à Londres ou à Malte pour obtenir la permission de naviguer, et qui frappaient d'interdit de vastes étendues de rivages sans l'excuse du blocus réel, avait été presque aussitôt froissée par les décrets de Berlin et de Milan, qui déclaraient dénationalisé tout bâtiment ayant déféré aux prescriptions du conseil britannique, et comment indignée également de ces deux tyrannies, dont l'une pourtant était la suite inévitable de l'autre, elle avait répondu d'une manière égale à toutes deux, en leur opposant l'acte de *non-intercourse*. On se souvient que cet acte défendait aux navigateurs américains de fréquenter les mers d'Europe, mais que beaucoup de ces navigateurs, enfreignant les règlements de leur pays, avaient, par l'appât d'un gros bénéfice, subi les lois, le pavillon, la souveraineté de l'Angleterre, et fourni cette race de faux neutres, dont Napoléon avait fait de si larges captures, et dont il avait voulu obliger tous les États, même la Russie, à faire leur butin. On se souvient encore qu'après moins de deux années de ce régime, l'Amérique dégoûtée de se punir elle-même pour punir les autres, avait enfin changé de système, et déclaré qu'elle était prête à rentrer en relations commerciales avec celle des deux puissances belligérantes qui renoncerait à toute prétention tyrannique sur les mers.

Napoléon avait habilement saisi cette circonstance, et déclaré qu'à partir du 1ᵉʳ novembre 1810, les décrets de Berlin et de Milan seraient levés pour l'Amérique, si celle-ci obtenait par rapport à elle-même la révocation des *ordres du conseil*, ou si ne le pouvant pas, elle faisait respecter ses droits. C'était une déclaration conditionnelle, incomplète dans sa forme, car Napoléon n'avait pas encore émis de décret, incomplète dans ses effets, car il ne restituait pas immédiatement aux Américains tous les droits de la neutralité, mais très-sincère, et qu'il était résolu à faire suivre d'effets sérieux, à condition que les Américains se conduiraient convenablement envers nous et envers eux-mêmes, c'est-à-dire qu'ils exigeraient la révocation des *ordres du conseil*, ou déclareraient la guerre à l'Angleterre. Napoléon, avec des ménagements qu'il n'avait pas toujours pour la dignité d'autrui, s'était abstenu de prononcer le mot de guerre à l'Angleterre, pour ne pas dicter trop ouvertement à l'Amérique la conduite qu'elle avait à tenir, et il s'était renfermé dans la formule plus générale, mais suffisamment significative, que nous venons de rapporter, formule qui n'imposait à l'Amérique d'autre obligation que celle de faire respecter ses droits.

L'Amérique s'empressant d'accueillir cette ouverture, avait déclaré, par un acte du 2 mars 1811, tous les rapports maritimes rétablis avec la France, et l'*acte de non-intercourse* maintenu envers l'Angleterre, jusqu'à ce que celle-ci révoquât ses *ordres du*

Mai 1812.

Napoléon saisit cette occasion, et révoque les décrets de Berlin et de Milan à l'égard des Américains, à condition qu'ils feront respecter leurs droits par l'Angleterre.

L'Amérique accepte la déclaration de Napoléon, rétablit les relations commerciales avec

14 LIVRE XLVI.

Mai 1812.

la France, et les laisse suspendues avec l'Angleterre.

Modifications illusoires apportées par l'Angleterre à ses *ordres du conseil*.

Prétentions dans lesquelles persiste l'Angleterre.

conseil. A cette nouvelle le cabinet britannique, s'obstinant par amour-propre bien plus que par intérêt, dans ses *ordres du conseil*, les avait modifiés dans quelques-unes de leurs dispositions, sans les abroger en principe. Ainsi il avait cessé d'imposer aux bâtiments de commerce la relâche à Londres ou à Malte; il avait restreint aussi son système de blocus, et s'était borné à déclarer bloquées les côtes de l'Empire français, depuis l'Elbe jusqu'à Saint-Sébastien dans l'Océan, depuis Port-Vendre jusqu'à Cattaro dans la Méditerranée et l'Adriatique, et quant à la prétention de confisquer la propriété ennemie sur les bâtiments neutres, il l'avait maintenue sans restriction. C'était retenir à peu près tout entière la tyrannie maritime que l'Angleterre s'était arrogée, car si l'obligation d'aller à Londres cessait, si le blocus sur le papier était un peu moins étendu, en réalité la prétention de visiter les neutres autrement que pour constater la sincérité du pavillon, et de rechercher à leur bord la propriété ennemie, la prétention de leur interdire tel ou tel port qui n'était pas bloqué effectivement, constituaient justement toutes les usurpations dont ils s'étaient plaints, et qui avaient amené en représaille les décrets de Berlin et de Milan. Si en droit les violations de principes étaient tout aussi flagrantes, en fait elles étaient tout aussi incommodes, car la visite exercée contre le pavillon neutre servait non-seulement à saisir chez les Américains les soieries, les vins, tout ce qui faisait l'objet de leur commerce avec la France, sous prétexte que c'était propriété ennemie, mais donnait occasion à une vexation insupportable, la *presse* des matelots. Les Anglais en effet prétendaient avoir le droit de poursuivre les matelots anglais déserteurs de leur patrie, en quelque lieu qu'ils les trouvassent. En conséquence, après avoir recherché sur les bâtiments américains tout ce qui pouvait paraître marchandise française, ils enlevaient encore les matelots américains, sous prétexte que parlant anglais ils étaient Anglais. Cette dernière vexation était devenue intolérable. Tout bâtiment portant une marchandise française en était dépouillé; tout matelot parlant anglais était arrêté comme déserteur, et plusieurs frégates anglaises exerçaient ce droit sur les rivages mêmes d'Amérique, à la vue des populations indignées. Sans doute il pouvait y avoir en Amérique quelques matelots anglais déserteurs, car dans tous les pays qui sont en état de guerre, il arrive qu'un certain nombre de matelots émigrent pour ne pas être arrachés au commerce, toujours plus lucratif pour eux que la guerre. Mais heureusement pour l'honneur des nations, c'est le moindre nombre qui agit de la sorte. Or, on évaluait à plus de six mille les matelots dont la capture était légalement constatée, ce qui donnait lieu de croire qu'on en avait enlevé le double au moins sur les bâtiments américains, en supposant qu'ils étaient Anglais. Si donc au droit de visite ainsi exercé, on ajoute le blocus de l'Empire français, qui comprenait alors la meilleure partie de l'Europe civilisée, on conviendra que le commerce de l'Europe restait impossible aux Américains, et que les dispenser de venir prendre à Londres ou à Malte la permission de naviguer, que restreindre

Mai 1812.

La *presse* exercée à l'égard des matelots américains.

quelque peu en leur faveur le blocus général, c'était laisser subsister la tyrannie des mers tout entière. Autant valait pour un Américain subir une relâche à Londres, car au moyen de cette relâche il obtenait une licence avec laquelle il avait ensuite la faculté d'aller où il voulait, et de faire au moins le commerce britannique à défaut d'autre.

Les Américains connaissaient trop le droit maritime et leurs propres intérêts pour ne pas relever à l'instant ces intolérables prétentions, et montrer tout ce qu'avaient d'illusoire les prétendues modifications apportées aux *ordres du conseil*. La *presse* de leurs matelots surtout, obstinément continuée à l'embouchure de la Chesapeak et de la Delaware, par des frégates anglaises dont on entendait le canon, était, chaque fois qu'elle s'exerçait, l'occasion d'un cri unanime, et le sujet des plus véhémentes réclamations. Toute l'année 1811, employée par Napoléon à faire une guerre négligée dans la Péninsule, et à préparer une guerre fatale en Russie, avait été pour les Anglais et les Américains remplie de cette contestation, parvenue bientôt au dernier degré de violence. Lord Castlereagh soutenait avec une arrogance incroyable, et une obstination sophistique peu digne de l'Angleterre, que les modifications apportées aux *ordres du conseil* étaient considérables, plus considérables que celles que Napoléon avait apportées aux décrets de Berlin et de Milan; qu'en réalité ces décrets n'avaient pas été révoqués, que l'Amérique ne pouvait pas fournir la preuve de cette révocation, que tous les jours on avait la démonstration du contraire dans l'arrestation de nombreux bâtiments américains par la marine française; qu'enfin en demandant pour le pavillon neutre la liberté de transporter ce qu'il voudrait, sauf la contrebande de guerre, on demandait tout simplement la libre circulation des produits français dans le monde entier, vins, soieries, etc., et qu'en retour les Américains n'avaient pas obtenu la libre circulation des produits anglais. Quant à la *presse* des matelots, lord Castlereagh se montrait inflexible, et ne voulait à aucun prix renoncer à l'exercer, disant qu'en fait d'hommes de mer, lesquels constituaient la plus précieuse des propriétés britanniques, l'Angleterre prenait son bien partout où elle le trouvait.

Les Américains répondaient avec raison que les modifications apportées aux *ordres du conseil* étaient nulles, lorsqu'on se réservait la faculté de rechercher la propriété ennemie sous le pavillon neutre, et lorsqu'on maintenait en outre le blocus fictif; que la révocation des décrets de Berlin et de Milan était un acte qui les concernait exclusivement, de la sincérité duquel ils étaient seuls juges, puisqu'il s'appliquait à leur commerce et non à celui d'autrui; que d'ailleurs ils avaient dans les mains la déclaration officielle du ministère français, prête à être convertie en décret dès que la condition exigée par la France serait remplie par l'Amérique; qu'à la vérité quelques procédés arbitraires, résultant d'une situation indéterminée, résultant surtout des violences britanniques, étaient encore à déplorer de la part de la France, que c'était à l'Amérique à les faire cesser, et qu'elle y pourvoirait; qu'en tout cas la révocation des décrets de Napoléon la regardait, qu'elle y croyait, que cela suffisait pour qu'elle pût demander un acte semblable à l'Angleterre; que relativement au reproche de n'avoir pas obtenu de la France la libre circulation des marchandises anglaises, ce reproche était puéril, et indigne de toute controverse sérieuse; qu'en effet, l'Amérique en réclamant la liberté pour le neutre de charger à son bord ce qu'il voulait, ne demandait pas à introduire en Angleterre par exemple des vins ou des soieries de France, ce qui eût été une prétention impertinente, mais à porter par toutes les mers des soieries et des vins aux peuples auxquels il conviendrait de recevoir ces objets; que c'était là le droit incontestable de toute nation neutre, car elle ne devait pas souffrir de la guerre, n'y prenant aucune part; que ce droit elle le réclamait, et allait l'obtenir de la France par la révocation des décrets de Berlin et de Milan; qu'elle pourrait dès lors à la face du pavillon français porter sur ses bâtiments, et sur toutes les mers, des cotonnades anglaises par exemple, les offrir à tous les pays qui en désiraient, mais qu'elle ne pouvait exiger de ces pays, et de la France notamment, qu'ils les reçussent, car la liberté du pavillon n'était pas la liberté du commerce; elle était la faculté de porter ce qu'on voulait à qui voulait le recevoir, mais non la faculté d'introduire chez autrui ce qu'il ne lui convenait pas d'admettre sur son territoire; que se plaindre de ce que la diplomatie américaine n'avait pas obtenu davantage, de ce qu'elle n'avait pas exigé de la France la libre introduction des produits anglais, était déraisonnable jusqu'à la puérilité, et que ce n'était pas traiter sérieusement que de prétendre en faire un grief.

Mai 1812.

Quant à la *presse* des matelots, les Américains ajoutaient que si la désertion était un délit que les Anglais avaient incontestablement le droit de poursuivre et de punir sur leur territoire, ils ne pouvaient pas le poursuivre sur le territoire d'autrui; que sur les mers, qui sont à tous et à personne, un bâtiment couvert de son pavillon national était territoire national, que c'était là un principe reconnu par tous les peuples; que, dès lors, rechercher un matelot, Anglais ou non, sur un bâtiment américain était un fait aussi révoltant que le serait celui d'un constable anglais voulant saisir à Washington même un coupable anglais, et lui faire subir ou une loi anglaise ou un jugement anglais; que c'était là purement et simplement une violation de territoire; qu'enfin tous les droits d'un gouvernement poursuivant un coupable de sa nation sur le sol étranger, se réduisaient à réclamer l'extradition, ce qui ne pouvait s'obtenir qu'en vertu de stipulations spéciales et réciproques, appelées traités d'extradition.

Ces principes étaient tellement clairs que lord Castlereagh et ses légistes furent réduits au silence, et que dès l'année 1814 la guerre eût été déclarée à l'Angleterre par les États-Unis, circonstance alors des plus heureuses pour nous, si des rigueurs moins graves sans doute, mais fâcheuses encore, exercées par la France, n'avaient fourni aux partisans de l'influence britannique en Amérique et aux amis exagérés de la paix des arguments spécieux contre la guerre.

L'exaspération des Américains contre la Grande-Bretagne les aurait amenés à lui déclarer immédiatement la guerre, si Napoléon ne leur avait lui-même fait subir

Mai 1812.

Des rigueurs intempestives.

Napoléon n'avait pas voulu révoquer immédiatement ses décrets, et s'était borné à une simple promesse formelle de les révoquer, dès que l'Amérique aurait fait quelque chose de significatif contre l'Angleterre. L'acte américain du 2 mars 1811, qui rétablissait les rapports commerciaux avec la France, et les laissait suspendus avec l'Angleterre, ayant été connu en Europe, Napoléon y répondit par un acte du 28 avril 1811, qui révoquait les décrets de Berlin et de Milan par rapport à l'Amérique. Cet acte officiel causa une vive sensation aux États-Unis, et fit tomber la principale des assertions anglaises, au point de ne pas permettre de la reproduire. Malheureusement Napoléon détruisit en partie ce bon effet, en maintenant encore certaines exceptions au droit pur des neutres, et en imposant au commerce américain certaines gênes singulièrement incommodes.

Maintien des saisies prononcées en France contre les cargaisons américaines.

D'abord il ne voulut pas restituer les fameuses cargaisons américaines capturées en Hollande, parce qu'elles avaient une grande valeur, et qu'elles appartenaient d'ailleurs à cette classe d'Américains qui s'étaient faits les complaisants du commerce britannique, et pour lesquels il avait plus d'aversion que pour les Anglais eux-mêmes. Il donnait à l'appui de cette rigueur deux bonnes raisons, premièrement que les propriétaires de ces cargaisons se trouvant en Europe contrairement à l'acte de *non-intercourse,* y étaient en violation des lois de leur pays, et devaient dès lors être considérés comme dénationalisés; secondement, qu'à la même époque on avait arrêté en Amérique des bâtiments français, pour violation de l'acte de *non-intercourse*, et que l'arrestation des Français autorisait naturellement celle des Américains. A la vérité, les Français saisis étaient au nombre de trois ou quatre, et les Américains au nombre de plusieurs centaines. Mais en fait d'honneur, disait Napoléon, on ne comptait pas, et mille Américains capturés ne compensaient pas à ses yeux un seul Français maltraité dans les ports de l'Union. Toutefois il avait consenti à restituer les quelques Américains saisis depuis la déclaration du 1ᵉʳ novembre 1810, c'est-à-dire depuis l'offre faite à l'Amérique de révoquer les décrets de Berlin et de Milan, si elle acceptait les conditions mises à cette révocation.

Quant au droit des neutres, Napoléon, en le rétablissant au profit des Américains, avait laissé subsister diverses exceptions. Il renonçait complétement à la faculté de rechercher la propriété ennemie sous le pavillon neutre, et admettait que le pavillon couvrant la marchandise, le neutre pouvait porter ce qu'il voulait en tous lieux. Il renonçait à rechercher si un bâtiment américain avait touché à Londres ou à Malte; il renonçait également à tous les blocus fictifs, mais il prétendait encore saisir un Américain qui serait trouvé sous convoi anglais, comme devenu ennemi par cette association; il prétendait en outre, les Anglais persistant à bloquer les rivages de France, interdire à tout bâtiment l'accès des rivages d'Angleterre, ne s'adressant pas en cela, disait-il, aux Américains, mais aux rivages d'Angleterre, en représaille de ce qui se faisait contre les rivages de France. Enfin, ayant des armées devant Lisbonne et Cadix, il soutenait que porter des farines

Mai 1812.

Diverses restrictions au droit des neutres maintenues par Napoléon.

Mai 1812.

à Lisbonne et à Cadix c'était violer un blocus réel, et il avait prescrit de l'empêcher. Ces restrictions au droit pur des neutres étaient fort soutenables, mais leur utilité réelle ne valait pas le mauvais effet qu'elles devaient produire en Amérique.

Précautions gênantes imposées au commerce américain.

Quant au commerce, Napoléon, toujours soigneux en admettant en France les Américains de n'y introduire ni des bâtiments anglais ni des produits anglais, avait imaginé des précautions extrêmement minutieuses. D'abord il n'avait permis que deux points de départ, New-York et la Nouvelle-Orléans, et trois points d'arrivée, Bordeaux, Nantes et le Havre. Il avait exigé que chaque cargaison fût, avant le départ d'Amérique, vérifiée et inventoriée par ses consuls, pour qu'il n'y eût pas en route substitution de valeur et de qualité. En outre il avait désigné les matières qu'on pourrait importer en France, en avait exclu le sucre et le café, qui sont d'origine toujours douteuse, et avait voulu qu'en retour des marchandises introduites, les Américains fussent tenus d'exporter un tiers de la valeur de ces marchandises en vins, et deux tiers en soieries. Enfin il avait soumis les objets importés d'Amérique au fameux tarif du 5 août 1810, lequel consistait à substituer un droit de 50 pour cent à la prohibition absolue prononcée contre tous les produits exotiques.

Lorsque les Américains admis dans nos ports y trouvèrent ces gênes, relativement aux points de départ et d'arrivée, relativement à la nature des marchandises qu'ils pouvaient introduire, à la nature et à la proportion de celles qu'ils étaient tenus d'exporter, ils se plaignirent vivement d'un commerce chargé de pareilles entraves, et malheureusement leurs plaintes portées aux États-Unis devaient y produire un retentissement fâcheux. Napoléon, en effet, se privait pour un bien petit avantage d'un résultat politique fort important, celui d'une déclaration de guerre de l'Amérique à l'Angleterre. Tout en ayant raison de ne pas vouloir laisser s'infiltrer les produits anglais en France par le moyen des neutres, il était bien certain qu'une fois la guerre déclarée les Américains ne puiseraient guère la matière de leurs importations dans les entrepôts britanniques. De plus, en exigeant des constatations bien faites par des consuls d'une probité rigoureuse, il aurait pu se dispenser de restreindre à deux ports en Amérique, à trois ports en France, les points de départ et d'arrivée, car c'était rendre aux Anglais le blocus de nos rivages trop facile, que de réduire à trois le nombre des points à bloquer. Quant aux marchandises, la plupart, comme les bois, les tabacs, les farines, étaient tellement propres aux États-Unis, les autres, comme les cotons, avaient des signes tellement certains de leur origine, qu'il n'y avait pas à craindre la substitution pendant la traversée du produit anglais au produit américain. Quant aux sucres et cafés, comme il en fallait absolument une certaine quantité en France, et que Napoléon permettait même d'aller les chercher en Angleterre au moyen des licences, il eût été bien plus simple de les recevoir des Américains, dussent ces derniers les prendre dans les colonies anglaises. Enfin, quant à l'obligation d'acheter une certaine proportion de vins et de soieries de France, il fallait ne pas tant

Mai 1812.

s'occuper de Bordeaux et de Lyon, car c'était leur nuire par trop de sollicitude, et il suffisait de s'en fier aux Américains du soin de choisir ceux de nos produits qu'ils pourraient exporter avec le plus d'avantage.

Le premier intérêt, celui qui l'emportait sur tous les autres, même par rapport au blocus continental, c'était d'amener la guerre entre l'Amérique et l'Angleterre. Dût-il en résulter quelque fraude, il fallait à tout prix amener cette guerre, car à l'instant les Anglais perdaient leur commerce avec l'Amérique, qui était encore de deux cents millions, et rien ne pouvait les dédommager d'une telle perte. De plus, la suppression du pavillon américain comme intermédiaire, était pour eux un dommage d'un autre genre, qui valait tous les sacrifices momentanés qu'on s'imposerait en faveur de l'Amérique. Lorsque par exemple nous obligions les Suédois, les Danois, les Prussiens à déclarer la guerre aux Anglais, ils cédaient à la violence, et ne se livraient qu'à de feintes hostilités. Mais une fois le premier coup de canon tiré entre l'Amérique et l'Angleterre, une haine nationale ardente devait s'allumer entre elles, le pavillon américain devait cesser d'être le complaisant de la marine britannique, et se figure-t-on ce que serait devenu pour l'Angleterre le blocus continental, si les Américains ne s'étaient plus offerts pour déjouer ce blocus, en prêtant aux Anglais leur prétendu pavillon neutre?

En vue d'obtenir un tel résultat, aucun sacrifice ne devait nous coûter, et il était évident que pour l'obtenir il fallait d'abord faire cesser toute plainte fondée des Américains contre nous, afin que leur irritation fût exclusivement tournée contre l'Angleterre, et ensuite leur faire espérer, en dédommagement du commerce qu'ils allaient perdre avec l'Angleterre, un large commerce avec la France. Malheureusement, par défiance, par orgueil, par entêtement, Napoléon se défendait contre les concessions qu'on lui demandait, ne les accordait qu'une à une, et souvent même en détruisait l'effet par des rigueurs intempestives. Aussi lorsque dans le congrès américain les partisans de la guerre citaient les vaisseaux arrêtés par les Anglais, ou ceux à bord desquels on avait exercé la *presse*, les partisans de la paix citaient en réponse les vaisseaux américains arrêtés par la marine française aux bouches de la Tamise ou du Tage; et lorsqu'on voulait faire luire à leurs yeux le vaste commerce de l'Empire français en compensation du commerce britannique, ils citaient les deux ports d'où l'on pouvait partir d'Amérique, les trois ports où l'on pouvait aborder en France, et les gênes, les tarifs excessifs qu'on était exposé à y rencontrer.

Mai 1812.

servent d'arguments aux partisans de l'Angleterre.

L'état des esprits aux États-Unis, la division des partis dans cette contrée libre, compliquaient encore cette situation. Alors comme plus anciennement, et comme plus tard, l'Amérique du Nord était divisée en fédéralistes et en démocrates.

État des partis en Amérique.

Les premiers, bien qu'ayant autrefois voulu la guerre contre l'Angleterre pour l'affranchissement du sol américain, étaient revenus, cet affranchissement obtenu, à une sorte de prédilection pour l'ancienne mère patrie, et désiraient le commerce avec elle, l'alliance avec sa politique, n'étant ni honteux

Les fédéralistes, leur caractère et leurs opinions.

ni fâchés d'une ingratitude à l'égard de la France. Leurs intérêts et leurs opinions étaient la double cause de ces penchants. Établis presque tous sur les côtes nord-est de l'Amérique, à Philadelphie, à New-York, à Boston, ils étaient d'anciens négociants anglais, intermédiaires naturels du commerce avec l'Angleterre, et voulaient que l'Amérique consommât surtout les produits britanniques dont ils étaient les importateurs et les trafiquants. Ne produisant ni coton, ni sucre, ni tabac, ni grains, ni bois, comme les colons de l'intérieur, ils se souciaient peu de trouver des débouchés à ces produits, et ne s'inquiétaient que du commerce anglais dont ils étaient les agents. Tels étaient leurs intérêts; quant à leurs opinions, elles s'expliquaient tout aussi simplement. Négociants riches, ayant les mœurs, les goûts, les idées du grand commerce anglais dont ils étaient issus, ils avaient les opinions réservées, sévères d'une aristocratie commerciale, aimaient la politique sage, mesurée, conservatrice de Washington, inclinaient fort à celle de M. Pitt, et ressemblaient singulièrement à cette puissante cité de Londres, qui avait toujours formé la clientèle de l'illustre ministre anglais. Quant à ce qui regardait spécialement l'Amérique, ils désiraient un ordre de choses régulier, soutenaient volontiers le gouvernement fédéral, et désiraient se maintenir en paix avec toutes les puissances. La France de Louis XVI leur convenait à peine, celle de la Convention pas du tout, et celle de Napoléon fort peu. Ils déploraient les rigueurs de l'Angleterre envers leur commerce; mais ils aimaient mieux les souffrir que de se mettre en guerre avec elle, et surtout n'avaient aucune confiance dans le gouvernement de Napoléon, qu'ils trouvaient à la fois révolutionnaire, despotique, ambitieux, et perturbateur au plus haut point.

Mai 1812.

Les démocrates ou républicains, comme on les appelait à cette époque voisine encore de la proclamation de la république, étaient par leurs intérêts et leurs opinions exactement le contraire des fédéralistes. Colons de l'intérieur pour la plupart, répandus dans la Virginie, la Caroline, l'Ohio, le Kentucky, territoires riches en cotons, en tabacs, en sucres, en céréales, en bois de toute espèce, ils avaient intérêt à commercer avec la France, qui avait grand besoin des produits de leur agriculture. Ayant les goûts de nos colons des Antilles plutôt que ceux des négociants anglais, ils préféraient nos produits à ceux de l'Angleterre, et enfin avec les mœurs des planteurs ils en avaient les opinions, et étaient portés aux idées immodérément libérales. Ardents autrefois à provoquer la révolte contre l'Angleterre, ardents à désirer, à poursuivre l'indépendance de l'Amérique, ils avaient, à la différence des fédéralistes, continué à haïr l'Angleterre même après en avoir triomphé, et voulaient achever l'œuvre de leur indépendance en s'affranchissant du commerce, des usages, de l'alliance de l'ancienne métropole. Naturellement ils portaient à la France la bienveillance qu'ils refusaient à la Grande-Bretagne, lui conservaient une vive reconnaissance des services qu'ils en avaient reçus, lui pardonnaient aisément ses excès révolutionnaires, dont ils avaient été moins révoltés que les fédéralistes, et, quoiqu'elle fût tombée sous un

Les démocrates.

despotisme passager, voyaient toujours en elle la nation active, entreprenante, destinée en tout temps à précipiter les mouvements de l'esprit humain. Irrités au plus haut point des outrages faits à leur pavillon, ils étaient impatients de les venger; ambitieux, ils tenaient à conquérir le Canada, poussaient par ces motifs à la guerre avec l'Angleterre, et formaient des vœux pour que la France, en ouvrant largement ses ports à leur commerce, reçût leurs produits agricoles du sud et de l'ouest, et fournît ainsi des arguments à leur polémique véhémente et passionnée.

{Argument que les uns et les autres tirent de la conduite de l'Angleterre et de la France à l'égard de l'union américaine.}

Dès que des nouvelles arrivées d'Europe apportaient la connaissance de quelques excès commis par les Anglais, les démocrates triomphaient, et lorsqu'au contraire on apprenait que les Français avaient arrêté encore quelque bâtiment américain, les fédéralistes disaient qu'à être justes il faudrait déclarer la guerre aux deux puissances, et que ne pouvant sans folie la faire à toutes deux, il fallait ne la faire à aucune. Les démocrates répliquaient qu'il n'y avait que des gens sans honneur, sans patriotisme, qui pussent souffrir la *presse* de leurs matelots, la violation de leur pavillon, qu'anciens colons de l'Angleterre les fédéralistes voulaient le redevenir; et les fédéralistes ainsi injuriés répondaient aux démocrates qu'ils étaient des brouillons asservis à l'influence française.

{Caractère et politique de M. Maddisson.}

Le chef du pouvoir exécutif en ce moment était M. Maddisson, ami et disciple de Jefferson, démocrate modéré, instruit, clairvoyant, rompu aux affaires, et trouvant dans ses lumières personnelles un correctif aux opinions trop vives de son parti. Convaincu de bonne foi que l'Amérique avait bien plus d'intérêt à s'allier avec la France qu'avec l'Angleterre, que, tout en voulant rester en paix, afin de recueillir les immenses profits de la neutralité, il fallait au moins faire respecter les droits de cette neutralité, il regardait une guerre avec l'Angleterre comme tôt ou tard inévitable; mais il voulait y être forcé par l'opinion, y être secondé par la France, et recevoir de celle-ci en avantages commerciaux le prix du courage qu'on mettrait à défendre la cause du droit maritime. Sage, mais aimant le pouvoir, il avait une ambition, la seule jusqu'ici connue chez les présidents de l'Union, celle d'obtenir une seconde élection, d'étendre ainsi de quatre à huit années la durée de leur présidence, ce qui avait déjà été la récompense et la gloire de Washington et de Jefferson, le terme de leurs modestes et patriotiques désirs. Mais s'il avait devant les yeux l'exemple de ces deux hommes illustres, il avait aussi celui de M. John Adams, qui, ayant voulu en 1798 provoquer une guerre avec la France, avait manqué sa réélection, et vu terminer sa gestion après quatre années. Aussi apportait-il de grands ménagements dans sa conduite, et il avait pris pour ministre des affaires étrangères M. Monroe, démocrate de sa nuance, habitué autant que lui aux affaires, tour à tour négociateur en Angleterre et en France, voulant être un jour le continuateur de M. Maddisson, comme M. Maddisson lui-même l'était de Jefferson. Mais, pour appeler M. Monroe à ce poste, M. Maddisson avait écarté M. Smith, démocrate distingué et violent, appartenant à une fa-

Mai 1812.

mille puissante, et il avait à se garder non-seulement des fédéralistes, mais des démocrates extrêmes, mécontents de sa circonspection et de sa lenteur calculée.

Pour couper court à cette lutte des deux politiques qui divisaient l'Amérique, il eût suffi d'une dépêche de Paris apportant la complète et définitive reconnaissance du droit des neutres, et la concession de sérieux avantages commerciaux. Malheureusement on était à la fin de 1811; Napoléon était déjà tout occupé de ses projets contre la Russie, et sa tête ardente, quoique immensément vaste, ne portait pas deux projets à la fois. Passionné en 1810 pour le blocus continental, il eût trouvé dans une guerre de l'Amérique avec l'Angleterre l'occasion de mille combinaisons favorables à ses plans, et il n'eût rien négligé pour l'amener. A la fin de 1811, au contraire, plein de l'idée de terminer au nord de l'Europe toutes ses luttes d'un seul coup, il ne donnait à M. Barlow, ministre d'Amérique et ami du président Maddisson, qu'une attention distraite, et lui faisait quelquefois attendre une audience pendant des semaines entières. Outre cette disposition aux préoccupations exclusives, ordinaire aux âmes passionnées, Napoléon en avait une autre tout aussi prononcée, c'était une espèce d'avarice politique, consistant à vouloir tirer tout des autres en leur donnant le moins possible, disposition qui par crainte d'être dupe d'autrui expose quelquefois à l'être de soi-même, car ne rien accorder, ou n'accorder que très-peu, n'est souvent qu'un moyen de ne rien obtenir. Persévérant quoique avec moins de passion dans son système de blocus continental, craignant toujours s'il y changeait quelque chose, d'ouvrir des issues aux Anglais, craignant aussi d'être dupe des Américains, il voulait ne leur rien concéder tant qu'ils n'auraient pas déclaré la guerre à l'Angleterre. Il disait sans cesse à M. Barlow : Prononcez-vous, sortez de vos longues hésitations, et vous obtiendrez de moi tous les avantages que vous pouvez désirer. — En attendant, les frégates françaises détruisaient tout bâtiment américain portant des blés à Lisbonne ou à Cadix, et nos corsaires couraient sur ceux qui essayaient de pénétrer dans les bouches de la Tamise.

<small>Mai 1812.</small>

C'est ainsi que la guerre qui aurait pu être déclarée en 1811 ne le fut pas, et que toute cette année se passa en discussions violentes entre les partis qui divisaient l'Amérique. A chaque vaisseau arrivant d'Europe, on courait chez M. Sérurier, ministre de France, pour savoir s'il avait reçu quelques nouvelles satisfaisantes, et ce diplomate, que Napoléon, après les affaires de Hollande, avait envoyé à Washington pour y pousser les Américains à la guerre, et qui s'y comportait avec zèle et mesure, répétait chaque fois la leçon qu'on lui envoyait toute faite de Paris, et disait sans cesse aux Américains, que lorsqu'ils auraient abandonné leur politique de tergiversation, ils recueilleraient le prix de leur dévouement à la cause du droit maritime. Le congrès américain fut ainsi ajourné à 1812 sans avoir pris un parti, et ce fut, il faut le répéter, un grand malheur, car cette guerre était de nature à donner au blocus continental une telle efficacité, et à causer aux Anglais

<small>La guerre, qui aurait pu éclater en 1811, est remise à l'année 1812.</small>

Mai 1812.

Effet produit en Amérique par la *presse* des matelots.

une telle émotion, que la politique du cabinet britannique aurait pu en être tout à coup changée.

Cependant il était impossible que cette situation se prolongeât, et l'année 1812 devait finir tout autrement que l'année 1811. Si la France faisait attendre ses concessions commerciales, et saisissait encore de temps en temps quelques bâtiments américains, l'Angleterre persistait dans la négation absolue du droit des neutres, maintenait ses *ordres du conseil* dans toute leur rigueur, continuait sur les côtes de l'Union la visite des bâtiments américains et la *presse* des matelots. Le nombre connu et publié des matelots enlevés avait produit une indignation générale. Il passait comme nous venons de le dire le chiffre de six mille, ce qui supposait une quantité bien plus considérable de ces actes de violence, car on devait en ignorer au moins autant qu'on en connaissait. Une dernière circonstance mit le comble à l'exaspération publique, ce fut la déclaration faite par le cabinet britannique, au moment où le prince régent reçut la plénitude du pouvoir royal. Ce prince, ainsi qu'on l'a vu, appelé à la régence en 1811, avait été obligé de subir certaines restrictions à sa prérogative, restrictions de peu d'importance, mais qui paraissaient être une sorte d'ajournement de son installation définitive. Tout le monde en Angleterre comme en Europe, avait semblé remettre à l'époque où il serait pleinement investi du pouvoir royal, la détermination de sa véritable politique. L'opposition en Angleterre n'avait pas désespéré de le voir revenir à ses anciens amis, et l'Union américaine différant sans cesse le moment d'une guerre redoutable, s'était flattée que peut-être il apporterait quelques tempéraments à cet absolutisme maritime, qui était un des caractères de la politique de M. Pitt et de ses continuateurs. Mais les restrictions mises à l'autorité du prince de Galles ayant été levées au commencement de 1812, et aucun changement n'en étant résulté dans la politique britannique, il fallait bien désespérer, et l'Union prit enfin le parti de ne pas supporter plus longtemps les vexations de l'Angleterre, et de ne pas attendre plus longtemps non plus les faveurs tant promises de Napoléon. Singulier spectacle donné par deux grands gouvernements, l'un, celui de la France, ayant toutes les lumières du génie, l'autre, celui de l'Angleterre, toutes les lumières de la liberté, et tous deux aveuglés par les passions, entrant à l'égard de l'Amérique dans une vraie concurrence de fautes, car, il faut malheureusement le reconnaître, les pays libres se passionnent et s'aveuglent comme les autres : seulement on peut dire que la liberté est encore de tous les remèdes contre l'aveuglement des passions, le plus sûr et le plus prompt.

Mai 1812.

L'entrée en possession de l'autorité royale par le prince de Galles n'ayant amené aucun changement, les Américains inclinent définitivement à la guerre contre la Grande-Bretagne.

Le gouvernement américain, mécontent de la France, mais indigné contre l'Angleterre, prépara une suite de mesures militaires qui indiquaient visiblement la résolution de faire la guerre, et il eut grand soin en ce moment de s'abstenir de toute relation avec la légation française, afin qu'on n'attribuât point ses déterminations à notre influence. Il proposa de porter l'armée permanente à 20 mille hommes, d'admettre les enrôlements volontaires jusqu'à 50 mille, de créer une flotte de 12 vaisseaux

Adoption des mesures militaires exigées par les circonstances.

et de 17 frégates, et d'emprunter 11 millions de dollars (55 millions de francs). Ces mesures furent discutées avec ardeur et du point de vue propre à chaque parti. Les fédéralistes voulant accroître de plus en plus l'empire de l'autorité centrale, et se voyant contraints à la guerre, penchaient pour l'augmentation de l'armée permanente et de la marine, et repoussaient les enrôlements volontaires. Par contre les démocrates, se défiant instinctivement du pouvoir central, répugnaient à la création d'une armée permanente, et ne comprenaient qu'un genre de guerre, celui qui consisterait à jeter une nuée de volontaires sur le Canada pour soulever ce pays, et l'attacher à la fédération américaine. Ces opinions qui peignaient si bien le génie des deux partis, finirent par un vote commun en faveur des projets soumis à la législature, un peu modifiés toutefois dans le sens des fédéralistes, car le sénat, où ceux-ci avaient le plus d'influence, fit porter de 20 mille hommes à 35 mille l'augmentation de l'armée permanente. A ces mesures s'en ajouta une dernière, ce fut l'*embargo*, consistant à interdire pendant deux mois la sortie des ports d'Amérique à tous les bâtiments américains, afin que les Anglais eussent peu de captures à opérer. Après ces deux mois la guerre elle-même devait être déclarée.

Pendant ce temps divers incidents fournirent encore à chaque parti des prétextes pour essayer de soutenir, l'un la paix, l'autre la guerre. Un intrigant ayant fait des révélations, desquelles on pouvait conclure que certains fédéralistes avaient eu des relations condamnables avec le gouvernement anglais du Canada, les fédéralistes, quoique accusés injustement, furent un moment atterrés. Bientôt cependant un autre incident vint ranimer leurs esprits abattus, tant il semblait que l'Amérique, avant de prendre sa résolution définitive, dût se débattre longtemps entre les fautes de la France et de l'Angleterre. On apprit que des frégates françaises, croisant dans les parages de Lisbonne, avaient coulé à fond plusieurs bâtiments américains portant des farines à l'armée anglaise. A cette nouvelle les fédéralistes se relevèrent, soutinrent que les décrets de Berlin et de Milan n'étaient pas rapportés, que le décret du 28 avril 1811 n'était qu'un mensonge, et demandèrent comment on osait proposer la guerre contre l'Angleterre pour n'avoir pas révoqué les *ordres du conseil*, lorsque la France n'avait pas elle-même révoqué les décrets de Berlin et de Milan.

Il fallait cependant aboutir à une solution, car le gouvernement du président Maddisson pouvait craindre de voir sa considération compromise par ces continuelles tergiversations. Le public finit par comprendre qu'après tout il n'était pas bien étonnant que la France voulût empêcher les neutres d'approvisionner les armées ennemies, et, sans pénétrer dans les difficultés de la question de droit, se calma bientôt à l'égard de l'événement de Lisbonne. On lut des dépêches de M. Barlow, annonçant des dispositions excellentes de la part de la France, dispositions qui n'attendaient pour se manifester qu'une résolution énergique des États-Unis contre l'Angleterre. Enfin au milieu de juin, à l'époque même où

36 LIVRE XLVI.

Mai 1812.

Napoléon marchait du Niémen sur la Dwina, la question solennelle d'une guerre à l'Angleterre fut posée au congrès américain. La discussion fut violente et prolongée. Quelques fédéralistes exaltés s'écrièrent que puisqu'on voulait faire respecter son pavillon et jouer l'héroïsme, il fallait ne pas le jouer à demi, et déclarer la guerre aux deux puissances. La proposition était ridicule, car à la veille de combattre pour le droit maritime, il eût été étrange de déclarer la guerre à celle des deux puissances qui, tout en violant quelquefois ce droit, soutenait pour son triomphe une lutte acharnée. La proposition était de plus souverainement imprudente, car dans quels ports les corsaires américains auraient-ils trouvé un refuge et un marché, si on leur avait fermé jusqu'aux rivages de France? On ne tint compte des saillies de gens qui voulaient décrier une opinion en l'exagérant, et à la majorité de 79 voix contre 37 dans la chambre des représentants, de 19 contre 13 dans le sénat, la guerre fut votée par le congrès américain. La déclaration officielle fut datée du 19 juin 1812.

Déclaration définitive de guerre faite par les États-Unis à l'Angleterre, le 19 juin 1812.

Tandis que les fautes de l'Angleterre avaient cette issue, qui aurait pu lui devenir si funeste, le cabinet britannique s'éclairant quand il n'était plus temps, révoquait enfin les *ordres du conseil*, et M. Forster, en s'embarquant dans l'un des ports de l'Union, venait d'en recevoir la tardive nouvelle, qu'il laissait à un chargé d'affaires le soin de communiquer au président Maddisson.

Premières hostilités.

Mais les démocrates s'étaient empressés de commencer les hostilités, et en ce moment deux faits de guerre agitaient profondément l'Amérique. L'un la remplissait de joie, l'autre de tristesse. Le général Hull, à la tête d'une troupe de trois mille hommes, se hâtant imprudemment de franchir la frontière du Canada près du fort de *Détroit*, et de porter des proclamations insurrectionnelles aux Canadiens, s'était trouvé pris entre les lacs Huron et Érié, enveloppé par les troupes anglaises, et réduit à mettre bas les armes. L'Amérique avait été vivement émue de cet événement, qui du reste présageait si peu le sort de la présente guerre. Mais au même instant le frère de ce général Hull, capitaine de la frégate *la Constitution*, venait de remporter un triomphe qui avait exalté au plus haut point le génie américain. Plusieurs frégates anglaises avaient depuis un an insulté les côtes de l'Amérique, et exercé insolemment la *presse* à l'entrée de ses ports. La frégate *la Guerrière* notamment, autrefois française, avait bravé le commodore américain Rogers, qui la cherchait pour la punir. Le capitaine Hull, montant la frégate *la Constitution*, avait rencontré *la Guerrière*, l'avait en trente minutes démâtée de tous ses mâts, et obligée de se rendre avec 300 hommes, après lui en avoir blessé ou tué une cinquantaine. Les manœuvres et le tir de la frégate américaine avaient été d'une précision admirable. Ses officiers, ses matelots avaient déployé une intrépidité qui annonçait l'avènement sur la mer d'une nouvelle race de héros. L'enthousiasme excité chez les Américains par l'un de ces faits, la confusion produite par l'autre, rendaient vains les efforts qu'on pouvait tenter pour amener un rapprochement avec les Anglais.

Mai 1812.

Mai 1812.

Événements qui s'étaient accomplis en Espagne pendant la campagne de Russie.

Tels avaient été les événements au delà de l'Atlantique, pendant la tragique catastrophe de notre armée en Russie. Qu'on se figure l'effet d'une pareille déclaration de guerre un an auparavant, lorsque l'Angleterre se trouvant sans alliés en Europe, aurait vu un nouvel ennemi surgir au delà des mers, lorsque les Américains, seuls violateurs du blocus continental, seraient devenus ses ardents coopérateurs, lorsqu'il eût été dès lors impossible de reprocher à la Russie ses complaisances pour eux, et que la guerre avec elle eût été sans prétexte, lorsqu'on aurait pu envoyer vingt mille hommes avec un nouveau Lafayette sur l'une des nombreuses escadres restées oisives dans nos ports, lorsque enfin nos forces intactes auraient pu, par un dernier coup frappé en Espagne, amener le terme de la guerre maritime! Mais aujourd'hui, après le désastre de Moscou, la guerre de l'Amérique avec l'Angleterre n'était plus qu'un bonheur inutile!

En Espagne il s'était passé des événements également graves, découlant des mêmes causes, et ceux-ci ne pouvant pas être qualifiés de bonheur inutile, car ils avaient été presque constamment malheureux. On se souvient que le sage capitaine qui commandait les armées anglaises dans la Péninsule, et soutenait en y restant la constance de l'insurrection espagnole, avait reconquis successivement les importantes places de Ciudad-Rodrigo et de Badajoz, et annulé ainsi les seuls résultats de deux campagnes sanglantes. On doit se souvenir aussi de quelle manière il s'y était pris pour nous infliger ce double affront. Tandis que Napoléon ordonnant de loin, brusquement, avec une attention donnée un instant et bientôt retirée, faisait avancer tous nos corps d'armée sur Valence, lord Wellington, toujours bien informé par les habitants, avait profité de l'occasion pour surprendre Ciudad-Rodrigo à la face de l'armée de Portugal, que ses détachements sur Valence avaient fort affaiblie. Lorsque ensuite, Valence prise, Napoléon avait ramené en toute hâte les forces françaises vers le nord de la Péninsule, pour assurer les communications avec la France, et pour attirer vers le Niémen les détachements dont il avait besoin, lord Wellington, toujours aux aguets, s'était rapidement porté vers le sud du Portugal, avait enlevé Badajoz à coups d'hommes, et avait ainsi fait subir à l'armée d'Andalousie un affront encore plus amer que celui que venait d'essuyer l'armée de Portugal par la perte de Ciudad-Rodrigo. C'est au lendemain de ce double échec que Napoléon était parti pour la Russie, laissant à Joseph le commandement de toutes les armées françaises en Espagne, et après avoir enlevé à ces armées les Polonais, la jeune garde, une partie des cadres de dragons, un bon nombre d'excellents officiers, tels que les généraux Éblé, Montbrun, Haxo. Les vingt-quatre millions de francs que Napoléon avait promis de consacrer annuellement à la solde, n'étaient pas encore acquittés en 1812 pour l'année 1811; et sur le million par mois accordé à Joseph, afin de l'aider à créer une administration, il était dû deux millions et demi pour 1811, et six millions pour 1812. Comme unique instruction Napoléon adressait à Joseph la recommandation de bien maintenir les communica-

Mai 1812.

Napoléon en partant pour la Russie avait laissé à Joseph le commandement supérieur des armées françaises en Espagne.

tions avec la France, et de veiller à ce que les armées de Portugal et d'Andalousie fussent toujours prêtes à se réunir contre lord Wellington. Tout le succès de la guerre dépendait en effet du soin que ces deux armées mettraient à se porter secours l'une à l'autre? Mais comment l'espérer? comment l'assurer? Napoléon s'était flatté qu'avec le commandement général, plus ou moins obéi, et 300 mille hommes d'excellentes troupes, donnant 230 mille combattants, Joseph, s'il n'accomplissait pas des merveilles, réussirait néanmoins à se maintenir. Ce simple résultat lui suffisait, surtout avec l'espérance qu'il nourrissait de terminer en Russie toutes les affaires du monde. Bien qu'il crût peu au génie militaire de Joseph, il comptait sur la sagesse, sur la grande expérience du maréchal Jourdan, auquel au fond il rendait justice, tout en ne l'aimant pas, et il s'était endormi sur cette grave affaire, qui lui était devenue singulièrement importune. Certainement Joseph et Jourdan exactement obéis, auraient fait ce que Napoléon attendait d'eux, et même mieux, mais on va voir si les choses étaient disposées pour qu'ils pussent obtenir la moindre obéissance. La situation et la force des diverses armées étaient les suivantes.

Le général Dorsenne gardait avec 46 mille hommes la Navarre, le Guipuscoa, la Biscaye, l'Alava, et la Vieille-Castille jusqu'à Burgos. Dans ce nombre étaient comprises les garnisons de Bayonne, Saint-Sébastien, Pampelune, Bilbao, Tolosa, Vittoria, Burgos et autres petits postes intermédiaires. Il ne restait pas 25 mille hommes de troupes actives pour opérer contre Mina qui désolait et dominait la Navarre, contre Longa, Campilo, Porlier, Mérino, qui parcouraient le Guipuscoa, la Biscaye, l'Alava jusqu'à Burgos, communiquaient avec les Anglais, et, séparés ou réunis, interceptaient les routes à tel point, qu'une dépêche mettait souvent deux mois à parvenir de Paris à Madrid. Cependant avec 25, même avec 20 mille hommes de troupes actives, un chef habile aurait pu sinon détruire ces bandes, du moins leur laisser aussi peu de repos qu'elles en laissaient à l'armée française, et réduire beaucoup leur importance. Mais le général Dorsenne, ancien général de la garde, brave autant qu'on peut l'être, propre sous un bon chef à la grande guerre, n'avait ni l'activité ni la ruse qu'il eût fallu pour courir après de tels adversaires, leur tendre des embûches, et les y faire tomber. Roide et orgueilleux, il ne savait obéir qu'à Napoléon. Muni d'ailleurs de ses anciennes instructions, qui prescrivaient au commandant des provinces du nord de s'occuper exclusivement de leur pacification, à moins que les Anglais ne missent en danger l'armée de Portugal, sachant que Napoléon songeait à séparer ces provinces de la monarchie espagnole, autorisé par conséquent à les administrer à part, le général Dorsenne se complaisait beaucoup trop dans la spécialité de son rôle, pour se soumettre facilement à la suprématie de Joseph. Aussi lorsque ce dernier informa ses lieutenants des ordres de l'Empereur qui l'instituaient commandant en chef des armées françaises en Espagne, le général Dorsenne répondit que ces ordres ne le concernaient point, car il avait une mission particulière, dont on lui avait tracé de Paris l'étendue et l'objet, et qui était à peu près inconciliable avec tout ce qu'on pourrait lui prescrire de Madrid.

Le reste de la Vieille-Castille, le royaume de Léon, la province de Salamanque, jusqu'au bord du Tage, étaient occupés par l'armée de Portugal. La tâche de cette armée était fort étendue, puisqu'elle devait se battre au besoin depuis Astorga jusqu'à Badajoz, sur une ligne de cent cinquante lieues au moins. Du rôle d'armée de Portugal il ne lui restait que le titre, car elle n'avait plus la prétention d'entrer dans ce royaume, et elle avait pour objet unique de tenir tête aux Anglais, surtout si, en se portant au nord, ils essayaient de se jeter dans la Vieille-Castille, et de menacer notre ligne de communication, comme avait fait jadis le général Moore, comme lord Wellington pouvait être tenté de le faire encore. Pour ce cas, le maréchal Marmont, qui commandait cette armée, avait mission de s'opposer résolûment à la marche des Anglais. Le général Dorsenne lui devait des secours, Joseph lui en devait de son côté en faisant partir de Madrid une portion de l'armée du centre, et le maréchal Soult, remontant d'Andalousie en Estrémadure, avait ordre de lui envoyer par le pont d'Almaraz quinze ou vingt mille hommes de renfort. Si, au contraire, lord Wellington se portait par le Tage sur Madrid, comme il l'avait déjà essayé lors de la bataille de Talavera, le maréchal Marmont devait franchir le Guadarrama, descendre par Avila sur le Tage, et couvrir Madrid. Si enfin lord Wellington menaçait de nouveau la basse Estrémadure, ce qui s'était vu lors du premier et du second siége de Badajoz, le maréchal Marmont devait passer le Tage au pont d'Almaraz, et se montrer jusqu'à Badajoz même, trajet immense de plus de cent lieues, que ce maréchal avait exécuté l'année précédente pour aller au secours du maréchal Soult. Croyant peu à cette dernière supposition, et craignant surtout pour nos communications dans un moment où il allait s'éloigner du centre de son empire, Napoléon avait ramené la résidence ordinaire du maréchal Marmont du Tage sur le Douro, de Plasencia sur Salamanque, ce qui avait rendu si facile à lord Wellington de s'emparer de Badajoz. Napoléon pensait avec raison que la sûreté de notre établissement en Espagne dépendait uniquement du zèle que les généraux ci-dessus mentionnés mettraient à se porter au secours les uns des autres, et le leur avait fort recommandé. On ne pouvait pas douter du zèle que le maréchal Marmont mettrait à venir en aide au maréchal Soult, puisqu'il l'avait déjà fait l'année précédente malgré les distances; mais pouvait-on raisonnablement attendre quelque assistance pour le maréchal Marmont du maréchal Soult, qui n'avait jamais voulu rendre aucun service à l'armée de Portugal, du général Dorsenne, qui se glorifiant de son rôle spécial, se regardait comme souverain du nord de l'Espagne, et de l'infortuné Joseph, roi nominal de l'Espagne entière, qui avait à peine de quoi garder Madrid et ses environs? Il ne fallait pas s'en flatter, et cependant ce même maréchal Marmont, qui moins qu'aucun autre avait chance d'être secouru, était justement celui qui en avait le plus besoin, car il était évident que lord Wellington,

Mai 1812.

Situation périlleuse de l'armée de Portugal ayant le plus besoin et le moins de chances d'être secourue.

Mai 1812.

maître désormais de Ciudad-Rodrigo et de Badajoz, véritables portes du Portugal sur l'Espagne, passerait par la première et non par la seconde, car la seconde le conduisait en Andalousie, où il n'avait rien d'utile à faire, où il y avait même danger à s'enfoncer, tandis que la première le conduisait en Castille, d'où il prenait nos armées à revers, et pouvait arracher d'un seul coup l'Espagne de nos mains. Lord Wellington sans montrer ces vues vastes, profondes, hardies, qui constituent le génie, avait montré un jugement si sain, si ferme, qu'on ne devait guère douter de la route qu'il adopterait, et Napoléon par toutes ses instructions prouvait qu'il l'avait lui-même parfaitement deviné. Or, pour faire face à l'armée britannique, portée cette année à 40 mille Anglais présents au drapeau, et à 20 mille Portugais devenus bons soldats, c'est-à-dire à 60 mille combattants, le maréchal Marmont avait 52 mille hommes environ, de la première qualité il est vrai, commandés par d'excellents divisionnaires, tels que les généraux Bonnet, Foy, Clausel, Taupin, mais dispersés sur une vaste étendue de pays. Napoléon, toujours occupé des provinces du nord, avait voulu que le maréchal Marmont renvoyât le général Bonnet dans les Asturies, et que celui-ci repassât les montagnes pour s'établir à Oviédo, ce qui enlevait tout de suite à l'armée de Portugal 7 mille soldats et le général Bonnet. Restaient 45 mille hommes. Il en fallait 1500 à Astorga, 500 à Zamora, 500 à Léon, 1000 à Valladolid, 1000 à Salamanque, 1500 répartis entre de moindres postes, tels que Benavente, Toro, Palencia, Avila, etc..., 2,000 au moins sur les routes, ce qui réduisait le maréchal Marmont à 37 mille combattants tout au plus, en supposant qu'il pût réunir assez tôt les divisions qui étaient à Valladolid avec celles qui étaient sur le Tage. Ce n'était plus assez pour résister à 60 mille Anglo-Portugais. Le maréchal Marmont avait donc envoyé à Napoléon son aide de camp, le colonel Jardet, pour lui présenter ce compte de ses forces, pour lui dire que lorsqu'il serait en danger, le général Dorsenne, tout occupé des bandes du nord, trouverait mille raisons pour ne pas venir à son secours, ou pour y venir trop tard; que Joseph ne serait ni assez actif ni assez hardi pour se priver à propos de 10 mille hommes, ou de 6 mille au moins, sur les 14 mille dont se composait l'armée du centre; que le maréchal Soult aurait, dans les distances qui le séparaient de l'armée de Portugal, plus de raisons qu'il ne lui en faudrait pour ne pas quitter l'Andalousie; que par conséquent lui Marmont aurait le temps de succomber, et en succombant de découvrir la frontière de France, avant d'être secouru, et qu'à moins qu'on ne lui donnât le commandement supérieur des deux armées du nord et de Portugal, il ne pouvait se charger de la difficile mission de tenir tête aux Anglais, et demandait à quitter l'Espagne pour faire sous les yeux de l'Empereur la campagne de Russie. Napoléon avait écouté le colonel Jardet, avait paru frappé de ce que lui avait dit cet officier distingué, lui avait promis d'y pourvoir, en se raillant du reste de l'ambition du maréchal Marmont, qui désirait un commandement si supérieur à ses talents; puis, beaucoup plus occupé de ce qu'il

Mai 1812.

allait faire lui-même que de ce dont on l'entretenait, il avait répondu au colonel Jardet : Marmont se plaint des distances, de la difficulté de vivre... j'aurai en Russie de bien autres distances à parcourir, de bien autres difficultés à vaincre pour nourrir mes soldats !... eh bien, nous ferons comme nous pourrons... — Napoléon avait ensuite quitté le colonel Jardet en lui promettant d'aviser. Mais comme il aurait fallu prendre des résolutions fort graves, rappeler tel ou tel de ses lieutenants dont le dévouement à l'œuvre commune n'était pas le penchant ordinaire, changer la distribution des forces, peut-être évacuer des territoires importants afin de se concentrer, il était parti de Paris, s'en tenant à la disposition générale qui conférait à Joseph le commandement supérieur, et se flattant d'ailleurs toujours qu'il finirait lui-même toutes choses en Russie.

Malgré ses justes appréhensions, le maréchal Marmont était resté à la tête de l'armée de Portugal, s'occupant avec assez de sollicitude des besoins de ses soldats, s'attachant à mettre Salamanque en état de défense au moyen de vastes couvents convertis en citadelles, tâchant de remonter sa cavalerie, d'atteler et de réparer son artillerie, ne refusant en aucune façon de reconnaître l'autorité de Joseph, lui envoyant au contraire ses états de troupes et ses rapports, plus même que Joseph ne l'aurait voulu, car chacun de ces rapports se terminait par une demande de secours. Une difficulté cependant, relative aux arrondissements réservés aux diverses armées pour leur entretien, existait entre le maréchal Marmont et le roi Joseph. Quoiqu'il n'eût dans la vallée du Tage qu'une seule division, et que tout le reste de son armée eût été reporté au nord, le maréchal Marmont voulait étendre ses fourrages de Talavera à Alcantara, ce qui contrariait beaucoup Joseph, réduit à nourrir ses employés civils avec des rations, et ayant besoin par conséquent de toutes ses ressources. Sauf cette difficulté, le maréchal Marmont entretenait avec Joseph d'excellentes relations.

Mai 1812.

Joseph, commandant l'armée du centre, avait 13 à 14 mille hommes valides, dans lesquels il se trouvait beaucoup de débris de divers corps, comme il arrive toujours à un quartier général, et en outre 2 mille hommes qui appartenaient au maréchal Soult, et que celui-ci ne cessait de réclamer. Avec cette force accrue de 3 mille Espagnols, qu'il soldait de son propre argent, et qui étaient fidèles quand ils étaient payés exactement, Joseph devait garder Madrid, de plus la province de Tolède à droite, celle de Guadalaxara à gauche, maintenir en arrière ses communications avec l'armée du nord, et en avant conserver à travers la Manche quelques relations avec l'armée d'Andalousie. Il lui fallait même étendre l'un de ses bras jusqu'à Cuenca, pour communiquer avec l'armée d'Aragon établie à Valence. Si l'un de ces points cessait d'être bien gardé, Joseph était tout à coup séparé de l'une des portions importantes du royaume, et perdait les faibles ressources dont il vivait, ressources qui consistaient dans quelques grains et fourrages obtenus à l'époque des récoltes, et dans les impôts de la ville de Madrid. En ce moment surtout, obligé, pour satisfaire aux réclamations pressantes du maréchal

L'armée du centre directement commandée par Joseph.

Ses moyens et sa mission.

Marmont, de verser des grains dans la province de Tolède, qui ordinairement lui en fournissait, il avait tellement appauvri Madrid en vivres, que la livre de pain y coûtait 26 à 27 sous. Aussi la misère y était-elle extrême, ce qui n'était pas une manière de ramener les Espagnols à la royauté nouvelle.

L'Andalousie, envahie si prématurément, se trouvait dans les mains du maréchal Soult, qui avait sous ses ordres la plus belle partie de l'armée française. Il disposait en effet de 58 mille hommes, les non-combattants déduits, comme il a été fait pour tous les corps dont nous venons d'énumérer les forces. Ces troupes étaient ainsi réparties : 12 mille devant Cadix pour y continuer le simulacre d'un siége; 10 mille à Grenade pour défendre cette province; 3 mille à Arcos pour faire des patrouilles entre Séville, Cadix, Tarifa; 15 mille en Estrémadure sous le comte d'Erlon, pour observer le général Hill établi à Badajoz; enfin 2 à 3 mille de cavalerie vers Baeza, pour battre l'estrade vers les défilés de la Sierra-Morena. Avec le reste, 13 ou 14 mille hommes environ, le maréchal Soult occupait Séville, et guerroyait contre Ballesteros, qui, ayant à sa disposition la marine anglaise, descendait tantôt à droite dans le comté de Niebla, tantôt à gauche vers Tarifa.

Dans ce riche pays, le maréchal Soult se suffisait à lui-même, et avait de quoi bien entretenir ses troupes. Toutefois, malgré les dernières mesures par lesquelles Napoléon avait prescrit aux divers généraux de réserver au roi une partie du produit des contributions de guerre, le maréchal Soult n'avait rien envoyé à Joseph, affirmant qu'il pouvait pourvoir tout au plus aux besoins de son armée, et aux dépenses du siége de Cadix, qui, en effet, avait exigé de nombreuses créations de matériel, malheureusement jusqu'ici fort inutiles. Les communications du maréchal Soult avec l'état-major général étaient nulles. Il avait levé tous les postes qui à travers la Manche lui auraient permis de communiquer avec Madrid, prétendant que c'était à l'armée du centre à garder la Manche, et ne se souciant guère d'ailleurs de relations qui ne pouvaient consister qu'en demandes d'argent et de secours fort importunes. Quoique Joseph fût devenu son commandant en chef, ce maréchal était fondé à dire qu'il n'en savait rien, car aucune dépêche de Paris ou de Madrid ne lui était parvenue.

Cet état de choses prouvait combien était grande la faute qu'on avait commise de se porter en Andalousie. A s'étendre prématurément au midi de l'Espagne, tout le monde eût compris qu'on l'eût fait vers Valence, car outre les ressources qu'on devait y trouver, Valence garantissait la possession de la Catalogne et de l'Aragon, c'est-à-dire de la meilleure partie des frontières de France, procurait avec Madrid une communication tout à fait indépendante des Anglais, enfin nous assurait une moitié des rivages de l'Espagne, et surtout la partie de ces rivages qui bordait la Méditerranée. Mais la conquête de l'Andalousie, à laquelle Napoléon s'était laissé entraîner presque malgré lui, ne donnait aucun des résultats qu'on s'en était promis. Napoléon avait cru qu'on prendrait Cadix, et qu'ensuite on pourrait par Badajoz tendre la main à l'armée de Portugal

Mai 1812.

Isolement de l'armée d'Andalousie.

Grande faute d'avoir prématurément envahi l'Andalousie.

La plus belle armée de la Péninsule y était paralysée sans profit pour la situation des Français en Espagne.

Mai 1812.

en marche sur Lisbonne. Mais le siége de Cadix se bornait à occuper quelques redoutes d'où l'on ne tirait pas, à fondre à grands frais de gros mortiers, qui de temps en temps réussissaient à jeter quelques bombes dans la rade de Cadix, presque jamais dans la ville même; le secours à l'armée de Portugal s'était borné pendant la marche de Masséna sur le Tage à prendre Badajoz pour le perdre presque aussitôt, et s'était réduit depuis à laisser le comte d'Erlon avec 15 mille hommes à Llerena, où il était à plus de cent lieues du maréchal Marmont. Mieux eût valu employer ce corps au siége de Cadix, pour atteindre au moins l'un des buts qu'on s'était proposés, que de le laisser en Estrémadure, où il n'avait pas même aidé à sauver Badajoz. Quant au secours pécuniaire qu'on avait espéré tirer de l'Andalousie, une circonstance suffit pour en juger, c'est que le maréchal Soult réclamait avec instance sa part des vingt-quatre millions que Napoléon s'était décidé à envoyer en numéraire en Espagne. Une dernière utilité espérée de l'expédition d'Andalousie, celle d'enlever à l'insurrection sa capitale, en lui prenant Séville, se réduisait à lui en avoir ménagé une dans la ville de Cadix, qui était imprenable, et d'où les cortès espagnoles, imitant notre assemblée constituante, proclamaient les grands principes de quatre-vingt-neuf, l'égalité devant la loi, la liberté individuelle, la liberté de la presse, le concours de la nation à son gouvernement, la séparation des pouvoirs, etc., principes qui, bien que l'Espagne fût peu préparée encore à les entendre proclamer, produisaient sur les peuples une vive impression.

Plusieurs fois Napoléon s'était plaint amèrement de ce qu'on ne tirait pas un autre parti de l'Andalousie et des 90 mille hommes qui l'occupaient, mais à la distance où il se trouvait, ses reproches, ses conseils se perdaient dans le vide, et la faute de s'être inutilement et intempestivement étendu au midi demeurait entière avec toutes ses conséquences.

Mai 1812.

Enfin restait le royaume de Valence, et le vaste établissement que le maréchal Suchet y avait formé. Depuis la prise de Valence, le grand rassemblement de forces qu'avait ordonné Napoléon de ce côté avait dû se dissoudre, pour rendre à chaque province son contingent indispensable. Le général Reille était retourné en Aragon avec 14 mille hommes, pour y conserver Saragosse, Lerida, Tortose, pour donner la main à l'armée du nord contre Mina, pour aider l'armée du centre contre l'infatigable Villa-Campa, contre Duran, contre l'Empecinado, et enfin pour secourir au besoin l'armée de Catalogne. Le général Decaen, depuis la perte de l'Ile-de-France, revenu en Europe avec une réputation intacte, commandait les troupes de Catalogne sous l'autorité supérieure du maréchal Suchet. Il avait 27 mille hommes pour garder Figuères, Hostalrich, Barcelone, et pour se montrer de temps en temps sous Tarragone, la plus importante des conquêtes du maréchal Suchet, car elle empêchait les Anglais de prendre terre dans le nord-est de l'Espagne. Ces derniers, sachant combien il nous était difficile d'approvisionner les places, tâchaient d'interdire les communications par mer, tandis que le général Lacy tâchait de les interdire par terre, et se flattaient ainsi de reprendre Tarragone

L'armée d'Aragon et le maréchal Suchet.

4.

au moyen de la famine. Si cette place nous échappait, Lacy établi dans ses murs avec son armée, renforcé par les Anglais, pourvu de tout par eux, devenait un ennemi des plus dangereux, menaçait Tortose, la route de Valence, et rendait l'évacuation de cette dernière ville presque inévitable. Aussi n'était-ce pas trop de toute l'activité du général Decaen, de celle de son habile lieutenant, le général Maurice-Mathieu, pour suffire aux soins divers dont ils étaient surchargés, et pas trop surtout de la continuelle attention du maréchal Suchet, qui, tout en gardant Valence, avait constamment l'œil en arrière pour secourir au besoin les généraux Reille et Decaen. Le maréchal Suchet, dans les trois provinces de Catalogne, d'Aragon, de Valence, avait 58 mille hommes, en ne comptant que les présents sous les armes. En défalquant les 14 mille confiés au général Reille, les 27 mille indispensables au général Decaen, il conservait 16 à 17 mille hommes, pour surveiller la longue route qui suit le rivage de la Méditerranée de Tortose à Valence, pour avoir un corps de troupes en face d'Alicante, et pour donner à Cuenca même la main aux troupes de Joseph. C'est tout au plus si, en occupant les postes importants qu'il avait à garder, il lui restait une division mobile de 7 à 8 mille hommes à porter sur les points menacés.

Au nombre des dangers qu'avait à craindre l'armée d'Aragon (c'est le nom général sous lequel on désignait les trois armées d'Aragon, de Catalogne et de Valence), nous devons énumérer l'apparition de l'armée anglo-sicilienne. Cette armée venait d'être formée par lord William Bentinck en Sicile. Lord William Bentinck, l'un de ces Anglais simples, généreux et libéraux, qui se montrent tout à coup très-intéressés quand il s'agit de leur pays, était devenu un véritable roi de Sicile. Fort contrarié par les Bourbons, qui, après avoir été privés de Naples par les Français, se voyaient encore annulés en Sicile par les Anglais, et naturellement ne négligeaient rien pour secouer le joug de leurs protecteurs, il s'était débarrassé du roi et de la reine, en les forçant à transmettre le pouvoir royal à un jeune prince, investi de la régence dans un âge où il aurait eu besoin d'être remplacé lui-même par un régent, et avait appelé à son aide la nation sicilienne en lui donnant une constitution de forme anglaise. Délivré ainsi de la cour de Palerme, ne craignant plus les tentatives de Murat depuis que celui-ci avait été obligé de se rendre en Russie, lord William avait pu disposer d'une bonne division anglaise, et en outre d'une division sicilienne, qui ressemblait assez à l'armée portugaise par l'organisation, et promettait de lui ressembler bientôt par la valeur. C'était un corps d'une douzaine de mille hommes, qui, pouvant, grâce aux flottes anglaises, se transporter partout, produisait un effet supérieur à sa force numérique. Ce n'était pas tout encore. Les Anglais, s'apercevant de la valeur des soldats espagnols, qui leur servaient si peu faute d'organisation, tandis que les soldats portugais, sans valoir mieux, leur rendaient tant de services, avaient imaginé de faire pour les uns ce qu'ils avaient fait pour les autres, c'est-à-dire de prendre un certain nombre d'Espagnols à leur solde, et de leur donner des officiers anglais. Ils employaient

Mai 1812.

à cette création les îles Baléares dont ils étaient les maîtres, et le rivage de Murcie qui leur appartenait presque tout autant. Le général Wittingham dans les Baléares, le général Roche dans le royaume de Murcie, organisaient deux légions espagnoles, qui devaient bientôt leur procurer encore douze mille bons soldats.

C'est là ce qu'on appelait l'armée anglo-sicilienne, laquelle pouvant tour à tour se transporter en Catalogne auprès du général Lacy, ou dans le royaume de Murcie auprès du général O'Donnell, était devenue un danger non plus imaginaire, mais très-réel, et même assez inquiétant.

Le maréchal Suchet, fort attentif aux difficultés de sa situation, avait fait des 16 mille hommes réservés au royaume de Valence l'emploi le plus judicieux. Ayant placé de petites garnisons largement approvisionnées à Tortose, à Peniscola, à Sagonte, ayant gardé à Valence une autre petite garnison, qui avec les dépôts et les malades pouvait être doublée au besoin, il avait laissé sous le général Harispe environ 5 mille hommes en face d'Alicante, à la frontière de Murcie. S'étant réservé pour lui-même une division active de 6 à 7 mille hommes, il était prêt à courir ou sur Tortose, ou sur Alicante, ou même vers Cuenca, dans la direction de Madrid. Très-fin et très-peu crédule, il ne prenait pas l'alarme mal à propos, n'exposait pas ses troupes à des courses inutiles, et quand il fallait se porter à vingt ou trente lieues, il ne les faisait pas mourir de besoin et de fatigue, parce qu'il avait partout des magasins bien pourvus par son habile administration.

Cette administration était pour moitié au moins la cause de ses succès. Le lendemain de la prise de Valence, cette ville, tremblante au souvenir du massacre des Français, avait craint de voir entrer dans ses murs un vengeur impitoyable; mais loin de là elle avait trouvé un vainqueur doux, tranquille, adroit, qui s'était appliqué à rassurer les habitants, et qui les avait appelés, comme à Saragosse, à participer au gouvernement du pays. Inspirant déjà confiance par sa conduite en Aragon, il avait successivement ramené l'archevêque et les anciens magistrats municipaux de la province, avait formé une junte, arrêté avec elle la répartition de l'impôt, opéré même d'utiles réformes, et, sans pressurer le pays, fait jouir son armée de toute la richesse du royaume de Valence. Napoléon avait voulu que Valence payât en argent le sang français versé en 1808, et il avait exigé une rançon de cinquante millions. Une telle contribution au milieu des désordres de la guerre, frappée sur une province riche mais peu étendue, paraissait excessive. Grâce néanmoins au système administratif du maréchal Suchet, on pouvait espérer d'en toucher une grande partie, et certainement le tout, si on passait plus d'un an à Valence. Déjà le maréchal Suchet avait habillé, soldé, armé jusqu'au dernier de ses soldats, rempli ses magasins, préparé une réserve, et envoyé à Joseph un premier à-compte de 3 millions, en promettant de lui verser prochainement une somme plus forte. C'était la seule armée en Espagne qui fût dans cet état. Aussi tout le monde y servait bien, y aimait son chef, et se montrait prêt aux plus grands efforts.

Mai 1812.

Administration du maréchal Suchet.

Mai 1812.

Dispositions du maréchal Suchet, et manière dont il se propose d'obtempérer à l'autorité de Joseph.

La nouvelle autorité attribuée à Joseph avait été bientôt connue à Valence, par suite du bon entretien des communications, et elle n'avait pas plu au maréchal, qui, quoique fort doux, n'aurait pas aimé qu'on vînt troubler son règne juste et paisible. De l'argent, il pouvait en donner, et il en donnait volontiers, mais des soldats, il ne pouvait pas en distraire un seul, car les provinces qu'il gardait étaient l'unique ressource des armées françaises, si, par un malheur survenu en Castille ou en Estrémadure, elles perdaient leurs communications avec Bayonne. Il était donc très-fondé à se refuser à tout détournement de ses forces; il avait au surplus un bon moyen pour s'y soustraire, c'étaient les instructions secrètes que Napoléon, dans la pensée de se réserver les provinces de l'Èbre, lui avait envoyées deux ans auparavant, et qui l'autorisaient à n'avoir pour l'état-major de Madrid qu'une déférence de pure forme. Mais toujours modéré en toutes choses, ne compliquant jamais par des difficultés de caractère les difficultés de situation, il résolut de s'en tirer, comme il avait déjà fait, en rendant à Joseph tous les services qu'il pourrait lui rendre, et en particulier des services d'argent, qui dans le moment étaient les plus appréciables et les plus appréciés, d'avoir pour son autorité la déférence apparente la plus complète, et de ne recourir à ses instructions secrètes que dans le cas où on lui demanderait une chose dommageable pour les provinces qu'il était chargé de conserver à l'Empire. On va voir que cette habile conduite devait parfaitement le mener à son but, sans éclat, et sans conflit d'autorité.

C'était, il faut le dire, un singulier commandement en chef que celui qui était déféré au roi d'Espagne, et au maréchal Jourdan, son major général. Des cinq armées occupant l'Espagne, celle du nord refusait nettement de lui obéir; celle de Portugal ne s'y refusait aucunement, mais était obéissante pour être secourue; celle du centre, placée immédiatement sous ses ordres, lui obéissait directement et absolument, mais elle était presque nulle; celle d'Andalousie, la plus considérable, la moins empêchée, était résolue à ne pas obéir, jusqu'ici d'ailleurs ignorait l'autorité de Joseph, et pouvait feindre de l'ignorer longtemps encore; celle d'Aragon enfin, en ménageant beaucoup Joseph, et en lui rendant des services d'argent, était dans l'impossibilité de lui en rendre aucun autre : et pourtant ce n'était que des secours que ces diverses armées se seraient prêtés les unes aux autres, surtout celles du nord et d'Andalousie à l'armée de Portugal, qu'on aurait pu attendre le salut de nos affaires en Espagne! Le maréchal Jourdan, qui joignait à un jugement sûr une profonde expérience du commandement, et auquel il ne manquait pour être vraiment utile, que de la jeunesse et du goût à servir sous un ordre de choses qui lui était antipathique, sentait bien le vice de cette situation, et le fit sentir à Joseph, auquel il présenta un rapport complet et frappant. Mais que faire? Écrire à Paris pour recevoir après deux mois du duc de Feltre (M. Clarke), ministre laborieux mais évasif, une réponse aussi longue qu'insignifiante, était l'unique ressource à espérer, surtout Napoléon étant parti, et n'ayant pas plus le moyen que

Mai 1812.

Embarras de Joseph, nommé commandant de cinq armées qui ne veulent pas lui obéir.

Rapport du maréchal Jourdan sur cette situation.

Mai 1812.

Quels étaient pour la campagne de 1812, les plans de lord Wellington?

la volonté de s'occuper en ce moment des affaires d'Espagne. Néanmoins le maréchal Jourdan adressa au ministre de la guerre le rapport circonstancié de la situation qu'il avait déjà présenté à Joseph, afin de réduire à ce qui était juste la responsabilité de l'état major de Madrid, et ensuite s'attacha à deviner, et à faire comprendre à tous d'où allait venir le danger.

D'ennemi redoutable, il n'y en avait qu'un, c'était l'armée anglaise. Lord Wellington ayant pris Ciudad-Rodrigo en janvier, Badajoz en mars, ayant employé avril et mai à faire reposer ses troupes, devait agir en juin. N'ayant plus de places à conquérir, il fallait qu'il entreprît une marche offensive. Où se dirigerait-il? S'avancerait-il par Badajoz en Andalousie, ou par Ciudad-Rodrigo en Vieille-Castille? Telle était la question, et elle était facile à résoudre, d'après les indices qu'on avait recueillis, surtout pour un homme qui avait autant de discernement que le maréchal Jourdan.

En effet, Badajoz pris, lord Wellington s'était reporté au nord du Portugal avec la masse de ses troupes, et s'était placé à Fuente-Guinaldo, à quelques lieues d'Alméida et de Ciudad-Rodrigo, menaçant ainsi la Vieille-Castille, et l'armée de Portugal qui était chargée de défendre cette province. En admettant toujours la possibilité d'une feinte, il était cependant évident qu'il n'aurait pas transporté toute son armée du midi au nord, pour la faire redescendre du nord au midi un mois plus tard. Les feintes ne vont pas jusqu'à épuiser des soldats de fatigue, sous un climat dévorant, pour inspirer quelques doutes à l'ennemi. Ce qui était une feinte évidemment, c'était la présence à Badajoz du général Hill avec quelques troupes anglaises et portugaises, dont on s'efforçait de grossir l'apparence pour faire illusion, et accréditer la supposition d'une entreprise contre l'Andalousie. Outre la présence de lord Wellington à Fuente-Guinaldo, il y avait de son projet beaucoup d'indices secondaires très-frappants, tels que des mouvements de troupes dans le Beira, Tras-os-Montès, Léon, d'immenses magasins à la Corogne, et de nombreux équipages de mulets dans la Galice. Ces préparatifs de toutes sortes indiquaient de manière à n'en pouvoir douter des projets contre la Vieille-Castille. Indépendamment de ces raisons de détail, il y avait enfin une raison générale, qui devait être décisive pour quiconque réfléchissait, c'est qu'en se portant au nord, lord Wellington s'emparait en une marche de nos communications, et, comme nous l'avons dit, faisait avec un seul succès tomber tout notre établissement militaire en Espagne, tandis qu'en se portant au midi, il n'arrivait à d'autre résultat que d'inquiéter l'armée d'Andalousie, de l'obliger peut-être à abandonner la comédie du siége de Cadix, mais rien au delà, toutes choses d'ailleurs qu'il obtenait beaucoup plus sûrement en opérant par le nord, car il nous faudrait bien évacuer l'Andalousie, la Manche, et peut-être Madrid, lorsque nous serions menacés en Castille. La campagne du général Moore, qui, même avec Napoléon sur les bras, avait coûté si peu aux Anglais, et avait failli leur procurer de si grands avantages, était une leçon à ne jamais oublier.

Mai 1812.

Tous les indices révélaient l'intention d'opérer une marche offensive en Vieille-Castille contre l'armée de Portugal.

Aussi le maréchal Jourdan avec son expérience, Joseph avec son esprit juste, ne s'y trompèrent-ils point, et ne conservèrent-ils pas le moindre doute à cet égard. En tout cas le maréchal Marmont, que le danger touchait de près et rendait attentif, ne leur en aurait laissé aucun. Il se hâta, dès les premiers jours de mai, de leur annoncer que les Anglais venaient à lui, de commencer en même temps ses préparatifs de concentration, et de demander des secours à grands cris. Joseph et le maréchal Jourdan virent sur-le-champ ce qu'il y avait à faire, et le virent avec une sûreté de jugement qui était naturelle de la part du maréchal Jourdan, voué depuis sa jeunesse à la carrière militaire, mais fort méritoire de la part de Joseph, étranger à la profession des armes. Si en ce moment leur autorité à tous deux eût été respectée, rien n'eût été plus facile que de rendre vaine la tentative de lord Wellington, et d'en tirer même l'occasion d'un triomphe éclatant, qui aurait fort avancé nos affaires en Espagne, peut-être contrebalancé dans une certaine mesure nos malheurs en Russie, car un grand revers dans la Péninsule eût agi puissamment sur les Anglais, et au fond les Anglais menaient l'Europe.

Pour leur ménager ce revers, il fallait tout simplement faire concourir à la défense commune les forces qui étaient à portée, et elles étaient plus que suffisantes sous le double rapport du nombre et de la qualité. L'armée du nord, quoique diminuée et n'ayant plus les 46 mille hommes qu'elle comprenait au commencement de la campagne, avait bien encore vingt mille hommes de troupes actives. Eût-il fallu les détourner toutes pour quinze jours, et laisser Mina, Longa, Porlier, Mérino, maîtres de nos communications, on ne devait pas hésiter. Les Anglais battus, ces coureurs n'étaient plus rien. Quoi qu'il en soit, on aurait pu du moins détacher dix mille hommes pour quelques semaines (et la preuve, c'est que l'armée du nord, bien que d'une manière inopportune, parvint plus tard à le faire); nos communications en auraient été un peu plus difficiles, mais elles l'étaient déjà tellement, que le mal n'eût pas été fort accru. Joseph, qui avait 13 ou 14 mille hommes de troupes actives et 3 mille Espagnols, pouvait bien en distraire 10 mille (il en détourna 13 mille quand le moment lui sembla venu), et c'eût été un renfort total de 20 mille hommes. Enfin rien n'empêchait l'armée d'Andalousie d'envoyer le corps du comte d'Erlon tout entier, ou au moins 10 mille hommes sur les 16 mille qui composaient ce corps. Cinq a six mille suffisaient à Llerena pour observer le général Hill, et si ce général avait commis l'imprudence absolument invraisemblable de marcher en Andalousie, le maréchal Soult, avec les 6 mille hommes de Llerena, avec tout ce qu'il pouvait rassembler à Séville, aurait eu 25 mille hommes à lui opposer, tandis que le général Hill n'en avait pas la moitié. On aurait donc pu, en faisant des emprunts modérés aux armées du nord, du centre, et d'Andalousie, assurer au maréchal Marmont un renfort de 30 mille hommes, qui aurait porté son armée à 70 mille, et lui aurait fourni le moyen d'accabler lord Wellington, et de le pousser bien près du précipice de l'Océan. Il est vrai qu'il eût fallu un

Mai 1812.

Mai 1812.

général à ces 70 mille hommes, et que Masséna, dénoncé à toute l'armée comme fatigué, usé, vieilli, n'était plus en Espagne. Mais enfin les 70 mille hommes y eussent été; le maréchal Marmont, d'ailleurs, n'était pas incapable de les conduire, et dans tous les cas Jourdan, le vainqueur de Fleurus, bien obéi, aurait avec de telles forces suffi aux circonstances. Du reste, lord Wellington, en présence d'un pareil rassemblement, se serait certainement retiré en Portugal, ce qui l'eût au moins annulé pour la campagne.

Joseph et le maréchal Jourdan se hâtent d'adresser au général Caffarelli et au maréchal Soult l'ordre de secourir l'armée de Portugal.

Les moyens existaient donc, et Jourdan et Joseph, il faut le reconnaître, ne négligèrent rien pour les mettre en usage. Une fois bien convaincus que lord Wellington allait marcher sur la Vieille-Castille, et par conséquent se porter sur l'armée de Portugal, ils écrivirent aux deux seuls généraux qui fussent en mesure de secourir cette armée, au général Caffarelli, successeur du général Dorsenne à l'armée du nord, et au maréchal Soult, chef de l'armée d'Andalousie, avec lequel on venait enfin d'entrer en relation. Ils signalèrent à l'un et à l'autre le danger évident qui menaçait le maréchal Marmont, et enjoignirent au général Caffarelli de diriger un détachement d'une dizaine de mille hommes sur Salamanque, au maréchal Soult de renforcer considérablement le comte d'Erlon, de le rapprocher du Tage, de lui prescrire d'avoir sans cesse les yeux ouverts sur les mouvements du général Hill, et si celui-ci, par les routes intérieures que lord Wellington s'était ménagées, se dérobait, pour venir renforcer son général en chef vers la Vieille-Castille, de le suivre, de franchir le Tage au pont d'Almaraz, tandis qu'il le passerait probablement à celui d'Alcantara, et d'apporter au maréchal Marmont un renfort égal à celui que le général Hill apporterait à lord Wellington.

Mai 1812.

Cet ordre malheureusement n'était pas le meilleur qu'il fût possible de donner, et si plus tard il n'eût été modifié, on aurait pu le considérer comme un service absolument nul pour l'armée de Portugal. Il était conçu en effet dans la supposition que le général Hill avait en avant de Badajoz des forces considérables, que ce général n'était là qu'en attendant, et qu'il serait rappelé vers Fuente-Guinaldo lorsque lord Wellington serait prêt à entrer en campagne. Or tout était faux dans cette supposition. Au lieu de 30 mille hommes le général Hill n'en avait pas 15 mille, parmi lesquels à peine une division anglaise. Il était là pour masquer en demeurant immobile les desseins de son chef, et pour occuper le maréchal Soult, pendant que lord Wellington qui avait réuni sept divisions anglaises et plusieurs divisions portugaises à Fuente-Guinaldo, marcherait sur Salamanque. Le comte d'Erlon renforcé tant qu'on l'aurait voulu, mais à la condition de rester devant le général Hill qui ne devait pas changer de position, aurait laissé périr sans secours le maréchal Marmont. Du reste à la guerre c'est déjà quelque chose que d'entrevoir seulement les desseins de l'ennemi : les deviner complétement et sur-le-champ n'est que le propre des génies supérieurs. Or le maréchal Jourdan, esprit sûr mais lent, avait besoin de temps pour s'éclairer. Transporté sur les lieux, il aurait sans doute bientôt discerné la vérité; mais malade, dégoûté, attaché à un roi qui, quoique brave, n'aimait pas à quitter Madrid, il était resté au palais, et, jugeant de loin, n'avait jugé qu'à peu près du véritable état des choses. Au surplus il fut bientôt détrompé, et pour le premier moment d'ailleurs les ordres donnés étaient suffisants, car ils enjoignaient à chacun de ceux qui devaient concourir à la lutte prochaine de s'y préparer. Quant au maréchal Suchet, qui était trop éloigné et trop dépourvu de troupes pour envoyer des secours, on lui prescrivit de rendre à la cause commune un genre de service qui ne devait de sa part souffrir aucune difficulté, c'était de rapprocher davantage les forces du général Reille de la Navarre, pour qu'il fût plus facile à l'armée du nord de fournir le détachement qu'on lui avait demandé, et de relever à Cuenca les troupes de l'armée du centre, pour que celle-ci fût plus concentrée et plus disponible.

On peut aisément se figurer comment furent accueillis les ordres de Joseph, donnés avec fermeté, mais sans cet accent dominateur qui n'appartenait qu'à Napoléon. Le général Caffarelli, qui commandait l'armée du nord, était probe, dévoué, brave comme tous les Caffarelli, mais doucement entêté, timide non pas de cœur mais d'esprit, et fort inférieur en intelligence à l'illustre officier à jambe de bois qui avait fait la fortune de cette famille distinguée. Sur les 46 mille hommes que comprenait son armée, elle en avait perdu près de 10 mille par les divers détachements envoyés à l'armée de Russie; de plus les infatigables coureurs des provinces basques lui inspiraient de continuelles inquiétudes pour les postes de l'intérieur et pour ceux du littoral. Persistant comme le général Dorsenne à se croire indépendant du général en chef, il ne refusa pas précisément d'aider le maréchal Marmont, mais il ne dit ni quand, ni comment, ni en quel nombre, il viendrait au secours de ce maréchal, et ne fit que des promesses, dont avec quelque prévoyance on devait se défier, bien qu'elles fussent sincères.

En Andalousie l'accueil aux ordres de Joseph fut encore moins satisfaisant. Le maréchal Soult, depuis qu'il était rassuré sur les conséquences de sa campagne d'Oporto, avait toujours espéré qu'il deviendrait le major général du roi Joseph. Masséna ayant échoué en Portugal, Marmont n'ayant pas la situation nécessaire pour un tel rôle, et Napoléon s'étant de sa personne enfoncé en Russie, le maréchal Soult avait cru que ses espérances allaient enfin se réaliser. Mais Napoléon peu satisfait des opérations de l'Andalousie, ne voulant pas d'ailleurs imposer à son frère un major général qui lui déplaisait, avait choisi le maréchal Jourdan, qui n'avait accepté la qualité de major général que par amitié pour le roi Joseph. Le mécontentement du maréchal Soult avait été extrême, et dans cette disposition on n'avait pas grande chance d'être écouté en lui demandant de secourir l'armée de Portugal, avec laquelle il n'avait cessé d'être en querelle. De plus il jugeait tout autrement que l'état-major de Madrid les projets de lord Wellington, et croyait qu'au lieu de songer à la Castille, celui-ci était exclusivement occupé de l'Andalousie. Il répondit par conséquent à Joseph, que l'armée de Portugal allait encore tout perdre, qu'elle et son général se trompaient, que lord Wellington ne se

Mai 1812.

Le maréchal Soult se refuse à exécuter les ordres venus de Madrid, par la raison que les Anglais menaçent l'Andalousie et non pas la Vieille-Castille.

préparait point à marcher sur Salamanque et sur le maréchal Marmont, que c'était à l'Andalousie seule qu'il en voulait, que c'était donc à lui maréchal Soult qu'il fallait venir en aide, car le général Hill n'était que la tête de la grande armée britannique, prête à se porter tout entière sur Séville pour délivrer Cadix; que le langage tenu à Cadix par les journaux de l'insurrection ne permettait aucune incertitude à cet égard; que sans doute il fallait renforcer le comte d'Erlon, mais pour secourir l'armée d'Andalousie, et non pas celle de Portugal, qui n'était point menacée.

C'était en vérité prêter à lord Wellington d'étranges pensées, que de lui supposer pour raison d'agir en Andalousie le désir de sauver Cadix, qui n'était pas en danger; c'était aussi s'en rapporter à de singuliers indices pour juger les projets de l'ennemi, que d'ajouter foi aux journaux de l'insurrection espagnole. Ce que l'ennemi eût le moins fait assurément, c'eût été de publier ses résolutions, et dès qu'il les annonçait ouvertement, il ne fallait pas s'y arrêter. Mais indépendamment de tous les renseignements qu'on avait pu recueillir, la vraie raison de ne pas croire à une tentative contre l'Andalousie, c'est que lord Wellington n'avait rien à y faire, tandis que par un seul succès en Castille il prenait toutes nos armées à revers. Le maréchal Soult ne fut point de cet avis; il resta persuadé que le général Hill avait 30 mille hommes, que lord Wellington allait lui en amener encore 40, et que c'était lui, lui seul, qu'il fallait secourir. Sa réponse fut conséquente avec ces idées.

Quant au maréchal Suchet, qui ne voulait point

entrer en conflit avec l'autorité de Madrid, auquel du reste on ne demandait rien qui pût compromettre les provinces dont il était gouverneur, il fit ce qu'on désirait de lui. Il rapprocha une division italienne du général Reille, et fit remplacer à Cuenca les troupes de l'armée du centre, quoique ce fût pour lui un grave inconvénient de s'étendre aussi loin.

Mai 1812.

Suchet fait ce qu'on lui demande.

Cependant le danger devenait à chaque instant plus pressant et plus visible, et il était impossible de douter du point que lord Wellington allait attaquer. Joseph, toujours dirigé par le maréchal Jourdan, écrivit au général Caffarelli, que bien qu'il se prétendît indépendant de l'état-major de Madrid, il ne devait ni oublier ses devoirs militaires qui lui prescrivaient d'aller au secours d'un camarade en péril, ni ses instructions antérieures qui lui enjoignaient expressément de secourir l'armée de Portugal contre les Anglais; qu'en tout cas on lui en faisait un devoir formel, et qu'on lui donnait l'avis positif que lord Wellington marchait sur Salamanque et sur l'armée de Portugal. Quant à l'armée d'Andalousie, Joseph songea un moment à prendre une résolution qui aurait sauvé l'Espagne, et avec l'Espagne l'Empire peut-être. Il songea à ordonner l'évacuation de l'Andalousie, province dont l'occupation ne procurait pas de grands avantages, et qui absorbait 90 mille hommes, dont 60 mille combattants, suffisants pour accabler les Anglais. Afin d'être obéi dans une telle détermination, il aurait fallu destituer de son commandement le maréchal Soult, qui se serait peut-être refusé à l'évacuation, ou qui du moins l'aurait opérée trop tard pour être utile à l'armée de

Nouveaux ordres plus précis au général Caffarelli et au maréchal Soult.

5.

Portugal. Mais l'abandon d'une vaste province, un mouvement rétrograde très-prononcé, la destitution d'un maréchal illustre, étaient des résolutions que Joseph avait assez d'esprit pour concevoir, et pas assez de caractère pour exécuter. A défaut de ces résolutions, voici ce qu'il prescrivit. Le maréchal Soult faisait entrevoir sa démission, dès qu'on lui donnait des ordres qui lui déplaisaient. Joseph lui envoya un officier de confiance, militaire de beaucoup d'esprit, le colonel Desprez, avec mission de bien observer tout ce qui se passait à l'armée d'Andalousie, de montrer au maréchal son erreur relativement au projet des Anglais, de lui faire comprendre que c'était vers Salamanque et non vers Séville que marchait lord Wellington, de lui renouveler en conséquence l'ordre impératif de porter le général Drouet d'Erlon sur le Tage, sans attendre ce que ferait le général Hill, de lui déclarer en outre qu'à la moindre menace de démission cette démission serait immédiatement acceptée. En même temps il adressa au ministre de la guerre Clarke les dépêches les plus détaillées, pour lui signaler tous les dangers, nous dirions tous les ridicules, si le sujet n'avait été si grave, de cette situation d'un roi général en chef, désobéi de tous ses généraux, et ne pouvant les amener ni au nom du devoir, ni au nom de leur intérêt bien entendu, ni au nom enfin d'une autorité qu'ils méconnaissaient, à secourir celui d'entre eux qui était dans le péril le plus alarmant.

En attendant l'effet de ces diverses démarches, Joseph envoya un premier secours au maréchal Marmont. Depuis que ce maréchal par ordre de l'Empereur avait quitté la vallée du Tage, pour aller s'établir dans la vallée du Douro, il avait laissé l'une de ses divisions, celle du général Foy, sur le Tage, au pont d'Almaraz. Le maréchal Marmont en avait agi ainsi parce qu'avec raison il attachait une grande importance à ce pont, et aux nombreux ouvrages dont il l'avait entouré. Nos forces actives destinées à s'opposer aux Anglais, étant par une disposition vicieuse divisées en deux parts, une en Andalousie, l'autre en Castille, on ne pouvait parer à cet inconvénient que par une grande facilité de communications, afin de courir promptement de l'une à l'autre, ainsi que le maréchal Marmont l'avait fait après la bataille perdue de l'Albuera. Le Tage étant le principal obstacle à franchir, le maréchal Marmont y avait construit un pont, des ouvrages fortifiés, et des magasins. Ce qui se passait devant nous était d'ailleurs une leçon frappante, dont il eût été impardonnable de ne pas profiter. On voyait en effet du côté des Anglais une seule armée, un seul général, se portant alternativement du nord au midi, ayant pour le faire une route large, bien entretenue, jalonnée de ponts et de magasins, sur laquelle les mouvements étaient aussi prompts que faciles.

C'est par suite de cette leçon si instructive que le maréchal Marmont, en se reportant du Tage sur le Douro, n'avait pas voulu abandonner les ouvrages d'Almaraz, et y avait laissé la division Foy. Mais quoiqu'il eût tout disposé pour la ramener promptement à lui à travers le Guadarrama, le trajet qu'elle aurait à faire devait entraîner une perte de

Mai 1812.

en remplaçant la division Foy au pont d'Almaraz.

cinq ou six jours, perte fâcheuse si on était obligé à une concentration rapide par une subite apparition de l'ennemi, et il supplia Joseph de le décharger du soin de garder le pont d'Almaraz. Joseph se hâta de lui rendre ce service, bien qu'il en résultât une nouvelle dislocation de la faible armée du centre, et il y envoya la division d'Armagnac.

A peine y était-elle qu'une tentative téméraire et peu conforme au caractère de l'armée anglaise, signala les grands projets de lord Wellington pour cette campagne, et l'importance qu'il attachait à empêcher l'armée d'Andalousie d'aller au secours de l'armée de Portugal.

Le général Hill, par ordre de son chef, se jouant de la vigilance des troupes que le maréchal Soult tenait devant lui en Estrémadure, quitta son poste sans qu'on s'en aperçût, se porta sur le Tage avec une division, le remonta à la dérobée, et se présenta devant le pont d'Almaraz le 18 mai. Ce pont était situé au pied même des montagnes qui séparent la vallée du Tage de celle de la Guadiana (voir la carte n° 43), et, après l'avoir franchi, la grande route d'Estrémadure s'élevait, et traversait les montagnes au col de Mirabète. Le maréchal Marmont avait fait construire au sommet du col un ouvrage qui fermait la route carrossable, et qui par conséquent ne permettait pas à un ennemi venant de l'Estrémadure d'amener du canon. Il avait de plus rendu cet ouvrage assez fort pour exiger l'emploi de la grosse artillerie. Au pied de la hauteur, au bord du fleuve, il avait établi deux ouvrages moins considérables, formant têtes de pont sur la rive gauche et sur la rive droite. Un pont de bateaux, qui n'était pas toujours tendu, servait à franchir le fleuve.

Mai 1812.

Surprise de ces ouvrages par le général Hill.

Le général Hill, qui avait déjà surpris deux ans auparavant le général Girard dans les environs, à Arroyo del Molinos, et qui était coutumier de ce genre d'expéditions, étant arrivé presque sans être aperçu à portée de l'ouvrage de Mirabète, reconnut qu'il était trop fort pour essayer de le brusquer, et imagina de faire descendre par un chemin de traverse une colonne d'infanterie qui tâcherait d'enlever à l'escalade les têtes de pont, tandis que le reste des troupes anglaises feindrait d'attaquer Mirabète sur la hauteur. Ce plan hardi réussit parfaitement. Les deux ouvrages qui formaient têtes de pont sur les deux rives du fleuve, et que le maréchal Marmont avait moins fortifiés, pouvaient être enlevés à l'escalade. Les Anglais posèrent leurs échelles sur les escarpes à peine maçonnées, et pénétrèrent dans la tête de pont de la rive gauche. Les troupes qui la gardaient, espèce de ramassis de toutes nations, se laissèrent épouvanter malgré la belle conduite d'un officier piémontais, qui se fit tuer pour les rallier; elles s'enfuirent, tentèrent de se jeter dans quelques bateaux, et furent ou prises ou noyées. L'ouvrage de la rive gauche enlevé, celui de la rive droite se rendit immédiatement. Les Anglais saccagèrent ainsi ce petit établissement, détruisirent les ouvrages, brûlèrent les bateaux, et se retirèrent, très-fiers d'une expédition qui leur valait plus d'honneur que de profit, puisqu'ils n'avaient fait autre chose, après tout, que bouleverser temporairement les moyens de passage. En apprenant ce coup téméraire, le général Foy, qui était avec sa division en marche vers la Castille, rebroussa chemin, courut après les Anglais, sans réussir toutefois à les atteindre. On en fut quitte pour une affaire désagréable mais point irréparable, car pour un pont détruit le Tage ne devenait pas un obstacle invincible, et une armée qui remonterait à temps par la route d'Estrémadure devait toujours trouver le moyen de le franchir.

Cet accident causa une vive émotion à Madrid, car il révélait la prochaine entrée de lord Wellington en campagne, et son intention de mettre les armées d'Andalousie et de Portugal dans l'impossibilité de communiquer entre elles. Cette indication aurait dû agir sur celle des deux qu'on appelait à secourir l'autre, et Joseph renouvela ses instances, mais en vain, comme on va le voir.

Le maréchal Soult avait reçu la visite du colonel Desprez, avait laissé apercevoir son extrême déplaisir de n'être pas major général de Joseph, n'avait point renouvelé une offre de démission, dont on ne lui cachait pas l'acceptation immédiate si elle était faite, et s'était obstiné à soutenir que le danger menaçait non pas la Castille, mais l'Andalousie. Il n'y avait pas moyen de redresser son opinion à cet égard, et le colonel Desprez y renonçant, le pressa de s'expliquer sur l'exécution des ordres relatifs au corps du comte d'Erlon. Le maréchal avait renforcé ce corps, ainsi que Joseph l'avait prescrit, mais quant aux instructions à lui donner, il avoua clairement qu'il ne consentirait pas à s'en dessaisir, et à l'envoyer en Castille au secours de l'armée de Portugal. A toutes les instances que lui fit le colonel

Desprez, le maréchal répondit que si on lui ôtait une portion quelconque de ses forces il ne pourrait garder l'Andalousie, et qu'il n'obéirait qu'à un ordre, celui d'évacuer cette province.

Ces allées et venues, ces résistances obstinées, faisaient perdre un temps précieux, pendant lequel lord Wellington se hâtait de marcher sur l'armée de Portugal. En effet, dans les premiers jours de juin on apprit qu'il avait levé ses cantonnements, et qu'il était à la veille de franchir l'Aguéda pour se rendre dans la province de Salamanque par la route de Ciudad-Rodrigo. A cette nouvelle, le général Caffarelli que le défaut de présence d'esprit au milieu des embarras dont il était assailli, bien plus qu'une mauvaise volonté décidée, empêchait d'obéir, le général Caffarelli sans plus discuter l'autorité du roi, manda aux maréchaux Marmont et Jourdan qu'il allait marcher au secours de l'armée de Portugal avec un détachement de 10 mille hommes. Quant au maréchal Soult, Joseph lui expédia le véritable ordre qu'il aurait dû lui adresser dès le commencement, il lui prescrivit non plus de donner au comte d'Erlon l'instruction de suivre les mouvements du général Hill, mais de faire sur-le-champ un détachement de 10 mille hommes, de les acheminer sur le Tage, d'évacuer telle partie de territoire qu'il faudrait pour rendre possible l'accomplissement de cette mesure, et, enfin, s'il ne voulait pas obéir, de remettre immédiatement son commandement au comte d'Erlon.

Confiant dans l'exécution d'un ordre aussi précis, dans les promesses du général Caffarelli, dans la

Juin 1812.

Entrée en campagne de lord Wellington, et sa marche sur Salamanque.

Le général Caffarelli prépare un secours pour l'armée de Portugal.

Ordre péremptoire envoyé par Joseph au maréchal Soult.

Juin 1812.

État
de l'armée
anglaise
au moment
où elle entre
en campagne.

possibilité qu'il avait lui-même d'envoyer quelques mille hommes au maréchal Marmont, comptant que par toutes ces dispositions il pourrait porter l'armée de Portugal à près de 70 mille hommes, il se rassura sur l'issue des événements qui se préparaient en Castille, il se rassura parce que, tout en étant doué de bon sens, d'intelligence militaire et de courage, il n'avait pas cette ardeur dévorante, cette vigilance sans sommeil du véritable homme d'action, qui ne croit qu'à ce qu'il a vu, qui ne se repose que sur les promesses accomplies, et ne donne pas un ordre sans en suivre lui-même l'exécution, qualité que Napoléon possédait au plus haut degré, et à laquelle il devait en partie ses prodigieux succès.

Pendant que le temps le plus précieux se perdait de notre côté en tristes tiraillements, lord Wellington s'était mis en mouvement pour essayer d'une marche offensive en Castille, seule partie de l'Espagne où, par les raisons que nous avons données, il pût agir utilement. Il n'était pas lui-même, quoique commandant seul, et appartenant à la puissance la plus riche de l'Europe, entièrement satisfait de sa situation, surtout sous le rapport matériel. La solde était fort arriérée dans son armée; l'argent ne lui arrivait que très-difficilement, parce qu'il fallait que son gouvernement convertît en espèces métalliques, avec une perte d'au moins 25 pour 100, la monnaie de papier circulant en Angleterre; de plus les Espagnols, quoique dévoués à sa cause, lui fournissaient bien gratis tous les renseignements qui pouvaient le servir, mais ne lui livraient leurs denrées que contre argent. Les muletiers, qui avec six mille mulets, transportaient les vivres de l'armée anglaise, n'étaient pas payés depuis plusieurs mois, et se plaignaient vivement. Or, s'ils avaient refusé un seul jour leurs services, l'armée anglaise eût été perdue, car sans les vivres réunis tous les soirs aux bivouacs, sans le temps de les faire cuire, de les consommer, lord Wellington n'aurait bientôt plus conservé un soldat dans les rangs. Aussi ne cessait-il d'écrire à son gouvernement que si on lui donnait ces admirables soldats français, comme il les appelait, qui se passaient d'approvisionnements, couraient çà et là pour se procurer leur nourriture, revenaient ensuite au drapeau, faisaient leur soupe en hâte avec ce qu'ils avaient ramassé, et se battaient néanmoins s'ils n'avaient pas eu le temps de la faire, il pourrait soutenir la guerre sans argent; mais que si les soldats anglais étaient mis à une telle épreuve, si on les exposait à quitter le drapeau pour aller à la maraude, au bout de quelques jours il n'en reviendrait pas un. Il se plaignait donc lui aussi d'avoir ses peines et ses difficultés. Son armée, quoique excellente, n'était pas non plus telle qu'il l'aurait voulue. Il l'aurait désirée plus nombreuse, particulièrement en Espagnols. Ces derniers, qui auraient dû lui fournir trente ou quarante mille soldats, lui avaient à peine envoyé une division de dix mille hommes, mal disciplinés, mal commandés, et ne rendant aucun des services qu'on devait attendre de la bravoure et de la sobriété du soldat espagnol. Avec le dévouement des nations portugaise et espagnole, avec toute la puissance de l'Angleterre, après plusieurs campagnes

Juin 1812.

heureuses, il était parvenu à réunir sur l'Aguéda, aux premiers jours de juin, les forces suivantes : sept divisions d'infanterie anglaise, présentant environ 35 à 36 mille hommes d'une solidité à l'épreuve (une huitième division était sous le général Hill en Estrémadure), cinq ou six mille hommes de cavalerie anglaise et allemande excellente, deux brigades d'infanterie portugaise, plus enfin une division espagnole sous le général don Carlos d'Espagne. Ces auxiliaires, difficiles à compter, surtout les Espagnols, à cause de leur organisation très-imparfaite, pouvaient monter à 14 ou 15 mille hommes. Ainsi l'armée de lord Wellington était d'environ 55 mille hommes. Les guérillas, très-propres au service de troupes légères, ajoutaient à son effectif une force impossible à évaluer, mais réelle. On voit qu'avec un peu d'entente entre nos généraux, avec nos braves soldats, avec 300 mille hommes d'effectif donnant 230 mille combattants, il eût été facile en se concentrant à propos d'opposer une masse écrasante à cette poignée d'Anglais, solides et bien conduits sans doute, mais dont la force était tout entière dans la sagesse de leur chef, et dans la désunion de nos généraux.

Lord Wellington le sentait si bien, que ce n'était qu'en tremblant (si ce mot peut être employé en parlant d'un tel homme) qu'il s'avançait en Castille. La conquête de Ciudad-Rodrigo et de Badajoz étant accomplie, il fallait qu'il entreprît quelque chose; or, à entreprendre quelque chose, il ne pouvait essayer, comme nous l'avons montré, qu'une marche offensive en Castille. Sa ferme raison n'admettait

WASHINGTON ET SALAMANQUE.

sur ces points aucun doute; mais, en songeant qu'il allait se jeter sur les derrières des Français, entre les armées du nord et de Portugal d'un côté, les armées du centre et d'Andalousie de l'autre, qui seulement en envoyant chacune un détachement auraient pu l'accabler, il était saisi d'une véritable crainte, non pas de la crainte des âmes faibles, mais de la crainte des âmes fortes et éclairées, qui sans s'exagérer le danger en apprécient pourtant la gravité. S'il se rassurait au point de marcher au-devant de tels périls, c'est d'abord qu'il était obligé de tenter quelque chose, sous peine de perdre l'occasion la plus favorable, celle de l'absence de Napoléon; c'est ensuite qu'il comptait sur les misérables tiraillements dont il s'était aperçu depuis longtemps, et qui jusqu'ici avaient empêché nos généraux de l'accabler par la réunion de leurs forces. Une seule fois il avait vu cette réunion s'opérer à temps, c'était l'année précédente, lorsque le maréchal Marmont était accouru en Estrémadure, et ce mouvement lui avait fait manquer Badajoz, après une perte de six mille hommes. Au contraire, dans les trois premiers mois de la présente année, cette concentration n'ayant pas eu lieu, il avait pu prendre Badajoz et Ciudad-Rodrigo. Cette fois encore, il se flattait d'avoir le même bonheur grâce aux mêmes causes.

Juin 1812.

Résolu à se porter en avant, il écrivit néanmoins à son gouvernement qu'il ne fallait pas se flatter d'obtenir de grands résultats, car il suffirait aux Français de se réunir contre lui pour qu'il fût promptement rejeté en Portugal. Il demanda donc

Demande de lord Wellington à son gouvernement avant d'entrer en campagne.

expressément que l'armée anglo-sicilienne tentât une descente dans la province de Murcie, ou dans celle de Catalogne, pour empêcher l'armée d'Aragon de faire des détachements au profit de l'armée du centre; il demanda aux flottes anglaises qui croisaient dans le golfe de Biscaye, et communiquaient avec les chefs de bandes, de simuler un débarquement pour empêcher le général Caffarelli d'aller au secours du maréchal Marmont. Ces précautions prises, il passa l'Aguéda dans les premiers jours de juin, et se dirigea sur Salamanque. Sachant, par des rapports exacts, dus au zèle des Espagnols, que le maréchal Marmont avait été obligé de disperser ses divisions pour les faire vivre, qu'aucun renfort ne lui était encore arrivé, il espérait trouver l'armée française disséminée, en tout cas forte au plus de 40 mille hommes, et probablement mal pourvue de matériel. Par ces divers motifs, il se flattait de lui faire au moins évacuer Salamanque, et de la repousser au delà du Douro, ce qui était un heureux commencement de campagne. Il se proposait ensuite d'agir selon les événements, qu'il avait assez de sang-froid pour attendre sans trouble, et assez de présence d'esprit pour saisir avec à propos.

Le maréchal Marmont, qui était sur ses gardes, quoique mal servi par ses espions, connut bientôt l'approche de l'armée anglaise, et se mit en mesure de n'être pas surpris. Ayant eu le temps de réunir quatre ou cinq divisions, grâce au retour de la division Foy, il put former un rassemblement respectable, et capable d'imposer à l'ennemi une extrême réserve. Si toute son armée n'était pas sous sa main en avant de Salamanque, c'est d'abord qu'il avait beaucoup de points à occuper, et qu'ensuite, pour vivre dans un pays ruiné, il avait été obligé de s'étendre sur un espace de plus de trente lieues. Du reste, ayant profité des leçons administratives de Napoléon, dont il avait été l'aide de camp, il avait employé l'hiver à soigner ses hommes, à réparer son matériel d'artillerie, à recomposer autant que possible ses attelages, et à mettre ses postes en bon état de défense. A défaut de grands magasins qu'il n'avait pas le moyen de créer, il avait formé auprès de chaque division un petit dépôt de biscuit qui lui permettait de manœuvrer une quinzaine de jours sans être inquiet de la subsistance de ses soldats. Il avait disposé en citadelles trois couvents qui dominaient Salamanque et commandaient le passage de la Tormès. Il y avait placé une garnison d'un millier d'hommes, et il pouvait s'en éloigner sans crainte de voir l'ennemi s'y établir. La ligne du Douro, qui se trouvait en arrière de Salamanque, et qui avec son affluent l'Esla couvrait à la fois la Vieille-Castille et le royaume de Léon, était partout jalonnée de postes assez bien occupés. Toro, Zamora, Benavente, Astorga, promettaient une certaine résistance, et, en présence d'un adversaire circonspect, il était possible, en manœuvrant sagement, de tenir la campagne quelque temps, sans être amené à une action décisive.

Juin 1812.

Le maréchal Marmont, après les dispositions que nous venons d'énumérer, leva son camp de Salamanque, livra la ville à elle-même, et alla camper à quelque distance pour se ménager le loisir de ras-

Le maréchal Marmont se retire d'abord à quelque distance.

Juin 1812.

de Salamanque.

sembler ses divisions et d'observer les projets de l'ennemi. S'il ne se hâta pas de se réfugier derrière le Douro, c'est qu'il avait la Tormès pour se couvrir, et qu'il voulait rester en vue de Salamanque, afin de donner du cœur à la petite garnison laissée dans les trois couvents fortifiés.

Lord Wellington parut le 16 juin devant Salamanque. Reçu par les habitants avec une joie qui éclatait toujours après le départ des Français, et avant l'arrivée des Anglais, il consacra un jour ou deux à la réflexion, et au plaisir d'avoir ainsi acquis les honneurs de l'offensive, sans en courir les dangers.

Attaque de Salamanque.

Les habitants lui demandaient de les délivrer des trois couvents fortifiés qui dominaient la ville, et qui pouvaient en rouvrir les portes aux Français. Ces couvents, examinés de près, semblèrent exiger une attaque en règle. Lord Wellington résolut d'y employer dix ou quinze jours, et n'en fut pas fâché, car il n'était pas disposé à précipiter ses mouvements dans une contrée où chaque pas en avant pouvait être un pas fait vers un abîme. Il avait amené avec lui quelques pièces de grosse artillerie, assez mal approvisionnées. Il commença l'attaque des couvents avec ces moyens, et envoya chercher à Ciudad-Rodrigo le matériel qui lui manquait.

Voici la position des trois couvents qu'il s'agissait de prendre. Le principal, le plus vaste, celui de Saint-Vincent, gros bâtiment carré, ressemblant à un fort, avait été crénelé, percé d'embrasures, et entouré de décombres qu'on avait disposés en glacis. D'un côté il dominait la Tormès, qui passe au pied de Salamanque, et de l'autre Salamanque elle-même.

Les deux couvents de San-Gaetano et de la Merced, situés un peu au-dessous et vers la ville, fournissaient contre elle un second étage de feux, et en assuraient complétement la possession.

Lord Wellington ouvrit la tranchée devant le couvent de Saint-Vincent, par le dehors de la ville. Quant aux couvents de la Merced et de San-Gaetano, il voulut les brusquer, et en ordonna l'assaut. Mais les troupes qui gardaient ces deux postes, secondées par le feu dominant de Saint-Vincent, repoussèrent bravement les Anglais, et leur tuèrent plusieurs centaines d'hommes. Lord Wellington prit alors le parti d'attendre le gros matériel qui devait venir de Ciudad-Rodrigo. La vue de l'armée française, réunie à quelques lieues de là, dans une bonne position, soutenait le courage de nos petites garnisons, et prolongeait leur résistance.

Enfin, les 26 et 27 juin, la grosse artillerie étant arrivée au camp des Anglais, lord Wellington fit battre en brèche. Les trois couvents se défendirent vaillamment, et dirigèrent un feu violent contre l'ennemi. Mais le principal, celui de Saint-Vincent, ayant été mis en flammes par des obus, il devint impossible de s'y maintenir plus longtemps, et, le 28, il fallut remettre ces citadelles improvisées, au moyen desquelles on avait cru pouvoir conserver Salamanque, ou s'assurer du moins le moyen d'y rentrer. Nous y perdîmes un millier d'hommes hors de combat ou prisonniers; mais les Anglais en perdirent un nombre au moins égal, et nous avions gagné douze jours, retard précieux pour nous, et dès lors fâcheux pour nos adversaires. Il faut sans doute y regarder avant de disséminer ses forces dans de petites garnisons destinées à se rendre l'une après l'autre, mais, quand elles coûtent autant de monde à l'ennemi, et vous font gagner autant de temps, il n'y a pas de regrets à concevoir.

Jusqu'ici les opérations du maréchal Marmont étaient tout ce qu'elles pouvaient être; mais Salamanque pris, il n'était pas sage à lui de se tenir si près de l'armée anglaise, et il passa le Douro à Tordesillas, décidé à lui bien disputer cette ligne. Du reste la circonspection des Anglais ne faisait pas craindre de leur part une offensive très-vive. Lord Wellington suivit l'armée de Portugal, et vint border le cours du Douro, qui dans cette saison n'était pas très-volumineux, mais n'était cependant pas guéable, excepté dans un petit nombre d'endroits. Ce fleuve, comme nous l'avons dit, était pourvu de bons postes, tels que Tordesillas, Toro, Zamora, et même Benavente et Astorga, en considérant l'Esla et l'Orbigo comme un prolongement de la ligne du Douro. Astorga notamment, outre de bons ouvrages qui avaient déjà résisté, tantôt aux Français, tantôt aux Espagnols, contenait une excellente garnison de 1500 hommes bien résolus à se défendre, et devait, en donnant un fort appui à notre droite, gêner beaucoup la gauche des Anglais. Lord Wellington, arrivé le 1er juillet sur le Douro, s'y arrêta pour laisser à l'armée espagnole de Galice le temps d'enlever Astorga. C'étaient, selon lui, quinze ou vingt jours encore d'employés utilement, sans s'engager trop vite dans cette hardie campagne entreprise sur les derrières des Français; mais c'était, on

doit le reconnaître, leur laisser aussi le temps de se
réunir pour l'accabler. Il fallait en effet qu'ils fussent aveuglés par d'étranges passions, pour ne pas
employer ce délai à rassembler soixante-dix mille
hommes contre l'armée anglaise. Aussi, en se tenant le long du Douro, lord Wellington ne cessait-il
d'adresser les plus vives instances, d'un côté à l'armée anglo-sicilienne, pour qu'elle donnât une forte
occupation au maréchal Suchet, et de l'autre aux
forces navales anglaises croisant dans le golfe de
Biscaye, pour qu'elles fissent craindre au général
Caffarelli un gros débarquement sur les côtes des
Asturies.

Dans cet intervalle le maréchal Marmont, établi
derrière le Douro, s'était occupé à concentrer les
huit divisions dont était formée l'armée de Portugal.
Après avoir recouvré la première de ces huit divisions, celle du général Foy, il lui restait à recouvrer
la huitième, celle du général Bonnet, composée
de troupes bonnes et nombreuses, supérieurement
commandée, et confinée sur le revers des Asturies pour y batailler contre les Anglais et contre
les bandes de Porlier. Les Asturies valaient assurément la peine d'être conservées, ainsi que l'avait
prescrit Napoléon en partant pour la Russie, mais
elles n'étaient rien auprès de l'objet qui préoccupait
en ce moment le maréchal Marmont. Aussi n'avait-il
pas hésité à dépêcher à la huitième division l'ordre
d'évacuer les Asturies, et cet ordre avait trouvé le
général Bonnet en route, car cet officier non moins
intelligent qu'intrépide, comprenant ce que tant
d'autres plus élevés en grade ne comprenaient point,

6.

avait jugé que tout intérêt devenait accessoire devant la nécessité de repousser les Anglais. En défalquant tout ce qu'on perd ou laisse en arrière à la suite d'une retraite rapide, le général Bonnet amenait 6 mille hommes, excellents par leur valeur propre, excellents par sa présence à leur tête. Cette adjonction inspira beaucoup de confiance au maréchal Marmont. Elle portait à 36 ou 37 mille hommes son infanterie. Ce qui lui manquait c'était la cavalerie, car elle s'était épuisée à courir les routes pour les purger des guérillas. Pressé de la remonter, le maréchal Marmont avait fait enlever tout ce qu'il y avait de chevaux de selle dans la contrée, et il avait ainsi ramassé un millier de bons chevaux, ce qui avait porté à 3 mille cavaliers bien montés et vigoureux le total de sa cavalerie. Avec son artillerie, bien servie et composée d'une centaine de bouches à feu, il avait environ 42 mille soldats, qui, renforcés seulement par dix mille hommes, seraient devenus très-supérieurs aux Anglais, et tels quels pouvaient leur tenir tête, s'ils étaient conduits avec un peu de sagesse et de bonheur.

Sans doute ils n'étaient pas mal commandés par le maréchal Marmont, mais ils ne l'étaient pas sûrement. Ce maréchal, ayant de l'esprit, de l'instruction, de la bravoure, et le talent de bien tenir ses troupes, possédait quelques qualités du général en chef, mais était loin de les réunir toutes. Quoique dissipé dans ses goûts, il pensait fort à ce qu'il avait à faire, combinait beaucoup, trop peut-être, car dans l'action la justesse des idées vaut mieux que l'abondance. L'abondance des idées en effet sans un jugement ferme et prompt, éblouit au lieu d'éclairer. De plus ce maréchal ne passait pas pour heureux. Le bonheur, qualité indéfinissable, est-il une vaine superstition des hommes, ou bien une réalité? Est-ce une faveur du sort capricieux, donnant à l'un pour les refuser à l'autre, ces circonstances de froid, de chaud, de pluie, de soleil, d'arrivées imprévues, qui font souvent réussir des combinaisons médiocres, ou échouer des combinaisons habiles? Ou bien n'est-ce pas plutôt un ensemble bien proportionné de qualités, qui, même sans des facultés supérieures, inspire ces déterminations simples et fortes qui sauvent les armées et les empires? Quoi qu'il en puisse être, le maréchal Marmont dans sa carrière n'a point passé pour heureux, et, chose singulière, il était confiant, soit que le courage suppléât en lui à la fortune, soit qu'il ignorât sa destinée, qui alors ne s'était pas révélée tout entière. Tel était le général de l'armée française en ce moment, et si on avait pu pénétrer l'avenir, on aurait dû être profondément inquiet en le voyant devant un général calme, solide, d'une prudence consommée, et dont le bonheur, soit caprice du sort, soit talent, ne s'était jamais démenti.

Le maréchal Marmont, abrité derrière le Douro, devait-il y rester immobile? Sans doute il eût mieux fait d'attendre l'initiative de son adversaire, de lui disputer le passage du Douro tant qu'il pourrait, puis de se replier méthodiquement sur l'armée du nord, qui aurait bien fini, de gré ou de force, quand elle aurait vu l'ennemi chez elle, par se joindre à lui. Mais il était jeune, plein de vanité, ignorait les vues du

Juillet 1812.

Juillet 1812.

Toutes les nouvelles que reçoit le maréchal Marmont le disposent à ne plus espérer aucun secours.

sort, avait une armée d'une bravoure éprouvée, sur laquelle les Anglais n'avaient pris aucun ascendant, qui reculait à contre-cœur, et il venait de recevoir des nouvelles qui réduisaient à rien ses espérances de secours. D'un côté le général Caffarelli, après lui avoir annoncé un renfort de dix mille hommes, lui mandait maintenant l'apparition des flottes anglaises entre Saint-Ander et Saint-Sébastien, la probabilité d'un prochain débarquement, et en définitive ne lui parlait plus du renfort promis. Or si on doit espérer avec réserve de celui qui promet, à plus forte raison ne doit-on rien espérer de celui qui ne promet pas, ou qui après avoir promis ne promet plus. Au même instant Joseph, lui écrivant à la date du 30 juin une lettre qui arriva le 12 juillet au quartier général de l'armée de Portugal, lui faisait part de ses efforts pour amener les armées du nord et de l'Andalousie à le secourir, sans lui dissimuler le peu de chance qu'il avait d'y réussir. Pour comble de disgrâce, Joseph, soit qu'il ne fût pas prêt, soit qu'il n'en crût pas le moment venu, ne lui disait pas s'il pourrait se priver en sa faveur d'un détachement de l'armée du centre. Le maréchal Marmont devait donc se considérer comme tout à fait abandonné. Certes si ce maréchal avait cru pouvoir compter sur dix à douze mille hommes de l'armée du centre, il aurait incontestablement attendu ce secours avant de rien entreprendre, car on aime mieux partager l'honneur d'une victoire, que de s'exposer à porter seul le poids non partagé d'une défaite. Quant à l'armée d'Andalousie, qui aurait pu venir à son aide, et qui l'aurait dû, ne fût-ce qu'à titre de reconnaissance, il n'en attendait absolument rien, et les dernières lettres de Joseph ne faisaient que compléter une conviction qui était formée chez lui depuis longtemps. Les faits ultérieurs prouvent qu'il ne se trompait point.

Réduit à ses seules forces, comparant son armée avec celle de lord Wellington, qui n'était pas supérieure en nombre en ne voulant tenir compte que des Anglais, se rappelant que les batailles gagnées par ceux-ci ne l'avaient été que parce qu'on avait eu le tort de les attaquer dans des positions où leur manière de combattre les rendait invincibles, il pensa qu'avec des troupes fortement aguerries, il pourrait manœuvrer autour d'eux sans se compromettre, leur faire abandonner la ligne du Douro, et les ramener à la frontière du Portugal sans livrer bataille; que peut-être même, tandis qu'on chercherait à se placer sur leur ligne de communication afin de les contraindre à rétrograder, on pourrait occuper l'une de ces positions défensives, où les avantages qu'on leur avait toujours laissés seraient cette fois de notre côté. Les Français, qui escaladaient si bien des positions presque inabordables, comme celles de Talavera et de Busaco, seraient bien autrement redoutables, si au lieu d'avoir à les emporter ils n'avaient qu'à les défendre, et les Anglais bien moins heureux, si au lieu d'avoir à défendre ces positions, ils avaient à les attaquer. Cette fois on serait presque sûr de la victoire. Il n'y avait donc pas de témérité à vouloir manœuvrer autour des Anglais, et le cas d'une bonne position défensive se rencontrant, de songer à leur disputer le terrain. A toutes ces raisons d'agir s'en

Juillet 1812

Réduit à ses propres forces, et craignant la reddition d'Astorga, le maréchal Marmont songe à éloigner lord Wellington par des manœuvres, sans aucune pensée de livrer bataille.

Juillet 1812.

Le maréchal Marmont repasse le Douro, et oblige lord Wellington à rétrograder sur Salamanque.

ajoutait une dernière d'un grand poids. Les Espagnols de l'armée de Galice assiégeaient Astorga, qui n'avait pas pour plus de quinze jours de vivres. Pouvait-on s'éloigner de l'armée anglaise pour aller ravitailler cette place? Et si on ne le pouvait pas sans danger, n'allait-on pas être tourné sur sa droite par la perte d'Astorga, et condamné dès lors à une retraite indéfinie?

Telles furent les idées avec lesquelles le maréchal Marmont sortit de l'asile qu'il avait trouvé derrière le Douro. Il essaya d'abord de repasser ce fleuve en présence de l'armée anglaise, et le fit avec assez d'art et de bonheur. Les bords du Douro étaient conformés de telle manière qu'on découvrait d'une rive à l'autre tous les mouvements des deux armées. Le maréchal Marmont affecta de faire descendre par sa droite des colonnes de troupes vers Toro, et tandis qu'il donnait à cette démonstration la plus grande vraisemblance possible, il préparait sur sa gauche aux environs de Tordesillas les moyens de franchir réellement le Douro sur plusieurs ponts de chevalets. Dans la nuit du 16 au 17 juillet en effet, tandis que sa droite prolongée simulait un projet de passage vers Toro, sa gauche en opérait un véritable au-dessus de Tordesillas, et son centre suivant sa gauche venait passer après elle. Le lendemain, profitant de la surprise et de la confusion des Anglais, il ramenait sa droite à lui, et se trouvait avec ses quarante-deux mille hommes, parfaitement intacts, confiants, pourvus de vivres, au delà du Douro, avec toute l'apparence d'intentions inquiétantes pour l'armée britannique.

Lord Wellington n'avait pas plus que le maréchal Marmont le désir de livrer bataille, mais il était bien résolu à ne pas se laisser couper de Ciudad-Rodrigo, où il avait ses vivres, ses munitions de guerre, et une bonne porte pour rentrer en Portugal. Il s'empressa donc de lever son camp et de rétrograder vers Salamanque par le chemin qu'il avait déjà suivi. Le maréchal Marmont avait par conséquent réussi dans le projet de le ramener en arrière.

Juillet 1812.

En se reportant vers Salamanque on rencontrait divers affluents du Douro, la Guarena d'abord, et ensuite la Tormès, sur laquelle Salamanque est assise. C'étaient autant d'échelons à disputer en se retirant. Lord Wellington se replia de l'un sur l'autre avec prudence et lenteur. Au bord de la Guarena, le général Clausel, jeune lieutenant général qui annonçait déjà les plus grands talents militaires, se hâta trop de la franchir, et s'exposa à être ramené. Mais ce fut une perte sans importance, et le 19 au soir on coucha le long de cette petite rivière, bravant le canon les uns des autres pour venir se désaltérer dans ses eaux, car la chaleur était étouffante.

Dans la nuit le maréchal Marmont remontant la Guarena par sa gauche, la franchit à un point où elle n'était plus qu'un torrent insignifiant, et se trouva tout à coup en présence des Anglais, surpris de n'être séparés de nous par aucun obstacle. Aussi ne tardèrent-ils pas à battre en retraite. Ils marchaient d'un bon pas, avec aplomb, leurs masses bien serrées, couverts par de la cavalerie et de l'artillerie légères, le long d'un plateau assez étendu. Notre armée se tenait à leur hauteur, s'avançant sur

Heureuses manœuvres de l'armée française en présence de l'armée anglaise.

Juillet 1812.

un plateau parallèle à celui qu'ils occupaient, montrant autant d'aplomb, beaucoup plus d'aisance, et une confiance dont le général en chef se laissait lui-même enivrer. L'artillerie légère longeant au galop le bord du plateau sur lequel nous cheminions, s'arrêtait de temps en temps pour canonner les Anglais, puis se remettait en mouvement pour les suivre. Les deux positions se rejoignaient à un village, où on était naturellement tenté de se devancer. Nos troupes y arrivèrent les premières, en chassèrent quelques coureurs, et eurent le plaisir d'y canonner l'armée ennemie, défilant sous notre feu, et à bonne portée. Nous ne perdîmes personne et tuâmes quelques Anglais. Depuis le passage du Douro, nous avions ramassé un millier d'hommes, tant blessés que traînards. Le 20 au soir les Anglais repassèrent la Tormès, et nous couchâmes sur ses bords.

Arrivée des deux armées devant la célèbre position des Arapiles.

Le 21 nous franchîmes cette rivière à une lieue et demie au-dessus de Salamanque, et vînmes prendre position en face des hauteurs, dites des Arapiles, sur lesquelles les Anglais s'étaient établis, et où il n'était pas facile de les aborder. Le maréchal Marmont était sans doute un peu trop enorgueilli de ses premiers avantages, et des marches qu'il avait exécutées en présence de lord Wellington ; toutefois il était résolu à ne pas commettre d'imprudence, et à ne pas renouveler les fautes de ses prédécesseurs, en allant mal à propos attaquer les Anglais dans des lieux où il n'y avait aucune chance de les vaincre. Il campa en face d'eux, après avoir occupé de son côté une position assez avantageuse, séparée par un vallon de celle de l'ennemi, et s'appuyant à droite au village de Calvarossa de Ariba, à gauche à des bois dont il avait eu soin de s'emparer. Il n'avait donc rien à craindre, et s'endormit tranquillement avec ses soldats, sans autre projet que de continuer un système de manœuvres qui lui avait jusqu'à ce jour parfaitement réussi.

Le lendemain matin, 22 juillet, le maréchal Marmont monta de bonne heure à cheval pour juger des desseins de l'ennemi, et y conformer les siens. Tout était en repos des deux côtés, et rien n'annonçait un projet de la part de lord Wellington, si ce n'est peut-être celui de rectifier sa position, et de se relier un peu plus étroitement à Salamanque et à la route de Ciudad-Rodrigo. Une sorte de vallon peu profond, et assez large, allant aboutir à la Tormès près de Salamanque, nous séparait des Anglais, et rendait la position des deux armées également sûre. Le village de Calvarossa de Ariba, occupé par la division Foy, servait de pivot à notre droite. Notre centre et notre gauche s'appuyaient à des bois. On pouvait ainsi attendre de part et d'autre, sans se faire aucun mal, chacun des deux adversaires ne voulant combattre qu'à coup sûr. Toutefois le maréchal Marmont, confiant en fait de manœuvres dans le savoir de son armée et le sien, imagina un mouvement par sa gauche, qui avait pour but de déborder un peu la droite des Anglais, de menacer par conséquent leurs communications avec Ciudad-Rodrigo, et lorsqu'ils décamperaient, soit pour se rapprocher de Salamanque, soit pour regagner la route de Ciudad-Rodrigo, d'attaquer leur arrière-garde et de leur en prendre une por-

Juillet 1812.

À la vue de la position prise par l'armée anglaise, le maréchal Marmont, sans songer à combattre, veut seulement faire un léger mouvement par sa gauche, pour menacer les communications de l'ennemi avec Ciudad-Rodrigo.

tion. C'était faisable, mais beaucoup trop ambitieux, et avec les dispositions de lord Wellington, qu'il était facile de conjecturer sans les connaître, et qui étaient de regagner Ciudad-Rodrigo le plus tôt possible, il aurait mieux valu *lui faire un pont d'or*, que de risquer des mouvements qui pouvaient sans qu'on le voulût engager une bataille.

Du reste, avec beaucoup de prudence dans l'exécution, il était possible d'opérer ces mouvements sans de trop fâcheuses conséquences. Laissant donc sa droite sous le général Foy au village de Calvarossa de Ariba, et, pour la rendre plus forte encore, y ajoutant la division du général Ferey, le maréchal Marmont fit défiler derrière cet appui son centre et sa gauche, le long des bois auxquels il était adossé, et en suivant toujours le bord des hauteurs qu'il avait occupées. Entre les Anglais et nous, vers notre droite, s'élevaient deux mamelons tristement célèbres, et appelés les Arapiles. De ces deux Arapiles, le plus rapproché de nous était en même temps le plus élevé, et de son sommet on pouvait canonner avec avantage le petit Arapile, dont les Anglais avaient pris possession. On crut donc utile d'enlever le grand Arapile comme appartenant à notre position, et comme devant consolider l'établissement de notre droite. La brave division Bonnet, chargée de cette opération, en chassa sans beaucoup de peine quelques troupes légères ennemies qui s'y trouvaient, et y établit une forte batterie. C'était une sorte de pivot parfaitement solide, autour duquel on se mit à tourner pour opérer la manœuvre projetée. En effet, le maréchal Marmont porta le reste de ses divisions en avant, la gauche en tête, défilant en face des Anglais, et laissant toujours entre eux et nous le vallon qui nous séparait. La division Thomières, formant son extrême gauche, s'avança un peu en flèche pour menacer la droite des Anglais; les divisions Sarrut et Maucune se placèrent au centre, la division Clausel en réserve, la division Brenier en arrière vers les bagages et le parc d'artillerie. Ces mouvements s'exécutèrent avec ordre, assez loin de l'ennemi, excepté celui qui nous mit en possession du grand Arapile, et semblèrent, du moins pour le moment, ne devoir entraîner aucune suite sérieuse.

Pendant que le maréchal Marmont agissait de la sorte, lord Wellington, qui assistait à cette manœuvre, dirigée évidemment contre ses communications, prit sur-le-champ son parti, et ordonna une manœuvre exactement semblable, de manière à avancer sa droite autant que nous avancions notre gauche, et à être toujours en mesure de décamper quand il le voudrait, sans nous trouver sur son chemin. En conséquence, laissant sa gauche immobile devant notre droite immobile aussi, et lui donnant une grande force, puisqu'il la composa de la division légère sous le général Charles Alton, de la première division sous le général Campbell, et d'une grosse masse de cavalerie, il porta son centre vis-à-vis du nôtre, entre le petit Arapile et le village dit des Arapiles, toujours sur le bord des hauteurs opposées à celles que nous occupions. Ce centre était formé de quatre divisions anglaises, c'est-à-dire de plus de vingt mille hommes, d'une excellente infanterie. En première ligne, et ayant la gauche

Juillet 1812.

Lord Wellington ordonne une manœuvre semblable, afin de garantir ses communications.

au petit Arapile, étaient la 4ᵉ division sous le général Cole, la 5ᵉ sous le général Leith; en seconde ligne, la 6ᵉ sous le général Clinton, la 7ᵉ sous le général Hope. Lord Wellington porta sa droite au village de Las-Torres, en face de notre gauche, et la composa de la brigade portugaise Bradford, de la division espagnole don Carlos. Il y ajouta la 3ᵉ division anglaise, autrefois Picton, retirée des bords de la Tormès, et en outre tout le reste de ses troupes à cheval, parce que de ce côté le terrain s'abaissant rapidement, était tout à fait propre aux manœuvres de la cavalerie.

Par ces mesures le général anglais avait suffisamment paré aux dispositions de son adversaire, sans toutefois engager une bataille dont il persistait à ne pas vouloir. Il était midi; toute la journée se serait passée en manœuvres semblables, sans grandes pertes de part ni d'autre, et certainement vers la nuit lord Wellington aurait battu en retraite pour regagner Ciudad-Rodrigo, nous rendant Salamanque sans combat, lorsque le maréchal Marmont par une fatale impatience non pas de combattre mais de manœuvrer, voulut enlever l'arrière-garde de son adversaire, qu'il croyait prêt à décamper. En conséquence il porta plus en avant encore sa gauche, composée, comme nous l'avons dit, de la division Thomières, et si en avant, qu'elle commença à descendre des hauteurs devant la 3ᵉ division anglaise, qui était destinée, avec une grande masse de cavalerie, à lui barrer le chemin. Il porta son centre, composé des divisions Maucune et Sarrut, plus près encore du bord du vallon qui nous séparait des Anglais, fit appuyer ces deux divisions par le général Clausel, rapprocha la division Brenier, sans prescrire à aucune d'aborder les Anglais, car, ainsi que nous venons de le dire, il n'avait d'autre intention que d'entamer leur arrière-garde lorsqu'ils se retireraient. Mais pour exécuter de tels mouvements si près de l'ennemi, il faut avoir à la fois une dextérité et une autorité qui assurent l'exécution précise de ce qu'on ordonne. Malheureusement le maréchal Marmont ne possédait pas ces deux avantages à un degré suffisant pour se montrer aussi hardi devant un adversaire tel que lord Wellington. Le général Maucune, commandant la division du centre qui était le plus en avant à gauche, était un officier d'une bravoure éprouvée et d'une extrême audace sur le champ de bataille. Croyant les Anglais en pleine retraite, il imagina que le moment était venu de se jeter sur eux. En conséquence il fit demander l'ordre d'attaquer, ne l'attendit pas, poussa devant lui les tirailleurs ennemis, les replia, descendit dans l'intervalle qui séparait les deux armées, et s'engagea contre les divisions anglaises du centre, les divisions Cole et Leith. A cet aspect, lord Wellington qui voulait bien se retirer, mais non pas fuir, accepta la bataille qu'on semblait lui présenter, et fit donner à son centre l'ordre de recevoir et de repousser l'attaque du nôtre.

Tandis que le général Maucune commettait cette témérité, le général Thomières à gauche, continuant à s'avancer en pointe, descendait aussi en plaine sans être appuyé, et s'exposait à rencontrer de front la division d'infanterie Picton, et sur ses flancs une

Juillet 1812.

Pendant ces divers mouvements la division Maucune engage la bataille.

épaisse nuée de cavalerie. On se mêla ainsi de toutes parts, et on fut aux prises sur le front entier des deux armées, sans qu'aucun des deux généraux en chef l'eût voulu.

Par malheur la division du général Clausel, nombreuse et supérieurement commandée, était encore en arrière, et point en mesure de fournir l'appui dont nos divisions imprudemment engagées auraient eu besoin.

Le maréchal Marmont, qui du grand Arapile où il était resté pour diriger ces divers mouvements, apercevait avec sa lunette les fautes commises, remonta précipitamment à cheval pour aller lui-même contenir l'impatience de ses lieutenants. Mais à peine était-il en selle qu'il reçut un obus qui lui fracassa un bras et lui ouvrit le flanc. Certes on pouvait bien ici croire à la fortune, et surtout à la fortune contraire! Le malheureux maréchal tomba noyé dans son sang, et n'eut que le temps de désigner le général Bonnet, le plus ancien de ses divisionnaires, pour le remplacer dans le commandement. Sa blessure était si grave, qu'on ne savait pas si elle ne serait pas prochainement mortelle. Pendant qu'on allait chercher le général Bonnet à droite, vers les Arapiles, la bataille partout commencée se continua avec fureur sans général en chef de notre côté. Le général Maucune poussa vivement les Anglais, et les accula au village des Arapiles; le général Sarrut le soutint. Mais ils avaient en tête quatre divisions ennemies, qui, outre qu'elles étaient quatre contre deux, étaient individuellement plus fortes que les nôtres. Après un premier succès, le général Maucune criblé par les redoutables feux des Anglais se vit obligé de plier. Mais le général Clausel arriva, prit la place de la division Maucune, et ramena les Anglais. Le maréchal Beresford, présent sur cette partie du champ de bataille, prescrivit alors à sa seconde ligne de se former en potence sur la première, de manière à prendre en flanc la division Clausel. En même temps lord Wellington fit vers sa gauche attaquer le grand Arapile par les Portugais du général Pakenham, et vers sa droite il jeta sur la division Thomières, descendue fort imprudemment dans la plaine, outre l'infanterie de la division Picton, toute la masse de sa cavalerie. Malgré ces efforts redoublés de l'ennemi, notre armée se maintint et conserva son terrain. La division Bonnet, quoique privée de son général, qui était accouru vers le centre pour prendre le commandement, arrêta court les Portugais du général Pakenham. Le 120ᵉ régiment leur tua 800 hommes, et resta maître du grand Arapile. Le général Clausel soutint avec vigueur l'attaque de front de la division Clinton, mais souffrit cruellement des feux de flanc de la division Leith. On combattait de si près, que de toute part les généraux furent blessés. De notre côté, le général Bonnet fut atteint gravement; le général Clausel le fut aussi. Du côté des Anglais, le maréchal Beresford, les généraux Cole, Leith, reçurent des blessures plus ou moins dangereuses. A notre gauche, et à la droite des Anglais, le combat n'était pas moins violent. La division Thomières fut assaillie au milieu de la plaine par la cavalerie ennemie, perdit son chef, tué sur le champ de bataille, et se replia en désordre. La division Brenier courut à son secours, mais elle fut entraînée par le mouvement rétrograde, et le brave 22ᵉ, voulant tenir bon, fut fort maltraité. Le général Clausel, qui venait de remplacer dans le commandement le général Bonnet, et qui, quoique blessé lui-même, n'avait pas quitté le champ de bataille, pensa qu'il fallait se tirer de cette échauffourée, et ne pas tout risquer en voulant s'opiniâtrer davantage. Il ordonna la retraite, et la dirigea avec une grande présence d'esprit vers le plateau que nous n'aurions pas dû quitter. Il y appela la division Ferey qui était restée derrière la division Foy, à l'extrême droite, et y ramena la division Sarrut, moins engagée que les autres divisions du centre. Derrière ce solide appui se rallièrent successivement les divisions Thomières et Brenier, compromises au loin vers notre gauche, et les divisions Maucune et Clausel violemment engagées au centre. La division Bonnet, qui, placée au grand Arapile, avait couvert le pied du mamelon de cadavres ennemis, se replia également dans un ordre imposant. Les Anglais essayèrent alors de gravir à leur tour les hauteurs sur lesquelles nous venions de nous replier. Mais tous leurs efforts se brisèrent devant les divisions Sarrut et Ferey. Malheureusement le général Ferey, commandant la 3ᵉ division, fut blessé à mort. Cependant les Anglais ayant cessé d'insister, nos divisions défilèrent l'une après l'autre derrière les divisions Sarrut et Ferey, passèrent ensuite derrière la division Foy, qui était restée immobile à Calvarossa de Ariba, et revinrent par le chemin qu'elles avaient suivi le matin dans de bien autres intentions que celles d'une bataille, et dans l'espérance d'un bien autre résultat. Toute la cavalerie anglaise se précipita alors sur la division Foy, qui, n'ayant pas encore combattu, était chargée de couvrir la retraite. Cette division reçut en carré les masses de la cavalerie anglaise, leur tua beaucoup de monde, et se retira en bon ordre. On regagna ainsi vers la nuit les bords de la Tormès, et on repassa cette rivière sans être poursuivi.

Juillet 1812.

Telle fut cette funeste et involontaire bataille, dite de Salamanque ou des Arapiles, qui eut pour l'armée anglaise des conséquences fort imprévues, car elle lui procura une victoire inespérée, au lieu d'une retraite inévitable, et commença, comme on va le voir, la ruine de nos affaires en Espagne. Certes, c'était ici le cas, sans nier le mérite de lord Wellington et les fautes du maréchal Marmont, de croire au bonheur, car le résultat était bien disproportionné au mérite du capitaine anglais, et aux fautes du général français. Un engagement inattendu, trois généraux en chef blessés l'un après l'autre, une confusion inouïe après plusieurs jours de la marche la plus ferme et la plus heureuse, étaient-ce assez de coups terribles, et on peut dire immérités ! Cette bataille était bien la preuve que l'effet moral des événements de guerre est la plupart du temps fort supérieur à leur effet matériel. Si de notre côté les généraux Thomières et Ferey avaient été tués, si le maréchal Marmont, les généraux Bonnet, Clausel, Maucune avaient été blessés, de leur côté les Anglais avaient eu le général le Marchant tué, le maréchal Beresford, les généraux Cole, Leith, Cotton sérieusement blessés.

Graves conséquences de la journée de Salamanque.

7.

Juillet 1812.

Nous avions cinq à six mille hommes hors de combat, et les Anglais à peu près autant. Nous avions, il est vrai, abandonné en outre neuf pièces de canon, qui descendues des hauteurs dans la plaine, et ayant perdu leurs chevaux, n'avaient pu être ramenées. La différence dans les résultats matériels n'était donc pas considérable, mais les situations étaient profondément changées. Nous n'avions plus aucune chance de forcer les Anglais à rétrograder; dès lors il fallait rétrograder nous-mêmes, avec une armée non pas abattue, mais profondément irritée de ses longs malheurs, à laquelle n'avaient servi ni son incomparable bravoure, ni sa résignation aux plus cruelles souffrances, et qui tantôt par une cause, tantôt par une autre, et presque toujours par la division des généraux, avait été constamment sacrifiée. Il fallait la ramener derrière le Douro, peut-être même au delà, si on voulait lui rendre la confiance, et la résolution de se dévouer de nouveau à une guerre que dans son bon sens elle jugeait détestable, et à des chefs qu'elle accusait de toutes ses infortunes. Lord Wellington au contraire était maître désormais de tenir la campagne en Castille, et sur les derrières des Français, car nulle part il n'y avait une force capable de lui tenir tête. L'armée de Portugal allait être obligée de se replier devant lui jusqu'à ce qu'elle rencontrât l'armée du nord, c'est-à-dire bien loin; l'armée du centre était beaucoup trop faible pour oser l'approcher; l'armée d'Andalousie était hors de portée; et il avait dès lors le choix, ou de poursuivre le général Clausel, pour essayer de le détruire, ou de se jeter sur Madrid, pour y entrer en triomphateur. Telles étaient les cruelles suites de la mauvaise volonté de ceux qui n'avaient pas secouru à temps l'armée de Portugal, et de l'imprudence de ceux qui l'avaient engagée dans une bataille inutile.

Heureusement pour cette armée, il lui arrivait, trop tard sans doute, mais utilement encore, un chef digne de la commander. Le général Clausel était jeune, vigoureux de corps et d'esprit, peu instruit il est vrai, et souvent négligent, mais d'un imperturbable sang-froid, tour à tour impétueux ou contenu, doué sur le terrain d'un coup d'œil supérieur, et moitié insouciance, moitié vigueur d'âme, supportant, quoique n'ayant jamais commandé en chef, les anxiétés du commandement aussi bien que les plus expérimentés capitaines. Estimé des soldats pour sa vaillance, aimé d'eux pour sa bonhomie, il était le seul qui pût en obtenir encore quelque soumission, et leur faire endurer, sans les révolter, des exemples de sévérité.

Ayant pris, tout blessé qu'il était, et des mains de deux généraux blessés eux-mêmes, le commandement en chef, l'ayant pris au milieu d'une déroute, il parut si peu troublé, que le calme rentra dans les âmes, et l'ordre avec le calme. Le 23 juillet, il rétrograda sur le Douro le plus rapidement qu'il lui fut possible. Les Anglais ayant tenté de le poursuivre avec leur cavalerie, il les reçut en carré, et les maltraita. Par malheur un carré du 6ᵉ léger ne s'étant pas formé à temps, essuya quelque dommage. Ce fut du reste le seul accident de ce genre. Bientôt on se trouva derrière le Douro, débarrassé des Anglais, mais assailli d'une nuée de guérillas, qui, sans nous faire courir aucun danger sérieux, égorgeaient cependant nos blessés, nos traînards, nos fourrageurs. Nos vivres étaient épuisés, les soldats ayant consommé durant ces quelques jours de manœuvres les ressources que le maréchal Marmont leur avait ménagées. Irrités par les cruautés dont leurs camarades étaient victimes sous leurs yeux, les soldats pillaient non-seulement avec avidité, mais avec barbarie, se souciant peu de détruire un pays inhospitalier qu'ils ne pouvaient pas garder, et qu'ils espéraient ne plus revoir. Le général Clausel eut la plus grande peine à réprimer leurs excès, et à plusieurs reprises sentit l'autorité expirer dans ses mains. Cependant, grâce à lui, l'armée ne cessa pas de présenter un ensemble que lord Wellington, dans sa louable prudence, ne voulut pas essayer d'entamer une nouvelle fois.

En ce moment arrivaient enfin une partie des secours tant demandés, si vainement attendus, et dont l'invraisemblance, après une trop longue attente, avait contribué à entraîner le maréchal Marmont dans des opérations téméraires. Le premier jour de la retraite, le général Clausel rencontra un millier d'hommes que le général Caffarelli avait fini par envoyer, et consistant en deux régiments de cavalerie et un détachement d'artillerie attelée. La dérision était grande en vérité, et eût mérité une répression sévère, si le général Caffarelli n'avait eu pour excuse sa bonne foi, et le trouble que lui avait causé l'apparition des flottes anglaises sur les côtes de Biscaye. Courageux, mais dépourvu de présence d'esprit, il avait cru à un formidable débarquement, et au lieu des dix mille hommes promis, il en avait expédié mille. Un autre secours, celui-ci décisif s'il fût arrivé à temps, fut non pas rencontré, mais annoncé par une dépêche de Joseph, au moment où l'armée repassait le Douro. Ce secours était d'environ 13 mille hommes, comprenant presque la totalité de l'armée du centre, que Joseph, en désespoir de cause, s'était décidé à conduire lui-même à Salamanque, et qu'il avait encore mis plus de lenteur à annoncer qu'à amener. Il était parti de Madrid le 21 juillet, et, quoique tard, ce n'eût pas été trop tard, si trois ou quatre jours auparavant il eût mandé ce mouvement au maréchal Marmont. Malheureusement il n'avait écrit que le 21, jour de son départ de Madrid, et il était bien impossible que le maréchal Marmont fût averti le 22 à Salamanque du secours qu'il allait recevoir. Prévenu à temps, ce maréchal eût certainement attendu, et quoique le nombre ne soit pas une ressource assurée dans une bataille aussi mal engagée que celle de Salamanque, probablement un tel renfort aurait ou déterminé lord Wellington à décamper en toute hâte, ou provoqué des combinaisons différentes. En tout cas il eût fallu bien du malheur pour que 55 mille Français, tels que ceux qui auraient composé l'armée de Portugal, eussent été battus par 40 mille Anglais, accrus de 15 mille Espagnols et Portugais.

Juillet 1812.

Comment ce secours arrivait-il ainsi? comment arrivait-il si tard? comment même arrivait-il? C'est ce qu'il faut maintenant faire connaître. Joseph, comme on l'a vu, avait expédié au maréchal Soult

Motifs qui avaient empêché Joseph d'arriver plus tôt, et surtout

Juillet 1812.

d'annoncer son arrivée.

non plus l'ordre de placer le comte d'Erlon en face du général Hill pour le suivre où il irait, mais l'ordre plus approprié aux circonstances de détacher immédiatement 10 mille hommes sur le Tage, pour les envoyer à l'armée de Portugal, et de se dessaisir ou de ces 10 mille hommes, ou de son commandement. De plus, Joseph avait autorisé le maréchal Soult à restreindre son occupation, s'il se croyait trop affaibli pour continuer à garder l'Andalousie tout entière. Il semble qu'un tel ordre n'admettait ni tergiversation ni refus, et certainement il n'en aurait pas rencontré s'il était émané d'un pouvoir capable de se faire respecter, c'est-à-dire de Napoléon lui-même. Mais il n'en fut pas ainsi. Le maréchal Soult usant d'un argument déjà employé, déclara qu'il était prêt à obéir, mais à une condition qu'il ne devait pas laisser ignorer, c'était l'évacuation immédiate et complète de l'Andalousie, car avec 10 mille hommes de moins il lui était impossible de s'y maintenir. Cette assertion était fort contestable. L'armée d'Andalousie, comptant près de 60 mille combattants, sur un effectif de 90 mille hommes, pouvait bien pour quelque temps garder l'Andalousie avec 50 mille. Douze mille hommes suffisaient à Grenade, 12 mille devant Cadix, et avec 25 mille aux environs de Séville, on pouvait pour quelques semaines faire face à tous les événements, contenir notamment le général Hill qui n'en avait pas 15 mille, et qui ne songeait pas d'ailleurs à quitter Badajoz. Le maréchal Soult n'en avait pas laissé autant, à beaucoup près, lorsqu'il s'était porté en Estrémadure, soit pour assiéger Badajoz, soit pour livrer la bataille d'Albuera. A cette nouvelle espèce de refus déguisé, le maréchal Soult ajoutait des conseils sur le meilleur plan de campagne à suivre contre les Anglais. On voulait, disait-il, les détourner du nord de la Péninsule, eh bien, il y avait un moyen assuré d'y réussir, c'était, au lieu de diminuer l'armée qui gardait l'Andalousie, de la renforcer au contraire, de lui amener l'armée du centre tout entière, peut-être même celle de Portugal, et lord Wellington craignant alors pour Lisbonne, serait bien obligé de se reporter du nord au midi.

D'abord cette conduite était formellement opposée aux instructions de Napoléon, qui avait prescrit de tout sacrifier au maintien des communications avec la France par les provinces du nord, et qui, dans cette pensée, avait lui-même rendu l'armée du nord indépendante de l'armée de Portugal, et ramené celle-ci du Tage sur le Douro, au risque d'isoler davantage les unes des autres ces armées qui avaient tant besoin d'être unies. Mais indépendamment de cette violation des ordres de Napoléon, se figure-t-on ce que nous serions devenus en Espagne, si le nord et le centre de la Péninsule étant livrés aux Anglais, lord Wellington dominant depuis Vittoria jusqu'à Baylen, et insurgeant toute la population par sa présence, nos armées s'étaient trouvées confinées en Andalousie?

Du reste, ce n'étaient pas des conseils que Joseph demandait au maréchal Soult, mais des renforts pour l'armée de Portugal. Voyant qu'il n'en pouvait pas obtenir, il avait remis à plus tard le soin de s'expliquer avec le chef de l'armée d'Andalousie, et apprenant à chaque instant le danger croissant du maréchal Marmont, il avait enfin pris le parti d'aller lui-même à son secours. Il aurait pu être prêt dès le 17 juillet, et en partant à cette date il serait encore arrivé à temps devant Salamanque. Mais le maréchal Suchet ayant mis la division italienne de Palombini à sa disposition, et cette division pouvant être amenée sur Madrid, Joseph avait mieux aimé opérer avec 12 ou 13 mille hommes qu'avec 10 mille, et par ce motif avait attendu jusqu'au 21 juillet. Renforcé de 3 mille Italiens, il avait 18 mille hommes sous ses ordres. Il s'était décidé à n'en laisser que 5 mille de Madrid à Tolède, et à partir avec le reste pour la province de Salamanque. A ce moment même il eût été temps encore, s'il s'était hâté d'avertir le maréchal Marmont. Mais il n'en avait rien fait, et ce n'est que le 21 même que Joseph avait écrit à Marmont son départ et le commencement de son mouvement[1]. Arrivé le

---

[1] Le maréchal Jourdan, toujours juste, toujours vrai dans ses Mémoires, imprimés en entier, sauf quelques légers retranchements, dans les Mémoires du roi Joseph, n'a point expliqué cette singulière omission, qui fut ici un vrai malheur, car elle fut cause que le maréchal Marmont, ne comptant pas sur l'arrivée de l'armée du centre, ne l'attendit point. Du reste c'est sur la lenteur des résolutions que le maréchal Jourdan, complet dans toutes ses autres explications, a de la peine à se justifier, parce que presque toujours en faisant agir Joseph sagement, il le faisait agir trop lentement. Il eût fallu en effet bien plus d'ardeur et de jeunesse que n'en avait l'illustre maréchal, pour donner à Joseph une vivacité d'impulsion que ce prince n'avait pas, et dont il aurait eu grand besoin. C'est le jugement que porta Napoléon sur toute cette affaire, quand il fut apaisé à l'égard de la bataille de Salamanque, et qu'il devint plus juste envers son frère et envers le major général. Il approuva leurs déterminations, mais les jugea tardives. Dans le premier moment d'irritation il se montra beaucoup plus sévère parce qu'il ignorait les faits, qu'il ne sut jamais complétement; un peu mieux in-

WASHINGTON ET SALAMANQUE.   107

23 à Villa-Castin, il n'avait appris que le 24 par de vagues rumeurs la funeste bataille de Salamanque, et s'était tenu à distance des Anglais, pour ne pas s'exposer lui-même à une catastrophe. Mais il n'avait pas voulu rebrousser chemin, et repasser immédiatement les montagnes du Guadarrama, dans l'intention de rendre, s'il le pouvait, quelque service à l'armée de Portugal. Il lui en rendait un véritable en effet par sa seule présence, c'était d'occuper l'attention de lord Wellington. Ayant communiqué avec le général Clausel, et ayant su que ce général désirait que l'armée du centre se tînt encore quelque temps en vue, afin de ralentir la marche de lord Wellington, il demeura sur le revers du Guadarrama, et n'en partit que lorsque l'armée de Portugal se fut paisiblement retirée sur Burgos, et que ses propres dangers l'obligèrent lui-même à se replier sur Madrid. Il rentra dans cette capitale profondément affecté, et n'attendant que des désastres de la déplorable situation où allait le mettre l'événement de Salamanque. Il était de retour le 9 août de cette excursion qui aurait pu être si utile, et qui l'avait été si peu.

Le parti à prendre n'était malheureusement que trop indiqué par la nature des choses, et par le rude coup dont on venait d'être atteint. Puisqu'on avait été battu faute de se réunir à temps contre l'ennemi commun, il devenait encore plus évident qu'il fallait se concentrer au plus tôt, et faire expier aux Anglais la journée de Salamanque par une grande

Août 1812.

Joseph reste quelques jours en vue des Anglais, pour dégager l'armée de Portugal.

Rentrée de Joseph dans Madrid, et gravité des résolutions qu'il avait à prendre.

struit plus tard et un peu calmé, il s'en tint au reproche de lenteur, mais il y persista.

Août 1812.

L'évacuation de l'Andalousie étant devenue inévitable, Joseph l'ordonne péremptoirement au maréchal Soult.

bataille, livrée avec toutes les forces dont les Français disposaient en Espagne. Mais cette concentration de forces ne pouvait être obtenue que par l'évacuation immédiate de l'Andalousie, évacuation regrettable, et que Joseph tout en l'ordonnant déplorait fort, car l'effet moral en devait être fâcheux, et le gouvernement de Cadix en devait recevoir un puissant encouragement. Il faut ajouter que certaines menées auprès des mécontents de Cadix, destinées à rattacher à Joseph plus d'un personnage important, allaient être interrompues, et probablement abandonnées. En effet, les cortès de Cadix en opérant des réformes désirables, mais quelquefois prématurées ou excessives, avaient amené de profondes divisions, et beaucoup d'hommes, les uns fatigués de la guerre, les autres craignant en Espagne une révolution semblable à celle de France, disaient qu'autant valait se rattacher au gouvernement de Joseph, qui donnerait la paix et des réformes sans révolution. C'est aux hommes pensant et parlant de la sorte que nous devions en partie la soumission de l'Aragon, de Valence et de l'Andalousie. L'évacuation de cette dernière province allait faire disparaître ces commencements de soumission, et Joseph n'y répugnait pas moins que le maréchal Soult. Mais pour être dispensé d'un tel sacrifice, il eût fallu battre les Anglais, et comme on n'en avait pas pris le moyen, l'abandon immédiat et complet de l'Andalousie était la seule manière d'éviter de plus grands malheurs. Joseph écrivit donc au maréchal Soult une lettre sévère dans laquelle il lui ordonnait d'une façon absolue (avec injonction de remettre son commandement au comte d'Erlon s'il ne voulait pas obéir) de quitter l'Andalousie, c'est-à-dire d'évacuer les lignes de Cadix, Grenade, Séville, de sauver tout ce qu'on pourrait sauver, et de se replier sur la Manche. La réunion à l'armée du centre des 60 mille combattants du maréchal Soult permettrait de conserver Madrid, et, en y ajoutant l'armée de Portugal, fournirait le moyen d'aller chercher lord Wellington partout où il serait, et de lui livrer une bataille décisive avec des forces qui ne laisseraient pas la victoire douteuse. A ces conditions on serait dispensé d'abandonner Madrid, ce qui importait bien plus que de conserver Séville et Grenade. Mais on avait lord Wellington entre soi et l'armée de Portugal, libre de choisir entre la poursuite de l'armée vaincue, ou l'occupation triomphante de la capitale, et on ne savait en vérité laquelle de ces choses il préférerait. S'il se décidait à marcher sur Madrid, il était évident qu'il faudrait évacuer cette capitale, car le maréchal Soult ne pouvait pas arriver à temps pour la sauver.

Ces tristes doutes furent bientôt levés par les mouvements de lord Wellington. Après avoir poursuivi quelques jours l'armée de Portugal, et l'avoir mise hors de jeu, il s'arrêta aux environs de Valladolid, et rebroussa chemin pour se diriger sur Madrid. Quoiqu'il y eût un grand effet moral à produire en occupant la capitale de l'Espagne, cependant il y avait peut-être mieux à faire que d'entrer à Madrid, et si lord Wellington se fût attaché à poursuivre sans relâche l'armée de Portugal, dans l'état de fatigue, de dépit, de révolte morale où elle était,

Août 1812.

Joseph aurait voulu se dispenser d'évacuer Madrid, mais la marche de lord Wellington sur cette capitale l'oblige à en sortir.

LIVRE XLVI.

Août 1812.

il est douteux que le général Clausel, malgré son aplomb et sa vigueur, pût la préserver d'une destruction totale. L'armée du nord ne serait accourue que pour succomber à son tour, et toute force organisée étant détruite entre Madrid et Bayonne, l'illustre capitaine anglais aurait eu bon marché du reste, car il est peu présumable qu'il eût rencontré quelque part, réunies en temps opportun, les armées qui occupaient le midi de la Péninsule. Sans aucun doute Napoléon se trouvant dans une situation pareille eût en deux mois délivré l'Espagne des Français. Telle est la différence entre le génie et le simple bon sens! mais le bon sens se rachète par tant d'autres avantages, qu'il faut se garder de lui chercher des torts. Il faut aussi pardonner des faiblesses, même aux caractères les plus solides. Lord Wellington, tout raisonnable qu'il était, cachait sous une réserve tranquille une vanité peu ordinaire. Entrer triomphalement dans Madrid avait pour lui un attrait irrésistible, et il résolut de causer à Joseph de tous les préjudices celui qui devait lui être le plus sensible, quoique ce ne fût pas le plus grand.

Joseph obligé de quitter Madrid, n'avait que Valence pour asile.

A dater du 10 août, lord Wellington se dirigea ostensiblement sur Madrid. Lorsque cette marche de l'armée anglaise fut connue, Joseph en fut profondément affecté, et il devait l'être, car tous les partis à prendre étaient fâcheux et graves. Peut-être il y aurait eu convenance à se replier sur la Manche, si on avait pu se flatter d'y rencontrer le maréchal Soult revenant de Séville, car en ajoutant l'armée du centre à celle d'Andalousie, on eût été en mesure de livrer bataille à lord Wellington, et de lui disputer Madrid. Pourtant, même dans ce cas, c'eût été une étrange situation que de livrer bataille à une armée victorieuse, en ayant à dos le midi de l'Espagne et la mer, c'est-à-dire un abîme si on était battu. Ce parti était donc fort dangereux, mais on était dispensé de l'examiner sérieusement, car le maréchal Soult ne pouvait pas être supposé déjà en route, et en pleine exécution des ordres qu'il avait reçus. Il fallait dès lors aller rejoindre, ou le maréchal Soult à Séville, ou le maréchal Suchet à Valence. Or, entre ces deux déterminations, le choix n'était pas douteux. Outre que Séville était la plus lointaine des provinces de l'Espagne, elle était privée de tout moyen de communication avec la France, tandis qu'à Valence on était par Tortose, Tarragone, Lerida, Saragosse, en liaison facile et certaine avec les Pyrénées. On était de plus assuré d'y trouver un pays riche, soumis, parfaitement administré, et un accueil amical, les relations de Joseph avec le maréchal Suchet n'ayant pas cessé d'être excellentes. Enfin il y avait une dernière raison, tout à fait décisive, c'est qu'on pouvait amener l'armée d'Andalousie à Valence, et qu'il eût été insensé de prétendre amener l'armée d'Aragon à Séville, puisque, indépendamment de la perte de l'Aragon et de la Catalogne, qui en fût résultée, on se fût à jamais séparé de la France.

Août 1812.

Ce n'était pas avec un conseiller aussi sage que le maréchal Jourdan que Joseph aurait pu hésiter sur la conduite à tenir en pareille circonstance. Il s'achemina donc sur le Tage, en prenant la direction de Valence, et, changeant les ordres précédemment

Il ordonne au maréchal Soult de venir l'y joindre.

expédiés au maréchal Soult, il lui prescrivit d'opérer sa retraite par Murcie sur Valence. Mais il fallait quitter Madrid, et c'était un parti extrêmement douloureux. Au milieu de cette Espagne soulevée tout entière contre lui, Joseph avait cependant rencontré un certain nombre d'Espagnols, et quelques-uns considérables par la naissance et la fortune, qui, soit par goût pour sa personne douce et attachante, soit pour épargner à leur pays une guerre affreuse, soit enfin par la conviction que toute civilisation en Espagne était venue des dynasties étrangères, s'étaient ralliés à sa cause. Il y avait aussi beaucoup de fonctionnaires d'ordre inférieur, qui, par habitude de soumission, étaient restés à son service. Cette classe, dite des *afrancesados*, se trouvait surtout à Madrid, et elle ne comprenait pas moins de dix mille individus de tout sexe et de tout âge. Comment abandonner ces malheureux à la férocité des Espagnols, férocité qui égalait, il faut l'avouer, leur patriotisme, et qui, ne faisant grâce ni à nos blessés ni à nos malades, aurait pardonné encore moins à des compatriotes accusés de trahison. Les laisser, c'était les condamner à la mort; les emmener au mois d'août, à travers les plaines de la Manche et les montagnes stériles de Cuenca, c'était les condamner à la mort encore, mais à la mort par la misère. L'alternative était cruelle, et cependant, comme le danger le plus prochain est celui qu'on cherche toujours à éviter, au premier bruit d'évacuation ils voulurent tous partir. On ramassa ce qu'on put de voitures attelées de toutes les façons, et, le 10 août, ils commencèrent à sortir de Madrid, portés sur au moins deux mille voitures, et escortés par l'armée du centre. Ils formaient avec cette armée une masse d'environ vingt-quatre mille individus, dont la moitié pourvus d'armes, et bien peu pourvus de vivres. Joseph leur offrit la seule consolation qu'il fût en son pouvoir de leur procurer, en se plaçant au milieu d'eux pour partager leurs infortunes. Parvenu sur les bords du Tage, vers Aranjuez, il voulut savoir si c'était toute l'armée anglo-portugaise qui marchait sur la capitale, ou si c'était un simple détachement d'une ou deux divisions, car, dans ce dernier cas, il aurait pu disputer la capitale, ou du moins ne pas s'en éloigner beaucoup, et attendre dans les environs l'arrivée de l'armée d'Andalousie. Le général Treilhard, qui commandait une excellente division de dragons, fut chargé de reconnaître l'armée anglaise pour s'assurer de la réalité des choses. Il le fit aux environs de Majadahonda, sur les bords du torrent de Guadarrama, avec tant d'à-propos et de vigueur, qu'il culbuta l'avant-garde anglaise, et lui enleva 400 hommes avec trois pièces de canon. Le rapport des officiers anglais n'ayant permis aucun doute sur la présence de lord Wellington et de toute son armée aux portes de Madrid, on prit enfin le parti de se diriger par la route d'Ocaña, d'Albacete et de Chinchilla, sur Valence. On laissait à Madrid encore beaucoup de malades et de blessés. On les réunit au Retiro, fortifié depuis longtemps contre les guérillas et le peuple de Madrid, mais pas contre les attaques d'une armée régulière, et on y plaça une garnison de douze cents hommes sous le colonel Laffond. C'étaient douze cents hommes sacrifiés, car, par une négligence de l'état-

Août 1812.

Brillante reconnaissance exécutée contre l'armée anglaise avant de s'éloigner de Madrid.

Août 1812.

major de Joseph, on ne s'était pas même assuré si le puits du Retiro était pourvu d'eau. Pourtant ces douze cents hommes allaient rendre un service important, celui de sauver quelques mille malades et blessés du fer des guérillas, pour les remettre à l'armée anglaise, qui, se comportant comme il convient à une nation civilisée, respectait et faisait respecter les hommes désarmés.

Sortie de Madrid.

On quitta le Tage vers le 13 août par une chaleur étouffante, et avec fort peu de ressources. Ce voyage devait être et fut des plus pénibles. Des centaines de familles, quelques-unes aisées, mais le plus grand nombre vivant à Madrid de leurs appointements, et de rations quand l'argent manquait, n'ayant plus en route cette ressource, encombraient les chemins sur des voitures mal attelées, et chaque soir tendaient la main aux soldats pour obtenir quelques restes de

Souffrance de l'armée et des familles fugitives pendant la marche sur Valence.

leur maraude. Partout on trouvait les habitants en fuite, les greniers brûlés ou vidés, et personne pour échanger contre de l'argent un peu de pain ou de viande. Au lieu des habitants on rencontrait souvent d'affreux guérillas, tuant sans pitié quiconque s'éloignait de la colonne fugitive. Le lendemain, qu'on fût fatigué, malade, mourant de faim, il fallait partir du gîte où l'on avait passé la nuit, si on ne voulait pas être égorgé à la vue même de l'arrière-garde. Voilà ce qui restait de la royauté de Joseph, qu'il avait paru si facile de substituer à celle de Charles IV, et qui avait déjà coûté l'envoi de six cent mille Français en Espagne, dont il survivait à peine trois cent mille !

Après quelques jours de cette retraite pénible,

beaucoup de ces malheureux succombèrent. Un certain nombre ne pouvant plus suivre, allèrent se cacher dans des villages, pour y implorer une pitié qu'ils souvent ils n'obtinrent pas. Une partie des troupes espagnoles composant la garde de Joseph déserta, et enfin on arriva devant Chinchilla beaucoup moins nombreux qu'au départ. Le fort de ce nom était occupé par l'ennemi et barrait le chemin. Il fallut se détourner à grand'peine, et rejoindre la route à quelques lieues plus loin. Aux confins de Valence on rencontra les avant-postes du maréchal Suchet, et ceux qui avaient eu la force de continuer ce difficile voyage eurent la satisfaction de trouver un pays tranquille, habité, riche et amical. Le maréchal Suchet, à qui cette visite amenait de lourdes charges, reçut néanmoins avec un empressement respectueux le roi visiteur, et avec une sorte de fraternité la tribu fugitive dont ce roi était suivi. Le maréchal pouvait s'enorgueillir de montrer à ses compatriotes un pareil échantillon de la guerre bien faite, et de la conquête bien administrée. Il introduisit le roi Joseph dans Valence, lui ménagea un accueil infiniment meilleur que celui que ce prince avait jamais reçu à Madrid, et prodigua à tout ce qui l'accompagnait l'abondance de ses magasins. Il avait déjà envoyé plus de 5 millions en numéraire à Madrid; il paya en outre la solde aux troupes de l'armée du centre, habilla celles qui en avaient besoin, et fournit un gîte et des vivres à tous les afrancesados. Ces derniers furent heureux de voir enfin à Valence des compatriotes soumis à la royauté nouvelle, car ils trouvaient chez eux, et une excuse

Sept. 1812.

Arrivée à Valence.

Excellent accueil qu'on y reçut du maréchal Suchet.

8.

pour leur attachement à Joseph, et des sympathies pour leur misère. On était entré à Valence le 1ᵉʳ septembre; on résolut d'y attendre dans le repos et une sorte de bien-être l'arrivée de l'armée d'Andalousie.

Bien que le maréchal Soult répugnât fort à quitter l'Andalousie, il ne pouvait pas se refuser plus longtemps à l'évacuer. N'ayant pas consenti à s'y affaiblir pendant quelques semaines en faveur de l'armée de Portugal, il avait perdu le seul moyen de s'y maintenir. Y rester davantage, c'eût été s'exposer au sort du général Dupont. Se retirer sur Valence valait mieux pour lui que se retirer sur la Manche, car il évitait ainsi l'armée anglaise, dont il ignorait la marche et la force; il allait de plus en terre amie, tranquille, et pourvue de toute sorte de ressources. Aussi songeait-il à prendre spontanément cette route, lorsqu'il reçut les ordres plus récents de Joseph qui la lui prescrivaient, et cette fois l'obéissance lui fut facile. Pourtant ce n'était pas sans beaucoup de souci qu'il allait se trouver en présence du roi d'Espagne, et de deux maréchaux, juges, et bons juges des derniers événements. Sa part dans les malheurs qu'on venait d'essuyer n'était pas la moindre. Sans doute le général Caffarelli avait pris l'alarme mal à propos à la vue de quelques voiles anglaises; le roi Joseph, après avoir fait de son mieux pour obliger les généraux français à s'entr'aider, avait commis la faute de partir tard de Madrid, et la faute plus grande encore d'annoncer tardivement son départ; le maréchal Marmont avait eu le tort de manœuvrer imprudemment devant un ennemi sagace et résolu, et avait par sa légèreté gravement compromis l'armée de Portugal; mais quelle part faire dans ces malheurs au maréchal Soult, qui, malgré des avis répétés, malgré les indices les plus frappants, s'était obstiné à croire que lord Wellington marcherait sur l'Andalousie et non sur la Castille, avait refusé tout secours à l'armée de Portugal, de laquelle il avait reçu tant de services, avait non-seulement refusé de la secourir, mais désobéi au roi qui était son chef militaire, désobéi sans l'excuse qui peut dans quelques cas très-rares justifier la désobéissance, celle d'avoir raison contre un chef qui se trompe! Expliquer ces actes aux yeux de Joseph et des maréchaux, qui avaient tout vu et tout su, était embarrassant. Il y avait toutefois un tribunal plus redoutable que celui que le maréchal Soult allait trouver à Valence, c'était le tribunal de Napoléon, qui avait gardé le silence sur l'affaire d'Oporto, mais qui pourrait bien ne pas le garder sur les événements récemment accomplis en Castille. Comment jugerait-il tout ce qui s'était passé, surtout si l'Espagne, comme c'était probable, finissait par être perdue à la suite de l'échauffourée de Salamanque? Le maréchal avait imaginé une singulière excuse pour expliquer sa désobéissance. Il avait supposé que Joseph ne lui avait donné tous les ordres à l'exécution desquels il s'était refusé, que par suite d'une secrète connivence avec Bernadotte dont il était le parent, avec les Anglais, avec les Russes dont il se serait fait le complice, de façon qu'il eût été tout simplement traître à la France et à son frère! Les raisons sur lesquelles se fondait le maréchal Soult pour admettre cette supposition, c'est que, d'après les journaux anglais, Bernadotte

Sept. 1812.

Singulière supposition du maréchal Soult à l'égard de Joseph.

avait pris plusieurs centaines d'Espagnols à son service, c'est que l'ambassadeur de Joseph était resté en Russie, c'est que Moreau était arrivé d'Amérique en Suède, etc.... Ajoutant à tous ces faits la parenté de Joseph, qui était beau-frère de Bernadotte, il se croyait autorisé à supposer que Joseph avait donné dans une conspiration contre la France, que le premier acte de cette conspiration était l'abandon de l'Espagne, et que l'ordre d'évacuer l'Andalousie était le premier pas dans cette voie criminelle. Cette bizarre conception, une fois entrée dans l'esprit défiant du maréchal, lui avait paru devoir être mandée à l'Empereur, et il l'avait consignée dans une dépêche adressée au ministre de la guerre, que, pour plus de sûreté, il avait remise à un capitaine de vaisseau marchand, chargé d'aller la porter dans un des ports français de la Méditerranée.

Sa dépêche à l'Empereur expédiée, le maréchal Soult avait répondu au roi Joseph, et persistant à soutenir auprès de celui-ci, qu'au lieu de chercher à se concentrer dans les provinces du nord, il aurait mieux valu s'enfoncer tous au midi, y attirer la guerre, et y refaire ainsi la fortune de la nouvelle dynastie, il ajoutait néanmoins que plein de déférence pour les ordres royaux, il allait rassembler ses troupes éparses, et se rendre par Murcie dans le royaume de Valence. En effet, après avoir détruit ou jeté dans la mer l'immense matériel si péniblement amassé dans les lignes de Cadix, après avoir formé un grand convoi de munitions, de vivres, de bagages, le maréchal emmenant tout ce qu'il pouvait transporter de ses malades et de ses blessés, conbant les autres à l'humanité des habitants de Séville, commença sa retraite le 25 août, et prit la route de Murcie. La portion de ses troupes qui était à Grenade devait naturellement être recueillie en passant. Celle qui sous le comte d'Erlon occupait inutilement l'Estrémadure, dut descendre sur les bords du Guadalquivir, le remonter par Cordoue jusqu'à Baeza, et se réunir à Huescar à la colonne principale. Quoique cette évacuation fût accompagnée de moins de misères que celle de Madrid, cependant grâce à la saison, au pays, à la multitude d'hommes et d'effets qu'on traînait après soi, elle fut triste aussi, et marquée par bien des souffrances. Enfin vers les derniers jours de septembre, les avant-gardes de l'armée du maréchal Soult aperçurent aux environs d'Almanza celles du maréchal Suchet, et éprouvèrent à les revoir une véritable joie; car dans ces redoutables et lointains climats, les Français se regardant comme destinés à périr jusqu'au dernier, ne se rencontraient pas, même les plus endurcis à la souffrance, sans se jeter dans les bras les uns des autres, et sans manifester l'émotion la plus vive.

Pendant ce mois de septembre Joseph avait recueilli vaguement le bruit de l'approche du maréchal Soult, et il attendait impatiemment le détail de sa marche, et l'exposé de ses projets. Tout à coup il apprit qu'un capitaine de bâtiment marchand, porteur de dépêches françaises, avait touché au Grao (port de Valence), et demandait à se décharger du dépôt qu'il avait reçu, étant vivement poursuivi par les Anglais. Joseph se hâta de prendre ces dépêches et de les ouvrir, pour savoir ce qu'elles lui appren-

Sept. 1812.

Arrivée du maréchal Soult sur la frontière du royaume de Valence.

draient de l'Andalousie, et fut fort surpris, en les lisant, de s'y voir dénoncé par le maréchal Soult comme traître à sa famille et à sa patrie. Chacun devine, sans qu'on ait besoin de le dire, le sentiment qu'il éprouva. Joseph par sa résistance, par son orgueil d'aîné, surtout par la liberté de propos permise à la cour de Madrid, avait déplu à son frère, au point d'être toujours condamné, même quand il avait raison. Néanmoins son dévouement pour lui n'était pas douteux, et il était convaincu de cette vérité, qu'après tout les frères de Napoléon lui devaient leur fortune, et que s'ils la payaient cher, cependant ils ne pouvaient la sauver qu'en l'aidant lui-même à sauver la sienne. Si donc la trahison était entrée ou devait entrer dans la famille Bonaparte, ce n'était pas par Joseph. Il fut indigné, ne s'en cacha point, et fit partir sur-le-champ le colonel Desprez pour Moscou, afin d'aller remettre à Napoléon ce tissu d'inventions étranges, et lui demander d'être à la fois débarrassé et vengé du commandant de l'armée d'Andalousie. La prochaine entrevue avec le maréchal Soult devait donc être pénible, même orageuse.

Joseph, impatient de voir le maréchal, et surtout d'avoir sous sa main l'armée d'Andalousie, accourut à sa rencontre, et lui assigna un rendez-vous à la frontière de Murcie, à Fuente de Higuera. Il avait avec lui les maréchaux Jourdan et Suchet. Pourtant, sur le désir de ces derniers, qui craignaient d'assister à une scène pénible, il entretint seul le maréchal Soult, et le surprit désagréablement en lui prouvant qu'il avait lu les dépêches destinées à l'Empereur. Il y avait à cette découverte au moins un avantage, c'est que le maréchal, dont Joseph avait à se plaindre, chercherait à racheter ses torts par plus d'obéissance. C'était dans le moment la seule chose que Joseph désirât obtenir, et, après une vive explication, il tâcha dans une conférence avec les trois maréchaux d'arrêter un plan de campagne raisonnable, afin de faire expier aux Anglais leur triomphe récent par la réunion de toutes les forces françaises. Bien que l'Andalousie étant évacuée, il semblât que la chaîne qui avait tenu le maréchal Soult asservi à un objet exclusif fût rompue, et que dès lors son jugement dût être libre, il fut néanmoins impossible d'en tirer un avis intelligible et adapté à la situation présente. Soit embarras, soit humeur, il refusait de s'expliquer clairement sur le plan à suivre, et laissait voir seulement que loin de joindre son armée aux autres, il entendait qu'on joindrait les autres à la sienne, pour suivre la direction qu'il lui plairait de donner. Le maréchal Suchet de son côté paraissait dominé par le désir de conserver Valence. Le maréchal Jourdan, par bon sens et absence de toute vue particulière, tenait le milieu. Joseph, voulant sortir de ce chaos, et avoir l'avis de chacun, s'adressa d'abord au maréchal Soult pour savoir à quoi il concluait. Le maréchal Soult lui répondit en demandant ses ordres, car pour son avis il ne pouvait se décider à le produire que par écrit. Ce mode fut adopté, et le lendemain chacun des maréchaux remit un mémoire au roi, sur la manière de réparer le désastre de Salamanque.

Le maréchal Soult proposait de réunir à l'armée

Sept. 1812.

Conseil de guerre tenu par Joseph et les trois maréchaux, afin d'arrêter le plan des nouvelles opérations.

Avis

Sept. 1812.

du maréchal Soult.

Avis du maréchal Suchet.

d'Andalousie qu'il avait amenée, toute celle du centre, une partie de celle d'Aragon, et de marcher avec cette masse de forces à travers la Manche sur le Tage et Madrid. Le maréchal Suchet, dans son mémoire, élevait contre ce plan de fortes objections. Sur 13 à 14 mille hommes de troupes actives dont il disposait, et avec lesquels il devait tenir tête à l'armée de Murcie qui était à Alicante, et à celle des Anglo-Siciliens qui menaçait de descendre à Tarragone, il ne pouvait pas consacrer moins de 6 mille hommes à la garde de Valence et des postes principaux de San Felipe et de Sagonte. Il ne lui restait donc pas plus de 8 mille hommes à joindre à l'armée commune, destinée à marcher sur Madrid, et tout portait à croire que ces huit mille hommes partis, on serait dans l'impossibilité de conserver le royaume de Valence. Ainsi pour un si faible renfort on s'exposait à perdre Valence, les ressources de ce riche pays, l'avantage de tenir éloignées de la Catalogne et de l'Aragon les armées de Murcie et de Sicile, et enfin les seules communications tout à fait sûres avec la France. Si de plus l'armée réunie marchant sur le Tage rencontrait derrière ce fleuve lord Wellington avec toutes ses forces, si elle n'était pas heureuse dans une nouvelle bataille, on se trouverait dans un vrai cul-de-sac, ayant le Tage fermé devant soi, et le royaume de Valence fermé derrière, situation affreuse et presque irrémédiable. Sans doute entre les routes de Madrid et de Valence, il y en avait une intermédiaire, aboutissant également aux Pyrénées, c'est celle qui allait par la province de Guadalaxara joindre Calatayud et Saragosse; mais pour la prendre il fallait avoir forcé le Tage à peu près à la hauteur de Madrid. Si on n'arrivait pas jusque-là, il n'y avait pour regagner l'Aragon que des chemins affreux, impraticables à l'artillerie, remplis de bandes invincibles dans leurs défilés, et il ne restait d'autre ressource que de redescendre sur Valence. Il fallait donc avant tout ne pas s'exposer à perdre cette capitale, et même avec la totalité de ses troupes le maréchal Suchet n'était pas absolument sûr de s'y maintenir, car l'armée anglo-sicilienne était une force inconnue, et qui devait être supposée très-considérable d'après les bruits répandus dans la contrée. Ainsi garder 14 mille hommes contre cette armée et celle de Catalogne n'était pas une prétention bien exagérée, surtout s'il fallait successivement les porter de San-Felipe à Tarragone, à une distance de cent lieues. Aussi le maréchal Suchet présentait-il un plan entièrement conçu dans la pensée de conserver le royaume de Valence. Valence, suivant lui, c'était une capitale, une source de gros revenus, le bord de la Méditerranée, et enfin tout le revers des Pyrénées. En gardant cette partie de la Péninsule, on était assuré de conserver ses communications, on demeurait en possession des provinces auxquelles Napoléon tenait le plus, et on pouvait toujours en partir pour recouvrer les autres. En conséquence il proposait de porter les armées d'Andalousie et du centre réunies dans la province de Guadalaxara (voir la carte n° 43), d'y forcer le Tage, cela fait, de séparer ces deux armées, de ramener celle du centre sur Cuenca, d'où elle pourrait en tout temps donner la main à l'armée d'Aragon sur la frontière du

Octob. 1812

royaume de Valence, d'établir celle d'Andalousie dans la province de Guadalaxara, sa base sur Calatayud, sa tête sur Madrid, et sa droite en communication constante par la province de Soria avec l'armée de Portugal. De la sorte les quatre armées principales, celles d'Aragon, du centre, d'Andalousie, de Portugal, appuyées les unes aux autres, et adossées aux Pyrénées, pouvant toujours se trouver deux ensemble en moins de jours que l'ennemi ne mettrait à marcher sur l'une d'elles, possédant sûrement Valence, Tortose, Tarragone, Barcelone, Lerida, Saragosse, Burgos, Valladolid, provinces où avec une bonne administration elles seraient certaines de vivre largement, ne devaient jamais être forcées dans leur position, ni privées de leurs communications avec la France.

Avis du maréchal Jourdan.

Mais ce plan, excellent quant à la conduite ultérieure, ne dispensait pas pour le moment d'une opération commune à tous les projets, celle de remonter sur Madrid afin d'y forcer la ligne du Tage. Comment devait-on s'y prendre pour cette opération délicate, à laquelle lord Wellington, s'il agissait comme autrefois le général Bonaparte en Italie, pouvait opposer de graves obstacles? C'est à surmonter cette difficulté qu'il fallait s'appliquer, et que s'appliqua en effet le maréchal Jourdan. L'exposé de son opinion, modèle rare de justesse de vues, d'exactitude d'assertions, de haute prudence, satisfaisait à tout, et aurait mérité que celui qui conseillait si bien pût encore exécuter lui-même ses propres conceptions, ou être compris, respecté et obéi de ceux qui étaient chargés de les exécuter à sa place.

Avant tout il fallait, selon lui, remonter sur Madrid par le haut Tage, afin d'aller donner la main à l'armée de Portugal, et avec les trois armées réunies de Portugal, du centre, d'Andalousie, marcher sur les Anglais à la tête de 80 ou 90 mille hommes, et de 150 bouches à feu. Sans doute si on avait couru véritablement le danger de rencontrer lord Wellington établi avec toutes ses forces sur le Tage, le maréchal Jourdan disait que loin de s'exposer à un tel danger, avant d'avoir rallié l'armée de Portugal, il aimerait mieux passer par Valence, Teruel, Calatayud, c'est-à-dire remonter en Aragon par un grand détour en arrière, puis de Calatayud passer à Aranda, où sans courir un seul risque, on se trouverait réuni à l'armée de Portugal, et en mesure d'opposer aux Anglais 80 à 90 mille hommes, l'armée de Valence étant restée intacte. Mais cette route était longue, et, quoique bien approvisionnée, révélerait de notre part une extrême timidité, ce qui était un inconvénient. Aussi le maréchal Jourdan ne proposait-il pas de la prendre, jugeant que la chance de rencontrer lord Wellington concentré sur le haut Tage n'était pas assez grande pour se résigner à un si long détour. Probablement, disait-il, on trouverait le général britannique avec deux ou trois divisions gardant Madrid, et avec le reste bataillant en Castille contre le général Clausel. On forcerait donc sans beaucoup de difficulté la ligne du Tage, qui dans cette partie n'était pas un obstacle sérieux, on rallierait l'armée de Portugal, en ayant soin de la bien avertir de ce mouvement, et on rentrerait à Madrid avec une supériorité de forces décisive. Mais comme il était

Octob. 1812.

possible qu'on se trompât, que le Tage fût mieux gardé qu'on ne le supposait, il fallait pouvoir revenir sur Valence, pour y retrouver l'asile dans lequel on s'était déjà remis de ses souffrances, et le nœud de toutes les communications avec la France. Pour cela il importait de ne pas ôter au maréchal Suchet un seul de ses bataillons. Le maréchal Jourdan était donc d'avis de ne le point affaiblir, et de se borner à réunir les deux armées du centre et du midi, ce qui formerait une masse d'environ 56 mille hommes, avec cent bouches à feu bien approvisionnées, et suffirait pour forcer le Tage. Le maréchal Soult prétendait en défalquant ses malades, ses écloppés, ses vétérans qu'il devait laisser à Valence, n'avoir pas plus de 37 à 38 mille hommes, dont 6 mille de très-bonne cavalerie. Il en avait cependant davantage. Après les pertes de l'évacuation, et en reprenant à l'armée du centre quelques détachements qui lui appartenaient, il pouvait réunir 45 ou 46 mille hommes de toutes armes, et de la plus excellente qualité[1]. L'armée du centre un peu réor-

[1] Le maréchal Soult à Almanza, même après avoir pris à la faible armée du centre les 2 mille hommes qu'il réclamait depuis longtemps, ne s'attribuait que 33 mille hommes d'infanterie, et 6 mille de cavalerie, ce qui aurait fait en tout 39 mille, et 37 avant l'adjonction des 2 mille pris à Joseph. Le maréchal Jourdan, pour ne pas contester sur les chiffres, ayant à contester déjà sur le plan, attribuait dans son mémoire 39 à 40 mille hommes au maréchal Soult, et partait de cette base pour raisonner sur les opérations à exécuter. Mais en étudiant les documents, on reconnaît bientôt que ce chiffre n'était pas exact, et ne pouvait pas l'être. La force du maréchal Soult en avril 1812 était de 56 à 57 mille hommes, les non combattants déduits, et je ne parle pas d'après les assertions du ministre de la guerre, qui donne toujours des chiffres supérieurs à ceux fournis par les généraux, parce que la tendance de celui qui paye est de grossir les nombres, et la tendance

ganisée, comptait bien encore 10 ou 11 mille hommes de très-bonne qualité aussi. Le maréchal Jourdan proposa de faire marcher ces 36 mille hommes en deux colonnes, l'une formée de l'armée d'Andalousie par la route de la Manche, qui passe par Chinchilla, San-Clemente, Ocaña, Aranjuez (voir la carte n° 43), l'autre formée de l'armée du centre par la route de Cuenca, qui passe par Requena, Cuenca, Fuenti-Duena, toutes deux pouvant se donner la main dans leur mouvement, et devant aboutir sur le Tage au point où on voulait le franchir. Seulement le maréchal jugeant la colonne de droite (l'armée du centre) trop faible, proposait de lui adjoindre 6 à 7 mille hommes de l'armée d'Andalousie, ce qui devait porter l'une à 16 ou 17 mille hommes, et réduire l'autre à 39 ou 40 mille. Il pro-

Octob. 1812.

Le maréchal Jourdan propose de faire marcher en deux colonnes sur le Tage les armées du centre et d'Andalousie.

de celui qui les emploie de les diminuer; je parle d'après le chiffre fourni par le chef d'état-major de l'armée d'Andalousie, au 1ᵉʳ avril 1812, après la perte de Badajoz et de sa garnison. Or il n'y avait eu aucune action sérieuse du mois d'avril au mois d'août 1812 en Andalousie, et ce serait trop accuser l'administration du maréchal Soult que d'admettre qu'à ne rien faire il eût perdu 21 mille hommes, puisque des 58 il n'en serait resté que 37. Évidemment le chiffre de 37 mille hommes à Almanza ne peut pas être le chiffre véritable. Le maréchal avait dû faire des pertes en route, cela n'est pas douteux; mais quand il aurait perdu 5 ou 6 mille hommes si l'on veut, ce qui révélerait un étrange désordre dans la marche, il serait resté encore à expliquer la perte de 15 mille. Qu'en évacuant on laissât des malades, des blessés dans les hôpitaux, il n'est que trop probable que le nombre des hommes restés ainsi en arrière dut être grand, mais il portait sur les non combattants, déjà défalqués du calcul dont il s'agit ici. Le maréchal Soult comptait donc plus de 37 mille hommes à Almanza. Voilà ce que le simple bon sens indique. Mais en lisant certaines pièces qui ne se trouvent pas dans les Mémoires du roi Joseph, on découvre bientôt la vérité. Le maréchal Suchet, dans le mémoire présenté à Joseph, en même temps que ceux des maréchaux Jourdan et Soult, discute la force de chacun des corps d'après les états fournis; et le maréchal Suchet, à

posait en outre de donner un bon commandant à l'armée du centre, le comte d'Erlon, de subordonner les deux généraux en chef au roi, qui tour à tour marcherait avec l'une ou avec l'autre colonne, et de s'acheminer sur-le-champ vers le but tant désiré du haut Tage. Dans ce plan le maréchal Suchet devait, comme il avait déjà fait, tirer de ses approvisionnements tout ce qui serait nécessaire aux troupes qui allaient se mettre en marche, et garder à Valence leurs embarras, c'est-à-dire leurs blessés, leurs hommes fatigués ou malades, service qu'il était prêt à leur rendre avec le plus grand empressement.

Ces vues étaient si sages, si appropriées à la situation, que Joseph les adopta immédiatement, par raison autant que par confiance habituelle dans les avis du maréchal Jourdan. Il ordonna au maréchal

qui on demandait des vivres, devait connaître cette force mieux que le maréchal Jourdan, qui acceptait sur parole les chiffres allégués dans la discussion. Or, on voit dans ce mémoire qu'avec les 2 mille hommes pris à l'armée du centre, le maréchal Soult avait 45 mille hommes disponibles à Almanza, ce qui le ramène à 43 mille hommes, chiffre le plus vraisemblable. Et encore pour comprendre ce chiffre, qui laisse sur les états d'avril un manquant de 14 mille hommes à expliquer, il faut savoir que dans l'armée d'Andalousie il y avait une infinité de soldats du génie et de la grosse artillerie employés au siège de Cadix, qui ne pouvaient pas servir en ligne, et qu'on laissa à Valence avec les malades et les blessés; il faut savoir aussi qu'il y avait des vétérans peu propres à une longue marche. Mais même avec cette défalcation il est difficile de trouver les 14 mille manquants, et il faut supposer que pendant l'évacuation et sous l'influence des chaleurs, même sans être poursuivi, on perdit beaucoup de monde. Le chiffre de 45 à 46 mille hommes est donc le moindre qu'on puisse attribuer à l'armée d'Andalousie. Nous ajouterons que les forces qu'on eut quelque temps après à Madrid, et à la seconde rencontre devant Salamanque, rendent l'exactitude de ce chiffre tout à fait vraisemblable. C'est pourquoi nous l'avons admis, mais après beaucoup de comparaisons, comme tous ceux que nous adoptons dans nos récits.

Soult de se préparer à marcher d'Almanza où il campait, sur Chinchilla, San-Clemente, Aranjuez, tandis que l'armée du centre sortant de la Huerta de Valence par le défilé de Las-Cabrillas, passerait par Cuenca, et viendrait tomber sur le Tage à Fuenti-Duena, assez près d'Aranjuez pour s'appuyer à l'armée d'Andalousie. Il prescrivit en outre au maréchal Soult de céder à l'armée du centre le général d'Erlon avec 6 mille hommes, et lui fit annoncer que le maréchal Suchet mettrait à sa disposition, en riz, en biscuit, en eau-de-vie, les approvisionnements dont il aurait besoin.

Ces mesures déplurent singulièrement au maréchal Soult, car il rentrait ainsi sous les ordres directs du roi, et perdait une portion de ses forces. Aussi éleva-t-il de nouvelles objections, disant que Joseph n'avait pas le droit de lui ôter des troupes qu'il tenait de la confiance de l'Empereur. Mais Joseph prenant enfin un ton de maître, et lui ayant signifié d'obéir, ou de résigner sur-le-champ son commandement dans les mains du comte d'Erlon, il se soumit, et après avoir demandé d'abord six jours, en prit douze pour se mettre en chemin, ce qui d'ailleurs était fort explicable, ayant à rallier tout son corps d'armée, et à faire la séparation entre ce qui devait demeurer à Valence, et ce qui devait marcher à l'ennemi.

On partit donc du 18 au 20 octobre, bien pourvu de munitions et de vivres, en deux colonnes qui s'élevaient à 56 mille hommes, et on laissa au maréchal Suchet tout ce qui restait d'embarras des deux évacuations de Madrid et de Séville, tout ce qui

Octob. 1812.

Départ des armées du centre et d'Andalousie pour rentrer à Madrid.

n'était pas capable de servir activement. On n'avait aucun souci en laissant ces précieux restes à Valence, car on savait qu'ils y seraient en sûreté, et à l'abri du besoin. Le maréchal Suchet conserva toute son armée, et afin de pouvoir toujours communiquer avec les troupes du roi, par la route la plus courte, celle de Cuenca, il fit travailler à la portion de cette route comprise entre Buñoz et Requena. L'armée du centre y passa avec son artillerie.

Les deux colonnes s'avancèrent ainsi sur le Tage à la hauteur l'une de l'autre, sans être arrêtées par aucun obstacle sérieux. Celle du centre, sous le comte d'Erlon, eut affaire aux bandes de Villa-Campa, de l'Empecinado, de Duran, accourues à Madrid, et obstruant toute la région du haut Tage, c'est-à-dire les deux provinces de Guadalaxara et de Cuenca. Mais on n'eut pas de peine à les disperser, l'armée du centre ayant été sagement portée à environ 16 mille hommes. L'armée d'Andalousie n'eut aucune difficulté à surmonter, le fort de Chinchilla lui ayant ouvert ses portes, et on fut rendu au bord du Tage vers les 27 et 28 octobre, entre Fuenti-Duena et Aranjuez, pouvant se réunir en masse sur l'un ou l'autre de ces points.

La question importante était de savoir si on allait rencontrer lord Wellington en avant de Madrid, résolu à défendre sa conquête, ce qui était possible, car son entrée à Madrid avait produit une vive sensation en Europe, et il était naturel qu'il ne voulût pas en sortir. Cette question méritait fort de préoccuper Joseph et son major général Jourdan; mais heureusement tout ce qu'on apprenait était rassurant. Les rumeurs recueillies portaient à croire qu'on n'avait devant soi que le général Hill avec deux ou trois divisions. Voici en effet ce qui s'était passé entre les Anglais et l'armée de Portugal, depuis le voyage de Joseph à Valence et sa réunion avec l'armée d'Andalousie.

Lord Wellington était entré le 12 août dans Madrid entouré de tous les chefs espagnols, jaloux de prendre part à son triomphe. Quand on songe à la situation dans laquelle ils s'étaient trouvés longtemps, n'ayant plus sur le continent de la Péninsule que Carthagène, Cadix et Lisbonne, et réduits à s'y attacher de toutes leurs forces pour n'être pas jetés à la mer, on comprend une joie que la surprise devait même convertir en délire. La fatale entreprise de Russie, les négligences de Napoléon à l'égard de la guerre d'Espagne, le défaut d'autorité de Joseph, les funestes divisions de nos généraux, avaient procuré aux Espagnols, et surtout au général britannique, ces succès tout à fait inespérés! D'abord très-enorgueilli de son triomphe, lord Wellington s'était bientôt senti embarrassé de ses auxiliaires, de leur conduite indiscrète ou barbare, et avait lui-même ajouté à leurs fautes par l'ostentation avec laquelle il avait exercé son autorité. Le premier soin à prendre aurait dû être de rassurer les habitants de Madrid, dont un grand nombre s'était accoutumé et presque soumis à la domination de Joseph, de tenir pour fait ce qui était fait, d'oublier certaines choses, de tolérer, de consacrer même certaines autres. Don Carlos d'España et l'Empecinado devinrent en quelque sorte les maîtres de Madrid. Ils commencèrent par

Octob. 1812.

Ce qui s'était passé à Madrid et au nord de l'Espagne pendant le voyage de Joseph à Valence.

Octob. 1812.

Folies des chefs espagnols dans Madrid.

faire prêter serment à la constitution de Cadix qui venait d'être achevée. Rien n'était plus naturel, quoique cette constitution remplie à la fois de principes généreux et de dispositions chimériques, blessât une partie considérable de la nation espagnole, peu préparée aux institutions qu'on venait de lui donner. Mais au fond ce n'était pas à la constitution que don Carlos et l'Empecinado entendaient lier les Espagnols, c'était à l'autorité du gouvernement insurrectionnel de Cadix. Cela fait, il fallait s'expliquer à l'égard des afrancesados, parmi lesquels on comptait de grands personnages, beaucoup de fonctionnaires, et quelques milliers de soldats excellents. Tandis que don Miguel de Alava, officier de l'armée espagnole que lord Wellington employait fréquemment, et qui était le plus noble des cœurs[1], prononçait à l'hôtel de ville de Madrid un discours aussi humain qu'habile, don Carlos d'España et l'Empecinado tenaient un langage insensé, de nature à ne ramener personne, et à blesser au contraire tous les hommes raisonnables. Joseph avait fait frapper à son image de fort belles monnaies, beaucoup plus belles que les monnaies espagnoles, et tout aussi pures, puisqu'elles étaient exactement semblables pour la forme et le titre aux monnaies françaises. Au lieu d'agir comme tous les gouvernements, même les moins modérés, qui se transmettent les monnaies les uns des autres, sans s'offusquer des images dont elles portent l'em-

[1] Celui que nous avons connu depuis comme ambassadeur à Paris après la mort de Ferdinand VII, et pendant la régence de la reine Christine.

preinte, on démonétisait et frappait d'une perte les pièces à l'effigie de Joseph. Puis au lieu de s'occuper d'amener des denrées à Madrid, afin de mettre un terme à l'excessive cherté du pain, on perdait le temps à se donner des satisfactions de parti non moins folles que dangereuses. Aussi la misère était-elle extrême, comme au temps où les bandes interceptaient l'arrivage des vivres. Enfin à ces extravagances qui doivent paraître fort naturelles lorsqu'on songe au caractère et à l'éducation des vainqueurs, lord Wellington ajoutait les fautes de l'orgueil britannique. Il s'était logé au palais des rois, ce qui avait blessé la fierté de la nation espagnole, et en prenant le Retiro que le colonel Laffond lui avait livré faute d'eau potable, il avait détruit un établissement auquel les Espagnols tenaient beaucoup, celui de la *China*, répondant à la fabrique de Sèvres en France, et à la fabrique de Meissen en Saxe. Ce n'était pas la peine en vérité de perdre vingt jours à des futilités ou à des fautes!

Octob. 1812.

Pendant que lord Wellington se conduisait de la sorte, le général Clausel avait rallié, réorganisé, ranimé l'armée de Portugal, et, quoique réduite à 25 mille hommes, l'avait hardiment portée sur le Douro, en présence de l'armée anglaise, dont la masse principale était postée sur les bords de ce fleuve. Il avait refoulé partout les avant-postes ennemis, et pris le temps d'envoyer le général Foy avec une division pour recueillir les garnisons d'Astorga, de Benavente, de Zamora, de Toro, inutilement dispersées sur une ligne qu'on ne pouvait plus défendre. Le général Foy était arrivé trop tard pour

Attitude du général Clausel derrière le Douro, pendant que lord Wellington était occupé à triompher à Madrid.

Octob. 1812.

Lord Wellington marche avec le gros de son armée sur le général Clausel.

Le général Clausel se retire sur l'Èbre.

Lord Wellington assiège le château de Burgos.

dégager la garnison d'Astorga, forcée de se rendre la veille à l'armée espagnole de Galice, mais il en avait sauvé les malades, les blessés, avait recueilli les autres petits postes du Douro et de l'Esla, et s'était réuni ensuite au général Clausel.

Lord Wellington, se voyant ainsi bravé, avait été obligé de quitter Madrid, et de venir chercher le jeune adversaire qui, avec les débris d'une armée récemment battue, se posait si fièrement devant lui. Après avoir établi le général Hill à Madrid, il était reparti pour la Vieille-Castille, et, recueillant en chemin l'armée de Galice, il avait marché sur Burgos avec cinquante mille hommes.

Contraint de nouveau à rétrograder, le général Clausel avait quitté les bords du Douro, s'était replié successivement sur Valladolid, Burgos, Briviesca, et s'était enfin arrêté à l'Èbre. Avant de le poursuivre plus loin, lord Wellington, entré dans Burgos, voulut enlever le château qui dominait cette ville, et qui en rendait la possession à peu près nulle. Il en entreprit le siége vers la fin de septembre, à peu près à l'époque où Joseph se préparait à marcher sur Madrid.

Le château de Burgos était un vieil édifice remontant au règne des Maures, et couronnant une hauteur au pied de laquelle est construite la ville de Burgos. On avait élevé autour de cette vieille enceinte de murailles gothiques deux lignes de retranchements palissadés et fraisés, et on les avait armés d'une forte artillerie. On y avait ajouté un ouvrage à corne, sur une hauteur dite de Saint-Michel, qui dominait la position du château. Le général Dubreton occupait avec deux mille hommes cette forteresse improvisée. Il était pourvu de vivres et de munitions, et résolu à se bien défendre.

Octob. 1812.

Lord Wellington, dédaignant d'attaquer en règle une telle place, et pensant que ses soldats, après avoir enlevé d'assaut Ciudad-Rodrigo et Badajoz, ne broncheraient pas devant les fortifications imparfaites du château de Burgos, fit assaillir de vive force l'ouvrage à corne de Saint-Michel. Ses troupes abordèrent franchement l'ouvrage dans la nuit du 19 au 20 septembre, mais furent arrêtées au pied du retranchement par la fusillade d'un bataillon du 34ᵉ régiment de ligne. Par malheur une colonne anglaise s'étant glissée dans l'obscurité autour de l'enceinte de l'ouvrage attaqué, profita de ce que la gorge n'était pas complétement palissadée, et y pénétra. Les soldats du 34ᵉ passèrent alors sur le corps de la colonne victorieuse, et se retirèrent sur le fort lui-même. Ils avaient tué ou blessé aux Anglais plus de 400 hommes, et n'en avaient pas perdu 150.

Le général anglais croit pouvoir brusquer cette forteresse, et perd beaucoup de monde dans des attaques imprudentes.

Maîtres de la position de Saint-Michel, les Anglais essayèrent d'y construire une batterie pour ruiner les défenses du château, et en firent le point de départ de leurs cheminements. La forte résistance de l'ouvrage à corne leur avait appris que cette malheureuse bicoque ne pouvait pas être brusquée. Après avoir établi une batterie à Saint-Michel, ils commencèrent à tirer sur le château, mais leur artillerie faible en calibre fut bientôt dominée par la nôtre, et réduite à se taire. La difficulté des transports ne leur avait pas permis en effet d'amener du gros canon sous les murs de Burgos, et ils n'avaient que quelques pièces de 16, que les guérillas de l'Alava et de la Biscaye avaient reçues de l'escadre anglaise, et avaient péniblement traînées jusqu'à Burgos.

Lord Wellington, reconnaissant la presque impossibilité d'ouvrir la brèche au moyen du canon, eut de nouveau recours à l'assaut dans la nuit du 22 au 23 septembre. Ses colonnes ayant appliqué les échelles contre la première enceinte, furent culbutées, et perdirent inutilement beaucoup de monde. L'une d'entre elles, composée de Portugais, fut en partie détruite par la fusillade, même avant d'avoir abordé le pied de l'enceinte.

Il fallut recourir encore une fois aux approches régulières, et à défaut d'artillerie employer la mine. Deux fourneaux étant prêts, on mit le feu au premier dans la nuit du 29 au 30 septembre, et à la suite de l'explosion une colonne s'élança à l'assaut, mais elle fut repoussée comme celles qui l'avaient précédée. Le 4 octobre on mit le feu au second fourneau. Une large brèche fut le résultat de cette nouvelle explosion, tandis que celle qu'on avait ouverte le 29 avait été élargie par l'artillerie. Les assiégeants se jetèrent sur les deux brèches avec fureur, et les enlevèrent; mais la garnison fondit sur eux à son tour, et repoussa l'une des colonnes, sans pouvoir toutefois empêcher l'autre de se loger sur l'une des deux brèches. Les Anglais ayant ainsi réussi à s'établir dans la première enceinte, commencèrent les approches vers la seconde, avec l'espérance de s'en emparer. Mais le 8 la garnison exécuta une sortie générale, bouleversa leurs travaux, les rejeta en dehors de la première enceinte, et les remit ainsi au point où ils étaient au début du siége. Elle ferma aussitôt la brèche par un retranchement construit en arrière, et rentra en possession de tout ce qu'elle avait perdu, excepté l'ouvrage à corne de Saint-Michel. Vingt jours et deux mille cinq cents hommes avaient donc été sacrifiés sous les yeux de lord Wellington, sans avoir fait un pas. Le général anglais, rempli de dépit, voulut hasarder une dernière tentative, et préalablement employer tous les moyens imaginables d'ouvrir cette première enceinte qu'il avait prise un moment pour la reperdre aussitôt. Il avait reçu quelque artillerie; il essaya de faire brèche à l'une des extrémités, et de miner à l'autre, tout près d'une église dite de Saint-Roman.

Tout étant prêt dans la nuit du 19 octobre, les assiégeants mirent le feu à la mine de Saint-Roman, point par lequel les Français ne s'attendaient pas à être attaqués, et aussitôt Anglais, Espagnols, Portugais, munis d'échelles, s'élancèrent sur la première enceinte. Cette fois encore ils parvinrent à l'enlever, et coururent vers la seconde. Mais la brave garnison sortant en masse de son chemin couvert, les reçut à la baïonnette, les chargea avec impétuosité, en tua un grand nombre, et pour la troisième fois les rejeta au delà de l'enceinte un moment conquise. Même chose se passa à l'autre extrémité. Les assiégés fermèrent la brèche pratiquée par la mine près de l'église de Saint-Roman, abattirent même l'église qui pouvait être utile à l'ennemi, et de nouveau présentèrent aux assiégeants un front formidable.

Il y avait trente et quelques jours que deux mille hommes, réduits par le feu et la fatigue à quinze cents, retranchés derrière quelques ouvrages à peine

Octob. 1812.

Après avoir perdu trente-quatre jours et trois

Octob. 1812.

mille hommes devant le château de Burgos, lord Wellington est obligé de se retirer.

maçonnés, et protégés seulement par une rangée de palissades, en arrêtaient cinquante mille par leur héroïque résistance. Honneur éternel à ces braves gens, et à leur chef le général Dubreton! ils prouvaient ce que peuvent en certaines circonstances décisives les places bien défendues, car en résistant ainsi ils donnaient le temps à l'armée de Portugal de se remettre en ligne, aux armées du centre et de l'Andalousie de se porter sur le Tage, et à toutes de se réunir pour accabler lord Wellington.

Nouvelle apparition de l'armée de Portugal recrutée et renforcée.

En effet le général Clausel, ramené sur l'Èbre, avait reçu des dépôts établis le long des Pyrénées, ainsi que des petites garnisons de la frontière, environ 10 mille recrues, des chevaux pour son artillerie et sa cavalerie, ce qui lui procurait 35 mille combattants. Le général Caffarelli, qu'on a vu, troublé par l'épouvantail des flottes anglaises, comme le maréchal Soult par celui du général Hill, négliger le danger principal pour le danger accessoire, s'amendait enfin, et prêtait à l'armée de Portugal 10 mille hommes, qui, envoyés avant la bataille de Salamanque, auraient prévenu bien des désastres. Par malheur le général Clausel, au moment de se mettre en marche à la tête de ces 45 mille combattants, avait tellement souffert de sa récente blessure, qu'il avait été obligé de quitter l'armée. Le général Souham, vieil officier de la république, expérimenté et brave, le remplaçait, et venait au secours de l'intrépide garnison qui depuis trente-quatre jours défendait les chétives fortifications de Burgos.

Lord Wellington, placé entre l'armée de Portugal qui s'avançait au nord, et les armées du centre et d'Andalousie qui s'avançaient au midi, était dans l'une de ces situations difficiles, mais grandes, dont le général Bonaparte était sorti jadis par des triomphes inouïs. Moins circonspect et plus actif, il aurait pu, en se concentrant avec la promptitude et l'à-propos de l'ancien général de l'armée d'Italie, se rendre tour à tour plus fort que chacune des deux armées qui le menaçaient, battre celle de Portugal, puis se jeter sur celle de Joseph, les accabler l'une après l'autre, et rester définitivement maître de l'Espagne. Mais chacun a son génie, et il est puéril de demander à tel homme ce qui n'est possible qu'avec les qualités de tel autre. Lord Wellington, sage, solide, mais lent, ayant des soldats qu'on ne menait pas vite, qu'on n'exaltait pas facilement, n'était pas fait pour conquérir l'Espagne en une campagne; mais il devait la conquérir en plusieurs. C'était bien assez pour le triomphe de la politique de son pays, et pour le malheur de la nôtre!

Voyant approcher l'armée de Portugal renforcée, il abandonna avec dépit les murs de Burgos qui lui avaient coûté 3 mille hommes et le prestige de la victoire, et qui allaient probablement lui coûter Madrid. Il soutint plusieurs combats d'arrière-garde, dans lesquels le général Maucune, le même qui avait si témérairement engagé la bataille de Salamanque, lui tua beaucoup de monde, et après s'être à son tour couvert du Douro, il expédia au général Hill l'ordre de venir le joindre à Salamanque, si Madrid ne lui semblait plus tenable en présence des armées qui marchaient sur cette capitale.

Tels furent les événements que Joseph et le ma-

Octob. 1812.

Lord Wellington est réduit à se replier sur Salamanque, et en se retirant il ordonne au général Hill d'évacuer Madrid.

Nov. 1812.

Rentrée de Joseph dans Madrid.

Il y est bien accueilli, et repart immédiatement pour suivre lord Wellington.

réchal Jourdan apprirent en arrivant sur le Tage. La sage prévoyance du maréchal Jourdan se trouvait ainsi justifiée, et Madrid allait s'ouvrir encore une fois à la nouvelle royauté. Le 30 octobre les armées du centre et d'Andalousie forcèrent cette ligne du Tage, sur laquelle on avait craint de trouver 70 mille Espagnols, Portugais et Anglais réunis; elles passèrent sur le corps des arrière-gardes du général Hill, et pénétrèrent le 2 novembre dans la capitale des Espagnes, étonnée de ces fortunes si diverses. Joseph y fut bien reçu, car après ce qu'ils venaient de voir, les habitants de Madrid offensés par l'orgueil des Anglais, dégoûtés par la violence des guérillas, commençaient à croire que cette nouvelle royauté, exercée par un prince doux et sage, valait tout autant pour eux que des Bourbons dégénérés, conduits par des chefs de bandes. Joseph, déployant en ce moment une activité qui ne lui était pas ordinaire, après avoir séjourné quarante-huit heures dans Madrid, en sortit le 4 pour faire sa jonction avec l'armée de Portugal, et poursuivre lord Wellington à la tête de 80 mille hommes. Quels résultats ne pouvait-on pas attendre, quelle vengeance de Salamanque ne pouvait-on pas obtenir d'une telle réunion d'armées!

Joseph y comptait avec raison, et espérait qu'une bataille livrée avec les forces dont on disposait, ramènerait les Anglais en Portugal, et le rétablirait, malgré l'évacuation de l'Andalousie, dans la plénitude de sa situation antérieure. Sans doute on commençait à éprouver quelques inquiétudes au sujet de l'expédition de Russie, à interpréter fâcheusement le silence gardé par le *Moniteur*, qui ne contenait plus de bulletins de la grande armée; mais on était fort loin d'imaginer l'étendue des désastres qui nous avaient frappés, et tout au plus allait-on jusqu'à augurer des difficultés comme celles qui avaient suivi la bataille d'Eylau, et que la bataille de Friedland avait résolues triomphalement. Joseph n'attendait donc aucune sinistre nouvelle de Paris, et se flattait de trouver le dédommagement du malheur qui l'avait atteint à Salamanque, dans les environs de Salamanque elle-même.

Nov. 1812.

Arrivé le 6 novembre au delà du Guadarrama avec son fidèle major général, dont les avis lui avaient été si utiles, il aurait pu appuyer à gauche vers Peñaranda, ce qui l'eût mis sur la trace de lord Wellington; mais il aima mieux appuyer à droite vers Arevolo, afin de rallier à lui l'armée de Portugal, et de n'aborder les Anglais qu'avec la totalité de ses forces.

Ce qu'il désirait ne tarda pas à s'effectuer, car lord Wellington, pressé de se retirer sur Salamanque, ne songea pas même à empêcher la jonction des armées du nord et du midi. Bientôt les avant-gardes se rencontrèrent aux environs du Douro, et la réunion des trois armées d'Andalousie, du centre et de Portugal, plaça sous la main de Joseph 90 mille hommes, et environ 150 bouches à feu bien attelées. Cette force eût même été plus considérable si le général Caffarelli, après avoir prêté quelques jours ses 10 mille hommes, ne s'était hâté de les rappeler, pour continuer à batailler contre les bandes de Mina, de Longa, de Merino, de Porlier. L'armée de Portugal qui avait 35 mille hommes en propre, en avait

Réunion de forces écrasante contre lord Wellington, par la jonction des armées du centre et d'Andalousie avec l'armée de Portugal.

Nov. 1812.

perdu un certain nombre dans la poursuite de lord Wellington ; les armées du centre et d'Andalousie, qui en partant de Valence en comptaient 56 mille environ, avaient laissé quelques hommes en route, et fourni un détachement pour la garnison de Madrid ; mais toutes ensemble elles comprenaient 85 mille combattants, des plus belles troupes qui fussent au monde, irritées des succès qu'on avait laissé remporter aux Anglais, et joyeuses enfin de l'occasion qui s'offrait de les leur faire expier.

Joie des Français, et leurs justes espérances.

L'ardeur qui était dans les cœurs étincelait sur les visages, et généraux et soldats se promettaient de concourir d'un zèle égal à la commune vengeance. Lord Wellington, séparé de l'armée espagnole de Galice, mais renforcé du corps de Hill, n'avait pas, après les pertes de la campagne, plus de 60 mille hommes, dont 40 mille Anglais beaucoup moins fiers qu'au lendemain de leur victoire des Arapiles. Mais pouvaient-ils tenir tête à 85 mille Français passablement commandés? Personne ne le croyait, et eux pas plus que nous.

Marche sur la Tormès.

Nos trois armées s'avancèrent donc sur la Tormès, exactement par la route qu'avait suivie le maréchal Marmont pour aller se faire battre aux Arapiles. Elles marchaient de manière à tourner la position de Salamanque, et à prendre une revanche de lord Wellington en se plaçant sur sa ligne de communication. Le 14 novembre, on se trouva en ligne à quelque distance de la Tormès, l'armée d'Andalousie à gauche, celle du centre au centre, celle de Portugal à droite. Le maréchal Jourdan, en compagnie de Joseph, se porta sur le bord de la Tormès, et aperçut lord Wellington aux Arapiles, y attendant assez tranquillement les Français, parce que, confiant dans une position déjà éprouvée, et ayant sa retraite toujours assurée vers Ciudad-Rodrigo, il croyait pouvoir se replier à temps. Mais il avait commis une faute qui aurait pu lui coûter cher, et que le maréchal Jourdan avec son coup d'œil non pas vif mais exercé, découvrit promptement.

La Tormès qui, bien qu'assez grosse en hiver, était encore guéable en plusieurs endroits, coulait devant nous à travers la petite ville d'Alba de Tormès située à notre gauche, puis décrivant un demi-cercle allait à droite s'enfoncer vers Salamanque. Lord Wellington trop peu pressé de se mettre à l'abri de nos entreprises, avait laissé le général Hill à Alba de Tormès, et avec le gros de son armée avait occupé Salamanque. Entre deux se trouvait la position de Calvarossa de Ariba, qu'il n'avait fait occuper que par un faible détachement. Trois lieues séparaient le corps du général Hill de celui de lord Wellington, et l'idée qui s'offrait naturellement c'était d'aller se placer entre les deux, et d'enlever au moins les quinze mille hommes du général Hill.

La seule difficulté était de savoir si on pourrait passer brusquement la Tormès, et se déployer au delà, avant que lord Wellington eût rappelé à lui son aile droite compromise. Les reconnaissances qu'on venait d'exécuter ne permettaient à cet égard aucun doute. La Tormès entre Alba et Salamanque était presque partout guéable; au delà, pour arriver sur Calvarossa de Ariba, s'étendait une vaste plaine, qui s'élevait en pente douce vers Calvarossa, et où

Nov. 1812.

Le maréchal Jourdan imagine un moyen de séparer le général Hill de lord Wellington, et de leur faire subir un désastre.

se trouvaient les Arapiles. En se faisant précéder de toute la cavalerie, qui était de plus de 12 mille hommes dans les trois armées, et dont le déploiement aurait couvert le passage, nos colonnes d'infanterie eussent traversé les gués, envahi la plaine, abordé Calvarossa, puis se rabattant sur Alba de Tormès eussent infailliblement tourné et enveloppé le général Hill. Ce projet, exposé sur le terrain même à Joseph, en présence de tous les généraux, fut universellement regardé par eux comme d'un succès immanquable, et ils demandèrent à l'exécuter sur-le-champ, avant que les Anglais eussent rectifié leur position. Mais le maréchal Soult n'en fut point d'avis. Il ne fallait pas, disait-il, aborder les Anglais de front, ce qui était vrai quand ils avaient pris leur position de combat, mais ce qui n'était pas le cas ici, puisqu'il s'agissait de les surprendre en marche, et d'enlever un de leurs corps laissé dans l'isolement. Il pensait qu'il valait mieux franchir la Tormès au-dessus d'Alba, afin de tourner la position de Salamanque, et d'obliger ainsi les Anglais à décamper. On lui répondit que c'était justement ce qu'il ne fallait pas faire, car en remontant à gauche la Tormès pour la passer au-dessus d'Alba, on allait forcer le général Hill à quitter Alba, à se replier sur Calvarossa de Ariba, puis sur Salamanque, qu'on allait rendre ainsi aux Anglais le service de leur montrer leur faute, et de les réunir tous ensemble aux environs de Salamanque; que si en se portant sur leurs communications avec 85 mille hommes on les obligeait à décamper, le résultat de cette heureuse mais coûteuse concentration de forces n'aurait pas été bien considérable! Au lieu d'un triomphe dont on avait grand besoin, on aurait ménagé à lord Wellington la gloire de se tirer sain et sauf de l'un des pas les plus difficiles où jamais général se fût trouvé.

Le trop modeste maréchal Jourdan, qui n'avait guère l'habitude d'être affirmatif, car il discernait le vrai, mais s'y attachait avec la mollesse d'un homme découragé, fut cette fois plus vif que de coutume, affirma que si on voulait faire reposer sur sa tête la responsabilité de l'opération proposée, il était prêt à l'assumer, et répondait de n'y compromettre ni l'armée ni sa propre gloire. Tous les généraux présents, Souham, d'Erlon et autres, partageaient son avis, l'appuyaient du regard et de la parole. Mais par égard pour la situation et le grade du maréchal Soult, on remit à décider cette question après une nouvelle reconnaissance du cours supérieur de la Tormès.

Le lendemain le maréchal Soult reproduisit son projet de passer la Tormès à gauche au-dessus d'Alba, car là aussi on l'avait trouvée guéable, et il insista fortement pour faire adopter son opinion. Joseph consulta le maréchal Jourdan, et celui-ci, avec une condescendance qui était la suite de son âge et de son caractère, conseilla à Joseph de se rendre. Exécuter le plan qu'il avait indiqué avec la mauvaise volonté du commandant de la principale armée était selon lui bien dangereux, et quoique les Anglais n'eussent pas encore rectifié leur position, que le coup décisif pût encore leur être porté, et que la tentation de l'essayer fût grande, faire ce que vou-

Nov. 1812.

lait le maréchal Soult lui sembla ce qu'il y avait de moins hasardeux. Ainsi éclata dans Joseph et dans Jourdan cette fatale indécision, qui chez les esprits justes est quelquefois aussi funeste que l'entêtement de l'erreur chez les esprits faux, et qui, après les négligences de Napoléon, les détestables contingents de certains chefs, fut la principale cause de nos revers en Espagne.

On adopte l'idée proposée par le maréchal Soult.

Pour faire peser toute la responsabilité sur le maréchal Soult, et l'obliger au moins à se conduire le mieux possible dans l'exécution de sa propre idée, on mit l'armée du centre sous ses ordres, et on donna celle de Portugal au comte d'Erlon. Le 13 même on franchit la Tormès au-dessus d'Alba, et on s'avança jusqu'à Nuestra Señora de Retiro. Les Anglais sortaient à peine d'Alba et y avaient même laissé un détachement. On les voyait se retirer sur les Arapiles, et s'y réunir. Mais il leur restait à décamper devant 85 mille Français, et il était possible encore de couper une portion de leur longue colonne.

On laisse échapper lord Wellington, qui se tire sain et sauf du plus grand danger où un général pût se trouver placé.

Le maréchal Soult avait déjà 50 mille hommes sous la main, toute la cavalerie notamment, et dès le lendemain matin il pouvait se porter en avant. On pressa l'armée de Portugal, que la nécessité d'occuper Alba obligeait à défiler à gauche pour remonter la Tormès, de hâter son mouvement. Le lendemain 14 le temps était affreux, et la fortune, comme dégoûtée de gens qui savaient si peu saisir ses faveurs, ne semblait pas vouloir les seconder. A peine si on apercevait les ennemis devant soi. Pourtant on pouvait distinguer à travers le brouillard les Anglais qui défilaient de notre droite à notre gauche, pour quitter

Salamanque, et s'acheminer sur Ciudad-Rodrigo. Plusieurs explosions entendues du côté de Salamanque, en révélant la destruction volontaire d'une partie des munitions de l'ennemi, suffisaient pour indiquer une retraite commencée. Joseph et Jourdan insistèrent pour qu'on fondît au moins avec la cavalerie sur l'armée anglaise, afin d'en enlever quelque portion. Le maréchal Soult, circonspect au dernier point, alléguant pour son excuse l'obscurité du temps, voulut avant de s'avancer avoir été rejoint par toute l'armée de Portugal, ne fit pas même donner sa cavalerie, et, lorsque les 85 mille Français furent réunis, trouva les Anglais hors d'atteinte, et en pleine retraite sur la route de Ciudad-Rodrigo.

Déc. 1812

La confusion, l'irritation dans les trois armées furent extrêmes. L'état de l'atmosphère, la lenteur de l'armée de Portugal, qui forcée de remonter au-dessus d'Alba de Tormes ne pouvait cependant pas arriver plus vite, furent les raisons imaginées pour excuser ce déplorable avortement. On suivit les Anglais encore un jour ou deux, et on eut pour résultat de cette formidable concentration de forces environ trois mille prisonniers, qu'on ramassa sur les routes à la queue d'un ennemi réduit à marcher plus rapidement qu'il n'en avait l'habitude.

Départ et colère de l'armée.

Joseph rentra dans Madrid, et plaça ses trois armées en cantonnements, l'armée de Portugal en Castille, celle du centre aux environs de Madrid, celle d'Andalousie sur le Tage, entre Aranjuez et Talavera.

Joseph rentre à Madrid, et fait camper les trois armées à portée les unes des autres.

Telle fut en Espagne cette triste campagne de 1812, qui après avoir débuté par la perte des places de Ciudad-Rodrigo et de Badajoz que nous avions imprudemment découvertes, tantôt pour prendre Valence, tantôt pour acheminer une partie de nos troupes sur les routes de Russie, s'interrompit un moment, puis reprit, et fut signalée par la perte de la bataille de Salamanque, due à l'éloignement de Napoléon, à l'autorité insuffisante de Joseph, au refus de concours de certains généraux, à la lenteur de Jourdan, à la témérité de Marmont; campagne qui se termina par la sortie de Madrid, par l'évacuation de l'Andalousie, par une réunion de forces qui, quoique tardive, aurait pu faire expier à lord Wellington ses trop faciles succès, si la condescendance de Joseph et de Jourdan, discernant le bon parti à prendre, n'osant pas le faire prévaloir, n'avait amené une dernière disgrâce, celle de voir une armée de 40 mille Anglais échapper à 85 mille Français placés sur leur ligne de communication. Ainsi, dans cette année 1812, les Anglais nous avaient pris les deux places importantes de Ciudad-Rodrigo et de Badajoz, nous avaient gagné une bataille décisive, nous avaient un moment enlevé Madrid, nous avaient forcés à évacuer l'Andalousie, nous avaient bravés jusqu'à Burgos, et, en revenant sains et saufs d'une pointe si hardie, avaient mis à nu toute la faiblesse de notre situation en Espagne, faiblesse due à plusieurs causes déplorables, mais toutes remontant à une seule, la négligence de Napoléon, qui, tout grand qu'il était, n'avait pas le don d'ubiquité, et, ne pouvant pas bien commander de Paris, le pouvait encore moins de Moscou; qui se décidant enfin à confier son autorité à son frère, ne la lui avait pas déléguée tout entière par défiance, par prévention, par on ne sait quelle humeur déplacée! Vouloir tout entreprendre à la fois, vouloir être partout en même temps, s'étourdir ensuite sur ce qu'on était forcé de négliger, tel avait été, tel était encore le triste secret de cette funeste guerre d'Espagne! Après l'attentat qui l'avait commencée, on ne pouvait rien imaginer de pis que la négligence qui la continuait!

Du reste tant d'événements à la fois, désastreux au nord, fâcheux au moins au midi, devaient produire et produisirent effectivement une immense émotion en Europe. Que de surprise, que de satisfaction parmi ces innombrables ennemis que nous nous étions attirés de toutes parts! L'Angleterre, qui oubliant qu'elle était sortie de Madrid, ne songeait qu'à l'honneur d'y être entrée, qui après avoir rendu Séville au gouvernement de Cadix, se flattait d'avoir presque délivré la Péninsule de ses envahisseurs, qui après avoir fort encouragé la résistance de l'empereur Alexandre sans en rien espérer, était tout étonnée d'apprendre que nous arrivions vaincus sur le Niémen, se livrait à une sorte de joie délirante! Malgré toute la crédulité de la haine, elle osait à peine ajouter foi aux nouvelles répandues en Europe, et en publiant nos malheurs par les cent voix de ses journaux, elle ne les croyait pas encore si grands qu'on le disait, et qu'elle les proclamait elle-même. L'Allemagne, stupéfaite du spectacle qu'elle avait sous les yeux, commençait à nous croire vaincus, n'osait pas encore nous croire détruits, se laissait aller à l'espérer en regardant défiler l'un après l'au-

Déc. 1812.

Immense émotion produite en Europe par les événements militaires de 1812, tant en Russie qu'en Espagne.

tre nos soldats égarés, gelés, affamés, s'attendait toujours à voir enfin paraître le squelette de la grande armée, et ne le voyant pas venir, commençait à penser que ce que publiait l'orgueil des Russes était vrai, et que ce squelette lui-même n'existait plus! À chaque jour de ce triste mois de décembre, l'Allemagne sentait renaître en elle l'espérance, avec l'espérance le courage, avec le courage une sorte de rage furieuse. Toutes les sociétés secrètes formées dans son sein étaient en fermentation, et se préparaient à un soulèvement général. Mais elle flottait encore entre l'espoir et la crainte, n'osait point se livrer à tout l'élan de ses passions, et attendait les événements avec une ardente curiosité. C'est au milieu de cette disposition des esprits que Napoléon s'acheminait clandestinement vers Paris, où allaient l'accueillir la joie coupable de certains adversaires de son gouvernement, l'abattement de ses flatteurs, la douleur étonnée des hommes honnêtes, la douleur sans surprise des hommes éclairés! Et cependant nos vainqueurs dans l'exaltation de leur orgueil, nos ennemis dans l'emportement de leur haine, les bons citoyens dans la profondeur de leur affliction, ne pouvaient aller jusqu'à imaginer toute l'étendue du mal. Bientôt, hélas! ils devaient la connaître tout entière!

FIN DU LIVRE QUARANTE-SIXIÈME.

LIVRE QUARANTE-SEPTIÈME.

LES COHORTES.

Rapide voyage de Napoléon. — Il ne se fait connaître qu'à Varsovie et à Dresde, et seulement des ministres de France. — Arrivée subite à Paris le 18 décembre à minuit. — Réception le 19 des ministres et des grands dignitaires de l'Empire. — Napoléon prend l'attitude d'un souverain offensé, qui a des reproches à faire au lieu d'en mériter, et affecte d'attacher une grande importance à la conspiration du général Malet. — Réception solennelle du Sénat et du Conseil d'État. — Violente invective contre l'idéologie. — Afin d'attirer l'attention publique sur l'affaire Malet, et de la détourner des événements de Russie, on défère au Conseil d'État M. Frochot, préfet de la Seine, accusé d'avoir manqué de présence d'esprit le jour de la conspiration. — Ce magistrat est condamné, et privé de ses fonctions. — Napoléon, frappé du danger que courrait sa dynastie, s'il venait à être tué, songe à instituer d'avance la régence de Marie-Louise. — L'archichancelier Cambacérès chargé de préparer un sénatus-consulte sur cet objet. — Soins plus importants qui absorbent Napoléon. — Activité et génie administratif qu'il déploie pour réorganiser ses forces militaires. — Ses projets pour la levée de nouvelles troupes, et pour la réorganisation des corps presque entièrement détruits en Russie. — Il reçoit des bords de la Vistule des nouvelles qui le détrompent sur la situation de la grande armée, et qui lui prouvent que le mal depuis son départ a dépassé toutes les prévisions. — Joie des Prussiens lorsqu'ils acquièrent la connaissance entière de nos désastres. — A leur joie succède une violence de passion inouïe contre nous. — Arrivée de l'empereur Alexandre à Wilna, et son projet de se présenter comme le libérateur de l'Allemagne. — Actives menées des réfugiés allemands réunis autour de sa personne. — Efforts tentés auprès du général d'York, commandant le corps prussien auxiliaire. — Ce corps en retraite de Riga sur Tilsit abandonne le maréchal Macdonald, et se livre aux Russes. — Dangers du maréchal Macdonald resté avec quelques mille Polonais au milieu des armées ennemies. — Il parvient à se retirer sain et sauf sur Tilsit et Labiau. — Le quartier général français évacue Kœnigsberg, et se replie du Niémen sur la Vistule. — Macdonald et Ney, l'un avec la division polonaise Grandjean, l'autre avec la division Heudelet, couvrent comme ils peuvent cette évacuation précipitée. — Officiers, généraux et cadres vides courant sur Dantzig et Thorn. — Il ne reste au quartier général que neuf à dix mille hommes de toutes nations et de toutes armes, pour résister à la poursuite des Russes. — Murat démoralisé se retire à Posen, et finit par quitter l'armée en laissant le commandement au prince Eugène. — Effet que produit dans toute l'Allemagne la défection du général d'York. — Mouvement extraordinaire d'opinion secondé par les sociétés secrètes, et vœu unanime de se réunir à la Russie contre la France. — Immense popularité de l'empereur Alexandre. — Premières impressions du roi de Prusse, et son empressement à désavouer le général d'York. — Son embarras entre les engagements contractés envers la France, et la contrainte qu'exerce sur lui l'opinion publique de l'Allemagne. — Il se retire en Silésie, et prend une sorte de position intermédiaire, d'où il propose certaines conditions à Napoléon. — Contre-coup produit à Vienne par le mouvement général des esprits. — Situation de l'empereur François qui a marié sa fille à Napoléon, et de M. de Metternich qui a conseillé ce mariage. — Leur crainte de s'être trompés en adoptant trop tard la politique d'alliance avec la France. — Désir de modifier cette politique, et de s'entremettre entre la France et la Russie, afin d'amener la paix, et de profiter des circonstances pour rétablir l'indépendance de l'Allemagne. — Sages conseils de l'empereur François et de M. de Metternich à Napoléon, et offre de la médiation autrichienne. — Comment Napoléon reçoit ces nouvelles arrivant coup sur coup à Paris. — Il donne un nouveau développement à ses plans pour la reconstitution des forces de la France. — Emploi des cohortes. — Levée de cinq cent mille hommes. — Napoléon convoque un conseil d'affaires étrangères pour lui soumettre ces mesures, et le consulter sur l'attitude à prendre à l'égard de l'Europe. — Sans repousser la paix, Napoléon veut en parler, en laisser parler, mais ne la conclure qu'après des victoires qui lui rendent la situation qu'il a perdue. — Diversité des opinions qui se produisent autour de lui. — La majorité se prononce pour de grands armements, et en même temps pour de promptes négociations par l'entremise de l'Autriche. — Napoléon, à qui il convient de négocier pendant qu'il se prépare à combattre, accepte la médiation de l'Autriche, mais en indiquant des bases de pacification qui ne sont pas de nature à lui concilier cette puissance. — Réponse peu encourageante adressée à la Prusse. — Immense activité administrative déployée pendant ces négociations. — État de l'opinion publique en France. — On déplore les fautes de Napoléon, mais on est d'avis de faire un grand et dernier effort pour repousser l'ennemi, et de conclure ensuite la paix. — Aux levées ordonnées se joignent des dons volontaires. — Emploi que fait Napoléon des 500 mille hommes mis à sa disposition. — Réorganisation des corps de l'ancienne armée sous les maréchaux Davout et Victor. — Création, au moyen des cohortes et des régiments provisoires, de quatre corps nouveaux, un sur l'Elbe, sous le général Lauriston, deux sur le Rhin, sous les maréchaux Ney et Marmont, un en Italie, sous le général Bertrand. — Réorganisation de l'artillerie et de la cavalerie. — Moyens financiers imaginés pour suffire à ces vastes armements. — Napoléon, tandis qu'il s'occupe de ces préparatifs, veut faire quelque chose pour ramener les esprits, et songe à terminer ses démêlés avec le Pape. — Translation du Pape de Savone à Fontainebleau. — Napoléon y envoie les cardinaux de Bayane et Maury, l'archevêque de Tours et l'évêque de Nantes, pour préparer Pie VII à une transaction. — Le Pape déjà d'accord avec Napoléon sur l'institution canonique, est disposé à accepter un établissement à Avignon, pourvu qu'on ne le force pas à résider à Paris. — Lorsqu'on est près de s'entendre, Napoléon se transporte à Fontainebleau, et par l'ascendant de sa présence et de ses entretiens décide le Pape à signer le Concordat de Fontainebleau, qui consacre l'abandon de la puissance temporelle du Saint-Siège. — Fêtes à Fontainebleau. — Grâces prodiguées au clergé. — Rappel des cardinaux exilés. — Les cardinaux revenus auprès du Pape lui inspirent le regret de ce qu'il a fait, et le disposent à ne pas exécuter le Concordat de Fontainebleau. — Napoléon feint de ne pas s'en apercevoir. — Content de ce qu'il a obtenu, il convoque le Corps législatif, et lui annonce ses résolutions. — Marche des événements en Allemagne. — Enthousiasme croissant des Allemands. — Le roi de Prusse, dominé par ses sujets, se montre fort irrité des refus de Napoléon, et s'éloigne de plus en plus de notre alliance. — Les Russes, quoique partagés sur la convenance militaire d'une nouvelle marche en avant, s'y décident par le désir d'entraîner le roi de Prusse. — Ils s'avancent sur l'Oder, et obligent le prince Eugène à évacuer successivement Posen et Berlin. — Nouveau mouvement rétrograde des armées françaises, et leur établissement définitif sur la ligne de l'Elbe. — Le roi de Prusse séparé des Français, et entouré des Russes, se livre à ceux-ci, et rompt son alliance avec la France. — Traité de Kalisch. — Arrivée d'Alexandre à Breslau, et son entrevue avec Frédéric-Guillaume. — Effet produit en Allemagne par la défection de la Prusse. — Insurrection de Hambourg. — Demi-défection de la cour de Saxe, et retraite de cette cour à Ratisbonne. — Influence de ces nouvelles à Vienne. — Le peuple autrichien fort ému commence lui-même à demander la guerre contre la France. — La cour d'Autriche, ferme dans sa résolution de rétablir sa situation et celle de l'Allemagne sans s'exposer à la guerre, s'efforce de résister à l'entraînement des esprits, et d'amener la France à une transaction. — Conseils de M. de Metternich. — Napoléon, peu troublé par ces événements, profite de l'occasion pour demander de nouvelles levées. — Sa manière de répondre aux vues de l'Autriche. — Ne tenant aucun compte des désirs de cette puissance, il lui propose de détruire la Prusse, et d'en prendre les dépouilles. — Choix de M. de Narbonne pour remplacer à Vienne M. Otto, et y faire goûter la politique de Napoléon. — Napoléon avant de quitter Paris se décide à confier la régence à Marie-Louise, et à lui déléguer le gouvernement intérieur de la France. — Ses entretiens avec l'archichancelier Cambacérès sur ce sujet, et ses pensées sur sa famille et l'avenir de son fils. — Cérémonie solennelle dans laquelle il investit Marie-Louise du titre de régente. — Avant de partir il a le temps de voir le prince de

Déc. 1812.

Voyage clandestin de Napoléon de Smorgoni à Paris.

Il s'arrête quelques heures à Varsovie et à Dresde.

Schwarzenberg, dont il écoute à peine les communications. — Confiance dont il est plein. — Chagrin de l'Impératrice. — Départ pour l'armée.

Tandis que l'Europe, agitée à la fois par l'espérance, la crainte et la haine, se demandait ce que Napoléon était devenu, s'il avait péri, s'il s'était sauvé, il traversait dans un traîneau, en compagnie du duc de Vicence, du grand maréchal Duroc, du comte Lobau, du général Lefèvre-Desnoettes et du mameluk Rustan, les vastes plaines de la Lithuanie, de la Pologne, de la Saxe, se tenant profondément caché sous d'épaisses fourrures, car son nom imprudemment prononcé, son visage reconnu, eussent amené sur-le-champ une tragique catastrophe. L'homme qui avait tant excité l'admiration des peuples, qui était naguère l'objet de leur soumission superstitieuse, n'eût pas en ce moment échappé à leur fureur. En deux endroits seulement il se fit connaître, à Varsovie et à Dresde. A Varsovie, il fallait adresser encore un mot aux Polonais, pour leur arracher un suprême et dernier effort. Le duc de Vicence se transporta dans son costume de voyage auprès de l'archevêque de Malines, qui était tout ému des nouvelles de Krasnoé et de la Bérézina, et peu capable de rendre aux Polonais un courage qu'il n'avait pas lui-même. Il força presque la porte de l'archevêque, ne voulant pas se faire connaître des serviteurs de l'ambassade, lui apparut comme une sorte de spectre, et le remplit de surprise en se nommant, en lui disant avec qui il était, et en le conduisant à la modeste hôtellerie où Napoléon était secrètement descendu. M. de Pradt accourut auprès de Napoléon, qu'il trouva dans un méchant réduit, ayant de la peine à s'y faire allumer du feu, et dissimulant sous une feinte gaieté les immenses souffrances de son orgueil. Quelle différence entre ce moment et celui où, six mois auparavant, il lui donnait d'un ton si leste les plus extraordinaires instructions sur la reconstitution de la Pologne, et sur le remaniement du territoire européen! Napoléon trouvant dans la force de sa volonté de quoi surmonter cette situation, affecta de n'être ni ébranlé, ni surpris, ni changé. — Du sublime au ridicule il n'y a qu'un pas, dit-il au prélat ambassadeur, avec un rire contraint, qui prouvait l'excès de son embarras en voulant le cacher, mais aussi la vigueur de son caractère. — Qui n'a pas eu de revers?... ajouta-t-il. Il est vrai que personne n'en a éprouvé de pareils; mais ils devaient être proportionnés à ma fortune, et du reste ils seront prochainement réparés. — Alors il vanta sa santé, sa force personnelle, se mit à répéter qu'il était fait pour les aventures extraordinaires, que le monde bouleversé était son élément, qu'il savait y vivre, mais qu'il saurait le remettre en ordre, que bientôt il serait de retour sur la Vistule avec trois cent mille hommes, et ferait expier aux Russes des succès qui étaient l'ouvrage de la nature et non pas le leur. Dans tout cela, il était facile de voir que s'il souffrait, le ressort de sa prodigieuse intelligence n'était ni forcé ni affaibli. Il fit appeler les principaux ministres polonais, en leur recommandant le secret le plus absolu sur sa présence à Varsovie, tâcha de relever leur courage abattu, leur promit de ne point abandonner

Déc. 1812

la Pologne, de reparaître prochainement au milieu d'elle à la tête d'une puissante armée, leur affirma que les Russes avaient été plus maltraités que lui, qu'ils ne pourraient pas réparer leurs pertes, tandis qu'il allait réparer les siennes en un clin d'œil, et que la disproportion fondamentale entre la puissance de la France et celle de la Russie éclaterait dans trois mois, de manière à remettre toutes choses à leur place. Après avoir essayé de rendre quelque confiance aux ministres polonais, il partit, toujours inconnu, et toujours courant sur la neige, arriva à Dresde, descendit chez son ministre, M. de Serra, fit appeler le pauvre roi de Saxe, terrifié de cet étrange changement de fortune, lui dit qu'il ne fallait pas s'alarmer des derniers événements, que ce n'était qu'une des mobiles et variables apparences que la guerre prenait quelquefois, qu'en quelques semaines il reviendrait plus redoutable que jamais, lui conserverait cette Pologne, chimère vieille et chérie des princes saxons, et laissa presque rassuré ce bonhomme couronné, habitué non pas à le comprendre, mais à le croire. Il lui recommanda le secret, dont il avait besoin encore pour quarante-huit heures, prit quelques instants pour écrire à son beau-père, lui annonça qu'il revenait sain et sauf, plein de santé, de sérénité, de confiance, que les choses étaient telles qu'il les avait dites dans son 29⁰ bulletin, qu'il allait ramener sur la Vistule une armée formidable, qu'il comptait toujours sur l'alliance de l'Autriche, sur le prompt recrutement du corps autrichien, et qu'il désirait qu'on lui envoyât à Paris un diplomate d'importance (l'ambassadeur, prince de Schwarzenberg, étant nécessaire en Gallicie), car on aurait de grandes affaires à traiter. Après avoir essayé de produire par écrit sur son beau-père l'impression qu'il cherchait à produire par ses paroles chez tous ceux qu'il rencontrait, il partit pour Weimar. Le traînage n'étant plus d'usage dans les lieux qu'il allait traverser, il emprunta la voiture de son ministre, M. de Saint-Aignan, et courut la poste jusqu'à Paris. Arrivé sur le Rhin, il n'avait plus à se cacher, car si pour la France il était un souverain absolu, exigeant, tyrannique même, il était aussi son général, son défenseur, et il pouvait se montrer à elle en sûreté. Pour ne pas trop surprendre, il s'était fait précéder par un officier qui portait quelques lignes destinées au *Moniteur*. Ces lignes disaient que le 5 décembre il avait assemblé ses généraux à Smorgoni, transmis le commandement au roi Murat pour le temps seulement où le froid paralyserait les opérations militaires, qu'il avait traversé Varsovie, Dresde, et qu'il allait arriver à Paris pour y prendre en main les affaires de l'Empire.

Cette nouvelle était indispensable à donner, car si le 29ᵉ bulletin, à jamais célèbre, laissait entrevoir une partie de la vérité, il devait être bientôt cruellement commenté par la correspondance des officiers avec leurs familles, et il fallait y parer en montrant Napoléon présent à Paris, ce qui était le seul moyen de maintenir les esprits dans leur état ordinaire de calme, de soumission, de dévouement sincère ou affecté.

Napoléon suivit de fort près l'officier chargé d'annoncer son arrivée. Le 18 décembre, à onze heures et demie du soir, il entra dans les Tuileries, et vint surprendre sa femme, nullement refroidie pour lui par ce changement de situation, mais profondément étonnée, car en s'unissant à lui elle avait cru épouser non pas seulement un favori de la fortune, mais pour ainsi dire la fortune elle-même, dispensant d'une main inépuisable tous les biens de la terre. Napoléon embrassa tendrement Marie-Louise, continua avec elle l'espèce de comédie qu'il avait jouée avec tout le monde, et répéta que c'était le froid, le froid seul qui avait causé cette surprenante mésaventure, facile à réparer d'ailleurs, comme bientôt on le verrait. Il la rassura ainsi de son mieux, sans avouer même à elle les tourments de son orgueil horriblement froissé.

Le lendemain matin 19, il attendait ses ministres et les grands de sa cour. C'était une pénible épreuve que la première entrevue avec ces serviteurs si soumis, si dédaigneusement traités du haut d'une prospérité sans exemple : mais il avait une ressource qu'un triste hasard lui avait ménagée, et dont la bassesse de la plupart d'entre eux allait lui permettre d'user largement, c'était la conspiration du général Malet. Ils avaient été singulièrement pris au dépourvu par cet audacieux conspirateur, à ce point que plusieurs hauts fonctionnaires s'étaient laissé jeter en prison, notamment le spirituel et intrépide ministre de la police Rovigo; puis ils s'étaient dénoncés les uns les autres, et avaient fait fusiller une douzaine de malheureux, là où il n'y avait qu'un coupable, sans être bien certains de s'être acquis de la sorte l'indulgence de leur maître absent. Aussi étaient-ils inquiets de l'accueil qu'il leur ferait, regardaient avec une compassion méprisante l'infortuné ministre de la police, réputé le plus condamnable et le plus condamné de tous, et quant à eux songeant à peine aux cinq cent mille hommes qui avaient péri, à la fortune changée de la France, n'étaient occupés que du traitement qu'ils allaient essuyer, de façon que Napoléon qui aurait eu de si déplorables comptes à rendre, se présentait au contraire comme s'il n'avait eu que des comptes à demander. Cette servitude exprimée sur presque tous les visages lui fut singulièrement commode. Il reçut les personnages composant sa cour et son gouvernement avec une extrême hauteur, conservant une attitude tranquille, mais sévère, semblant attendre des explications au lieu d'en apporter, traitant les affaires du dehors comme les moindres, celles de l'intérieur comme les plus graves, voulant qu'on éclaircît ces dernières, questionnant, en un mot, pour n'être pas questionné. Sans doute, disait-il, en s'adressant tantôt aux uns, tantôt aux autres, il y avait eu du mal, et même beaucoup, dans cette campagne; l'armée française avait souffert, mais pas plus que l'armée russe. C'étaient là les chances ordinaires de la guerre, dont il n'y avait pas à s'étonner, et qui étaient pour les hommes fortement trempés l'occasion de faire éclater l'énergie de leur âme. A ce sujet il rangeait les hommes en deux classes, ceux qui étaient au niveau des épreuves ordinaires, et ceux qui étaient au-dessus de toutes les épreuves, quelles qu'elles fussent, affectait de n'estimer que ces der-

Déc. 1812.

Langage hautain de Napoléon, et timidité de ses interlocuteurs.

Déc. 1812.

Napoléon s'efforce d'attirer l'attention publique sur l'affaire Malet, pour la détourner des événements de Russie.

niers, faisait un éloge fort mérité du maréchal Ney, de manière cependant qu'il semblait n'y avoir rien à dire sur les événements de cette guerre, rien, même à lui, rien, qu'aux hommes qui n'avaient pas le courage et la santé du maréchal Ney. Puis négligeant comme accessoire l'expédition de Russie, il demandait comment on avait pu se laisser surprendre, comment surtout, même en le croyant mort, on n'était pas accouru auprès de l'Impératrice, auprès du Roi de Rome, légitimes souverains après lui, et comment on avait pu supposer si facilement l'ordre de choses aboli? —

A ces questions fondées mais imprudentes, car il est vrai que tout le monde avait regardé sa mort comme la plus naturelle des nouvelles, et la chute de son trône après sa mort comme la plus naturelle des révolutions, à ces questions chacun ne savait que répondre, et s'en tirait en baissant la tête, en paraissant reconnaître qu'il y avait là quelque chose d'inexplicable. Personne n'osa lui faire la vraie réponse, c'est que son empire n'était pas fondé, c'est qu'avec beaucoup de sagesse il aurait pu sans doute donner à cet empire une apparence de stabilité que les établissements nouveaux ont rarement, mais qu'à la manière dont il s'y prenait, on supposait que son empire durerait tout juste le temps de sa vie, et que bientôt même on en douterait s'il continuait; qu'il n'était donc pas étonnant qu'un audacieux, le disant mort d'un coup de feu, et annonçant son gouvernement comme détruit, eût rencontré partout des gens disposés à croire et à obéir. C'est là ce qu'on aurait dû lui dire, et ce qu'on ne lui dit pas, faute de l'oser,

et faute aussi de le comprendre. Mais Napoléon en
insistant, en tenant les esprits trop longtemps fixés
sur ce sujet, commettait une faute, car s'il n'amenait aucun d'eux à le dire, en les forçant à y réfléchir, il les amenait tous à le penser.

À ses pressantes questions, on répondait en montrant des yeux le ministre de la police, qu'on semblait désigner comme le vrai coupable, comme celui qui devait tout expier, non-seulement la conspiration de Malet, mais peut-être même la campagne de Russie. Le duc de Rovigo était là, pendant cette matinée, dans un isolement complet, personne n'osant lui parler, et tous les assistants s'attendant pour lui à une disgrâce éclatante. Mais Napoléon, après une réception générale et d'apparat, s'entretint avec chacun en particulier. Il écouta notamment le duc de Rovigo, et l'écouta longtemps, car il avait pour son courage, son esprit, sa sincérité, une sorte d'estime. Le duc de Rovigo, hardi et familier, avait quelque chose de ces serviteurs osés, habitués à ne pas craindre un maître plus grondeur que méchant, et toujours prêts dans l'occasion à lui dire ce qu'il n'aime pas à entendre, et ce qu'il est utile de lui faire savoir. Fort maltraité par les rapports malveillants du ministre de la guerre Clarke, qui, de peur qu'on ne s'en prît à lui d'une conspiration où figuraient beaucoup de militaires, avait tout rejeté sur la police, ayant en outre à sa charge l'incident désagréable de son envoi à la Conciergerie, il ne se troubla point, et en entrant dans les détails fit comprendre à l'Empereur comment tout s'étant passé dans la tête d'un maniaque audacieux, qui n'avait dit son secret à personne, la police n'avait pu être avertie; comment cet homme usant de la nouvelle si admissible de la mort de Napoléon tué d'un coup de feu, avait rencontré une crédulité générale, laquelle s'était changée tout aussitôt en complicité involontaire; comment des officiers innocents, ne supposant pas qu'on pût les tromper à ce point, avaient prêté leurs soldats à une imposture si vraisemblable, et étaient devenus criminels sans s'en douter; comment enfin ceux qui avaient voulu faire croire à une conspiration fort étendue pour incriminer la police, avaient inutilement immolé une douzaine de victimes. Cette explication, qui était l'exacte vérité, excusait fort le duc de Rovigo, ne le sauvait pas, il est vrai, du rire universel éclatant chaque jour encore au souvenir de son arrestation, car le rire ne raisonne pas plus que la colère, mais le justifiait aux yeux d'un maître toujours juste par génie, quand il n'était pas injuste par colère ou par calcul. Mais c'était une grave accusation contre ceux qui avaient fait fusiller douze malheureux, dont trois seulement étaient coupables, et même, à vrai dire, un seul, car les généraux Lahorie et Guidal, ayant cru à la nouvelle de la mort de Napoléon, pouvaient être considérés comme ayant agi sous l'empire d'une erreur involontaire. C'était déjà la manière de penser de Napoléon à Smolensk, et ce fut bien plus la sienne après avoir entendu le duc de Rovigo; mais ce n'était pas d'un excès de zèle que dans une occurrence pareille il aurait blâmé ses ministres et ses grands dignitaires, et il se garda bien de leur en faire un reproche. Il convint avec le duc de Rovigo que lui seul dans cette affaire avait vu juste, ajouta pourtant que son arrestation était devant un public railleur une circonstance fâcheuse, lui indiqua du reste clairement qu'il ne donnerait pas raison à ce public en le disgraciant, puis, cette audience terminée, étonna tout le monde par des marques visibles de faveur envers le duc de Rovigo, cherchant en quelque façon à relever un ministre qu'il savait difficile à remplacer, et qu'il n'eût certainement pas remplacé par M. Fouché, dans un moment où la fidélité allait devenir une qualité des plus précieuses.

Déc. 1812.

Resté seul avec le prince Cambacérès, et en présence de ce confident d'un bon sens si supérieur éprouvant un embarras qu'il ne ressentait devant aucun autre, il lui demanda ce qu'il avait pensé de cet étrange désastre de Russie, s'il n'en avait pas été fort étonné. L'archichancelier avoua qu'il avait été extrêmement surpris, et, en effet, bien que depuis longtemps il eût commencé à croire que tant de guerres auraient une funeste issue, et qu'il eût très-timidement essayé de le dire à Napoléon, sa prévoyance n'avait jamais été jusqu'à concevoir une aussi grande catastrophe. Napoléon rejeta tout sur les éléments, sur un froid subit et extraordinaire qui l'avait assailli avant le temps, comme si ce genre d'accident n'aurait pas dû être prévu par un génie tel que le sien, et comme si, même avant ce froid, son entreprise n'avait pas déjà rencontré dans les distances des difficultés insurmontables. Il rejeta aussi une partie de cette tragique aventure sur la barbare folie d'Alexandre, qui s'était fait, en brûlant ses villes, plus de mal qu'on ne voulait lui

Long entretien avec l'archichancelier Cambacérès.

11.

en causer; car, disait Napoléon, on n'entendait lui imposer que des conditions de paix fort acceptables; comme si Alexandre avait dû proportionner la guerre aux calculs de son adversaire, la rendre facile pour se rendre plus facile à battre, comme si enfin, ayant renversé par ce sacrifice le géant qui dominait l'Europe, et ayant pris sa place, sans il est vrai prendre sa gloire, il avait à regretter l'incendie de quelques villes, et même celui d'une capitale. C'étaient là de faibles excuses imaginées par Napoléon; mais ne pouvant se taire sur le désastre de Russie avec un personnage tel que l'archichancelier Cambacérès, il débitait ces misères, dont il savait la valeur, à un homme qui la savait comme lui. Cela dit, Napoléon remercia fort le prince Cambacérès du zèle qu'il avait déployé, et loin de lui reprocher à lui, magistrat ordinairement sage et humain, la mort inutile de tant de victimes, il revint au sujet dont il voulait faire le grand événement du jour, à la conspiration de Malet. Il lui répéta ce thème, qui de sa bouche allait passer dans la bouche de tous les hauts fonctionnaires de l'État, qu'il fallait non-seulement des soldats braves, mais des magistrats fermes, capables de mourir pour la défense du trône comme les soldats pour la défense de la patrie. Il parla ensuite des dangers personnels qu'il avait courus, et de ceux qu'il aurait à braver encore pour rétablir ses affaires, de la nécessité d'assurer la transmission de sa couronne à son fils dans le cas où il viendrait à être tué, des moyens d'y parvenir, de l'avantage qu'il y aurait à couronner par anticipation l'héritier présomptif, ce qui avait eu lieu bien souvent dans l'empire d'Occident, et enfin d'un grand spectacle à donner pour frapper les imaginations, et pour faire entendre aux magistrats civils le langage du devoir.

Ces considérations étaient une menace pour un magistrat honnête et intègre, qui malheureusement avait fourni une ample matière à la médisance par sa conduite pendant le court succès de la conspiration du général Malet. M. Frochot, préfet de la Seine, arrivant de la campagne au moment où les conspirateurs entraient à l'hôtel de ville, croyant ce qu'ils disaient, et n'imaginant pas un instant qu'ils voulussent l'induire en erreur, avait purement et simplement obéi au prétendu décret du Sénat, et ordonné de disposer la salle principale de l'hôtel de ville pour y recevoir le nouveau gouvernement. Sans doute il y avait là une crédulité qui prêtait à rire autant que l'arrestation du duc de Rovigo, mais qui avait son explication, comme toute cette affaire, dans le peu de solidité de l'établissement impérial, et qu'il eût fallu, nous le répétons, oublier, loin de forcer le public à s'en occuper. Napoléon, au contraire, quoiqu'il estimât M. Frochot, et ne fût animé à son égard d'aucun sentiment de malveillance, résolut de le faire servir au spectacle qu'il préparait, et sur lequel il voulait attirer l'attention publique pour ne pas la laisser séjourner sur les événements de Russie. Il décida que M. Frochot serait déféré au Conseil d'État, et que tous les grands corps seraient amenés aux Tuileries pour lui adresser des discours solennels soit sur son retour, soit sur les événements du moment. Cet usage, si fréquent depuis, n'était

Déc. 1812.

Napoléon persistant dans son calcul d'attirer l'attention publique sur l'affaire Malet, fait mettre en jugement M. Frochot, pour sa conduite le jour de la conspiration.

Déc. 1812.

Napoléon reçoit les grands corps de l'État.

pas établi alors. Les jours de grande fête on passait devant Napoléon, on lui adressait quelques mots non écrits auxquels il répondait de la même manière. C'étaient de simples visites et non des solennités. L'archichancelier Cambacérès averti indiqua aux chefs de tous les corps le sens de leurs harangues, et le dimanche 20 décembre, surlendemain de son arrivée, Napoléon reçut le Sénat, le Conseil d'État, les grandes administrations.

Harangue de M. de Lacépède au nom du Sénat.

Ce fut M. de Lacépède, président du Sénat, qui porta la parole au nom de ce corps. M. de Lacépède était un de ces savants qui mettent volontiers une plume exercée au service d'un pouvoir largement rémunérateur. Le prince Cambacérès fournissant le fond des idées, il savait les revêtir assez vite de ces couleurs affectées, dont il avait appris à se servir à l'école des médiocres imitateurs de Buffon. Il commença par féliciter Napoléon de son heureux retour, et par en féliciter la France, car toute absence de l'Empereur ralentissant l'action bienfaisante de son génie, était un malheur national. Puis il vint au sujet du jour, non pas la campagne de Russie, mais la conspiration Malet. Des hommes, disait-il, auxquels la clémence de l'Empereur avait pardonné leurs crimes passés, avaient voulu rejeter la France dans l'anarchie, d'où son génie tutélaire l'avait tirée; mais leur forfait avait été court, le châtiment prompt, et la France, avertie par cette folle tentative, avait de nouveau senti ce qu'elle devait à la dynastie napoléonienne, s'était promis de lui rester invariablement fidèle, et le Sénat, institué pour la conserver, était résolu à mourir pour elle.—

On peut voir à ce langage que les banalités que nous avons tant de fois entendues ne sont pas nouvelles, et qu'il n'y a pas à en tenir grand compte. Mais un passage de cette harangue méritait quelque attention : « Dans les commencements de nos » anciennes dynasties, ajoutait le président du Sénat, » on vit plus d'une fois le monarque ordonner qu'un » serment solennel liât d'avance les Français de tous » les rangs à l'héritier du trône, et quelquefois, » lorsque l'âge du jeune prince le permit, une cou- » ronne fut placée sur sa tête, comme le gage de son » autorité future, et le symbole de la perpétuité du » gouvernement. »

Évidemment il y avait dans ces paroles une inspiration supérieure, et c'était la première indication du projet dont nous venons de parler, lequel consistait à préparer à l'avance, pour le cas d'une mort soudaine, la transmission de la couronne impériale au fils de Napoléon. Le discours du Sénat finissait par quelques mots sur l'expédition de Russie, sur les éléments, seule cause de nos malheurs, sur la barbarie des Russes qui avaient brûlé leurs villes plutôt que de nous les livrer, sur le chagrin de l'empereur Napoléon qui n'aurait pas voulu une guerre ainsi faite, qui ne souhaitait qu'un arrangement équitable, et sur la bravoure enfin des Français, tout prêts encore à courir sous les drapeaux pour conquérir à leur empereur une paix glorieuse.

Napoléon, assis sur son trône, répondit par quelques paroles, qui, bien que jetées dans le moule commun fourni par lui, avaient un tout autre caractère que celles de ses tristes adulateurs.

— Il avait assurément fort à cœur, disait-il, la gloire et la grandeur de la France, mais il pensait avant tout à garantir son repos et son bonheur intérieurs. La sauver des déchirements de l'anarchie avait été et serait le but constant de ses efforts. Aussi demandait-il au ciel des magistrats courageux, autant au moins que des soldats héroïques. La plus belle mort, ajoutait-il, serait celle d'un soldat tombant au champ d'honneur, si la mort d'un magistrat périssant en défendant le souverain, le trône et les lois, n'était plus glorieuse encore. Nos pères avaient pour cri de ralliement : *Le roi est mort, vive le roi !* Ce peu de mots contiennent les principaux avantages de la monarchie... — Faisant allusion au vœu exprimé par le Sénat, Napoléon disait : Je crois avoir étudié l'esprit que mes peuples ont montré dans les différents siècles ; j'ai réfléchi à ce qui a été fait aux diverses époques de notre histoire, j'y penserai encore... —

Quant à l'expédition de Russie, l'intention d'ailleurs fort sage de la réponse impériale fut visiblement de ne pas envenimer la querelle avec l'empereur Alexandre. — La guerre que je soutiens, ajouta Napoléon, est une guerre politique. Je l'ai entreprise sans animosité, et j'eusse voulu épargner à la Russie les maux qu'elle-même s'est faits. J'aurais pu armer contre elle une partie de sa population en proclamant la liberté des paysans... un grand nombre de villages me l'ont demandé, mais je me suis refusé à une mesure qui eût voué à la mort des milliers de familles... Mon armée a souffert, mais par la rigueur des saisons, etc... — Remerciant ensuite le Sénat avec assez de hauteur, Napoléon reçut le Conseil d'État. Ce corps ne pouvait que répéter les paroles prescrites pour cette circonstance, et elles ne mériteraient pas d'être reproduites ici, sans la réponse de Napoléon. Après avoir redit de la manière convenue que quelques scélérats avaient voulu plonger la France dans l'anarchie, que le crime avait été promptement suivi d'un juste châtiment, que la France avait en cette occasion senti redoubler son amour pour la dynastie à laquelle elle devait tant de gloire et de bonheur, et que, le cas survenant, elle courrait tout entière aux pieds de l'héritier du trône pour l'y faire monter et l'y maintenir, après ces vulgaires déclarations, le Conseil d'État, parlant de la guerre plus que n'avait fait le Sénat, prétendit découvrir dans les derniers malheurs quelque chose qui le transportait d'aise et d'admiration, disait-il, c'était le développement prodigieux d'un auguste caractère, qui n'avait jamais paru plus grand qu'au milieu de ces traverses, par lesquelles il semblait que la fortune eût voulu lui prouver qu'elle pouvait être inconstante!... Mais c'était là une épreuve passagère; la France allait en masse courir sous les drapeaux, l'étranger allait compter ses forces et les nôtres, et une paix glorieuse allait s'ensuivre... Le Conseil d'État n'avait que son admiration, son amour, sa fidélité à offrir à l'Empereur en échange de tous les bienfaits dont il comblait la France, mais Napoléon dans sa bonté daignerait les agréer, etc. —

Après la multitude soulevée, outrageant bassement les princes vaincus, il n'y a rien de plus triste à voir que ces grands corps, prosternés aux pieds

Déc. 1812.

Harangue du Conseil d'État.

Déc. 1812.

du pouvoir, l'admirant d'une admiration qui croît avec ses fautes, lui parlant avec chaleur de leur fidélité déjà prête à s'évanouir, et lui jurant enfin de mourir pour sa cause la veille même du jour où ils vont féliciter un autre pouvoir de son avénement. Heureux les pays solidement constitués, et auxquels sont épargnés ces spectacles si méprisables!

Réponse de Napoléon au Conseil d'État, dans laquelle il s'en prend à l'idéologie de tous les malheurs de la France.

La réponse de Napoléon est restée célèbre. Elle ne pouvait pas être basse, mais elle était aussi peu sensée que tout ce qu'on venait d'entendre. Il était touché, disait-il, des sentiments du Conseil d'État. Si la France montrait tant d'amour pour son fils (singulière assertion en présence des efforts qu'on faisait pour obliger cette France à y penser), c'est qu'elle était convaincue du bienfait de la monarchie... Puis Napoléon ajoutait ces paroles fameuses: — C'est à l'*idéologie*, à cette ténébreuse métaphysique, qui, en recherchant avec subtilité les causes premières, veut sur ses bases fonder la législation des peuples, c'est à l'idéologie qu'il faut attribuer tous les malheurs de la France... C'est elle qui a amené le régime des hommes de sang, qui a proclamé le principe de l'insurrection comme un devoir, qui a adulé le peuple en l'appelant à une souveraineté qu'il était incapable d'exercer, qui a détruit la sainteté et le respect des lois en les faisant dépendre, non des principes sacrés de la justice, mais seulement de la volonté d'une assemblée composée d'hommes étrangers à la connaissance des lois civiles, criminelles, administratives, politiques et militaires.... Lorsqu'on est appelé à régénérer un État, ajoutait encore Napoléon, ce sont des principes tout opposés qu'il faut suivre... et que le Conseil d'État doit avoir constamment en vue... Il doit y joindre un courage à toute épreuve, et à l'exemple des présidents Harlay et Molé, être prêt à périr en défendant le souverain, le trône et les lois. —

Quel spectacle que cette colère contre la philosophie, quel spectacle donné à la nation la plus intelligente de l'Europe! Quoi, on était allé compromettre follement en Russie l'armée française, avec l'armée française le trône impérial, et, ce qui était pis, la grandeur de la France; on s'était gravement trompé sur la nécessité de cette guerre, et sur les moyens de la soutenir, on revenait vaincu, humilié, et c'était la philosophie qui avait tort! Était-ce la philosophie aussi, qui en ce moment tenait captif à Savone l'infortuné Pie VII, et qui chaque jour plongeait dans les cachots des centaines de prêtres? Et un homme d'un prodigieux esprit osait dire ces choses, à la face de la France et du monde, en présence des événements les plus propres à le confondre! Tel est l'effet des fautes, et surtout des grandes! Outre tout le mal qu'elles entraînent, elles ont pour résultat d'ôter le sens à celui qui les a commises, à ce point que dans l'agitation qu'elles produisent, le génie lui-même ne semble plus qu'un enfant en colère. Il s'en prend de ses fautes à ceux à qui elles sont le moins imputables, et qui souvent en souffrent le plus.

Mais rien de tout cela n'était sérieux; c'était un vain bruit, pour couvrir, s'il était possible, l'immense bruit de la catastrophe de Russie; c'était l'immolation préparée d'un magistrat honnête, plus surpris que faible, et dont le sacrifice était destiné à détourner l'attention publique d'autres événements plus graves. Le Conseil d'État fut en effet assemblé le lendemain même de ces puériles solennités, et chargé d'examiner la conduite de M. Frochot. Le jugement ne pouvait être douteux, car indépendamment du signal parti d'en haut, il y avait un reproche mérité à adresser à M. Frochot, c'était d'avoir si facilement obtempéré à un ordre étrange. M. Frochot fut donc par chaque section du Conseil d'État (prononçant l'une après l'autre avec une fastidieuse monotonie de langage et d'idées) convaincu non pas de trahison, on se hâtait d'affirmer qu'il en était incapable, mais de défaut de présence d'esprit, et Napoléon fut supplié de lui retirer ses fonctions. Sans doute on le devait, pour l'exemple au moins, car M. Frochot avait été mal inspiré dans cette journée. Mais en toute autre circonstance le gouvernement, sans consulter le Conseil d'État, eût prononcé cette destitution de sa propre autorité, et sans y joindre l'humiliation d'un jugement solennel. C'eût été une justice suffisante, et exempte de cruauté. Napoléon regretta cette cruauté, mais il fallait occuper les yeux de la multitude, et lui peindre en couleurs saillantes sur une toile grossière, un magistrat faible, pour qu'elle n'y vît pas un Pharaon insensé perdant son armée et sa couronne au milieu des glaces de la Russie.

Laissons là ces tristes scènes, destinées par Napoléon à détourner de lui des regards importuns, et suivons-le dans d'autres occupations plus dignes de son génie, et plus propres à réparer ses fautes. Il fallait recomposer son armée détruite, raffermir sa puissance ébranlée, et c'est en cette occasion que ses grandes qualités allaient trouver un énergique emploi, et jeter un dernier et prodigieux éclat. Le sauveraient-elles après l'avoir compromis par leur excès même? C'était peu probable, mais possible, si une heureuse inconséquence avec lui-même venait l'arrêter au bord de l'abîme. Ce devait être la dernière phase de sa vie, et certainement une des plus extraordinaires.

Déc. 1812.

Tandis qu'il semblait occupé des choses que nous venons de retracer, il était en réalité occupé sans relâche d'un travail plus noble, et jamais il ne s'était montré administrateur plus intelligent, plus créateur, surtout plus actif. Quelque grand qu'il eût jugé le mal, pourtant il n'en avait aperçu qu'une partie en quittant l'armée à Smorgoni. Il croyait avoir perdu beaucoup de soldats et d'officiers, beaucoup d'hommes et de matériel; mais il voyait remède à toutes ces pertes. Sur cinq bataillons de guerre par régiment, il supposait qu'après le ralliement de l'armée il resterait de quoi en former trois, et qu'il suffirait de renvoyer en France deux cadres sur cinq, pour les remplir avec des conscrits déjà tout dressés. Il supposait que s'il avait perdu presque toute sa cavalerie, il devait lui rester à pied vingt-cinq ou trente mille cavaliers éprouvés, qu'il serait facile de remettre à cheval en achetant des chevaux en Pologne, en Allemagne, en France, ce dont il avait déjà donné l'ordre, et qu'ensuite les dépôts lui fourniraient de quoi compléter en cavaliers instruits cette cavalerie remontée. Il savait que son artillerie

L'activité de Napoléon concentrée tout entière sur ses nouveaux préparatifs militaires.

Opinion qu'il se fait de l'état de la grande armée, d'après ce qui se passait à Smorgoni le 5 décembre, lorsqu'il était parti pour la France.

174   LIVRE XLVII.

Déc. 1812.

avait perdu beaucoup d'hommes et surtout son matériel à peu près tout entier; mais il savait aussi que les arsenaux de France largement approvisionnés pouvaient lancer sur toutes les routes du Rhin à la Vistule un millier de pièces de canon sur affûts neufs. La France fournirait de quoi les atteler, grâce aux excellents chevaux de trait dont elle avait une si grande abondance. Ainsi Napoléon, s'il avait souffert de sa politique désordonnée, recueillait néanmoins en beaucoup de choses le prix de sa rare prévoyance, car la Providence juste envers chacun, le paye toujours par le résultat. Il avait, avant de marcher sur Moscou, prescrit la levée de la conscription de 1813, laquelle arrivée en octobre dans les cadres avec une remarquable exactitude, remplissait les dépôts de 140 mille hommes ayant trois mois d'instruction, et propres à recruter les cadres qui rentreraient en France. Napoléon avait depuis près d'un an formé cent cohortes de gardes nationaux, lesquelles prises, en vertu de l'institution qui embrassait tous les citoyens valides, dans les classes les plus vigoureuses de la population, présentaient cent beaux bataillons d'hommes faits et déjà disciplinés. Il est vrai que leur institution ne les obligeait pas à servir hors des frontières. Mais en se faisant demander par quelques-uns de ces bataillons l'honneur de rejoindre la grande armée, en consacrant ce vœu par une décision du Sénat, on allait ajouter à cette grande armée cent mille hommes de vingt-deux à vingt-sept ans, doués d'une force physique qui manquait aux sujets fournis par la conscription. C'étaient donc 240 mille hommes déjà tout pré-

Vastes ressources que son heureuse prévoyance lui avait préparées à l'avance en s'engageant en Russie.

La conscription de 1813 levée en octobre.

Les cohortes organisées dans le courant de 1812.

Ces deux

parés, et qui dans un mois pouvaient être rendus sur le Rhin, dans deux mois sur l'Oder, dans trois mois sur la Vistule. Si en mettant tout au pis (comme Napoléon croyait le faire en ce moment) il lui restait 150 mille Français et 50 mille alliés sur les 600 mille hommes de la grande armée, il allait avoir encore 450 mille hommes en ligne, et 500 mille en comptant les contingents dus par les alliés, force très-suffisante pour accabler les Russes, presque aussi maltraités que nous par l'hiver, et moins en état de réparer leurs pertes! En attendant les trois mois exigés par ces préparatifs, il y avait sur les lieux mêmes, grâce encore à la prévoyance de Napoléon, bien des ressources préparées de longue main, et capables actuellement d'arrêter l'ennemi sur le Niémen. Il avait eu le soin, comme nous l'avons dit, en marchant de Smolensk sur Moscou, de faire venir de Vérone un beau corps de 15 à 18 mille hommes, pris dans les anciens régiments de l'armée d'Italie, et qui avaient traversé les Alpes avant la mauvaise saison. Ce corps était à Berlin, sous le général Grenier, et parfaitement composé en toutes armes. Napoléon avait formé en outre sous le maréchal Augereau un corps (le 11ᵉ) chargé d'occuper la ligne de l'Elbe. De ce corps, une division, celle du général Durutte, avait été envoyée au général Reynier sur le Bug, et avait péri à moitié; une autre sous le général Loison avait été envoyée de Wilna à la rencontre de la grande armée, et subsistait tout entière quand Napoléon avait quitté Smorgoni. Il en restait de plus deux tout à fait intactes, la division Heudelet et la divi-

Déc. 1812.

ressources, et ce qu'il supposait pouvoir ramener de Russie, offraient encore à Napoléon une armée de cinq cent mille hommes disponible sous un mois ou deux.

Déc. 1812.

Restes de la grande armée que Napoléon espérait retirer de Russie.

sion Lagrange, déjà rendues à Dantzig. Les unes et les autres en y ajoutant les troupes venues d'Italie, présentaient un total de 45 mille hommes au moins, entièrement frais, et sur lesquels l'armée en retraite pouvait s'appuyer. Lorsque Napoléon avait quitté Smorgoni, la garde comptait encore sept à huit mille hommes, le corps de Victor n'était pas détruit, la division Loison n'avait pas été engagée, et il revenait de Moscou une quarantaine de mille hommes, dont le nombre devait s'augmenter chaque jour par le ralliement des soldats débandés. Il y avait de plus à gauche le corps de Macdonald, fort de sept à huit mille Polonais, de quinze mille Prussiens, ayant tous bien servi et peu souffert; il y avait à droite quinze mille Saxons et Français de Reynier, vingt-cinq mille Autrichiens de Schwarzenberg, ayant bien servi aussi, malgré la timidité de leurs chefs. Il y avait enfin le corps de Poniatowski, renvoyé de bonne heure dans ses cantonnements pour s'y recruter, et M. de Bassano chargé en revenant de Wilna de passer à Varsovie, puis à Berlin, assurait que la Pologne allait se lever en masse, que la Prusse jurait de nous rester fidèle, qu'elle était même disposée, moyennant quelques secours d'argent, à augmenter son contingent; que le prince de Schwarzenberg écrivait les lettres d'un militaire plein d'honneur, et que ce prince, ainsi que tous les Autrichiens qu'on avait vus, en formant des vœux ardents pour une paix prochaine, promettaient néanmoins une parfaite fidélité à l'alliance. En supposant donc qu'il ne revînt sur Wilna que 40 mille hommes de ceux qui avaient pénétré dans l'intérieur de la Russie, en y ajoutant les 45 mille hommes frais qui sous Augereau et Grenier gardaient l'Elbe, les 20 mille qui sous Macdonald revenaient de Riga, les 40 mille qui sous Reynier et le prince de Schwarzenberg revenaient des environs de Minsk, on pouvait se flatter de réunir 150 mille hommes au moins, bientôt peut-être 200 mille par le ralliement successif des traînards, et de les opposer avec avantage aux Russes, qui certainement n'en avaient pas plus de 150 mille échappés aux rigueurs de l'hiver. En ajoutant à ces 200 mille les 240 mille qui allaient venir des dépôts du Rhin sous deux ou trois mois, plus les nouvelles levées que la France ne manquerait pas de fournir en présence du danger, Napoléon était fondé à croire qu'il retiendrait les Prussiens et les Autrichiens dans son alliance, qu'il refoulerait les Russes au delà du Niémen, qu'il parviendrait à recouvrer la paix continentale sans de trop grands sacrifices, peut-être même à la compléter par la paix maritime!

Ces espérances soutinrent pendant les premiers jours l'ardeur de Napoléon au travail. Mais c'était là le tableau des choses tel qu'il était permis de le tracer lorsqu'il avait quitté l'armée. Malheureusement du 5 décembre au commencement de janvier tout avait changé dans le Nord, militairement et politiquement. Napoléon avait en effet précipité sa fortune sur une pente si rapide, que chaque fois qu'il y reportait les yeux, il la trouvait effroyablement descendue vers l'abîme.

Depuis son départ, comme nous l'avons exposé précédemment, l'armée était tombée dans la plus affreuse dissolution. Par suite du froid parvenu à

Déc. 1812.

que Napoléon
l'avait
quittée.

une intensité extraordinaire, et faute d'une autorité respectée, toute discipline avait disparu; chacun livré à son désespoir personnel s'était enfui comme il avait pu, et cette poignée d'hommes déjà si réduite qui avait forcé le passage de la Bérézina, s'était complétement dispersée. Le corps de Victor qui était encore de 7 à 8 mille combattants le soir de son héroïque défense des ponts, avait fondu en deux jours seulement, pour avoir fait pendant ces deux jours le métier d'arrière-garde. La division Loison, comprenant dix mille hommes jeunes, il est vrai, mais bien organisés, n'ayant rien souffert jusqu'alors, s'était entièrement décomposée pour être sortie de Wilna et avoir voulu marcher à la rencontre de la grande armée. Le froid en avait tué la moitié, et le reste s'était éparpillé, au point qu'il n'y avait pas deux mille hommes dans le rang. Même chose était arrivée aux détachements qui formaient la garnison de Wilna. Les quatre ou cinq mille Bavarois du général de Wrède, qui depuis l'évacuation de Polotsk s'étaient tenus sur la gauche de Wilna, avaient partagé le sort commun. Les Saxons de Reynier, les Autrichiens de Schwarzenberg, étant demeurés aux environs de Minsk faute d'ordres précis, Wilna s'était trouvé découvert, et il avait fallu l'évacuer en désordre, sans même avoir le temps d'y prendre les vêtements, les vivres dont les magasins de cette ville abondaient. Murat n'étant plus ni obéi ni capable de commander, s'était enfui de Wilna au milieu de la nuit, et avait perdu au pied de la montagne qu'on rencontre au sortir de la ville le trésor de l'armée. A Kowno, ramassant quelques officiers et un maréchal, avec un millier de soldats, il avait chargé Ney et Gérard de disputer un instant le Niémen ; mais ces deux hommes héroïques restés presque seuls, avaient été obligés de se réfugier à Kœnigsberg.

Tels étaient les faits qui s'étaient passés depuis le départ de Napoléon, et que nous avons déjà rapportés, faits désastreux, dus aux distances, au froid, à la misère, à la destruction de toute autorité, et surtout à cette débandade contagieuse, qui, ayant commencé par les cavaliers à pied, par les fantassins sans fusils, s'était incessamment accrue de jour en jour, et avait fini par devenir une sorte de maladie pestilentielle dont tout corps envoyé au secours de la grande armée était atteint sur-le-champ, et périssait sans la sauver.

D'autres infortunes nous attendaient à Kœnigsberg. Les habitants de cette ville comme tous ceux de la Prusse nourrissaient contre nous une haine violente, qu'ils n'osaient manifester parce qu'ils n'avaient pas cessé de nous craindre. En voyant arriver nos tristes débris, ils n'avaient pu dissimuler leur satisfaction ; cependant ils avaient supposé que ces débris n'étaient que les avant-coureurs du corps affaibli et encore subsistant de la grande armée ; mais en voyant paraître Murat presque seul, la garde réduite à quelques centaines d'hommes, et puis rien que des malheureux égarés, poursuivis sur la glace du Niémen par les Cosaques, ils n'avaient pu réprimer ni leur joie ni leur arrogance. Les paysans dans les lieux écartés dépouillaient ceux de nos soldats qui avaient conservé quelque argent qu'ils offraient pour

Déc. 1812.

Dec. 1812.

État des choses à Kœnigsberg.

du pain, et quelquefois même les égorgeaient sans pitié. A Kœnigsberg même les habitants se seraient insurgés, s'ils n'avaient été contenus par une des quatre divisions d'Augereau, la division Heudelet, laquelle heureusement n'avait pas dépassé la Vieille-Prusse. Elle était de sept à huit mille hommes, fort jeunes, mais capables de se faire respecter. C'était la première force organisée qu'on eût rencontrée depuis Wilna. N'étant pas sortie comme celle du général Loison pour aller à la rencontre de la grande armée, elle n'avait ni péri, ni même souffert. Cette force protégeait les douze mille malades ou blessés presque mourants qui remplissaient les hôpitaux, et cette multitude de généraux et d'officiers, qui étaient venus, comme les généraux Lariboisière et Éblé, mourir à Kœnigsberg de la fièvre de congélation. Les habitants de cette ville n'osant pas encore se jeter sur nous, se promettaient de le faire à la première approche des Russes, et en attendant extorquaient de nos infortunés soldats tout ce qui leur restait d'argent pour les moindres vivres ou vêtements qu'ils leur fournissaient. Toutefois parmi ces habitants de la Vieille-Prusse se trouvaient des hommes pleins d'humanité, qui, malgré un sincère patriotisme, respectaient en nous la bravoure malheureuse, et soulageaient les maux de leurs oppresseurs. — Ce n'est pas à vous, Français, disaient-ils, que nous en voulons, c'est à votre empereur qui vous a sacrifiés, et qui depuis quinze ans nous opprime tous, vous et nous! —

Retraite du maréchal

Mais bientôt un événement d'une extrême importance vint s'ajouter à nos revers. Le maréchal

Macdonald ayant avec lui la division polonaise Grandjean, de sept à huit mille hommes, soldats excellents et fidèles, suivi à quelque distance du corps auxiliaire prussien, avait longtemps attendu à Riga des ordres de retraite qu'il n'avait point reçus, tout comme le prince de Schwarzenberg avait vainement attendu à Minsk les ordres qui auraient dû l'amener à Wilna. Voyant enfin les Russes s'avancer de toutes parts, signe certain de notre retraite, le maréchal Macdonald s'était mis spontanément en marche pour se rapprocher de Tilsit. Les Prussiens, commandés pour la forme par un général très-respectable, le général Grawert, mais en réalité par un officier plein de capacité, d'orgueil, d'ambition et de haine pour nous, le général d'York, se retiraient lentement à la suite du maréchal Macdonald. Ce maréchal avait voulu hâter leur pas, afin d'échapper à l'ennemi qui se montrait pressant, mais tantôt sous un prétexte, tantôt sous un autre, ils avaient refusé de lui obéir, à ce point qu'il en était devenu fort défiant, et avec beaucoup de raison comme on va en juger.

Les Russes après le passage de la Bérézina avaient continué leur mouvement. Wittgenstein avec l'armée de la Dwina s'était porté sur Kœnigsberg, pour tâcher d'intercepter le corps de Macdonald, tandis que Tchitchakoff avec l'armée de Moldavie poursuivait nos débris sur Kowno, et que Kutusof faisait reposer à Wilna l'armée principale. Les Russes avaient souffert autant que nous du froid, mais très-peu de la misère, et soutenus par la joie de nos malheurs, par l'espérance de notre destruction, re-

Déc. 1812.

Macdonald sur le Niémen.

Dispositions des Prussiens composant la principale partie de son corps d'armée.

Le général d'York.

tenus au drapeau par des distributions régulières, ils arrivaient fort diminués en nombre mais compactes, et pleins d'ardeur. Leur masse totale était tout au plus de 100 mille hommes, au lieu de 300 mille qu'ils avaient été au début de la campagne. L'empereur Alexandre à la nouvelle de nos désastres était accouru à Wilna, avait comblé de récompenses méritées le maréchal Kutusof, dont la sagesse reconnue triomphait enfin de toutes les contradictions, et avait pris en main la direction des événements, qui allaient devenir politiques autant que militaires. Alexandre en effet, sachant par des conjectures faciles à former, et par quelques communications indirectes de la Prusse, même de l'Autriche, qu'on ne demandait pas mieux que d'être affranchi d'une alliance acceptée à contre-cœur, ne doutait pas qu'en s'y prenant convenablement il ne parvînt à détacher de la France, sinon l'Autriche, au moins la Prusse. Aussi avec sa finesse d'esprit et sa douceur de caractère accoutumées, adopta-t-il sur-le-champ le langage qui était le mieux approprié aux circonstances. Il ne venait pas, disait-il, faire des conquêtes sur l'Allemagne, même sur la Pologne, il venait tendre la main aux Allemands opprimés, peuples et rois, bourgeois et nobles, Prussiens et Autrichiens, Saxons et Bavarois, les aider tous, quels qu'ils fussent, à secouer un joug odieux, et cette œuvre terminée rendre à chacun ce qui appartenait à chacun, et ne prendre pour lui que ce qu'on lui avait injustement dérobé. Ainsi on publia de tout côté en son nom que si les Prussiens voulaient ressaisir leur part de la Pologne, il était prêt à la leur restituer, et qu'il ne la garderait qu'en attendant qu'ils vinssent se remettre eux-mêmes en possession de ce qui leur avait appartenu. A Wilna où il était chez lui, il proclama une amnistie générale pour tous les actes commis contre l'autorité russe, et fit même répandre que si les Polonais voulaient retrouver une patrie, il était tout disposé à leur en accorder une, en constituant séparément le royaume de Pologne, dont il serait le roi clément, civilisateur et libéral. Alexandre avait bien assez d'esprit pour comprendre à lui seul l'habileté d'une telle politique, assez de bienveillance naturelle pour s'y plaire, et en tout cas, s'il eût fallu l'y aider, les Allemands accourus auprès de lui auraient suffi pour le persuader. Le ministre prussien Stein, réfugié à sa cour, le célèbre écrivain Kotzebue, et beaucoup d'autres Allemands, hommes de lettres ou militaires, tenaient le langage le plus libéral, et assiégeaient Alexandre de leurs instances pour qu'il proclamât l'indépendance de l'Allemagne, et surtout pour qu'il marchât hardiment en avant, pour que sans compter ce qui pouvait rester de Français, il se portât rapidement sur la Vistule et l'Oder, car, disaient-ils, chaque portion de territoire délivrée des Français lui vaudrait à l'instant des alliés ardents et enthousiastes. Il n'y avait d'opposé à cette politique que le vieux Kutusof, dont la circonspection justifiée par le résultat était devenue excessive, et quelques Russes, occupés de considérations purement militaires, lesquels frappés de l'épuisement de leur armée, craignant qu'elle ne finît par fondre comme l'armée française, demandaient qu'on s'arrêtât, qu'on lais-

Déc. 1812.

Les réfugiés allemands, sous le célèbre baron de Stein, encouragent fort Alexandre dans sa nouvelle politique.

sât les Allemands s'affranchir comme ils pourraient, qu'on traitât avec la France, ce qu'il était facile dans le moment de faire très-avantageusement, et qu'on ne prolongeât pas inutilement une guerre, qui, heureuse dans l'intérieur de la Russie, deviendrait fort dangereuse au dehors, surtout contre un capitaine tel que Napoléon; et il est vrai que sous le rapport de la prudence ce langage était parfaitement fondé! Mais l'imagination d'Alexandre s'était tout à coup enflammée. Profondément blessé par les dédains de Napoléon, enorgueilli jusqu'au délire du rôle de son vainqueur, il aspirait à un rôle plus grand encore, il voulait être son destructeur, et le libérateur de l'Europe opprimée. Il se disait que traiter aujourd'hui avec Napoléon, même d'égal à égal, était possible sans doute; mais que si on laissait échapper cette occasion de le détruire, on retrouverait bientôt en lui le puissant dominateur d'autrefois, et que ce serait une œuvre à recommencer. Au contraire, en poursuivant les succès obtenus, en appelant à soi les gouvernements et les peuples indignés du joug qui pesait sur eux, en allant plus loin, en adressant un appel direct à la France elle-même fatiguée de son maître, en lui déclarant qu'il y avait une légitime grandeur qu'on n'entendait pas lui disputer, on pouvait faire disparaître Napoléon de la scène, et devenir à son tour le roi des rois, le sauveur adoré de l'Europe. Cette ambition aidée par le ressentiment avait envahi le cœur d'Alexandre, et il ne voulait plus s'arrêter. Il avait donc autorisé le ministre Stein et ses compatriotes à se porter dans les provinces prussiennes reconquises, et à y promettre le prochain affranchissement de l'Allemagne.

Le général Diébitch, chef d'état-major de Wittgenstein, entouré d'officiers allemands parmi lesquels figurait le général Clausewitz, poursuivi de leurs instances, et n'en ayant pas besoin, car il pensait comme eux, suivait le maréchal Macdonald pas à pas, avec l'espérance de lui enlever le corps prussien. Le général d'York détestait dans le maréchal Macdonald son chef d'abord, car il était jaloux et toujours mécontent, et ensuite un Français, car il avait dans le cœur tous les sentiments de ses compatriotes. Il avait de continuels démêlés avec l'état-major du maréchal, se plaignait sans cesse qu'on nourrît mal son corps, qu'on ne lui accordât pas une assez large part en fait de décorations et de dotations françaises, et cette humeur, du reste peu justifiée, avait fort augmenté son aversion patriotique pour nous. Le général Diébitch, averti par des agents secrets, avait fomenté ces sentiments, et puis, la catastrophe venue, avait fini par proposer au général d'York de passer aux Russes, sous le voile d'une capitulation commandée par les circonstances. Il suffisait que ce général prussien marchât lentement, qu'il se laissât séparer de Macdonald, puis entourer, pour qu'il parût se rendre malgré lui. On ne désarmerait pas son corps, on le déclarerait neutre, et ce corps serait le noyau de la future armée prussienne, chargée de concourir avec les Russes à la délivrance de l'Allemagne. Le général d'York, bon patriote, mais songeant à lui-même, délibéra longtemps de peur de se compro-

Déc. 1812.

Le général russe Diébitch suit le corps prussien pas à pas, avec espérance de le détacher des Français.

Communications secrètes établies avec le général d'York.

Ce général, après quelques hésitations, prend

Déc. 1812.

son parti, et sous le prétexte d'une capitulation militaire, passe aux Russes.

mettre avec sa cour, lui transmit secrètement les communications qu'il avait reçues, la jeta ainsi dans un grand embarras, n'en obtint que le silence pour toute réponse, hésita encore, mais ralentit le pas, se laissa entourer, et enfin entraîné par le général Clausewitz qu'on lui avait dépêché, prit son parti, et le 30 décembre, cédant, disait-il, à des circonstances militaires impérieuses, signa une convention de neutralité pour son corps d'armée, avec réserve toutefois de la ratification de son roi. Le sens de cette convention de neutralité était facile à deviner, c'était l'adjonction pure et simple du corps prussien à l'armée russe, après un délai de quelques jours. Un détachement de ce même corps, sous le général Massenbach, avait suivi de plus près le maréchal Macdonald, et était arrivé jusqu'à Tilsit. En apprenant cette convention, le général Massenbach assembla ses officiers, les trouva enthousiasmés de l'acte du général d'York, et unanimes pour l'imiter. Dans la nuit il sortit sans mot dire de Tilsit, écrivit au maréchal Macdonald une lettre respectueuse, mais où éclataient sous de vains déguisements toutes les passions qui avaient entraîné le général d'York, et il alla rejoindre ce dernier. On s'embrassa dans le corps prussien, on poussa des cris d'enthousiasme, on s'appela les libérateurs de l'Allemagne, et il est vrai qu'on allait grandement contribuer à son affranchissement.

Pour moi qui écris ces tristes récits, je suis Français, et je l'ose dire, Français profondément attaché à la grandeur de mon pays, et cependant je ne puis, au nom même des sentiments que j'éprouve, exprimer un blâme pour ces patriotes allemands, qui, servant à contre-cœur une cause qu'ils sentaient n'être pas la leur, revenaient à la cause qu'ils croyaient être celle de leur patrie, et qui malheureusement l'était devenue par la faute du chef placé alors à notre tête. Il faut ajouter qu'ils auraient pu enlever le maréchal Macdonald, et que, respectant en lui et dans ses soldats de récents compagnons d'armes, ils se séparèrent sans rien faire qui pût aggraver sa position.

La foudre tombant sur des matières combustibles imprudemment amassées, n'agit pas plus promptement que ne le fit la défection du général d'York sur l'Allemagne tout entière. A l'instant la nouvelle en vola de bouche en bouche. Le général d'York fut salué de la Vistule au Rhin du titre de sauveur de l'Allemagne. Le baron de Stein et ses collaborateurs coururent auprès de lui, l'entourèrent, le félicitèrent, déclarèrent qu'il serait mis à la tête de toutes les portions de l'armée prussienne qu'on parviendrait à détacher, le poussèrent à marcher sur Tilsit, puis sur Kœnigsberg, à y assembler les états de la Vieille-Prusse, à y proclamer l'indépendance de leur patrie, à y déclarer leur roi privé de sa liberté par les Français, ne devant plus dès lors être obéi, à se conduire en un mot comme les insurgés de Cadix, qui agissaient pour le roi, sans le roi, malgré le roi. Le général d'York, jugeant qu'il en avait assez fait, ne voulait pas aller si vite. Mais escorté, circonvenu par les Russes, il consentit à s'acheminer sur Kœnigsberg, et à y attendre les ordres de la cour de Prusse. Il devait y trouver non les ordres de son roi, mais

Janv. 1843.

Effet immense produit dans toute l'Allemagne par la défection du corps prussien du général d'York.

Les réfugiés allemands songent à se réunir à Kœnigsberg pour y convoquer les états de la Vieille-Prusse.

les ordres de son pays, soulevé tout entier comme un seul homme, et commandant d'une voix plus forte que celle de tous les gouvernements. Il s'avança donc avec les Russes, loué, applaudi, caressé par Alexandre, dont la politique recevait de cet événement une éclatante confirmation.

Pendant ce temps, Murat s'était arrêté à Kœnigsberg avec la foule des généraux et des officiers sans troupes, dont les uns étaient mourants, dont les autres, exaspérés par la souffrance, tenaient un langage presque séditieux. Le maréchal Ney lui-même, malgré son héroïsme, malgré les caresses dont il avait été l'objet de la part de Napoléon, ne pouvant plus se contenir, parlait tout haut contre le chef imprudent qui avait, disait-il, précipité l'armée française dans un abîme. Murat aussi, comme nous l'avons rapporté ailleurs, s'était laissé aller à une sorte de soulèvement, puis sur les observations du maréchal Davout, il s'était tu, et avait repris le commandement nominal, mais sans rien ordonner, car il ne savait que faire. Berthier, malade à la fois d'une goutte remontée et de l'absence de Napoléon, réduit à garder le lit, ne savait plus que conseiller dans cette situation sans exemple. Ce fut alors qu'on apprit la défection du corps prussien, et en voyant les manifestations de sentiments que cet événement provoquait chez les habitants de Kœnigsberg, on n'hésita plus à quitter cette ville, et à renoncer à la ligne du Niémen, qui avait cessé d'en être une depuis que ce fleuve était gelé, et que les Russes le passaient de toutes parts sur la glace. Disputer le terrain n'eût servi qu'à faire égorger nos dix ou douze mille malades, nombre que la mort diminuait sans cesse, mais que rétablissait continuellement l'arrivée successive de nos traînards. On pouvait en se retirant confier ces précieux restes sinon à la bienveillance, du moins à l'honneur de la nation prussienne. On laissa des infirmiers et des médecins à nos malades pour les soigner, des fonds pour leur procurer des vivres, car il ne fallait plus rien espérer de la bonne volonté des Prussiens, et se tenir pour bien heureux de n'être pas égorgé par le peuple furieux de Kœnigsberg. On sortit ensuite de cette capitale de la Vieille-Prusse.

Janv. 1813. Retraite du quartier général français sur la Vistule.

Le maréchal Ney fut encore chargé de former l'arrière-garde avec la division Heudelet, et avec deux mille hommes restant de la division Loison. Il se mit en marche sur Braunsberg, Elbing et Thorn. Comme le froid avait diminué, comme on trouvait des vivres, comme les bandes de nos traînards s'étaient peu à peu écoulées, et qu'on n'avait plus la contagion de la débandade à craindre, on put marcher en ordre, précédé des états-majors sans troupes qui avaient grande hâte de regagner la Vistule.

Ney couvre cette retraite avec la division Heudelet; Macdonald avec la division Grandjean.

On avait été si pressé de quitter Kœnigsberg qu'on ne s'était pas occupé du maréchal Macdonald, laissé à Tilsit, à vingt lieues de Kœnigsberg, entouré d'ennemis, et n'ayant avec lui que sept ou huit mille Polonais, fidèles mais exténués. Il demandait à grands cris qu'on l'attendît, car réuni à lui on aurait eu quinze ou seize mille hommes, et on aurait pu se faire respecter. Ses lettres, qui devaient aller chercher Murat déjà transporté à Thorn, demeurèrent sans effet. On marcha ainsi jusqu'au 15 janvier, chacun ne pensant qu'à soi, les restes de l'ancienne armée se retirant par détachements de cinquante ou cent hommes, obligeant les habitants à leur donner des vivres quand ils étaient les plus forts, mourant de faim ou de froid quand ils n'avaient ni force ni argent pour se faire écouter, et les deux seules troupes organisées qui subsistassent, la division Grandjean sous Macdonald, la division Heudelet sous Ney, cheminant à dix ou quinze lieues l'une de l'autre.

Heureusement les Prussiens, auxquels on avait laissé en leur livrant Kœnigsberg une proie fort capable de les occuper, les Russes qui étaient exténués, et que Macdonald et Ney rudoyèrent plus d'une fois, ne nous poursuivirent pas assez vite pour nous envelopper. Vers le milieu de janvier on arriva sur la Vistule, et on se jeta dans les places que Napoléon avait largement approvisionnées. Le général Rapp avait devancé l'armée à Dantzig. Il restait dans cette ville un ramassis de cinq à six mille hommes de toutes nations et de toutes armes. Murat y envoya outre la division polonaise Grandjean, celle du général Heudelet, et ce qui restait de la division Loison. Rapp eut ainsi sous la main environ 25 mille hommes valides. Il avait des grains et des spiritueux en abondance. Il fit avec sa cavalerie une battue dans l'île de Nogath, ramassa beaucoup de troupeaux et de fourrages, et s'enferma ensuite dans les vastes ouvrages de Dantzig pour s'y défendre jusqu'à la dernière extrémité.

Sur le conseil persévérant du maréchal Davout, on assigna sur la Vistule des points de ralliement aux divers corps de l'ancienne armée. Les cadres de ces corps durent se rendre les uns à Dantzig, les autres à Thorn, à Marienwerder, à Marienbourg. Tout soldat qui arrivait, demandant du pain et des vêtements, devait être envoyé à son dépôt dans ces places. Après quelques jours il y avait 4500 hommes environ au 1ᵉʳ corps, celui de Davout, et un nombre proportionné dans le 2ᵉ, celui d'Oudinot, le 3ᵉ, celui de Ney, le 4ᵉ, celui d'Eugène.

Le quartier général était établi à Thorn. Après y être demeuré deux ou trois jours, Murat ne crut pas même pouvoir s'y arrêter. En effet les divisions Heudelet, Loison et Grandjean ayant été jetées dans la place de Dantzig, il ne restait plus pour accompagner le quartier général et l'immense quantité de drapeaux qu'on y avait réunis pour les sauver, que dix mille hommes sans ensemble et sans cohésion. Ces dix mille hommes comprenaient 1800 recrues qu'on avait rencontrées en route, et qui étaient destinées au corps de Davout, 1200 hommes d'élite Napolitains, 4,000 Bavarois partis récemment de leur pays pour recruter l'armée bavaroise, enfin 3,000 hommes de la garde impériale, qui s'étaient peu à peu ralliés depuis Kœnigsberg, parmi lesquels se trouvaient un millier d'hommes à cheval et douze pièces d'artillerie. Le général Gérard qui commandait ce rassemblement, se sentant trop pressé aux environs de Thorn, s'était précipité sur l'ennemi avec son énergie ordinaire, et lui avait ôté l'envie de nous serrer de si près.

Dans une telle main ces dix mille hommes étaient quelque chose, mais ils ne pouvaient défendre la Vistule, glacée comme toutes les rivières de la Polo-

Janv. 1813.

Isolement des places de la Vistule pour point de ralliement.

Il ne reste à Murat en troupes actives qu'une dizaine de mille hommes de toutes nations.

Murat abandonne la Vistule et se retire sur Posen.

gne et de la Prusse, et n'étant plus dès lors une barrière contre l'ennemi. Ils ne pouvaient surtout pas préserver d'un affront Murat et ce qui l'entourait, si les Russes de Tchitchakoff réunis à ceux de Wittgenstein essayaient de l'envelopper. Murat ne voulut donc pas séjourner sur la Vistule, et se rendit à Posen, à égale distance de la Vistule et de l'Oder. Ainsi toute la Vieille-Prusse, toute la Pologne se trouvaient évacuées, et, les places occupées, nous avions 10 mille hommes en ligne, 10 mille hommes mêlés de Napolitains, de Bavarois, et comptant tout au plus 4 mille Français parmi eux. Il restait à Berlin pour contenir l'Allemagne frémissante, les 18 mille hommes du général Grenier, et la division Lagrange, la seule de ses quatre divisions que le maréchal Augereau eût conservée auprès de lui.

Un dernier événement vint encore accroître l'effervescence des populations germaniques. On avait eu le tort de laisser une garnison, en majeure partie allemande, à Pillau, petite place maritime qui fermait l'entrée du Frische-Haff. On l'avait fait malgré l'avis du maréchal Macdonald, qui ne voulait avec raison se priver de troupes actives qu'en faveur des places capables de se défendre, et contenant une garnison où les Français domineraient. Pillau ne remplissant pas ces conditions, s'était en effet rendu, aux grands applaudissements des Prussiens, et à la vive satisfaction des Anglais, qui s'étaient hâtés de pénétrer dans le Frische-Haff avec leurs bâtiments de guerre. Bientôt ils y avaient introduit leurs convois marchands, ce qui avait procuré aux habitants de la Vieille-Prusse, outre la satisfaction patriotique d'être délivrés de leurs vainqueurs, la satisfaction toute matérielle, mais fort vivement sentie, de recommencer le commerce des denrées coloniales dont ils avaient été privés si longtemps.

Janv. 1813.

Les nouvelles si mauvaises à notre gauche, n'étaient pas meilleures à notre droite, sur la haute Vistule. Le général Reynier et le prince de Schwarzenberg, ne voyant plus rien à faire à Minsk, s'étaient acheminés sur Varsovie. Ayant dans les Saxons de bons soldats dont il s'était fait estimer, ayant de plus pour les contenir les cinq à six mille Français de la division Durutte, le général Reynier aurait voulu se battre, mais le prince de Schwarzenberg l'en dissuadait fort, lui disant qu'on s'affaiblirait inutilement en guerroyant pendant l'hiver, qu'il fallait se retirer sur Varsovie, couvrir cette capitale, s'y ménager des quartiers tranquilles, et y attendre l'arrivée des forces que Napoléon ne manquerait pas d'amener au printemps. Tandis qu'il donnait ces conseils le prince de Schwarzenberg se retirait lui-même, obligeait le général Reynier à en faire autant, recevait à son quartier général les officiers russes, acceptait leurs politesses sous prétexte qu'il ne pouvait pas s'en défendre, se laissait parler d'armistice, en parlait de son côté, ne trahissait pas précisément Napoléon dont il avait négocié le mariage, auquel il devait le bâton de maréchal, mais s'attachait avant tout à ménager son armée, et voulait ensuite se tenir prêt aux divers changements de politique qu'il prévoyait de la part du cabinet de Vienne. En même temps il conseillait au général Reynier, à M. de Bassano, à tout le monde enfin, la paix, qui était le

Conduite du prince de Schwarzenberg à notre droite.

Janv. 1813.

Murat, accablé par tant de revers, et inquiet pour sa couronne de Naples, songe à quitter l'armée.

plus cher de ses vœux, comme Autrichien, et comme l'un des personnages favorisés de la cour de France.

Ainsi tandis que la Vistule allait être passée sur notre gauche malgré les places que nous occupions, on devait s'attendre à la voir passer sur notre droite, à Varsovie même, malgré la présence du prince de Schwarzenberg, et on avait à Posen pour faire face à l'ennemi dix mille hommes, Napolitains, Bavarois, Français, sans oser appeler à soi les vingt-huit mille soldats de Grenier et d'Augereau, qui étaient indispensables à Berlin pour contenir la Prusse. La faible tête de Murat, quelque brave que fût son cœur, ne pouvait résister longtemps à une telle situation. Il ne redoutait pas le canon qu'il n'avait jamais craint, mais il était dévoré par la passion de régner. Mille visions sinistres assiégeaient son imagination exaltée. Tantôt il voyait les peuples d'Italie excités par les prêtres et les Anglais, se soulevant depuis les Alpes Juliennes jusqu'au détroit de Messine, et renversant les trônes des Bonaparte en Italie; tantôt il se voyait abandonné par Napoléon lui-même, dont il était médiocrement aimé, et qui obligé peut-être à faire des sacrifices pour obtenir la paix, les ferait plus volontiers dans la basse que dans la haute Italie, et plus volontiers encore dans l'une et l'autre Italie qu'en France. Dès que ces images s'emparaient de son cerveau, il perdait son sang-froid, et voulait partir pour aller sauver cette couronne, objet de si longs désirs, prix de tant d'héroïsme. Sa défiance était devenue telle, que, ne comptant pas même sur sa femme, il en était arrivé à craindre qu'elle ne se pliât elle-même à la politique de Napoléon, ce qui était pour lui un nouveau motif de retourner à Naples. Tourmenté par ces inquiétudes, par les tristes nouvelles qu'il recevait à chaque instant de la retraite de l'armée, il appela tout à coup le prince Berthier, qui, quoique à demi-mort, restait major général, et M. Daru qui n'était chargé que du matériel de l'armée, mais dont le solide caractère, la haute prudence, faisaient un conseiller toujours consulté dans les circonstances importantes. Il leur communiqua son projet de quitter l'armée, allégua sa santé qui n'était qu'un prétexte, et résista à toutes les instances du prince Berthier et de M. Daru, qui firent valoir tour à tour auprès de lui l'intérêt de l'armée, l'intérêt de sa gloire, le courroux de Napoléon, la difficulté de trouver un successeur. A cette dernière objection Murat répondit en indiquant le prince Eugène, et annonça qu'il allait le mander à Posen. En effet il lui dépêcha un courrier à Thorn, sans lui dire pourquoi il l'appelait au quartier général. Ce prince étant arrivé, il lui déclara sa résolution de partir et de le désigner, en attendant les ordres de Napoléon, comme commandant de la grande armée. Le prince Eugène, effrayé de cet honneur, par modestie et par indolence, était cependant le seul qu'on pût choisir, car il s'était fait beaucoup d'honneur dans la campagne de Russie, y avait déployé une rare bravoure, quelques connaissances militaires, et de véritables vertus. Enfin il était prince, ce qui était à considérer dans ce régime, devenu en peu de temps aussi monarchique que celui de Louis XIV. Il pressa Murat de rester, ne put réussir à l'y décider, et finit par accepter avec résignation une charge qu'il regardait comme très au-dessus de ses forces. Il demeura à Posen avec les 10 mille hommes de toutes nations que nous avons énumérés, suppliant le général Reynier et le prince de Schwarzenberg de se maintenir à Varsovie, ce qui le couvrait vers sa droite, comptant que vers sa gauche les Russes s'arrêteraient quelque temps au moins devant Thorn et Dantzig, et ordonnant au général Grenier avec ses 18 mille hommes, à Augereau avec les 9 ou 10 de la division Lagrange, de se tenir prêts à venir à son aide s'il en avait besoin.

Voilà ce qui restait de la grande armée! vingt-cinq mille hommes à Dantzig, 10 mille dans les places secondaires de la Vistule, 10 mille de toutes nations à Posen avec le quartier général, quelques Saxons et Français dominés à Varsovie par les mouvements du prince de Schwarzenberg, et enfin à Berlin, Grenier et Augereau, avec 28 mille hommes qu'on n'osait pas déplacer, de crainte d'un soulèvement général en Allemagne! Il y avait loin de cette situation, aux 200 mille hommes que Napoléon croyait encore établis sur le Niémen, et disputant aux Russes Kœnigsberg, Kowno, Grodno, en attendant que 300 mille nouveaux soldats vinssent à leur secours. La nécessité d'organiser lui-même ces 300 mille nouveaux soldats avait appelé Napoléon à Paris, et son départ avait entraîné la perte des 200 mille hommes restés sur le Niémen! Ainsi il aurait fallu qu'il fût à la fois sur le Niémen pour sauver les uns, et à Paris pour organiser les autres. En quittant le Niémen il avait commis une faute militaire, et s'était rendu coupable d'abandon envers des compagnons d'armes qu'il avait précipités dans un abîme; en y demeurant, il aurait laissé entre lui et Paris l'Allemagne insurgée, n'aurait pas saisi d'assez près les rênes de sa vaste administration, et aurait commis à la fois une faute politique et administrative, de façon que, quoi qu'il fît, il manquait quelque part, il commettait des fautes également graves, et s'exposait à de déplorables interprétations, juste punition d'erreurs immenses et irréparables !

Janv. 1813.

Et en ce moment les conséquences politiques de ces erreurs n'étaient pas moins grandes que leurs conséquences militaires. Le chef des exilés allemands, le baron de Stein, était avec le général d'York à Kœnigsberg, y convoquait les états de la province, y faisait décréter l'armement de toute la population, et l'emploi sans réserve des ressources pécuniaires du pays. Le dévouement universel répondait à ces propositions, et des milliers de pamphlets, de proclamations, de chants populaires allaient enflammer contre nous les imaginations allemandes. L'Allemagne depuis quelques années s'était couverte de sociétés secrètes, dont la principale, celle de l'*Union de la vertu* (Tugend-Bund), s'était universellement répandue. L'enthousiasme pour la patrie allemande, la conviction que, réunie en un seul faisceau, elle serait invincible, qu'au lieu d'être tour à tour la victime des États du Nord ou de ceux du Midi, elle leur ferait la loi à tous, et composerait la première nation du monde; la nécessité dès lors de s'unir, de ne plus se considérer comme Autrichiens, Bavarois, Saxons, Prussiens ou Hambourgeois, comme princes, nobles, bourgeois

Le baron de Stein et les réfugiés allemands se réunissent à Kœnigsberg pour y proclamer l'indépendance de l'Allemagne.

Les sociétés secrètes allemandes.

Leur esprit et leur rapide propagation.

198   LIVRE XLVII.

Janv. 1813.

ou paysans, comme luthériens ou catholiques, mais comme Allemands, prêts à mourir jusqu'au dernier pour leur pays; la préférence donnée à tout ce qui était d'origine allemande, en industrie, en usages, en littérature, telles étaient les idées et les sentiments que ces sociétés s'étaient attachées à répandre, et qu'elles avaient propagés avec un succès inouï, car ces idées et ces sentiments convenaient à toutes les classes de la nation germanique, et répondaient à l'amour de l'égalité chez les uns, à l'esprit monarchique chez les autres, et au patriotisme de tous horriblement froissé par notre domination. Ces sociétés avaient porté de Kœnigsberg aux extrémités de l'Allemagne non pas seulement l'émotion, qui était naturelle et immense, et n'avait pas besoin de moyens artificiels pour se communiquer, mais les mots d'ordre à suivre. Partout, selon l'avis transmis par elles, il fallait courir aux armes, donner à l'État sa personne et ses biens, se réunir à l'empereur Alexandre, délivrer les rois asservis à l'alliance française, et déposer comme indignes ceux qui, pouvant s'affranchir de cette alliance, voudraient lui rester fidèles. *Vive Alexandre! vivent les Cosaques!* étaient les cris que dans un délire général on faisait entendre de toutes parts. Il y avait même de jeunes Allemands qui dans leur exaltation patriotique prenaient la barbe des Cosaques, et, ce qui n'est pas moins digne de remarque, les princes et les nobles excitaient eux-mêmes ce mouvement, qui, malgré un mélange de fidélité monarchique, était en réalité profondément démocratique, comme en Espagne, où l'on montrait une égale passion

Ces sociétés répandent partout l'idée qu'il faut donner sa vie et sa fortune pour affranchir l'Allemagne.

pour la liberté et pour le roi captif. On soulevait non-seulement le patriotisme national, non-seulement la fidélité aux princes détrônés ou abaissés, mais l'amour de la liberté, que Napoléon s'était vanté de contenir en France et dans le monde. Ainsi ce qu'il flétrissait chez lui sous le nom d'idéologie, dans toute l'Europe sortait de dessous terre pour l'assaillir! Singulière leçon qui aurait dû servir à tous, et qui ne devait profiter à personne, car ces nobles, ces princes, ces prêtres, invoquant la liberté aujourd'hui contre Napoléon, allaient bientôt, Napoléon renversé, la contester et la refuser à leurs peuples.

Cet entraînement, qui ne pouvait être comparé qu'à celui que nous avions éprouvé nous-mêmes en 1792, à l'apparition du duc de Brunswick, s'était produit à la fois à Berlin, malgré la présence de nos soldats, à Dresde, à Munich, à Vienne, malgré notre alliance, à Hambourg, à Brême, à Cassel, malgré notre domination directe. A Berlin, devant la belle troupe de Grenier, les Prussiens n'osant faire éclater leurs ressentiments ni par des actes ni par des cris, laissaient voir néanmoins sur leurs visages la joie la plus insultante, la manifestaient à chaque nouvelle fâcheuse pour nous, et refusaient tout à nos soldats, même à prix d'argent. Cependant comme à côté des sentiments les plus sincères la cupidité se fait encore jour quelquefois, on obtenait çà et là des vivres, mais à des prix exorbitants. Aussi les réquisitions dont nous avions tant usé, en payant avec des bons liquidables ultérieurement, n'étaient-elles plus possibles, à moins de provoquer un soulèvement immédiat.

Janv. 1813.

Situation de la Prusse, et perplexités de son roi, lié d'un côté à Napoléon par un traité d'alliance, et entraîné de l'autre par les sentiments de ses sujets, qu'il partage.

On doit comprendre la surprise, l'embarras, la perplexité du malheureux roi de Prusse et de son principal ministre, M. de Hardenberg. Ce roi probe et sage n'avait cessé de se trouver depuis le commencement de son règne dans les positions les plus fausses pour un honnête homme, et un homme de bon sens. On l'avait entraîné en 1806 contre son gré et contre son instinct secret, à se ruer contre la France, et il y avait presque perdu sa couronne, car c'était l'avoir à peu près perdue que d'être privé des deux tiers de ses États, et d'être pour le tiers restant dans une dépendance absolue. Résolu à ne plus tomber dans une semblable faute, il s'était en 1812 attaché à l'alliance française, l'avait même sollicitée, parce qu'abandonné par l'Autriche et la Russie après avoir été mis en avant par elles, il s'était cru lui aussi le droit de se sauver en pactisant avec le plus fort. Tandis qu'il agissait de la sorte, il avait voulu, par un excès de précaution, faire approuver à l'empereur Alexandre lui-même la conduite qu'il tenait, et lui avait envoyé M. de Knesebeck, qui, autorisé ou non, avait poussé les excuses jusqu'à la duplicité envers la France. Or voilà ce roi, qui, en croyant être en 1812 plus sage qu'en 1806, semblait s'être égaré encore, et se voyait condamné ou à manquer de parole envers la France, ce qui était un mauvais acte et un péril, ou à se battre pour la France qui l'opprimait, contre des amis qui s'offraient à être ses libérateurs. L'excellent prince ne savait plus que penser, que faire, que devenir! La joie de voir disparaître la domination française s'était fait jour dans son cœur, mais la confusion de s'être de nouveau trompé en devenant l'allié de la France, la crainte de passer pour traître en l'abandonnant, empoisonnaient la satisfaction qu'il éprouvait. Le cri violent, menaçant même de ses sujets, pouvait fournir une excuse en devenant une contrainte. Mais si cette fois encore ses sujets étaient dans l'erreur comme en 1806, si ce Napoléon qu'on disait vaincu ne l'était pas, si au printemps il reparaissait sur l'Elbe vainqueur de ses ennemis, et s'il en finissait de cette Prusse incorrigible, et traitait le neveu du grand Frédéric comme la maison de Hesse, aurait-on une seule plainte à élever? Or, soit crainte de Napoléon, soit amour-propre de ne s'être pas trompé, Frédéric-Guillaume inclinait à penser que la France n'était vaincue que pour un moment, et, suivant les fluctuations ordinaires d'une âme agitée, quand il l'avait cru quelques heures, il cessait de le croire, puis revenait à cette opinion, et dans le désordre de son esprit, cédait au fait actuel, c'est-à-dire à la présence de trente mille Français à Berlin.

Jany. 1813.

M. de Hardenberg qui, lui aussi, avait envers la France passé de l'hostilité à l'alliance, était en proie à toutes les perplexités du roi lui-même, et de plus à celles qui naissaient de sa situation personnelle. Si les événements condamnaient la politique de l'alliance avec la France, il y avait pour le roi une excuse toute trouvée, celle de la faiblesse; mais il n'y en aurait aucune pour M. de Hardenberg : on imputerait sa conduite à l'ambition, et à la plus basse de toutes les ambitions, celle qui pactise avec les ennemis de son pays.

Situation de M. de Hardenberg, plus difficile encore que celle du roi.

Le premier mouvement de Frédéric-Guillaume

Le roi.

en apprenant la défection du général d'York, fut de se récrier contre un pareil acte. Il craignait à la fois d'être compromis avec la France qu'il redoutait toujours, et de passer pour déloyal, ce qui lui coûtait beaucoup, car il était vraiment honnête, et tenait surtout à passer pour tel. Il se hâta de mander auprès de lui le ministre de France, M. de Saint-Marsan, et de désavouer énergiquement la conduite du général d'York. Il jura qu'il n'était pour rien dans cette défection. M. de Saint-Marsan, qui se laissait facilement persuader par l'accent d'honnêteté de Frédéric-Guillaume, lui affirma qu'il douterait de la parole de tout le monde avant de douter de la sienne, et alors ce prince fut soulagé, charmé, et séduit par celle de toutes les flatteries qui lui allait le plus au cœur, la confiance en sa loyauté. Dans son premier entraînement, il promit de désavouer publiquement le général d'York, et de le traduire à une commission militaire. M. de Saint-Marsan emporta cette promesse comme une sorte de trophée, qu'il crut utile d'opposer aux déclamations des ennemis de la France.

Quand cette déclaration fut connue, les patriotes allemands furent fort irrités, s'emportèrent contre le roi, contre M. de Hardenberg, contre la politique du cabinet prussien, et allèrent répétant partout, comme jadis nos émigrés, que le roi n'était pas libre. Ses ministres lui dirent qu'il s'était peut-être trop avancé, et après avoir désavoué le général d'York, il refusa de publier ce désaveu.

Tandis que dans Berlin l'exaltation des esprits était extrême, les Français qui gardaient cette capitale, et qui avaient le cœur tout aussi haut que jadis, répondaient aux propos du patriotisme allemand par des propos non moins provocateurs, et de plus souverainement imprudents. Quoique Augereau, qui commandait à Berlin, se montrât cette fois plus réservé que de coutume, de jeunes officiers dirent que les Français ne se laisseraient pas duper encore par la Prusse, qu'ils étaient sur leurs gardes, qu'au premier acte de trahison on désarmerait les troupes prussiennes, qu'on enlèverait même la cour à Potsdam, et qu'on en finirait d'une puissance toujours infidèle. Ces propos, qui n'étaient que le résultat du langage irritant des Prussiens, répétés méchamment au roi, lui inspirèrent d'abord de la terreur, puis un commencement de calcul assez raffiné. La pensée d'abandonner la France ne s'était pas jusqu'alors présentée à son esprit, mais celle de devenir plus indépendant d'elle, grâce aux événements, de prendre une position intermédiaire entre elle et ses ennemis, et peut-être de contribuer ainsi à une paix avantageuse, cette pensée née des circonstances, et aussi, comme on va le voir, des suggestions de la cour d'Autriche, s'empara tout à fait de Frédéric-Guillaume. Le seul moyen de la réaliser, c'était, pour le roi, de quitter la ville de Berlin, vers laquelle marchaient déjà les Russes dans leur poursuite, les Français dans leur retraite, d'aller établir sa cour en Silésie, à Breslau par exemple, projet qui n'était pas nouveau puisqu'on l'avait proposé dès l'année précédente, d'y stipuler avec les Russes et les Français la neutralité de cette province, et d'y attendre la suite des événements. Il fallait

Janv. 1813.

par le roi et M. de Hardenberg, sous l'inspiration des événements et de la cour d'Autriche.

Cette politique consiste à armer et à s'interposer entre la France et les puissances belligérantes, pour obtenir une paix prochaine, et moins oppressive que la précédente.

Janv. 1813.

Le roi veut en armant qu'il n'en coûte rien à la Prusse, et demande à Napoléon le payement des immenses fournitures faites aux armées françaises, et la restitution des places de l'Oder.

en outre profiter de l'occasion pour armer dans de grandes proportions. Cette dernière mesure devait à la fois plaire aux patriotes allemands, qui se flatteraient de faire tourner ces armements contre la France, et laisser les Français sans une seule objection, car ils venaient eux-mêmes de demander que la Prusse doublât son contingent.

Pour suffire à ces armements sans recourir à de nouveaux impôts, le roi se proposait d'exiger de Napoléon le payement des fournitures faites à l'armée française. Il avait été convenu, en effet, d'après le dernier traité d'alliance, que le compte de ces fournitures serait réglé à bref délai, que le payement en serait imputé sur les 48 millions que devait encore la Prusse, et que si le montant excédait cette somme le surplus serait soldé comptant. Or les administrateurs royaux estimaient à 94 millions la valeur des denrées et objets de tout genre fournis à l'armée française. C'étaient donc 46 millions à recouvrer, avec lesquels on pourrait tripler l'armée prussienne, la porter de 42 mille hommes à 120 mille, et en s'unissant à l'Autriche, faire écouter des paroles raisonnables de paix, tant aux uns qu'aux autres. La France, de créancière étant devenue débitrice, devait, en vertu des traités antérieurs, rendre immédiatement les places de Stettin, de Custrin, de Glogau, et le roi pourrait ainsi se trouver établi en Silésie à la tête de 120 mille hommes, levés sans qu'il en coûtât de sacrifice au pays, appuyé sur toutes les places de l'Oder, approuvé par les patriotes qui demandaient qu'on armât, exempt de reproche de la part de la France, à laquelle il offrait de rester fidèle, si elle voulait exécuter littéralement les engagements pris et rendre à la Prusse une situation convenable. Ainsi au milieu de ses perplexités, le roi croyant encore Napoléon le plus fort, ne songeait point à le trahir, mais prétendait en être mieux traité que par le passé, entendait l'exiger, l'obtenir, et contribuer de cette manière à une pacification générale de laquelle il sortirait indépendant et agrandi.

Il avait annoncé l'envoi à Paris de M. de Hatzfeldt, qui était devenu, avons-nous dit, l'un des rares amis de la France en Prusse, envoi qui avait pour but d'écarter tout soupçon de complicité avec le général d'York. M. de Hatzfeldt fut donc chargé de présenter au gouvernement français les propositions suivantes : translation de la cour de Prusse à Breslau, pour y être hors du théâtre des hostilités; extension des armements prussiens pour mieux servir l'alliance; remboursement de l'argent dû pour solder ces armements; enfin restitution des places de l'Oder pour se conformer aux traités et calmer l'esprit public. M. de Hatzfeldt pouvait avoir à s'expliquer à Paris sur une proposition singulière, que Napoléon en revenant de Russie avait indirectement adressée à la cour de Prusse, c'était de s'unir étroitement à la France par un lien de famille, comme avait fait l'Autriche, et de marier l'héritier du trône avec une princesse française, laquelle au surplus restait à trouver. Napoléon avait donné à entendre qu'en considération de ce lien il rendrait à la Prusse une partie de l'étendue et de l'indépendance qu'elle avait perdues. Mais ce n'était plus le temps où les cours de l'Europe pouvaient se décider, en considération

Janv. 1813.

Envoi à Paris de M. de Hatzfeldt pour porter les propositions de la Prusse.

Janv. 1813.

Situation de la cour d'Autriche.

Embarras de l'empereur François et de M. de Metternich, qui ont adopté la politique d'alliance avec la France, au moment même où la puissance de Napoléon semble près de s'écrouler.

de la puissance de Napoléon, à des alliances avec sa famille. M. de Hatzfeldt devait donc éviter avec soin d'aborder ce sujet, et déclarer assez ouvertement que si les propositions qu'il apportait n'étaient pas acceptées, la Prusse se considérerait comme libre de tout engagement envers la France.

La cour d'Autriche était exactement dans les mêmes perplexités, mais elle avait pour en sortir à son avantage un public moins passionné, des scrupules moins gênants, une habileté plus grande. Après avoir soutenu contre la France quatre guerres opiniâtres, et déployé une persévérance de haine bien rare, son empereur avait fini par croire qu'il s'était trompé, et qu'il valait mieux pactiser avec la France que s'acharner à la combattre. La conduite des diverses cours de l'Europe était de nature à lui ôter tout scrupule à cet égard, car la Russie avait accepté à Tilsit l'alliance de la France, et ne s'en était pas dégoûtée après les événements de Bayonne, et la Prusse n'avait montré qu'un regret, celui de n'y avoir pas été comprise. Un grand ministre, M. de Metternich, était venu de Paris après la bataille de Wagram conseiller à son maître d'adopter la politique de l'alliance française comme la seule bonne, et en outre d'y mettre sa fille comme enjeu. L'empereur François après avoir consulté cette fille, car il était incapable de la contraindre, y avait consenti, et était devenu le beau-père, puis l'allié de son ennemi. Se serait-il donc trompé cette fois encore, et son ministre avec lui? Après avoir reconnu l'un et l'autre les inconvénients de la politique hostile, n'auraient-ils abandonné cette politique qu'au moment juste où elle devenait bonne, et n'auraient-ils été sages que hors de saison? Ils pouvaient, comme le roi de Prusse et comme M. de Hardenberg, se le demander, en voyant ce qui se passait, mais ils n'étaient pas gens à s'en tourmenter autant, parce qu'ils étaient gens à s'en mieux tirer. L'empereur François, esprit fin, calme et assez railleur, et bon père aussi, quoi qu'on en ait dit, n'avait vu dans la catastrophe de Moscou qu'une occasion de faire mieux apprécier par la France l'alliance de l'Autriche, de la lui faire en même temps payer plus cher, et si elle ne voulait pas en donner le prix convenable, de la porter ailleurs, sans toutefois aller plus loin que d'imposer aux parties belligérantes une paix toute germanique. Sa fille un peu moins puissante le serait bien encore assez, et l'Autriche redevenue plus forte, l'Allemagne plus indépendante, il aurait rempli tous ses devoirs de souverain, sans manquer à ses sentiments de père. Il ne voyait donc pas dans les derniers événements matière à s'affliger, il en avait même conçu une secrète joie, qui eût été sans mélange, s'il n'avait été exposé aux sarcasmes de ceux qui blâmaient un mariage contracté si mal à propos. M. de Metternich avait, lui, d'autres préoccupations. Allait-il, en s'obstinant dans une erreur, si toutefois sa politique en avait été une, périr pour demeurer conséquent avec lui-même? Ce sont là des façons d'agir propres aux pays libres, où tout se passe à la face des nations, et où l'on est contraint de ne pas se démentir soi-même. Dans les gouvernements absolus, au contraire, où tout se passe en silence et s'apprécie par le résultat, on se

Janv. 1813.

M. de Metternich, avec une grande sûreté de jugement, n'hésite pas à modifier cette politique, et, sans abandonner la France, à profiter de l'occasion pour lui faire accepter une paix toute germanique.

comporte autrement. M. de Metternich, qui ne s'était pas fait en 1810 un principe d'honneur de combattre la France jusqu'à extinction, n'entendait pas s'en faire un de la servir jusqu'à extinction en 1813. Il avait mis sa grandeur dans une politique quand il l'avait jugée bonne, il allait la mettre dans une autre, quand cette autre lui semblerait devenue bonne à son tour. Il avait d'ailleurs une raison bien suffisante pour se conduire de la sorte, l'intérêt de son pays. Il voyait le moyen, en changeant à propos, non-seulement de conserver sa position personnelle, mais aussi de rendre à l'Autriche une situation plus haute, et à l'Allemagne une situation plus indépendante : il n'y avait pas à hésiter. On a souvent changé de politique par des motifs moins grands et moins avouables. Seulement il ne fallait pas commettre d'imprudence, car bien que d'après les dernières nouvelles de Pologne, Napoléon parût plus vaincu qu'on ne l'avait cru au premier moment, cependant il n'était pas détruit; il pouvait encore frapper des coups terribles, peut-être recouvrer toute sa puissance, et punir cruellement des alliés infidèles. Il fallait donc passer par une transition habile, qui sauverait à la fois la sûreté de l'Autriche, la dignité de l'empereur François, et la pudeur de son ministre. Sans renier l'alliance, parler tout de suite de paix, en parler pour soi d'abord, puis pour tout le monde, et en particulier pour la France, était une conduite parfaitement naturelle, parfaitement explicable, et honnête en réalité comme en apparence. Tandis qu'on parlerait ostensiblement de cette paix à la France, on pouvait en stipuler secrètement les con-

La base de la paix doit être l'indépendance de l'Al-

ditions avec la Prusse d'abord, puis avec la Saxe, la Bavière, le Wurtemberg, avec tous les États allemands opprimés. Après avoir ainsi concerté cette paix avec l'Allemagne, à laquelle on tâcherait de rendre son indépendance, sans contester à la France une grandeur que personne alors ne songeait à lui disputer, on armerait avec la plus grande activité, ce qui devait être applaudi en Prusse comme en Autriche par les patriotes allemands, et supporté par la France elle-même, qui avait demandé à tous ses alliés une augmentation de contingents; puis cela fait, on offrirait cette paix à la Russie, à l'Angleterre, à la France, et on n'hésiterait pas à l'imposer à la partie récalcitrante. Cent mille Prussiens, deux cent mille Autrichiens, cent mille Saxons, Bavarois, Wurtembergeois, Hessois, etc., devaient décider la lutte au profit de la France, si elle acceptait les conditions rejetées par la Russie et l'Angleterre, sinon la décider contre elle, si le refus venait de sa part. Moyennant qu'on ne se hâtât point, qu'on prît le temps d'armer avant de se prononcer, qu'on laissât même les belligérants s'épuiser davantage, s'ils étaient pressés de s'égorger de nouveau, on arriverait d'autant plus à propos qu'on arriverait plus tard; et non-seulement il y aurait ainsi moyen d'atteindre à un résultat patriotique pour l'Allemagne, mais encore de se conduire avec une parfaite convenance, car une paix qui, en relevant l'Allemagne, n'abaisserait pas véritablement la France, et ne retrancherait de son état actuel que certains excès de grandeur intolérables pour ses voisins, lui pouvait être proposée tout en restant fidèle à son alliance, et

Janv. 1813.

lemagne, et une amélioration de situation pour l'Autriche.

Cette paix concertée avec les puissances allemandes, et appuyée par de vastes armements, doit être proposée à toutes les puissances belligérantes, en pesant fortement sur celles qui se refuseraient à l'accepter.

avec d'autant plus de fondement, que pour faire accepter une paix de ce genre il faudrait certainement menacer la Russie et l'Angleterre de toutes les forces des puissances germaniques. Si enfin, après qu'on se serait comporté avec tant de modération, Napoléon se refusait à tout arrangement raisonnable, on serait quitte envers lui, et on pourrait lui montrer l'épée de l'Autriche, sans avoir à rougir de la conduite qu'on aurait tenue.

M. de Metternich aperçut tout de suite et avec un rare génie politique le parti qu'il pouvait tirer de cette situation, et il résolut en sauvant sa fortune personnelle d'un faux pas, de refaire celle de l'Autriche, celle de l'Allemagne, sans manquer à la France dont il était l'allié actuel et avoué. D'accord en tout point avec l'empereur François, qui dans cette conduite voyait ses intérêts de souverain, ses devoirs de père, et son honneur d'homme et de prince ménagés à la fois, il agit dès le premier jour avec la promptitude, la suite, la fermeté d'une résolution bien réfléchie, et bien arrêtée. A l'instant même il fit commencer les armements de l'Autriche, puis il se mit à nouer des liens secrets avec la Prusse, avec la Bavière, avec la Saxe, à leur parler à toutes d'une paix conçue dans l'intérêt de l'Allemagne, et à parler en même temps à la France de paix prochaine, de paix suffisamment glorieuse, mais urgente, et indispensable à elle comme à toutes les autres contrées de l'Europe. En réponse à la lettre que Napoléon avait adressée de Dresde à l'empereur d'Autriche, M. de Metternich fit écrire par le beau-père au gendre une lettre amicale, paternelle, conseillant la paix sans détour, la conseillant comme beau-père, comme ami, comme allié. M. de Bubna, envoyé à Paris sur la provocation de Napoléon qui avait demandé qu'il y eût quelqu'un d'important pour représenter l'empereur François auprès de lui, M. de Bubna fut chargé de protester de la fidélité de l'Autriche à l'alliance française, mais de recommander fortement la paix, au nom de l'Europe qui en avait besoin, au nom de la France à qui elle n'était pas moins nécessaire, de dire que si on n'y prenait garde on trouverait bientôt peut-être le monde entier soulevé contre Napoléon, que la lutte alors pourrait devenir terrible, de dire cela très-amicalement, sans paraître donner une leçon, mais avec un accent qui annonçât une conviction profonde, et qui plus tard autorisât à se considérer comme dégagé envers un allié sourd à tous les sages conseils. M. de Bubna fut même positivement chargé d'offrir l'intervention de l'Autriche, qu'on n'allait pas encore jusqu'à appeler une médiation, auprès des diverses puissances belligérantes.

Janv. 1813.

M. de Bubna chargé d'apporter à Paris les vues de la cour d'Autriche.

Telles sont les communications qui dans les premiers jours de janvier 1813 assaillirent toutes à la fois le génie de Napoléon. Au lieu des restes imposants de la grande armée réunis sur le Niémen, et y tenant tête aux Russes depuis Grodno jusqu'à Kœnigsberg, en attendant que trois cent mille jeunes soldats vinssent les rejoindre, Napoléon voyait ces restes à peu près détruits, se repliant sur l'Oder sans pouvoir s'arrêter nulle part, vivement poussés de front par les Russes, fortement menacés en arrière par les Allemands; il entendait les cris enthousiastes

Effet produit sur Napoléon par la nouvelle des pertes essuyées depuis son départ de Smorgoni, et par les manifestations politiques des cours allemandes.

Janv. 1813.

de l'Allemagne prête à se soulever tout entière, et il était entouré d'alliés qui, parlant de leur fidélité pour la forme, donnaient des conseils, signifiaient des conditions, et non-seulement faisaient douter de leur dévouement, mais semblaient eux-mêmes douter de celui de la France, épuisée de sang, fatiguée de despotisme.

Premières mesures tendant à recueillir les restes de l'armée.

Quoiqu'il se fût fait un cœur de soldat, qui passe sans être abattu de la prospérité aux revers, Napoléon fut profondément affecté; mais il résolut de se roidir, et de ne pas laisser apercevoir les agitations de son âme, où les plus sinistres pressentiments et les plus aveugles illusions se succédaient tour à tour.

Irritation de Napoléon contre Murat.

Après s'être livré à un premier mouvement d'irritation contre Murat, auquel il imputait à tort les malheurs de la retraite, à ce point qu'il avait songé un moment à le faire arrêter[1], il se calma, confirma la nomination du prince Eugène qu'il eût au surplus choisi lui-même s'il avait été sur les lieux, et fit annoncer ce changement par un article au *Moniteur*. Cet article extrêmement fâcheux pour Murat était conçu dans les termes suivants : « Le roi de Naples » étant indisposé a dû quitter le commandement de

---

[1] Voici la preuve de ce fait, qui serait difficile à croire sans le document que nous citons.

» *Au vice-roi.*

» Je reçois votre lettre du 16. Je vous ai déjà fait connaître que je
» vois avec plaisir le commandement de l'armée entre vos mains. Je
» trouve la conduite du roi (de Naples) extravagante, et telle qu'il ne
» s'en faut de rien que je ne le fasse arrêter pour l'exemple, etc....

» Fontainebleau, 23 janvier 1813. »

» l'armée qu'il a remis entre les mains du vice-roi.
» Ce dernier a plus d'habitude d'une grande admi-
» nistration, il a la confiance entière de l'Empereur. »
Napoléon prescrivit ensuite avec la sûreté de jugement qui lui était ordinaire, les dispositions réclamées par les circonstances. Il témoigna confiance au prince Eugène afin de l'encourager; il s'efforça de le rassurer sur les dangers qui le menaçaient, lui fit sentir que les Russes n'oseraient point avancer en voyant 40 mille Français à leur droite dans les places de la Vistule, et à leur gauche, autour de Varsovie, 40 mille Saxons et Autrichiens, fidèles encore quoique peu actifs. Bien qu'il ne voulût pas fatiguer et compromettre dans des mouvements prématurés les troupes réunies à Berlin, il autorisa le prince Eugène à rapprocher de lui la division Lagrange, ainsi que le corps du général Grenier, et lui dit avec raison qu'ayant dès lors près de 40 mille hommes avec les 10 mille qui suivaient le quartier général, il ne serait certainement pas attaqué par les Russes, s'il prenait une attitude ferme et décidée. C'était d'ailleurs un mois tout au plus à passer de la sorte, car Napoléon n'ayant pas perdu une minute depuis vingt jours qu'il était à Paris, allait être en mesure d'envoyer sur l'Elbe 60 mille hommes de renfort, ce qui élèverait à 100 mille les forces du prince Eugène, et le rendrait inattaquable pour quelque ennemi que ce fût. Du reste les Russes obligés de laisser au moins 60 mille hommes devant les places de la basse Vistule, 40 mille sous Varsovie, n'avaient pas encore de quoi porter en avant une masse offensive de quelque importance. Posen et l'Oder

Janv. 1813.

Conseils au prince Eugène.

Envoi d'un premier secours de 60 mille hommes.

semblaient donc être le terme extrême où devait s'arrêter notre fatale retraite.

Ce qui pressait le plus c'était la cavalerie, car les Russes en avaient une immense, tant régulière qu'irrégulière, et semaient la terreur en tous lieux en poussant devant eux les Cosaques qu'on craignait parce qu'on ne les connaissait pas, et qu'on ignorait qu'il suffisait de quelques hommes à pied pour les mettre en fuite. Il aurait fallu avoir sur-le-champ plusieurs milliers de cavaliers, et soit en débris de la garde, soit en cavalerie venue d'Italie avec le général Grenier, le prince Eugène n'avait pas trois mille hommes à cheval. Napoléon ordonna au général Bourcier qui était chargé en Allemagne et en Pologne d'assurer les remontes, de payer les chevaux comptant et à tout prix, de les prendre de force quand il n'en trouverait pas à acheter, de remettre ainsi à cheval les cavaliers revenus à pied de Russie, et d'expédier sans retard au prince Eugène tout ce qu'il serait parvenu à équiper. Napoléon fit inviter en outre les princes de la Confédération du Rhin, dans l'intérêt de leurs propres États exposés aux courses des Cosaques, à lui envoyer ce qu'ils auraient de disponible en fait de cavalerie, fût-ce un escadron de cent hommes, s'il était prêt à partir. Le roi de Saxe avait gardé deux régiments de cuirassiers et deux régiments de hussards et chasseurs, formant un corps d'environ 2,400 cavaliers de la plus excellente qualité. Napoléon les lui fit demander avec instance, pour les diriger sur Posen. Tout cela devait sous quelques jours procurer trois à quatre mille hommes de cavalerie au prince Eugène, qui en aurait ainsi six ou sept mille, et pourrait contenir l'audace des coureurs ennemis.

Janv. 1813.

Napoléon recommanda au prince Eugène après avoir pourvu de fortes garnisons les deux principales places de la Vistule, Thorn et Dantzig, de faire refluer sur les places de l'Oder les débris des anciens corps dont on avait d'abord assigné le ralliement sur la Vistule, d'approvisionner immédiatement Stettin, Custrin, Glogau, Spandau, d'y employer l'argent, après l'argent la force, d'enlever à dix ou quinze lieues à la ronde les grains, le bétail, le bois surtout, de couper pour se procurer du bois jusqu'aux arbres des promenades publiques, de ne pas s'inquiéter des autorités prussiennes, avec lesquelles on s'entendrait plus tard; de s'occuper ensuite des places de l'Elbe, destinées à former une troisième ligne, de Torgau, de Wittenberg, de Magdebourg, de Hambourg, de les armer et de les munir de vivres, de recueillir dans ces places le matériel, et les caisses publiques, dont on avait laissé enlever la principale, celle de Wilna, ce qui nous avait coûté dix millions; de n'avoir dans chaque endroit que les fonds indispensables; d'acheminer sur le Rhin presque tous les cadres de la grande armée, puisqu'il fallait renoncer à l'espérance de former avec les soldats revenus de Russie, non pas trois, non pas deux bataillons par régiment, mais un seul; de conserver un cadre de bataillon par six cents hommes, de renvoyer le reste, et notamment cette masse de généraux sans troupes qui tenaient au quartier général le langage le plus fâcheux, de ne garder auprès de lui que le maréchal Ney, pour le lancer sur les premiers Russes qui

Mise en état de défense des places de la Vistule, de l'Oder et de l'Elbe.

se présenteraient, de presser enfin la réorganisation des troupes polonaises, de leur fournir l'argent dont elles auraient besoin, et de les rassurer sur leur sort en annonçant que quelque fût le destin de la Pologne, les Polonais seraient tous à la solde de la France, et seraient Français s'ils ne pouvaient être Polonais.

Ces premières dispositions d'urgence une fois prises, il s'occupa à l'instant même des mesures fondamentales. Ces mesures décidées dans son esprit dès le premier jour, étaient cependant l'objet de quelque doute encore, sous le rapport de l'étendue, parce qu'il avait voulu, avant de les annoncer, que les circonstances se fussent plus complétement développées. Le triste état dans lequel arrivaient les débris de l'armée, un mouvement rétrograde qui au lieu de s'arrêter à Kœnigsberg, à Kowno, à Grodno, ne s'était pas encore arrêté à Posen, la défection du général d'York, le mouvement populaire dont cette défection avait été le signal en Allemagne, étaient des événements tellement graves, qu'il devenait convenable et même urgent de parler à la nation française, de lui demander de grands efforts, et de la provoquer surtout à manifester ses sentiments patriotiques, en réponse à l'exaltation nationale qu'on cherchait à exciter contre elle.

Napoléon avait sous la main, comme nous l'avons dit, environ 140 mille conscrits de 1813, appelés en septembre, et remplissant déjà les dépôts. Il avait en outre les cent bataillons de cohortes, ceux-là parfaitement instruits, remplis d'hommes faits, mais ne présentant sous le rapport des officiers qu'une organisation provisoire. C'était une première ressource de 240 à 250 mille hommes, fort importante, et à peu près disponible. Napoléon résolut de la doubler tout de suite, et de la porter à 500 mille hommes.

Grâce aux facilités qu'on trouvait dans l'institution de la garde nationale, laquelle avait été divisée en trois bans, comprenant les citoyens de vingt à vingt-six ans, ceux de vingt-six à quarante, enfin ceux de quarante à soixante, on avait, en puisant dans le premier ban, composé les cohortes d'hommes non mariés, moins nécessaires à leurs familles, et ayant acquis toute la force virile. Napoléon résolut de se procurer encore une centaine de mille hommes de cette qualité, en revenant sur les classes de 1809, 1810, 1811, 1812, pour leur faire subir un nouvel appel. Aujourd'hui en France on ne prend que le quart ou le cinquième de chaque classe, afin de ne point épuiser la population, et toute classe, après l'appel qui lui a été fait, est définitivement libérée. Alors on prenait le tiers, puis on revenait après coup sur les classes qui avaient déjà fourni leur contingent, et on y opérait un nouveau triage pour y choisir les hommes qui avaient acquis à vingt-deux, à vingt-trois, à vingt-quatre ans, les conditions de taille et de force physique qu'ils ne remplissaient pas à vingt et un. C'est par un appel de ce genre sur les classes anciennement libérées que Napoléon songea à se procurer encore les 100 mille hommes faits dont il avait besoin, et avec lesquels il voulait recomposer les corps spéciaux. Mais les six dernières classes ayant fourni aux cohortes en vertu des lois sur la garde nationale, il ne

Janv. 1813.

Emploi des cinq cent mille hommes appelés sous les drapeaux.

s'adressa qu'aux quatre dernières, celles de 1809, 1810, 1811, 1812. Enfin il résolut d'exiger tout de suite la conscription de 1814, qui devait venir remplacer dans les dépôts celle de 1813, de manière que les armées actives complétées, les dépôts se trouveraient encore pleins. Ainsi sur 500 mille hommes qu'il aurait à sa disposition, 350 mille partiraient immédiatement pour aller former avec ce qui restait sur la Vistule et l'Oder une masse de 450 mille combattants, et on en conserverait dans les dépôts 150 mille, pour garder l'intérieur et les frontières, les armées d'Espagne n'ayant rien perdu de leur effectif. Napoléon songeait aussi à se faire offrir des dons volontaires qui auraient, outre une certaine valeur matérielle, l'avantage d'une grande manifestation nationale.

Sur les 500 mille hommes dont nous venons de parler, il n'y avait de mesure législative à décréter que pour 350 mille. En effet la conscription de 1813 avait déjà été votée et levée; les 100 mille hommes des cohortes étaient réunis, mais il fallait par un vote du Sénat se faire autoriser à les employer hors des frontières; les 100 mille hommes à prendre sur les quatre dernières classes, enfin la conscription de 1814 étaient entièrement à demander. On prépara un sénatus-consulte embrassant ces diverses mesures; on y ajouta un rapport de M. de Bassano, où la défection du général d'York était longuement et vivement racontée, où les mouvements de l'Allemagne étaient présentés comme des agitations anarchiques excitées par les souverains à l'instigation de l'Angleterre, où l'on mettait en comparaison l'ordre régulier maintenu en France, avec le désordre imprudemment favorisé en Europe par des princes d'ancienne origine, où l'on cherchait en un mot à réveiller, outre la haine de l'étranger, un grand effroi des troubles révolutionnaires, effroi du reste que la conspiration du général Malet avait de nouveau rendu assez général en France.

Janv. 1813.

Avant d'envoyer ce sénatus-consulte au Sénat, Napoléon voulut convoquer un conseil extraordinaire, dans lequel il s'entretiendrait avec quelques personnages éminents de la situation de l'Europe, et des mesures à prendre pour terminer la grande lutte dans laquelle on était engagé. Peu habitué à consulter, même ses ministres, ne tenant avec chacun d'eux que des conseils particuliers sur des objets spéciaux, se réservant exclusivement l'ensemble du gouvernement, il était devenu un peu plus communicatif depuis ses malheurs, et sans être plus que de coutume enclin à suivre l'avis d'autrui, il était disposé à en faire le semblant, pour associer plus de monde à son action. Au surplus, il était décidé à se conduire en soldat, à dépouiller même le souverain dont il avait eu beaucoup trop le faste dans la campagne de 1812, à être véritablement le général Bonaparte, et à revenir ainsi vers ces temps où travaillant jour et nuit, vivant presque à cheval, il n'obtenait qu'au prix de soins infinis les faveurs que la fortune semblait lui dispenser à pleines mains. Il était donc résolu à expier ses fautes, à les expier par des prodiges d'application et d'énergie, mais malheureusement il n'était pas résolu à les expier aussi par la modération, car pour se sauver (et il en

Napoléon convoque un conseil extraordinaire pour lui soumettre les mesures proposées et le consulter sur la conduite à tenir envers les puissances.

était temps encore), il eût fallu désarmer le monde par deux moyens, la force et la modération. Or de ces deux moyens il n'en admettait qu'un, la force, non pas qu'il ne songeât point à la paix, il en éprouvait le besoin au contraire, et il la désirait sincèrement; mais il voulait vaincre d'abord, afin de reprendre son ascendant, et puis dicter la paix, une paix à sa mesure, légèrement accommodée aux circonstances, mais ne répondant ni à l'état présent des esprits, ni au changement qui s'était opéré dans les dispositions de l'Europe.

Depuis son retour, ce n'était parmi ceux qui l'entouraient qu'un concert de vœux publics ou secrets pour la paix la plus prompte. L'archichancelier avec sa gravité et sa réserve accoutumées, M. de Talleyrand avec son insouciance tantôt affectée, tantôt réelle, le duc de Rovigo avec la hardiesse d'un familier habitué à tout dire, M. Mollien avec le chagrin d'un financier obéré, enfin, parmi les grands officiers de la cour, le grand maréchal Duroc avec sa discrète sagesse, M. de Caulaincourt avec la fermeté d'un bon citoyen, insinuaient ou déclaraient tout haut qu'il fallait la paix, qu'il la fallait plus ou moins avantageuse, mais qu'il la fallait quelle qu'elle fût, sous peine de périr. M. de Caulaincourt, qui dans ces circonstances se conduisit de manière à mériter l'estime éternelle des honnêtes gens, était le plus hardi, le plus opiniâtre à demander la paix. A toutes ces instances Napoléon répondait qu'il la voulait lui aussi, qu'il en sentait la nécessité, mais qu'il fallait la gagner par un suprême et dernier effort, ce qui était complétement vrai. Il ajoutait qu'en la désirant, en étant décidé à la faire, on ne devait pas trop le laisser voir, car tout serait perdu si on croyait en Europe le courage de la France ébranlé, ce qui était vrai encore, mais à une condition, c'est qu'en se montrant résolus à combattre, on ne désespérerait pas ceux qui, moyennant quelques concessions, étaient prêts, comme l'Autriche, à s'unir à nous pour imposer la modération à tout le monde.

Parmi les grands personnages qui, autour de Napoléon, enhardis par le péril, peut-être aussi par la diminution du prestige, commençaient à manifester une opinion, un seul, toujours assuré, portant toujours haut son visage satisfait, M. de Bassano, était aussi confiant que si les événements de Russie ne s'étaient pas accomplis. Napoléon, à l'entendre, invincible quoique vaincu, réparerait bientôt un malheur qui n'était après tout qu'un mauvais hiver, replacerait l'Europe à ses pieds, et dicterait les conditions de la pacification générale. Ces vaines paroles, dont au fond Napoléon appréciait la valeur, lui plaisaient néanmoins, et même sans y croire il aimait à entendre dire qu'il était encore aussi puissant qu'autrefois. Pourtant, il y aurait eu un plaisir moins dangereux, et peut-être plus doux à lui procurer, c'eût été de lui montrer sans cesse l'urgente, l'absolue nécessité des sacrifices, et de préparer ainsi à son orgueil souffrant une excuse pour céder.

Du reste, Napoléon, nous le répétons, ne repoussait pas l'idée des négociations, il disputait seulement sur les formes à employer pour les ouvrir. Il se présentait en effet une question toute politique,

LIVRE XLVII.

Janv. 1813.

que tout le monde est d'avis d'ouvrir, que dans le mode de ces négociations.

dont l'importance était fort grande, et qui était vivement débattue autour de Napoléon, malgré le silence habituel dans lequel se renfermaient les hommes qui l'approchaient. Le principe des négociations admis, il s'agissait de savoir comment on les entamerait, si on se prêterait aux vues de l'Autriche, en consentant à lui laisser prendre le rôle officieux dont elle semblait pressée de se charger, ou si, négligeant les intermédiaires plus ou moins sincères et désintéressés, on irait droit à la partie adverse, c'est-à-dire à la Russie, pour s'entendre franchement avec elle, et en finir d'une lutte inutile et désastreuse. M. de Caulaincourt, fort habitué à traiter avec la cour de Russie, tout plein de ses souvenirs de 1810 et de 1811, frappé encore des efforts de l'empereur Alexandre pour éviter la guerre, espérait, en se présentant à ce prince, lui faire agréer une paix honorable pour les deux parties; et ce n'était pas le désir de ressaisir un grand emploi diplomatique auquel il avait volontairement renoncé, qui le faisait parler de la sorte, mais le dévouement à une dynastie à laquelle il s'était attaché, à la France qu'il croyait en péril. M. de Bassano était d'un avis tout contraire. Ayant beaucoup de liaisons particulières avec la cour de Vienne depuis le mariage de Napoléon, il voulait négocier par le canal de l'Autriche, devenir ainsi l'auteur d'une paix que tout le monde désirait, qu'il désirait lui-même, mais à la manière de Napoléon, c'est-à-dire avec des exigences qui devaient la rendre impossible. M. de Talleyrand qui employait à rire de M. de Bassano le temps qu'il ne consacrait plus au service de l'État, et que

M. de Caulaincourt serait d'avis de s'aboucher directement avec la Russie, sans passer par l'intermédiaire de l'Autriche.

M. de Bassano est d'un avis contraire.

M. de Talleyrand incline

Napoléon eût mieux fait d'utiliser pour lui-même en le rappelant au ministère, M. de Talleyrand, par des raisons fort plausibles, et par aversion pour M. de Bassano, était, contre sa coutume, opposé à l'Autriche, et à l'importance qu'il s'agissait de lui donner.

Janv. 1813.

à l'opinion de M. de Caulaincourt.

Il est bien certain qu'à voir les allures de la cour de Vienne, on pouvait craindre qu'en offrant de s'entremettre, elle ne passât prochainement d'un rôle officieux à un rôle dominateur, et qu'après avoir modestement conseillé la paix, elle ne finît par l'imposer les armes à la main. Dans ses rapports avec la France surtout, la médiation qui commençait par le langage le plus amical, le plus paternel même, était une manière parfaitement commode de passer du rôle d'allié à celui d'arbitre, et bientôt peut-être, si l'arbitre n'était pas écouté, au rôle d'ennemi. Aussi la faire entrer le moins possible dans les grandes affaires du moment, renoncer aux services militaires et politiques qu'on pouvait en obtenir, si on ne voulait pas les payer, et la négliger pour s'adresser directement à la Russie, était ce qu'il y avait de plus sage et de plus habile. Mais il y avait une difficulté presque insurmontable à suivre cette conduite, c'étaient les nouvelles dispositions de l'empereur Alexandre. M. de Caulaincourt l'avait laissé timide, tremblant à l'idée de rencontrer Napoléon sur un champ de bataille, et prêt aux plus grands sacrifices pour éviter cette extrémité. Mais arrivé tout à coup par suite d'événements extraordinaires au rôle de vainqueur de Napoléon, enorgueilli au dernier point de cette situation si nouvelle, enflé de l'espé-

Impossibilité de s'aboucher directement avec la Russie, à cause des dispositions actuelles de l'empereur Alexandre.

Janv. 1813.

Dans cette situation, il y a nécessité d'accepter les services de l'Autriche, et dès lors de s'entendre avec elle.

rance d'être le libérateur de l'Europe, enivré par les applaudissements des Allemands, il était devenu inabordable, et probablement M. de Caulaincourt, rencontrant auprès de lui des égards personnels mais aucune condescendance, eût supporté moins qu'un autre ce changement d'attitude si récent et si complet, et eût rompu brusquement. L'abouchement direct avec Alexandre était donc à peu près impraticable, et dès lors il n'y avait de recours possible aux négociations que par l'intermédiaire de l'Autriche. Sous ce dernier rapport, M. de Bassano avait raison; mais en quoi il se trompait, c'était dans la manière d'employer les bons offices de la cour de Vienne, et surtout de les payer. Dans le fond cette cour n'avait l'intention ni de détruire, ni d'abaisser la France, par crainte d'abord, car Napoléon l'effrayait toujours, par pudeur aussi, car le mariage était trop récent pour qu'on n'en tînt pas compte. Mais elle voulait profiter de l'occasion pour refaire la situation de l'Autriche et de l'Allemagne, ce qui était fort naturel et fort légitime. Il fallait le reconnaître, s'y résigner, quelque désagréable que cela pût être, parce qu'on s'y était exposé par de grandes fautes, parce qu'au fond l'intérêt réel de la France y était moins compromis que l'amour-propre de Napoléon, et une fois résigné, entrer franchement en communication avec la cour de Vienne, se mettre d'accord avec elle, la laisser faire ensuite, pendant qu'on gagnerait encore quelques grandes batailles, qui seraient dans ses mains un moyen de rendre les coalisés raisonnables, et dans les nôtres un moyen de lui payer à elle ses services un peu moins cher.

Si on ne voulait pas se plier aux circonstances, ce qui après l'expédition de Russie était le plus triste des égarements, il y avait encore une autre conduite à tenir, c'était, en affectant les bons rapports avec l'Autriche, en écoutant ses conseils avec une déférence apparente, de se tenir à distance d'elle, de ne pas chercher à l'employer, de ne réclamer de sa part aucun service ni diplomatique ni militaire, car tout ce qu'on lui demandait sous le rapport diplomatique l'autorisait à se mêler des conditions de la paix, ce qui était un acheminement à les dicter, et ce qu'on lui demandait sous le rapport militaire l'autorisait à armer, ce qui était un acheminement à nous faire la guerre.

Janv. 1813.

À défaut de cette manière de procéder, il reste une seule conduite, c'est de n'avoir aucun recours à l'Autriche, et de la laisser en dehors des affaires présentes.

Il fallait donc ou s'adresser directement et tout de suite à la Russie, si la chose était possible, ou si elle ne l'était pas, s'adresser à l'Autriche, franchement, cordialement, en étant prêt à lui payer ses services, ou enfin, si on n'avait pas cette sagesse, l'employer aussi peu que possible, et ne pas agrandir nous-mêmes une importance et des forces qui devaient bientôt être employées contre nous. Toutes autres vues que celles-là étaient dans le moment dénuées de raison.

Ce sont ces diverses questions, celles de la paix, du mode des négociations, de l'étendue des armements, que Napoléon voulut traiter dans un conseil spécial, qu'il réunit aux Tuileries dans les premiers jours de janvier, et qu'il composa d'hommes parfaitement compétents. Dans un pays où les ministres auraient été responsables, c'est-à-dire auteurs de la direction des affaires, il aurait dû n'y admettre que

Conseil solennel tenu aux Tuileries sur la politique extérieure de la France.

des ministres; dans un pays où il était seul auteur de toutes les déterminations, il choisit parmi les hommes de son entourage les plus expérimentés dans les matières qu'on avait à traiter. Il désirait tirer de ce conseil quelques lumières, s'il pouvait, mais surtout faire preuve de dispositions pacifiques, et une fois qu'un système aurait été adopté, obtenir autour de lui un complet accord de volontés et de langage.

Les personnages appelés, et la plupart d'après la désignation de M. de Bassano, furent, outre M. de Bassano lui-même, l'archichancelier Cambacérès, le prince de Talleyrand, M. de Caulaincourt, M. le duc de Cadore (de Champagny), ancien ambassadeur et ancien ministre des affaires étrangères, enfin les deux principaux commis de ce département, MM. de la Besnardière et d'Hauterive. Certes il eût été difficile de réunir plus de savoir, et plus de vrai désir de sauver Napoléon et l'État lui-même.

Napoléon, calme et grave, exposa brièvement la situation, ordonna la lecture des décrets qu'on devait présenter au Sénat, puis précisa comme il suit la question qu'il voulait faire approfondir. — « Je souhaite la paix, dit-il, mais je ne crains point la guerre. Malgré les pertes que nous a causées la rigueur du climat, il nous reste encore de grandes ressources. Au dedans la tranquillité règne. La nation ne veut point renoncer à sa gloire et à sa puissance. Au dehors l'Autriche, la Prusse, le Danemark donnent les plus fortes assurances de leur fidélité. L'Autriche ne songe pas à rompre une alliance dont elle attend de grands avantages. Le roi de Prusse offre de renforcer son contingent, et vient de déférer à un conseil de guerre le général d'York. La Russie a besoin de la paix. Quoique travaillée par les intrigues de l'Angleterre, je ne pense pas qu'elle veuille persister dans une lutte qui finira par lui être funeste.

» J'ai ordonné une levée de 350 mille hommes (faisant, comme on l'a dit, 500 avec la conscription de 1813); le projet de sénatus-consulte est rédigé et va être présenté. Un autre décret est préparé pour la convocation du Corps législatif, auquel je n'aurai pas d'impôts nouveaux à demander, mais dont la présence peut être utile dans les conjonctures actuelles, et auquel il se pourrait qu'on eût à proposer des mesures législatives.

» Après avoir ainsi réglé le développement de nos forces, convient-il d'attendre des propositions de paix ou d'en faire? Si nous prenons l'initiative, faut-il traiter directement avec la Russie, ou est-il préférable de s'adresser à l'Autriche, et de lui demander son intervention? Telles sont les questions sur lesquelles j'attends et appelle vos lumières. » —

A la suite de cet exposé concis et ferme, chacun parla dans son propre sens.

M. de Caulaincourt soutint, en homme convaincu et en bon citoyen, la nécessité de la paix, et la convenance de traiter directement avec la Russie. Il appuya cette opinion de considérations qui dans sa bouche devaient avoir un grand poids, ayant vécu tant d'années et avec tant d'honneur à Saint-Pétersbourg. Le sage Cambacérès, avec son instinct ordinaire de prudence, inclinant à s'adresser tout de suite au plus fort, à celui de qui tout dépendait, c'est-à-dire à l'empereur de Russie, et à tout termi-

Janv. 1813

Opinion de MM. de Caulaincourt, de Cambacérès, de Talleyrand

ner avec lui du mieux qu'on pourrait, se défiant particulièrement de l'Autriche qui n'offrait ses bons offices que pour les mettre à très-haut prix, opina comme M. de Caulaincourt, et appuya très-fort sa proposition. M. de Talleyrand, en quelques mots brefs et sentencieux, exprima l'avis de s'adresser immédiatement à la Russie, pour avoir la paix sans longs détours, l'avoir promptement, et, selon lui, pas plus chèrement qu'en passant par les mains de l'Autriche.

<small>Réponse de M. de Bassano.</small>

Après ces messieurs, M. de Bassano développa longuement le dire contraire, et, s'étayant de ce qu'il recueillait chaque jour, parla avec beaucoup de raison de la difficulté de s'aboucher avec la Russie, auprès de laquelle tous les abords étaient fermés, et de la facilité au contraire de passer par l'Autriche, dont toutes les voies s'étaient spontanément ouvertes. Mêlant à une opinion vraie les illusions d'un esprit crédule, il afficha la plus entière confiance dans le désintéressement de la cour de Vienne, dans son attachement à l'alliance, dans l'amour enfin du beau-père pour le gendre, et affirma que tout serait facile de ce côté, même sûr, sans indiquer (ce qui aurait dû être le complément de son opinion, et ce qui l'aurait rendue parfaitement sage), sans indiquer à quel prix on obtiendrait les services de l'Autriche.

<small>MM. de Champagny, d'Hauterive, de la Besnardière, opinent dans le même sens que M. de Bassano.</small>

M. de Champagny, modeste et sensé, voyant de grandes difficultés à traiter avec la Russie, de grandes facilités à traiter avec l'Autriche, disposé à la confiance envers cette dernière cour, auprès de laquelle il avait résidé, résigné à lui payer ses services ce qu'elle voudrait, opina comme M. de Bassano.

M. d'Hauterive ayant des avis de commande, M. de la Besnardière, esprit fin, caustique, se moquant volontiers de la politique de M. de Bassano, mais soumis par intérêt, se prononcèrent tous deux pour l'opinion du ministre, chef de leur département. C'étaient par conséquent quatre voix contre trois en faveur de l'intervention autrichienne.

Janv. 1813.

Quatre voix contre trois se prononcent en faveur de la médiation autrichienne.

Pour qu'un tel conseil pût être utile, on aurait dû, en adoptant l'intermédiaire de l'Autriche comme le seul admissible, aller plus loin, oser discuter à quelles conditions on obtiendrait les bons offices de cette cour, exposer franchement ces conditions, les faire accepter, car, ainsi qu'on le verra bientôt, elles étaient acceptables, ou bien si on n'en voulait pas, montrer qu'il fallait alors se conduire avec assez d'art pour éluder l'intervention de l'Autriche au lieu de la rechercher, pour réduire son rôle au lieu de le grandir, pour retarder surtout ses déterminations, et avoir ainsi le temps de vaincre les coalisés avant qu'elle se mît de la partie.

Mais Napoléon ne demandait pas qu'on allât si loin, et aveuglé par ses désirs s'aperçut trop tard de la faute qu'on allait commettre. Ce qu'il voyait très-bien, c'est qu'à ouvrir des négociations il n'y avait pour le moment qu'un moyen d'y parvenir, c'était de se servir de la cour de Vienne. Mais il n'aimait pas à se rendre compte de ce qu'il en coûterait, il se flattait d'agir par l'Impératrice sur son beau-père, d'obtenir ainsi de l'Autriche des services à la fois militaires et diplomatiques, et se persuadait qu'en lui donnant l'Illyrie promise autrefois pour dédommagement de la Gallicie, et en la lui donnant

Janv. 1813.

cette fois gratis, elle se tiendrait pour suffisamment récompensée. C'était là une erreur funeste, et qui devait être presque aussi fatale que l'expédition de Russie. Au surplus, désirant qu'on négociât ostensiblement pour satisfaire l'esprit public, il trouvait digne et séant de laisser négocier son beau-père, sans paraître s'en mêler lui-même.

Ainsi qu'il le faisait dans ces conseils politiques, rares et solennels, où il n'émettait pas son avis, tandis qu'il l'exprimait vivement et impérieusement dans les conseils administratifs, il remercia sans s'expliquer les membres de cette réunion, et parut toutefois pencher pour l'opinion qui avait obtenu la majorité, celle de traiter de la paix, d'en traiter par l'entremise de l'Autriche, de faire en même temps un grand déploiement de forces, de présenter au Sénat le sénatus-consulte projeté pour la levée des 350 mille hommes, et de retarder de quelques semaines la convocation du Corps législatif, qui pourrait en ce moment refléter avec trop de vivacité l'agitation de l'esprit public.

La conduite proposée est immédiatement suivie, mais de manière à la rendre plus périlleuse que salutaire.

Lettre de Napoléon à son beau-père l'empereur François.

Cette conduite fut en effet immédiatement suivie, mais avec les fautes que le caractère de Napoléon devait y apporter, et que le caractère de M. de Bassano n'était pas fait pour atténuer. Napoléon après avoir fort écouté M. de Bubna, que du reste il avait caressé très-adroitement et mis entièrement dans ses intérêts, écrivit à son beau-père dans un langage qui, bien qu'affectueux et amical, n'était propre à le gagner ni par le fond ni par la forme. Il lui raconta sa campagne de 1812, qu'on avait, disait-il, fort défigurée à Vienne dans mille récits malveillants, se plaignit de ce qu'on avait beaucoup trop écouté ces récits dans la cour de son beau-père, ajouta, ce qui était vrai, que les Russes ne l'avaient pas vaincu une seule fois, que partout ils avaient été battus, qu'à la Bérézina notamment ils avaient été écrasés; que des prisonniers, des canons, ils n'en avaient jamais pris sur le champ de bataille, ce qui était vrai encore, mais que les chevaux étant morts de froid il avait fallu abandonner beaucoup de matériel d'artillerie; que la cavalerie étant à pied n'avait pu protéger les soldats qui s'éloignaient pour vivre, qu'il avait ainsi perdu des canons et des hommes, et que le froid par conséquent était la seule cause de ce qu'il fallait appeler un mécompte et non pas un désastre. Napoléon faisait ensuite de ses armements un étalage immense, menaçant non-seulement pour ses ennemis, mais même pour ceux de ses alliés qui voudraient l'abandonner, ce qui s'adressait directement à la Prusse, et indirectement à l'Autriche, puis cependant finissait par conclure que malgré la certitude de rejeter au printemps les Russes sur la Vistule, de la Vistule sur le Niémen, il désirait la paix, l'aurait offerte s'il avait terminé cette campagne sur le territoire ennemi, mais ne croyait pas de sa dignité de l'offrir dans l'état présent des choses, acceptait donc l'entremise de l'Autriche, et consentait à l'envoi de plénipotentiaires autrichiens auprès des cours belligérantes. Il ajoutait que, sans préciser aujourd'hui les conditions de cette paix, il était des bases qu'il pouvait tout de suite indiquer, parce qu'il était résolu à n'en pas laisser poser d'autres. Jamais, disait-il, il ne consentirait

Janv. 1813.

encore dans sa lettre des prétentions qui rendent toute négociation impossible.

à détacher de l'Empire ce que des sénatus-consultes avaient déclaré territoire constitutionnel. Ainsi Rome, le Piémont, la Toscane, la Hollande, les départements anséatiques étaient choses inviolables et inséparables de l'Empire. Ainsi Rome et Hambourg devaient, quoi qu'il arrivât, avoir des préfets français! Napoléon ne s'expliquait pas sur le duché de Varsovie, ne disait pas ce qu'il en voulait faire, et n'excluait pas dès lors l'idée d'accorder quelque agrandissement à la Prusse (chose essentielle pour ceux qui tenaient à reconstituer l'Allemagne); mais il déclarait qu'il ne consentirait à aucun agrandissement territorial pour la Russie, et ne lui accorderait que de la dégager des obligations du traité de Tilsit, c'est-à-dire des liens du blocus continental. Quant à l'Angleterre, avec laquelle il était non-seulement désirable, mais nécessaire de traiter, car la Russie ne pouvait pas se séparer d'elle, Napoléon se renfermait dans la lettre écrite à lord Castlereagh au moment de partir pour la Russie, et dans laquelle il avait posé comme principe fondamental l'*uti possidetis*. D'après ce principe, l'Espagne qu'il possédait alors devait appartenir à Joseph, le Portugal qu'il ne possédait pas à la maison de Bragance, Naples qu'il avait conquis à Murat, la Sicile qu'il n'avait jamais occupée aux Bourbons de Naples, résultat du reste déplorable, car en obtenant sur le continent des territoires dont nous n'avions aucun besoin, nous perdions au delà des mers toutes nos colonies, tombées alors aux mains de l'Angleterre. Assurément il était impossible d'imaginer rien de plus imprudent qu'une telle déclaration. A vouloir se montrer fiers envers l'Europe, pour qu'elle n'abusât pas de notre abattement, on devait se borner à l'être dans le ton et le langage, mais il ne fallait pas énoncer des conditions qui allaient rendre toute négociation impraticable, et qui, en ôtant toute espérance à l'Autriche de nous amener à son plan de pacification, devaient la décider au fond du cœur à prendre son parti sur-le-champ, et dès lors à précipiter son changement d'alliance, qu'il eût fallu, même en le prévoyant, même en s'y résignant, retarder le plus longtemps possible.

L'essentiel en effet dans le moment eût été de deviner les désirs de l'Autriche, et de la satisfaire dans une certaine mesure, dans la mesure qui pouvait nous l'attacher, puisqu'au lieu de l'écarter de la lice on travaillait à l'y attirer. Que l'on tînt à l'Espagne, à la Hollande, même à Naples, peu lui importait au fond, si on parvenait à décider l'Angleterre à céder sur ces divers points. Qu'on ne voulût accorder aucun agrandissement à la Russie, soit en Turquie, soit en Pologne, elle ne demandait pas mieux, et ce n'est pas pour de telles choses qu'elle eût fait la guerre. Mais ce qui l'intéressait, c'était d'affranchir l'Allemagne du joug que nous faisions peser sur elle, joug insupportable lorsque nous avions, outre le protectorat avoué de la Confédération du Rhin, des préfets à Hambourg et à Lubeck, un roi français à Cassel, lorsque surtout nous avions réduit la Prusse à presque rien. Assurément l'Autriche n'éprouvait pas de sensibilité de cœur pour la Prusse; mais laisser cette puissance aussi affaiblie qu'elle l'était présentement, c'était à ses yeux renoncer à l'une des forces essentielles de la Confédération germanique. Elle ne voulait pas reprendre la couronne impériale, fardeau plus pesant encore que glorieux, mais elle voulait retrouver son indépendance dans l'indépendance de l'Allemagne, exercer la première influence dans cette Allemagne reconstituée, et quant à ce qui la concernait personnellement, recouvrer l'Illyrie, obtenir une meilleure frontière sur l'Inn, être débarrassée enfin du grand-duché de Varsovie, car elle ne croyait guère au rétablissement de la Pologne, et en tout cas n'entendait pas le payer de la Gallicie. Elle n'avait jusqu'ici exprimé aucun de ces vœux, mais il suffisait de la moindre connaissance de sa situation pour les prévoir, et il fallait à force d'ambition avoir perdu le sens vrai des choses pour lui ôter jusqu'à l'espérance sur des points aussi importants, surtout en ayant pour concurrents auprès d'elle la Russie et l'Angleterre, qui allaient lui offrir, outre un changement complet en Allemagne, la restitution de tout ce qu'elle désirerait en Italie, en Bavière, en Souabe, en Tyrol, de tout ce qui avait fait jadis sa gloire et sa puissance, de tout ce qui causait encore, quand elle y pensait, ses regrets et sa douleur.

Si on croyait, après la destruction de la grande armée et avec une moitié de nos forces engagée en Espagne, si on croyait pouvoir vaincre l'Europe entière, l'Autriche comprise, au moins fallait-il, dans l'intérêt de la prochaine campagne, laisser cette puissance dans le doute, et ne pas lui donner un puissant motif d'accélérer ses armements, et de hâter ses déterminations contre nous. Entretenir ses espérances pour ne pas la jeter trop tôt dans les

LES COHORTES.

bras de nos ennemis était donc la plus élémentaire de toutes les politiques.

Janv. 1813.

A la funeste lettre que Napoléon venait d'écrire à son beau-père, M. de Bassano en joignit une destinée à M. de Metternich, celle-ci disant trois ou quatre fois plus longuement, plus orgueilleusement, ce que Napoléon avait dit avec la hauteur de ton qui lui appartenait. Les armements de la France y étaient exposés avec une exagération presque ridicule. La Prusse, disait-il, venait d'inspirer quelques méfiances, et on armait cent mille hommes, on préparait cent millions de plus. Si elle finissait par se prononcer contre nous, ce seraient deux cent mille hommes, et deux cents millions qu'on ajouterait à nos ressources. Un nouvel ennemi se présenterait-il, ce seraient encore deux cent mille hommes et deux cents millions qu'on réunirait, ce qui ne laissait guère d'incertitude sur l'application qu'on en pouvait faire, car après la Prusse il n'y avait que l'Autriche qui pût provoquer ce nouveau déploiement de forces. On irait, écrivait le ministre des affaires étrangères, jusqu'à douze cent mille hommes, pour maintenir ce qu'on appelait le territoire constitutionnel de l'Empire et la gloire de Napoléon. On parlait, continuait M. de Bassano, du soulèvement des esprits contre la France ! Il fallait, au contraire, qu'on y prît garde, et qu'on ne poussât pas à bout une nation susceptible comme la nation française, prête à se lever tout entière contre ceux qui en voulaient à sa grandeur, et, s'il était nécessaire, à se jeter violemment sur l'Europe. On verrait alors de bien autres catastrophes que toutes celles auxquelles on

Dépêche de M. de Bassano aggravant la lettre écrite par Napoléon.

avait assisté. Tel qui n'existait encore que par la générosité et l'esprit de tolérance de la France, cesserait de figurer sur la carte de l'Europe! — M. de Metternich avait paru donner des conseils, et, comme on le voit, on les lui rendait de manière à lui ôter toute envie d'en donner à l'avenir. On terminait cette étrange diplomatie par des témoignages personnellement gracieux pour le ministre autrichien, mais qui ressemblaient fort à la politesse d'un supérieur envers un inférieur. Au surplus Napoléon et son ministre acceptaient, disaient-ils, l'intervention de l'Autriche, mais aux conditions énoncées, c'est-à-dire aux conditions arrachées à la Russie après Friedland, à l'Autriche après Wagram, et malheureusement on traitait après Moscou! Pour allécher l'Autriche, on avait imaginé un moyen aussi singulier que tout le reste, c'était de lui annoncer avec appareil, et comme nouvelles de famille capables de l'intéresser, le couronnement prochain du roi de Rome, petit-fils de l'empereur François, et l'avénement de sa fille Marie-Louise à la régence de France, deux projets qui occupaient Napoléon, et dont il avait entretenu le prince Cambacérès. Sans doute ces nouvelles n'étaient pas absolument dénuées d'intérêt pour l'empereur François, et elles étaient de nature à lui causer quelque plaisir, car il aimait sa fille, et ne pouvait pas être insensible à l'avantage de la voir dans certains cas gouverner la France. Mais croire qu'une telle satisfaction lui ferait oublier l'état de l'Allemagne et de l'Autriche, oublier vingt ans de malheurs qu'il dépendait de lui de réparer en un instant, c'était se faire une singulière idée de l'Europe, et des moyens de sortir du pas si dangereux où l'on s'était témérairement engagé.

Janv. 1813.

Napoléon avait aussi à s'expliquer avec la Prusse, à répondre aux excuses qu'elle lui envoyait pour la défection du général d'York, aux prétentions qu'elle laissait voir de s'établir en Silésie, d'y former une armée avec notre argent, et de profiter de cet asile pour se convertir peu à peu, comme l'Autriche, d'alliée en médiatrice, de médiatrice en ennemie.

Réponse de Napoléon aux propositions de la Prusse.

Bien que M. de Saint-Marsan parût ne pas désespérer de la cour de Prusse si on lui faisait à propos des concessions, il était évident qu'il y avait fort peu à attendre d'elle, dominée qu'elle était par des passions nationales irrésistibles, et qu'à son égard on pouvait ne pas se contraindre beaucoup, sans qu'il en résultât un grand dommage pour la situation. Consentir en effet à des armements qui allaient tourner contre nous, lui rendre un argent dû peut-être, mais qui allait servir à payer ses prochaines hostilités, argent que d'ailleurs on n'avait pas, aurait été, il faut le reconnaître, une insigne duperie. Consentir à ce qu'elle se retirât en Silésie pour y traiter avec la Russie, c'était la livrer nous-mêmes à cette puissance, vers laquelle elle n'était déjà que trop entraînée. Les fautes n'étaient donc pas fort à redouter à l'égard de la cour de Berlin, car avec elle le mal était sans remède. Napoléon reçut M. de Krusemark, représentant ordinaire de la Prusse, et M. de Hatzfeldt, envoyé pour cette circonstance, les traita bien sans rien abandonner de sa hauteur habituelle, leur exposa sa dernière campagne à sa manière, ce qui était son soin de chaque jour avec ceux qu'il entretenait, puis

Le mal étant sans remède à l'égard de la Prusse, les fautes envers elle sont peu à redouter.

Explications de Napoléon avec MM. de Krusemark et de Hatzfeldt.

Janv. 1813.

Napoléon ne s'oppose pas à ce que la cour de Prusse se retire en Silésie, mais se refuse à ce qu'elle traite avec les Russes pour la neutralisation de cette province.

Il refuse l'argent demandé, et la restitution des places fortes.

s'étendit sur ses vastes armements, sur la prompte revanche qu'il allait prendre, et leur affirma qu'avant trois mois les Russes seraient rejetés au delà non-seulement de la Vistule, mais du Niémen et du Dnièper. Quant au projet de la cour de Prusse de se retirer en Silésie, il déclara ne pas y mettre obstacle, trouvant tout naturel, disait-il, qu'elle n'aimât point à résider au milieu des armées belligérantes, mais il n'admettait pas qu'elle entrât en rapport direct avec la Russie pour obtenir la neutralisation de la Silésie, et y voyait un acte positif de défection, car la première condition qu'exigerait la Russie serait l'abandon de l'alliance française. Quant aux demandes d'argent qu'on lui présentait, Napoléon convint que d'après le dernier traité d'alliance, il était tenu de compter et de payer sans délai les fournitures faites à son armée; il déclara néanmoins qu'après un premier examen, elles lui paraissaient inférieures non pas seulement aux 94 millions réclamés par l'administration prussienne, mais même aux 48 millions dus à la France; que toutefois il consentait, préalablement à tout examen, à rendre à la Prusse ses 48 millions d'engagements; mais qu'on devait comprendre qu'avant de donner de l'argent à une puissance placée si près de ses ennemis, il fallait qu'il fût bien rassuré sur l'usage qu'elle en pourrait faire. Quant aux places fortes de la Vistule et de l'Oder, il enferma les deux diplomates prussiens dans un dilemme dont il leur était difficile de sortir. Si la Prusse, disait-il, était son alliée sincère, elle ne devait pas regretter de voir ces places dans ses mains; si elle ne l'était pas, il ne devait les lui rendre à aucun prix, et, d'ailleurs, dans un moment où l'on allait entreprendre sur la Vistule et l'Oder une guerre si active, ce n'était pas le cas de se dessaisir des points qui commandaient ces deux fleuves. S'élevant ensuite à des considérations plus générales sur la situation de la Prusse, Napoléon dit que des événements antérieurs, dont il n'avait pas été le maître, l'avaient détourné de faire pour la maison de Brandebourg ce qu'il aurait voulu; qu'il le regrettait aujourd'hui, mais qu'il était temps encore de faire ce qu'on n'avait pas fait, que la reconstitution de la Pologne n'étant plus vraisemblable, c'était en Allemagne même qu'il fallait chercher à créer une puissance intermédiaire, capable de résister à la Russie, et que cette puissance ne pouvait être que la Prusse; qu'il le pensait ainsi, et était prêt à concourir à l'accomplissement d'une telle pensée; que si une paix raisonnable était proposée, il était disposé à renforcer la Prusse du côté de la Pologne, et même vers la Westphalie, si la pacification au lieu d'être simplement continentale était en même temps maritime. A ces insinuations, Napoléon ajouta des témoignages d'estime pour le roi, des traitements gracieux mais dignes pour ceux qui le représentaient, néanmoins rien de très-positivement satisfaisant quant au fond des choses.

En tout autre temps ces demi-ouvertures relativement au sort futur qu'il était possible de ménager à la Prusse, auraient été de grandes consolations pour le roi Frédéric-Guillaume; mais actuellement, sous l'empire d'une opinion publique entraînée, contre l'influence des promesses magnifiques que lui faisaient

Janv. 1813.

Du reste Napoléon se montre disposé à agrandir la Prusse dans les prochains arrangements de paix.

parvenir la Russie et l'Angleterre, ces vagues espérances étaient de bien faibles liens pour le rattacher à nous, surtout en lui refusant deux choses auxquelles il tenait essentiellement, l'argent et les places de l'Oder et de la Vistule. Le roi était économe en fait de finances, comme il était prudent en fait de politique. Dans le moment il voulait armer, afin d'être au niveau des circonstances, et il aurait désiré que ces armements ne lui coûtassent rien. De plus, il tenait à être maître chez lui, et il ne croyait pas l'être quand les Français occupaient à la fois Spandau, Glogau, Custrin, Stettin, Thorn et Dantzig. Ces deux refus devaient donc l'affecter sensiblement, et précipiter le mouvement déjà si rapide qui le poussait vers nos ennemis.

Tandis que Napoléon s'expliquait ainsi avec les puissances allemandes réputées alliées, il ne négligeait rien pour se mettre en mesure de se passer d'elles. Il avait envoyé au Sénat les décrets dont nous avons fait mention, et qui à la conscription de 1813 déjà décrétée et amenée sous les drapeaux, ajoutaient la disponibilité des cohortes, l'appel de cent mille hommes sur les quatre dernières classes, et enfin la levée immédiate de la conscription de 1814. Il était impossible de ne pas accueillir ces mesures. Elles furent votées avec soumission par le Sénat; elles l'auraient été avec chaleur par une assemblée libre, et avec des manifestations de sentiments qui auraient exercé sur l'esprit du pays la plus heureuse influence. Que le gouvernement eût tort, qu'il eût follement compromis une grandeur qui nous avait coûté tant de sang, ce ne pouvait être douteux pour personne. Mais quiconque avait des lumières et du patriotisme, ne pouvait pas contester non plus que l'étranger ayant été attiré sur la France, il fallait lui tenir tête, et le repousser, sauf à traiter ensuite, même au prix de grandes concessions auxquelles la France pouvait se prêter sans s'affaiblir. Ces concessions il fallait les accorder après des victoires, qui rendissent à nos armes non pas leur gloire, désormais impérissable, mais un prestige d'invincibilité qu'elles venaient de perdre. Ainsi faire un dernier effort, et après cet effort conclure la paix, telle était l'opinion des hommes éclairés. Mais le sort des hommes éclairés est d'être rarement écoutés, soit par les princes, soit par les peuples. La masse de la nation, jadis si soumise et trop soumise à Napoléon, était maintenant disposée à blâmer, à murmurer, à mal accueillir en un mot les nouvelles charges dont elle se voyait menacée. Les parents de ces enfants qui sur le champ de bataille allaient devenir des héros, se plaignaient avec amertume, et dans les lieux publics s'élevaient hautement contre les conscriptions répétées, contre les guerres incessantes, contre des conquêtes tellement lointaines, qu'à peine le patriotisme pouvait-il s'y intéresser. Plus on descendait dans les classes inférieures, plus on trouvait ce sentiment prononcé, parce que la souffrance des appels y étant plus sentie, et l'intelligence politique y étant moindre, on n'y comprenait pas aussi bien la nécessité d'un dernier et immense effort. Dans les rues de Paris, l'audace était devenue extrême, et vraiment surprenante sous un pareil régime. Un jeune homme de vingt-deux ans, atteint par la conscription,

Janv. 1813.

levées votés avec empressement.

Les hommes éclairés et honnêtes sont tous d'avis de faire un dernier effort pour arrêter l'ennemi, et conclure ensuite la paix.

Les masses plus vivement affectées, et moins raisonnables, sont profondément irritées contre la conscription.

Janv. 1813.

Scènes populaires dans Paris.

s'étant placé dans le faubourg Saint-Antoine sur les pas de Napoléon, qui était allé à cheval visiter ce faubourg, osa lui adresser la parole, et malgré le prestige qui entourait toujours sa personne, lui tint le langage le plus offensant. La police ayant voulu l'arrêter en fut empêchée par la foule. Plusieurs fois des jeunes gens saisis par la police ayant crié qu'ils étaient des conscrits qu'on emmenait de force, bien qu'ils fussent le plus souvent de simples malfaiteurs, avaient été délivrés par le peuple. L'un d'eux l'avait été par les femmes de la halle, qui à elles seules avaient suffi à désarmer les agents de la force publique, peu nombreux ce jour-là dans le lieu où la scène se passait. Les soldats malades qui avaient à se rendre de leurs casernes à l'hôpital militaire, situé à l'une des extrémités de Paris, étaient obligés de traverser toute la ville pour y aller. On avait vu plus d'une fois les femmes du peuple les entourer, les plaindre, leur donner des soins, et crier que c'étaient de nouvelles victimes de *Bonaparte*, comme on l'appelait dès qu'on était mécontent[1]. On le refaisait ainsi d'empereur général, et on lui ôtait un sceptre dont il usait si cruellement.

Ces dispositions étaient plus prononcées encore dans les campagnes, quoique s'y manifestant d'une manière moins bruyante, et principalement dans les campagnes où la conscription avait eu le plus de peine à s'établir, comme celles de l'Ouest et du Midi. On comprend tout ce que les récits de Moscou devaient ajouter à l'aversion pour le service militaire,

---

[1] Je ne trace point des tableaux de fantaisie, je ne rapporte que ce que j'ai lu dans les bulletins de la police impériale, adressés à Napoléon.

aversion qui n'était pas naturelle en France, mais que la continuité des guerres et les épouvantables effusions de sang avaient commencé à rendre générale. Transportés sous les drapeaux, nos jeunes conscrits étaient bientôt les soldats les plus gais et les plus intrépides; mais avant d'y arriver ils murmuraient, et leurs familles jetaient les hauts cris. Le long du Rhin surtout, les récits des militaires revenant de Russie produisaient l'effet le plus fâcheux. On avait entendu des hommes appartenant aux vieux cadres qui rentraient par Mayence, dire aux conscrits en route pour rejoindre leurs corps : « Où allez-vous » donc?... à l'armée?... Attendez donc que l'Em- » pereur vous y mène lui-même, et en attendant » retournez chez vous [1]... » — Allusion offensante au départ de Smorgoni, que beaucoup de soldats de la grande armée n'avaient pas encore pardonné à Napoléon.

Janv. 1813.

A ce mécontentement des masses se joignaient de sombres préoccupations, de singulières terreurs. On propageait des bruits alarmants, venus d'échos en échos de Moscou jusqu'à Strasbourg et à Mayence. On prétendait que des maréchaux avaient été pris ou tués, que d'autres étaient fous, mourants ou morts. On racontait qu'il y avait eu un combat sanglant entre la garde impériale et l'armée; on annonçait l'arrivée de barbares féroces prêts à fondre sur la France. En Italie, par exemple, où le merveilleux se mêlait à la peur, on répandait dans le peuple la prédiction d'une submersion totale de la

Sombre préoccupation des esprits.

---

[1] J'emprunte ces détails à des rapports militaires mis sous les yeux de Napoléon.

Janv. 1813.

Péninsule italienne, et on disait que cette Péninsule allait être envahie par la Méditerranée et l'Adriatique sorties de leur lit. Chez un peuple superstitieux cette absurde rumeur causait un trouble indicible [1]. Les prêtres italiens, toujours ennemis, quoique soumis en apparence, ne contribuaient pas peu à propager ces folles croyances, et à irriter de toutes les manières, surtout dans les campagnes, l'esprit des populations.

Mécontentement plus grand encore dans les pays nouvellement réunis.

Dans les départements de l'ancienne France ces mécontentements, ces alarmes ne portaient pas à la sédition, car si le gouvernement était oppressif, il était national, et si on le haïssait ce n'était pas comme étranger. Mais entre le Rhin et l'Elbe, en Hollande, en Westphalie, à Brême, à Hambourg, la vue des flottes anglaises et l'approche des Russes produisaient des tumultes, et à tout instant faisaient craindre un soulèvement général. Dans le grand-duché de Berg, département industrieux, que notre régime commercial incommodait beaucoup, on avait choisi le moment du tirage pour se jeter sur les fonctionnaires qui présidaient aux opérations du recrutement, pour battre les gendarmes et les chasser. Puis on avait couru aux maisons des douaniers et des percepteurs, et on les avait dévastées ou démolies. A Hambourg, où l'autorité française était abhorrée comme étrangère et comme représentant le blocus continental, on avait saisi l'occasion du départ d'une cohorte pour s'ameuter autour, l'empêcher de partir, courir ensuite sur les douaniers et les percepteurs français, les maltraiter et les chasser au cri de *Vive Alexandre! vivent les Cosaques!* Les

[1] Je rapporte le témoignage des autorités françaises en Italie.

autorités françaises auraient même été expulsées sur-le-champ, sans un secours de cavalerie envoyé par les Danois, nos alliés et nos voisins. A Amsterdam, à Rotterdam, on avait été moins audacieux, mais dans toute la Hollande on entendait souvent le cri de *Vive Orange!* et une insurrection à l'approche de l'ennemi était infiniment probable.

Janv. 1813.

Toutefois, quand la classe éclairée d'un pays approuve des mesures, elle leur donne un appui extrêmement efficace. En France, cette classe tout entière sentant qu'il fallait se défendre énergiquement contre l'ennemi extérieur, le gouvernement eût-il cent fois tort, les levées s'exécutaient, et les hauts fonctionnaires soutenus par un assentiment moral qu'ils n'avaient pas toujours obtenu, accomplissaient leur devoir, quoique au fond du cœur ils fussent pleins de tristesse et de pressentiments sinistres. Napoléon appelait les manifestations que nous venons de rapporter des *mouvements de la canaille*, qu'il fallait réprimer sans pitié, et qui ne se reproduisaient point quand on savait les punir à propos. A Paris il avait fait opérer un certain nombre d'arrestations, dont l'effet momentané avait été de rendre un peu plus prudents les discoureurs de lieux publics. Mais dans le duché de Berg il avait ordonné de passer par les armes quelques-uns des révoltés, et lancé plusieurs colonnes mobiles qui parcouraient le pays et le remplissaient de terreur. A Hambourg il avait prescrit de fusiller six personnes pour l'outrage fait aux autorités françaises.

Au surplus ces circonstances ne le décourageaient pas, et ne lui ôtaient pas l'espérance d'obtenir de la

Napoléon veut opposer aux manifes-

Janv. 1813.

Manifestations patriotiques des Allemands, dons patriotiques consistant en cavaliers armés offerts par les villes de l'Empire.

Paris, adroitement stimulé, donne le premier exemple, et vote un régiment de cavalerie.

France une manifestation nationale, qui répondît à l'élan patriotique des Allemands, et qui pût jusqu'à un certain point faire tomber cette assertion très-répandue en Europe, que la France était aussi fatiguée de son despotisme que les nations étrangères de sa domination. Il imagina de se faire offrir par les villes et les cantons des cavaliers montés et équipés, afin de réparer les pertes de la cavalerie, qui avaient été immenses dans la dernière campagne. Il suffisait de dire un mot à un seul préfet, qui transmettrait ce mot à un des conseillers municipaux de son chef-lieu, pour qu'une offre fût faite dans une grande ville, et imitée à l'instant dans tout l'Empire. La mieux placée de toutes les villes de France pour prendre l'initiative, la plus populeuse, la plus riche, la plus occupée des événements publics, celle de Paris, mise en mouvement la première, débuta par une offre éclatante. Un membre du conseil municipal dit que la ville de Paris, située plus près du gouvernement, mieux instruite par là de ses besoins, devait donner l'exemple, et que nos ennemis fondant leurs principales espérances sur la destruction de notre cavalerie, il fallait remplacer par quarante mille cavaliers bien montés et bien armés les vingt mille qu'un hiver extraordinaire avait détruits; que si les monarques coalisés se flattaient d'avoir pour eux l'opinion publique de leur pays, il fallait leur prouver que le héros qui avait sauvé la France de l'anarchie n'avait pas moins qu'eux la faveur de sa nation, qu'il avait son admiration, son attachement, son dévouement sans bornes, et qu'aucune coalition ne prévaudrait contre lui. En même temps ce conseiller municipal proposa d'offrir à l'Empereur un régiment de cinq cents cavaliers montés et équipés. A peine cette proposition avait-elle été présentée qu'elle fut accueillie, votée avec acclamation, et portée aux Tuileries par une députation du conseil. Le récit de cette scène, inséré au *Moniteur*, suffisait pour éveiller le patriotisme des uns, le zèle intéressé des autres, et pour stimuler vivement tout préfet qui n'aurait pas été devancé par ses administrés. Dans certains lieux situés hors de la vieille France il s'éleva quelques objections du reste bien timides et réprimées à l'instant même par les préfets, qui n'hésitaient pas à *interner* les contradicteurs, c'est-à-dire à les exiler dans l'intérieur de l'Empire. Mais dans la totalité des départements compris entre le Rhin, les Alpes et les Pyrénées, ces offres ne rencontrèrent aucune difficulté. S'il y avait provocation de la part des préfets ou de leurs affidés, il y avait aussi plein assentiment de la part du pays, car il n'y avait pas un citoyen sensé et patriote qui pût objecter quoi que ce fût à de pareilles propositions. L'opinion que Napoléon était l'auteur de nos malheurs, mais qu'il fallait le soutenir, parce que seul il était capable de repousser la formidable masse d'ennemis qu'il avait attirée sur la France, cette opinion était unanime. A Paris succédèrent les grandes villes, puis les moindres, puis les cantons, chacun donnant plus ou moins, suivant ses moyens et son zèle. Lyon offrit 120 cavaliers, Bordeaux 80, Strasbourg 100; Rouen, Lille, Nantes, 50; Angers 45; Amiens, Marseille, Toulouse, 30; Metz, Rennes, Mayence, 25; Pau, Toulon, Bayonne,

Janv. 1813.

Manière de propager cet exemple.

Votes des villes de Rouen, Bordeaux, Toulouse, Marseille, Lyon, Strasbourg, Mayence, Lille, Amsterdam, etc.

Caen, Besançon, Tours, Versailles, Genève, 20; Nancy, Clermont, Dunkerque, Nîmes, Aix, 15. Les villes de Saint-Quentin, Orléans, le Mans, la Rochelle, le Havre, Dijon, Cherbourg, Brest, Mâcon, Angoulême, Verdun, Poitiers, Perpignan, offrirent, les unes 12 cavaliers, les autres 10 ou 8; les villes de Saint-Denis, Laon, Fontainebleau, Blois, Yvetot, Dieppe, Vendôme, Moulins, Périgueux, Niort, Meaux, Elbeuf, Quimper, Vannes, Abbeville, Langres, Libourne, Lunéville, Lisieux, Sens, Tarascon, Orange, Arles, Narbonne, Nevers, les unes 6, les autres 5, 4 ou 3. Puis vint la suite des petites villes, et celle des cantons, dont les délibérations remplissaient tous les jours plusieurs colonnes du *Moniteur*. Il est à remarquer que les cités étrangères unies violemment à l'Empire, et par conséquent les plus mal disposées, émirent presque toutes des votes d'une importance fort supérieure à leur zèle, évidemment sous l'impulsion de préfets qui les intimidaient, ou de gens sages qui cherchaient à faire oublier quelques actes imprudents de leurs concitoyens. Ainsi Rome vota 240 cavaliers, Gênes 80, Hambourg 100, Amsterdam 100, Rotterdam 50, la Haye 40, Leyde 24, Utrecht 20, Dusseldorf 12.

Moyens employés pour réaliser de la manière la plus utile à l'armée, les dons offerts par les villes.

Les offres faites, il fallait les réaliser, trouver l'homme, le cheval, l'équipement. On s'adressa pour avoir les hommes à quelques cavaliers revenus du service, à des postillons, à des gardes forestiers, à des remplaçants enfin. Cependant il était encore plus difficile de se procurer les hommes que les chevaux, parce que l'argent n'y pouvait rien. Bientôt un avis du ministère de l'intérieur apprit aux préfectures qu'on tenait surtout aux chevaux et à l'équipement. Ce n'était plus dès lors qu'une affaire d'argent. Pour l'obtenir, les préfets firent entre les citoyens les plus imposés une répartition des sommes nécessaires, et envoyèrent à chacun d'eux sa cote, qui était, dans certains départements riches, de 1000, de 800, de 600 francs par tête, et qui fut exactement acquittée, malgré quelques rares réclamations contre un mode d'impôt tout à fait illégal. Les préfets se mirent ensuite en quête pour trouver des chevaux en les payant bien, et en trouvèrent. L'équipement n'était pas une difficulté dans un pays aussi industrieux que la France.

En peu de jours les offres montaient à 22 mille chevaux, 22 mille équipements, et 16 mille cavaliers. C'était une ressource véritable que 22 mille chevaux, surtout avec la difficulté qu'il y avait alors à s'en procurer. De plus, l'effet moral de ces offres ne laissait pas d'être assez grand, car bien que la main de l'autorité fût visible, néanmoins on connaissait aussi, et on ne niait pas l'assentiment réel du pays, rattaché tout entier à l'idée d'une résistance énergique suivie d'une paix prompte et honorable. Cet élan, sans doute, ne ressemblait pas à celui de l'Allemagne, car elle était enthousiaste, enthousiaste de sa liberté à conquérir, de son indépendance nationale à recouvrer, et nous, nous étions froidement convaincus de la nécessité de nous défendre contre un ennemi imprudemment attiré sur la France. Mais ce qui chez nous devait égaler au moins l'énergie de l'Allemagne, c'était l'énergie de nos soldats, qui partant avec peine du sein de leurs familles désolées, et une fois devant l'ennemi n'écoutant plus que la voix de l'honneur, allaient devenir les émules, en valeur si ce n'est en expérience, des plus braves soldats de l'ancienne armée.

Janv. 1813.

Formation des divers corps destinés à composer la nouvelle armée.

Une fois en possession de ces immenses moyens de recrutement, Napoléon les employa avec ce prodigieux génie d'organisation dont il avait donné tant de preuves. Des quatre principales ressources dont il pouvait disposer, et s'élevant ensemble à 500 mille hommes, deux étaient déjà réalisées, la conscription de 1813 et les cohortes. La troisième, celle des cent mille hommes pris sur les quatre dernières classes, pouvait être obtenue en février. Quant à la quatrième, la conscription de 1814, il suffisait de l'obtenir dans le courant de l'année, puisqu'elle n'était destinée qu'à remplacer dans les dépôts la conscription de 1813, qui allait être versée en entier dans les bataillons de guerre. Voici comment, avec ces ressources, Napoléon recomposa son armée.

Réorganisation des anciens corps qui ont péri en Russie.

Après s'être fait illusion un moment sur ce qui restait entre la Vistule et l'Oder, il était maintenant parfaitement éclairé, et savait qu'il ne pouvait compter que sur quelques débris, consistant surtout en cadres. Il ordonna donc qu'on gardât sur l'Oder seulement un cadre de compagnie par 100 hommes, et un cadre de bataillon par 600 hommes. Tout le reste dut être renvoyé en France. Même en se réduisant de la sorte, il n'y avait pas de quoi former un bataillon par régiment, bien que les régiments de la grande armée comptassent au départ cinq bataillons de guerre présents au drapeau. Ce premier bataillon était destiné à composer exclusivement la garnison des places de l'Oder. Quant à celles de la Vistule, telles que Dantzig et Thorn, elles se trouvaient déjà bloquées, et elles avaient d'ailleurs reçu des divisions entières, telles que les divisions Grandjean, Heudelet, Loison. En ramassant tout ce qui se présenta de soldats errants, et rentrant les uns après les autres, on put à peine compléter un bataillon par régiment. On renforça ce bataillon, en y adjoignant les compagnies d'infanterie qui avaient été mises en garnison sur les vaisseaux. On se souvient sans doute que Napoléon avait pris dans les bataillons de dépôt une compagnie d'infanterie, pour la placer à demeure sur chaque vaisseau de haut bord. En général, c'étaient des soldats de trois et quatre ans de service. Réduit à faire ressource de tout, il ordonna de mettre à terre ces compagnies, et celles qui étaient sur l'Escaut et le Texel furent acheminées immédiatement sur l'Oder, pour être incorporées dans les premiers bataillons, dits des places de l'Oder.

Janv. 1813.

Ce premier bataillon à peu près refait dans chaque régiment, on recueillit ce qui restait des cadres des autres bataillons, et on le réunit partie dans l'intérieur de l'Allemagne, partie sur le Rhin. Les régiments français de l'armée de Russie étaient au nombre de trente-six [1], dont seize au corps de

Ces anciens corps, réduits à deux, et placés sous les ordres des maréchaux Davout et Victor.

---

[1] Ce nombre de 36 régiments d'infanterie paraîtra peut-être bien peu considérable, comparé au total de la grande armée, qui était, avonsnous dit, de 612 mille hommes sans les Autrichiens. Mais il s'expliquera facilement si on songe qu'il s'agit ici seulement de la portion de la grande armée qui pénétra dans l'intérieur de la Russie, que le nombre des bataillons de guerre était de cinq par régiment, ce qui faisait 180 bataillons, c'est-à-dire 180 mille hommes d'infanterie au départ, qu'il restait en dehors de ces 36 régiments la garde impériale, les alliés de toute

Davout (le 1ᵉʳ), six au corps d'Oudinot (le 2ᵉ), six au corps de Ney (le 3ᵉ), huit au corps du prince Eugène (le 4ᵉ). Napoléon décida que le 1ᵉʳ corps serait réorganisé à seize régiments et resterait sous le maréchal Davout; que les 2ᵉ et 3ᵉ corps, confondus en un seul de douze régiments, seraient réorganisés et confiés au maréchal Victor; que le 4ᵉ enfin, celui du prince Eugène, serait réorganisé en Bavière. Les corps du maréchal Davout et du maréchal Victor devaient comprendre par conséquent vingt-huit régiments. Napoléon voulut qu'on retînt à Erfurt le cadre des seconds bataillons de ces vingt-huit régiments, expédia sur-le-champ le général Doucet pour les commander, et fit partir des dépôts, en conscrits de 1813 déjà instruits, de quoi porter ces vingt-huit bataillons à 800 hommes chacun. La place d'Erfurt était alors une possession française, pourvue d'un immense matériel, et le cadre employant à venir à Erfurt le temps que les recrues mettaient à s'y rendre de leur côté, la réorganisation se faisait à moitié chemin, dès lors moitié plus tôt, et moitié plus près du théâtre de la guerre. Napoléon avait envoyé des fonds pour indemniser les officiers qui avaient tout perdu en Russie, pour leur payer leur solde arriérée, et leur procurer ainsi quelques consolations. Aussitôt ces bataillons remis en état, ils devaient joindre sur l'Elbe, les uns le maréchal Davout, les autres le maréchal Victor. Les cadres des troisièmes, quatrièmes et cinquièmes bataillons devaient venir se recruter

nature, Polonais, Italiens, Saxons, Bavarois, Westphaliens, Wurtembergeois, Prussiens, etc.

sur le Rhin, avec les hommes plus forts, mais point encore instruits, des quatre classes antérieures. Par conséquent ces derniers bataillons ne pouvaient pas être réorganisés avant trois ou quatre mois. Le projet de Napoléon était d'envoyer au moins dès qu'il pourrait leurs troisièmes et quatrièmes bataillons aux maréchaux Davout et Victor. Ces maréchaux auraient dès lors trois bataillons par régiment, et comme ils connaissaient parfaitement la guerre du Nord, Napoléon se proposait de les porter de nouveau sur la Vistule, où il se flattait d'être au mois de juin. En passant l'Oder ils devaient prendre leurs premiers bataillons, enfermés dans les places, et le maréchal Davout aurait alors un corps de seize régiments à quatre bataillons, le maréchal Victor, un corps de douze régiments également à quatre, c'est-à-dire un total de 112 bataillons, représentant l'infanterie d'une armée de 120 mille hommes. En attendant, le maréchal Davout, avec les seize seconds bataillons réorganisés à Erfurt, allait occuper la ville de Hambourg habituée à plier sous son autorité; le maréchal Victor, avec les douze qui lui étaient destinés, allait occuper la grande place de Magdebourg, et l'un et l'autre établi ainsi sur l'Elbe serait en mesure de protéger les derrières du prince Eugène.

Les cadres du 4ᵉ corps (prince Eugène) étant originaires d'Italie, furent acheminés sur Augsbourg, pour y recevoir les recrues qui devaient venir des bords du Pô à travers le Tyrol et la Bavière. Il était impossible, on le voit, de combiner ses ressources avec plus d'art, d'après les lieux et d'après le temps dont on pouvait disposer.

Janv. 1813.

Nouveaux corps créés par Napoléon.

Composition des cohortes.

La réorganisation des anciens corps étant ainsi assurée, Napoléon s'occupa des corps nouveaux qu'il était obligé de créer en toute hâte, car la nécessité d'arrêter les Russes dans leur marche offensive pouvait l'appeler sur l'Elbe dès le mois de mars. La ressource la plus disponible était celle des cohortes, consistant en cent bataillons, qui grâce à la prévoyance de Napoléon, étaient organisés depuis environ neuf mois, et à toute la consistance désirable joignaient une instruction à peu près achevée. C'étaient des soldats de vingt-deux à vingt-sept ans, pris dans le premier ban de la garde nationale, parmi les hommes non mariés, gens robustes, un peu raisonneurs, mais destinés à former une infanterie solide et intrépide. Ils devaient leurs qualités comme leurs défauts à leur âge, à un peu de mécontentement, et à leurs officiers. En général ces officiers avaient été, lors de l'institution de l'Empire, réformés pour cause d'âge, de blessures ou d'attachement à la République. Il y en avait beaucoup qui étaient infirmes, grands parleurs, enclins à l'opposition. Il fallait en changer la moitié. On pardonna leur esprit indocile à ceux qui étaient valides, parce qu'on avait besoin d'eux, et qu'on ne doutait pas de leur bravoure devant l'ennemi. On remplaça les autres, qui n'avaient été bons que pour instruire leurs troupes, mais qui ne pouvaient les commander dans une guerre aussi active que celle qu'on prévoyait. On chercha pour cela des sujets dans la garde impériale, dans les cadres qui rentraient, et surtout dans l'armée d'Espagne, où il commençait à y avoir trop d'officiers pour ce qui restait de soldats, et où d'ailleurs les officiers étaient tous bons, car cette affreuse guerre était une école excellente. Appelés d'urgence et transportés en poste, ces officiers durent remplacer immédiatement ceux qu'on excluait des cohortes.

Napoléon distribua ensuite les cohortes en vingt-deux régiments à quatre bataillons, chaque bataillon ayant une compagnie destinée à servir de dépôt. On leur donna de bons colonels, et on les achemina sur le Rhin vers Wesel et Mayence. Les douze premiers, formés en quatre divisions de trois régiments chacune, composèrent le corps dit de l'Elbe, et partirent immédiatement pour Hambourg, afin de se joindre au prince Eugène, et de lui apporter un renfort de 40 mille hommes de la meilleure infanterie. Le prince Eugène avec un tel renfort pouvant opposer 80 mille hommes aux Russes, n'avait plus rien à craindre, car ces derniers n'avaient encore nulle part un pareil rassemblement. La présence de ces quarante mille hommes, longeant la Hollande, traversant le Hanovre, les provinces anséatiques, devait, en attendant que les vingt-huit bataillons des maréchaux Davout et Victor fussent arrivés, contenir ces provinces si agitées et si mal disposées à notre égard. Napoléon donna à ce corps le général Lauriston pour commandant en chef. Les maréchaux, ou fatigués, ou hors de combat, commençaient à ne plus suffire. Le général Lauriston, homme sensé et ferme, qui comme ambassadeur en Russie avait cherché à prévenir la guerre, et pendant la guerre s'était conduit avec beaucoup de courage, méritait ce commandement. Napoléon l'expédia sur-le-champ

Janv. 1813.

Le corps dit de l'Elbe composé avec des cohortes, et envoyé au prince Eugène sous le général Lauriston.

Janv. 1813.

Nouveaux régiments formés avec des cadres tirés d'Espagne.

pour qu'il allât consacrer tous ses soins à son corps d'armée.

Napoléon songea ensuite à former deux corps sur le Rhin. Il lui restait dix régiments de cohortes, et il avait en outre un nombre assez considérable de cadres, les uns laissés dans l'intérieur au moment du départ pour la Russie, les autres successivement tirés d'Espagne. Ces derniers avaient versé leurs soldats dans les bataillons qui devaient continuer à servir au delà des Pyrénées, et étaient ensuite revenus en France réduits aux officiers, aux sous-officiers et à quelques hommes d'élite. Il y avait de quoi former avec ces divers cadres trente et quelques régiments à deux ou trois bataillons. On se hâta de les recruter avec la conscription de 1813, qui était à moitié instruite, et dont on se proposait d'achever l'éducation pendant les marches. Malheureusement ces bataillons, pris çà et là, se trouvaient rarement deux à la fois du même régiment. Dès qu'il y en avait deux dans ce cas, on avait soin de les réunir pour figurer sous le numéro du régiment lui-même, avec ses officiers supérieurs et son drapeau. On s'étudia à tirer des autres parties de l'Empire les bataillons des mêmes régiments qui étaient disponibles, afin de les faire servir ensemble. Cette fâcheuse dislocation des corps était, nous l'avons déjà dit, la suite de la politique déréglée qui, dispersant les forces de la France dans toute l'Europe, portait quelquefois les divers bataillons d'un même régiment en Illyrie, en Portugal, en Pologne.

Quant aux bataillons isolés, on les réunit au nombre de deux ou de trois sous la forme peu consistante de régiments provisoires, avec l'intention de mettre le terme le plus prochain à cette organisation temporaire.

Janv. 1813.

Avec huit des dix cohortes restantes, et une partie des trente et quelques régiments dont nous venons d'exposer la formation, Napoléon composa le premier corps du Rhin, le distribua en quatre belles divisions, et le confia au héros de la retraite de Russie, au maréchal Ney, qui s'était livré lui aussi à un mouvement passager de dépit lorsqu'il avait vu l'armée abandonnée par son chef, mais qui en apprenant sur l'Oder l'éclatante et juste récompense accordée à ses services (il venait d'être créé prince de la Moskowa), avait retrouvé son ardeur, et ne demandait qu'à rencontrer les Russes pour leur faire expier les succès de la dernière campagne. Une cinquième division, comprenant les Allemands des princes alliés, devait porter son corps à 50 mille hommes, et même à 60 mille en comptant l'artillerie et la cavalerie. Ce corps était destiné à frapper les premiers et les plus rudes coups. Il allait se former à Mayence d'abord, puis à Francfort, Hanau, Wurzbourg, et se mettre en marche un mois après celui de l'Elbe, c'est-à-dire au 15 mars. Le maréchal Ney revenu à Paris depuis quelques jours, moins pour y prendre un repos dont sa constitution de fer n'avait pas besoin, que pour y recevoir l'investiture de son nouveau titre, eut ordre de repartir immédiatement, et de se rendre sur les bords du Rhin, afin de veiller à l'organisation des troupes qu'il devait commander.

Avec les cohortes restantes et les nouveaux régiments, Napoléon forme le premier corps dit du Rhin, et le confie au maréchal Ney.

Le second corps du Rhin fut composé de quelques-uns des régiments provisoires, et de l'infanterie de

Napoléon compose le second

marine, dont la création déjà ancienne était due à cette active prévoyance de Napoléon qui, sachant bien que jamais il n'aurait trop de ressources pour les affaires qu'il s'attirait, enfantait une organisation nouvelle, dès qu'il en avait l'occasion, le temps et les moyens. A l'époque en effet où il rêvait de vastes expéditions maritimes, portées sur cent vaisseaux de ligne, et partant des magnifiques ports de l'Empire depuis le Texel jusqu'à Trieste, il avait formé une troupe habituée au double service de l'artillerie et de l'infanterie, et propre à combattre sur terre comme sur mer. Il avait environ 20 mille de ces artilleurs fantassins, pouvant fournir 16 mille hommes au drapeau, soldats instruits, vigoureux, et ayant le fier esprit de la marine. Napoléon ordonna leur départ immédiat pour les bords du Rhin, ce qui devait leur plaire beaucoup plus que de rester oisifs dans les arsenaux, ou d'être envoyés au delà des mers dans les climats meurtriers de nos colonies.

Napoléon les répartit en quatre régiments à quatre bataillons, et les fit entrer avec quelques-uns des régiments qu'il venait de reconstituer en hâte, dans le second corps du Rhin. Ce corps, qui allait se former tout de suite après le premier, et le remplacer à Mayence, pouvait être prêt un mois plus tard, c'est-à-dire au 15 avril. Il devait être de quatre divisions, et d'environ 40 mille hommes d'infanterie. Napoléon le réservait au maréchal Marmont, le vaincu de Salamanque, condamné par l'expérience comme général en chef, mais capable d'être encore un bon lieutenant. La blessure de ce maréchal, jugée d'abord mortelle, faisait espérer un rétablissement complet.

Il reçut également l'ordre de se rendre à Mayence dès que sa santé le lui permettrait.

Janv. 1813.

Napoléon résolut de tirer encore du personnel et du matériel de guerre, accumulés depuis longtemps en Italie, un corps de 40 à 50 mille hommes, qui descendant en Bavière pendant qu'il déboucherait lui-même en Saxe, compléterait la masse des forces qu'il voulait réunir sur l'Elbe. Il chargea de ce soin le général Bertrand, gouverneur de l'Illyrie, qui, sans avoir une grande habitude de manier les troupes (il était officier du génie), entendait bien le détail de leur organisation, était actif, dévoué, et homme enfin à ne pas perdre un instant dans une circonstance aussi grave que celle où se trouvait l'Empire.

Le général Bertrand envoyé en Italie pour y composer un quatrième corps d'armée.

Napoléon l'autorisa à prendre tout ce qui restait de ressources militaires en Illyrie, à n'y laisser que quelques dépôts et quelques milices locales, et à transporter le surplus en Frioul. Les provinces illyriennes, si on conservait l'alliance de l'Autriche, devaient inévitablement revenir à cette puissance, et si au contraire on perdait cette alliance, ne pouvaient pas être disputées vingt-quatre heures. C'eût été par conséquent une bien inutile dispersion de nos forces, que d'en laisser une partie au delà des Alpes Juliennes. Avec les cadres tirés de ces provinces, avec quelques régiments demeurés en Lombardie, avec quelques autres régiments résidant en Piémont et revenus d'Espagne, avec deux régiments de cohortes restants sur les vingt-deux, il y avait de quoi composer trois bonnes divisions françaises, à douze bataillons chacune. Les dépôts de l'Italie étant pleins de conscrits, le recrutement de

Janv. 1813.

Après avoir réorganisé l'infanterie, Napoléon s'occupe des armes spéciales, qui avaient encore plus souffert que l'infanterie.

Réorganisation de l'artillerie.

ces trois divisions devait être facile. Enfin l'armée proprement italienne pouvait aussi fournir une bonne division, ce qui porterait à quatre le corps que le général Bertrand était chargé d'amener en Allemagne. Napoléon, usant de finesse même avec ce serviteur dévoué, lui avait fait espérer qu'il commanderait ce corps tout entier, afin qu'il mît encore plus de soin à l'organiser.

L'infanterie étant reconstituée aussi vite que le permettaient les circonstances, il fallait s'occuper des armes spéciales, qui avaient encore plus souffert que l'infanterie. On se souvient sans doute que tandis qu'il appelait d'Italie le corps du général Grenier, et formait celui du maréchal Augereau, Napoléon avait tiré de France tout ce qu'il y avait de compagnies d'artillerie disponibles, et prescrit que dans chaque cohorte on créât une compagnie de canonniers. Grâce à cette précaution le personnel d'artillerie ne pouvait pas manquer. Napoléon pour recomposer l'artillerie de l'armée se servit des artilleurs revenus de Russie, de quarante-huit compagnies prises dans les ports et les arsenaux, et de quatre-vingts compagnies formées dans les cohortes. Il y avait là de quoi servir plus de mille bouches à feu. Quant au matériel il était resté enfoui tout entier sous les neiges de Russie; mais heureusement nos arsenaux de terre et de mer en étaient remplis. Seulement on manquait d'affûts de campagne. Napoléon en fit fabriquer partout, et même à Toulon, à Brest, à Cherbourg. Ceux qu'on allait construire dans ces ports devaient arriver tard sans doute, mais on avait sur les bords du Rhin de quoi monter tout de suite 600 bouches à feu, ce qui suffisait pour le début de la campagne.

Janv. 1813.

Pour ce qui concernait les chevaux la perte avait été plus grande encore qu'en voitures et en hommes. Notre retraite sur l'Oder avait beaucoup réduit nos moyens de remonte, mais plus en chevaux de selle qu'en chevaux de trait. Napoléon espérait que le général Bourcier, chargé de tous les achats, et stimulé par une correspondance quotidienne, parviendrait à lui trouver environ 10 mille chevaux de trait dans la basse Allemagne. Il ordonna d'en lever 15 mille en France, par voie de réquisition, et en les payant comptant. Les réquisitions sont un procédé rigoureux, entaché même du caractère de spoliation, car elles enlèvent l'objet requis à celui qui ne voudrait pas le vendre, mais leur rigueur était cette fois justifiée par l'urgence, et fort adoucie par le payement immédiat. Avec ces divers moyens et des confections immenses en harnachement, Napoléon ne doutait pas d'avoir réuni 600 bouches à feu bien attelées pour le commencement des hostilités, c'est-à-dire en avril ou mai, et 1000 deux mois après.

Moyens employés pour se procurer des chevaux de trait.

La cavalerie était, si on peut le dire, plus importante que l'artillerie elle-même, à cause de la prodigieuse quantité de troupes à cheval dont l'ennemi disposait; et elle était détruite non-seulement dans ce qui avait existé, mais dans les éléments qui auraient pu servir à sa réorganisation. Comme pour l'artillerie tous les chevaux avaient péri, et notre grande armée qui avait passé le Niémen avec 60 mille chevaux, et en avait laissé 20 mille en réserve, n'en avait pas ramené 3 mille, les uns res-

État de complète destruction où se trouvait la cavalerie.

tés à Dantzig, les autres réunis auprès du prince Eugène. La perte en hommes était presque aussi considérable. Napoléon avait compté sur vingt-cinq ou trente mille cavaliers, qu'il suffirait, selon lui, d'équiper et de monter, pour les retrouver aussi bons qu'auparavant. Mais rectification faite des premières données, on n'espérait pas en sauver plus de onze ou douze mille du gouffre où notre armée avait péri. Les moyens de les remonter avaient fort diminué depuis qu'on avait perdu la Pologne, la Vieille-Prusse, la Silésie, le Mecklembourg. Il restait le Hanovre et la Westphalie. On avait tiré 2 ou 3 mille chevaux des pays évacués, et on présumait qu'on en tirerait 9 ou 10 mille encore des pays compris entre l'Elbe et le Rhin. Avec les 10 mille chevaux de trait dont nous venons de parler pour l'artillerie, c'étaient 20 mille environ à trouver dans ces contrées. Le général Bourcier était occupé à acheter des chevaux, à presser la confection des selles, à recueillir les hommes qui rentraient épuisés, à les vêtir, à les faire reposer de leurs fatigues pour qu'on pût les remettre en ligne. Ce n'était pas sans de grandes difficultés qu'il y réussissait même avec la force et l'argent, car ces provinces étaient fort mal disposées. Quoique Napoléon eût ouvert des crédits illimités au général Bourcier, on avait la plus grande peine à se procurer des traites, tant les relations commerciales étaient troublées dans ce moment de crise. Se flattant que le général Bourcier aurait de quoi monter 13 ou 14 mille cavaliers, et se doutant qu'il ne lui en reviendrait pas de Russie un nombre égal, il lui en expédia 2 ou 3 mille à pied des dépôts du Rhin. Il fit partir sur-le-champ de Paris les généraux Latour-Maubourg et Sébastiani, pour aller se mettre à la tête de la cavalerie remontée en Hanovre. Il leur ordonna d'en former deux corps, partie cuirassiers, partie chasseurs et hussards, et dès qu'il y aurait seulement six mille cavaliers capables de marcher, de les amener au prince Eugène.

Janv. 1813.

Napoléon pensait que les dépôts de cavalerie, ayant reçu sur les conscriptions de 1812 et de 1813 la part qui leur revenait, auraient de quoi fournir encore 10 mille cavaliers instruits. Le duc de Plaisance était chargé de les réunir en escadrons répondant aux anciens régiments de la grande armée, puis, quand ils seraient formés, de les conduire aux corps de Latour-Maubourg et de Sébastiani, de fondre chaque détachement dans le régiment auquel il appartenait, et de reconstituer ainsi les régiments en entier. Ces 10 mille cavaliers ajoutés aux 13 ou 14 mille qu'on remontait en Allemagne, devaient procurer 23 ou 24 mille hommes à cheval, ce qui était un commencement de cavalerie.

Napoléon compte pour l'ouverture de la campagne sur 24 mille hommes de cavalerie, dont 14 mille remontés en Allemagne, et 10 mille tirés des dépôts.

Les chevaux ne manquaient pas en France pour les 10 mille cavaliers dont la prompte organisation était confiée au duc de Plaisance. Il en était resté 3 mille sur les remontes de 1812. Des marchés passés en assuraient encore 7 à 8 mille. Napoléon ordonna une réquisition de 15 mille chevaux de grosse cavalerie, en payant comptant comme pour les chevaux de trait, mesure rigoureuse, nous venons de le reconnaître, mais justifiée par les circonstances. Les dons volontaires avaient fourni 22 mille chevaux, en général de cavalerie légère. Il devait donc y avoir en France de quoi monter 45 mille hommes, lesquels joints à ceux qu'on espérait se procurer en Allemagne, porteraient à près de 60 mille, et à 50 mille au moins, la cavalerie disponible pour cette campagne. Les chevaux étant obtenus, les hommes devant se trouver dans les conscriptions de 1812 et 1813, il restait à chercher les cadres. Il y en avait d'excellents en Espagne. Napoléon ordonna de tirer de cette contrée un cadre d'escadron par régiment de cavalerie, en prenant, comme il avait fait pour l'infanterie, les officiers et sous-officiers avec quelques hommes d'élite. Il prescrivit aussi de les envoyer en poste sur le Rhin. Ces cadres remplis avec les cavaliers qu'on trouverait formés et montés au dépôt, allaient composer un second rassemblement, qui, sous le duc de Padoue, irait rejoindre celui qui serait parti sous le duc de Plaisance.

Pour le moment Napoléon devait avoir en Allemagne, d'abord 13 à 14 mille cavaliers, puis 24 mille lorsque le duc de Plaisance y aurait amené son rassemblement, et enfin 40 mille lorsque le duc de Padoue y aurait conduit le sien. Le reste était destiné à venir plus tard. L'Italie présentait des ressources pour environ 6 mille cavaliers dont la moitié prêts à l'ouverture de la campagne, ce qui devait procurer environ 3 mille hommes à cheval au corps d'armée du général Bertrand.

A toutes ces forces Napoléon voulait ajouter la garde impériale, constituée d'après des proportions toutes nouvelles. Elle avait cruellement souffert en Russie, pourtant elle avait encore en Allemagne, en France et en Espagne, des cadres assez nombreux. En Espagne notamment se trouvait une division entière de la jeune garde. Napoléon résolut de se servir de ces divers éléments pour recomposer cette troupe d'élite. Il tenait à la vieille garde à cause de sa fidélité, qualité que les événements pouvaient rendre précieuse; il tenait à la jeune, parce qu'en n'y introduisant que des hommes de choix, elle pouvait, grâce à l'esprit de corps, acquérir en très-peu de temps la valeur des meilleures troupes. En conséquence il fit demander à tous les corps qui n'avaient point souffert du désastre de Moscou, et particulièrement à ceux d'Espagne, un certain nombre d'anciens soldats pour compléter la vieille garde. Il prit dans la conscription des quatre dernières classes des hommes jeunes et forts pour reconstituer la jeune garde, en les versant dans les cadres existants des fusiliers, des tirailleurs et des chasseurs. Il porta le nombre des bataillons de la garde, vieille et jeune, à 53, celui des escadrons à 33. Il augmenta également la réserve d'artillerie, dont il se servait toujours si utilement dans les grandes journées, et lui donna près de trois cents bouches à feu. L'artillerie de marine lui procura pour cette dernière organisation des sujets excellents. La garde impériale devait ainsi présenter une armée de réserve de 50 mille hommes inscrits sur les contrôles, et d'environ 40 mille combattants en ligne.

Janv. 1813.

Les transports, quoique moins nécessaires en Allemagne qu'en Russie, avaient toujours aux yeux de Napoléon un grand avantage, celui de rendre possibles les concentrations soudaines, en portant pour huit ou dix jours de vivres à la suite de l'armée. Il

Nouveaux moyens de transport.

Janv. 1813.

réorganisa les bataillons d'équipage, et en composa cinq en Allemagne avec les débris des quinze qui avaient fait la campagne de Russie. Il en organisa six avec les cadres restés en France. Ces onze pouvaient porter environ dix jours de vivres pour deux cent mille hommes, ce qui suffisait pour préparer et livrer une de ces sanglantes batailles, par lesquelles il décidait ordinairement du sort des grandes guerres. Quant aux voitures, il avait renoncé à celles qui s'étaient enfoncées dans les boues de la Pologne ou dans les sables de la Prusse, et s'était réduit à l'ancien caisson un peu modifié, et au char à la comtoise, qui par sa légèreté avait rendu de véritables services.

Par les moyens précédemment indiqués, Napoléon espère avoir 300 mille combattants sur l'Elbe au printemps, sans compter des réserves considérables.

C'est au moyen de ces vastes créations qu'il se proposait d'arrêter la coalition sur l'Elbe, s'il ne l'arrêtait pas sur l'Oder, et de faire évanouir les espérances dont elle paraissait enivrée. Ayant environ 50 mille hommes de garnison dans les places de la Vistule et de l'Oder, 40 mille de troupes actives sous le prince Eugène, il allait renforcer celui-ci avec les 40 mille hommes du général Lauriston, en réunir ainsi 80 mille sur l'Elbe, y arrêter court l'ennemi, et prévenir toute invasion dans la basse Allemagne. Puis avec les deux corps du Rhin, avec le corps d'Italie arrivant par la Bavière, enfin avec la garde impériale, Napoléon devait avoir environ 200 mille hommes en Saxe, au mois d'avril ou de mai, donner la main au prince Eugène, et accabler, avec près de 300 mille hommes, les Russes renforcés par n'importe quels alliés. Restaient comme réserve les anciens corps qui allaient se réorganiser sous les maréchaux Davont et Victor, les cadres arrivant d'Espagne, les cent cinquante bataillons de dépôt destinés à recevoir la conscription de 1814, et pouvant fournir encore 100 ou 150 mille combattants. Les nouvelles troupes réunies par Napoléon étaient jeunes et inexpérimentées, mais l'espèce des hommes était vigoureuse, à cause de l'âge auquel on avait pris la plupart d'entre eux, les cadres étaient les plus aguerris du monde, et impatients de rétablir le prestige de nos armes. La difficulté principale, c'était le temps, qui était bien court pour de si vastes créations. Mais, en administration comme en guerre, Napoléon possédait un art merveilleux pour se servir du temps qu'il avait. De même qu'il savait faire doubler les étapes aux troupes, il savait faire doubler leur travail aux administrations, en leur traçant leur marche, en décidant lui-même les questions douteuses devant lesquelles elles sont souvent arrêtées, en faisant exécuter simultanément des opérations qu'elles n'accomplissent d'ordinaire que l'une après l'autre, surtout en surveillant chaque chose de ses propres yeux, en suivant l'exécution de ses ordres, en dépêchant partout, comme aux époques où il déployait le plus d'ardeur et de jeunesse, une multitude d'officiers de confiance, qui chaque soir avant de se coucher lui rendaient compte de ce qu'ils avaient vu, en ne faisant pas lire, en lisant lui-même leur correspondance, et en demandant compte aux agents en retard du moindre de ses ordres resté inexécuté, pour les réprimander si c'était omission de leur part, pour vaincre l'obstacle si c'était difficulté naissant de la nature des choses.

Janv. 1813

Qualité des nouvelles troupes.

Secret de Napoléon pour exécuter de si grandes choses en peu de temps.

Janv. 1813.

Le vieux maréchal Kellermann placé à Mayence pour inspecter les troupes de passage.

On ne l'avait jamais vu plus jeune, plus actif, plus patient, moins empereur enfin, et plus ministre ou général. Il avait pour cette circonstance rétabli un usage, qui lui avait été fort utile jadis, c'était de placer à Mayence le vieux Kellermann (le duc de Valmy) avec une autorité supérieure sur toutes les divisions militaires des bords du Rhin, depuis Strasbourg jusqu'à Wesel. Le maréchal Kellermann ayant encore, quoique fort âgé, beaucoup d'activité, y joignant une grande habitude de l'organisation des troupes, disposant en outre de magasins immenses et de crédits dont chaque jour il rendait compte à l'Empereur, inspectait les détachements envoyés de leur dépôt aux lieux de rassemblement et passant presque tous par Mayence, s'assurait par ses propres yeux de ce qui leur manquait en chaussures, vêtements, armement, officiers, y suppléait sur-le-champ, et, s'il ne le pouvait pas, en avertissait l'Empereur, qui se chargeait d'y pourvoir lui-même. C'est au prix de ces efforts incessants que Napoléon parvenait à réaliser ces créations soudaines, insuffisantes il est vrai, quelque grandes qu'elles fussent, pour réparer les conséquences d'une politique immodérée, mais suffisantes pour étonner le monde, pour ajouter une nouvelle gloire à celle que nous avions déjà, et pour forcer l'Europe à verser tout son sang afin de nous vaincre. Ces détails peuvent sembler arides sans doute, mais ils ne paraîtront tels qu'à ceux qui ne savent pas, ou n'ont pas le goût d'apprendre comment s'accomplissent les grandes choses.

Moyens

Ce n'était pas tout que de réunir si vite ces forces

considérables, il fallait les payer. Tandis qu'il travaillait jour et nuit à la recomposition de l'armée, Napoléon travaillait tout autant, et avec non moins d'activité, à mettre les finances de l'Empire en état de suffire à ses vastes armements; et ce n'était pas chose facile à la suite d'un discrédit financier, qui devait naturellement accompagner un commencement de discrédit politique.

<small>Janv. 1813.

financiers employés pour faire face aux nouveaux armements.</small>

Nous avons exposé ailleurs comment les budgets de l'Empire, renfermés pendant plusieurs années dans une somme d'environ 780 millions (900 millions avec les frais de perception), avaient été tout à coup portés en 1811 à 200 millions de plus, c'est-à-dire à un total de 1100 millions. Deux causes, avons-nous dit, avaient produit cette subite augmentation : premièrement, la réunion à la France de Rome, de l'Illyrie, de la Hollande et des départements anséatiques; secondement, les armements pour la Russie. Les réunions de territoires avaient ajouté à la dépense, mais beaucoup plus à la recette, car elles avaient procuré au budget un accroissement de produit de 98 millions, et un accroissement de charges qui n'était pas à beaucoup près égal. Les armements pour la Russie n'avaient ajouté qu'à la dépense. On y avait pourvu avec le produit ordinaire et extraordinaire des douanes. Le produit ordinaire avait été fort accru par la nouvelle manière d'entendre le blocus continental, laquelle consistait, comme on a vu, à fermer les yeux sur l'origine des denrées coloniales, en leur faisant payer 50 pour cent de leur valeur. Le produit extraordinaire résultat des saisies opérées en Belgique, en Hollande, dans les départements

<small>Budgets de l'Empire depuis 1811.

Ressources avec lesquelles on avait fait face aux dépenses de la campagne de Russie.</small>

anséatiques, s'était élevé jusqu'à cent cinquante millions.

On était ainsi parvenu à faire face aux besoins des années 1810, 1811, 1812. Pourtant il restait quelques insuffisances auxquelles il était urgent de pourvoir. Le budget de 1811 fixé d'abord à 1400 millions avec les frais de perception, laissait à couvrir, par suite de la disette qui avait coûté 20 millions au Trésor, et d'une diminution dans le produit des bois, un déficit de 46 millions. Le budget de 1812, évalué à 1150 millions, présentait également un déficit de 37 millions et demi. C'étaient 83 millions à trouver pour solder ces deux exercices, dont heureusement les dépenses n'étant pas entièrement liquidées, ne réclamaient pas toutes un payement immédiat. Quant au budget de 1813, la guerre se faisant presque sur nos frontières, et dans des pays alliés qu'il fallait ménager, on était obligé d'entretenir les troupes aux frais de la France. On conjecturait que ce budget ne monterait pas à moins de 1270 millions, et on estimait pour cette année 1813 l'insuffisance des ressources à 149 millions. En ajoutant ce nouveau déficit à ceux de 1811 et de 1812, on arrivait à une somme totale de 232 millions, qui manquait au Trésor, et qu'on ne savait comment se procurer, car on n'avait jamais songé à recourir au crédit depuis l'ancienne banqueroute.

Nous avons dit que les déficits de 1811 et 1812 ne se faisaient pas encore beaucoup sentir, parce que ces exercices n'étaient pas liquidés, mais pour 1813 les dépenses du commencement de l'année étant immenses, et allant fort au delà des recettes réalisées, l'embarras devenait extrême. M. Mollien, ministre du Trésor, esprit ingénieux mais circonspect, craignant avec raison pour sa considération personnelle si on avait recours à des moyens irréguliers, était très-déconcerté, et par ses scrupules devenait pour Napoléon l'une des difficultés du moment. La caisse de service, dont la création honorait l'administration de M. Mollien et avait été d'un grand secours, était arrivée à la limite des facilités qu'elle pouvait offrir. On se souvient sans doute qu'avant l'établissement de cette caisse le Trésor, lorsqu'il avait des besoins pressants, envoyait à l'escompte les obligations des receveurs généraux, et presque toujours chez les receveurs généraux eux-mêmes, qui les escomptaient avec les fonds du Trésor déjà rentrés dans leurs mains. Depuis la création de la caisse de service, tous les fonds des receveurs généraux devant être versés immédiatement à cette caisse, et leurs obligations n'étant plus escomptées, cette espèce d'agiotage avait disparu. Il y avait en place la caisse de service, sans cesse alimentée par les versements des receveurs généraux, et émettant pour ses besoins journaliers des billets qui portaient intérêt, et qui étaient fort accrédités dans le commerce. C'étaient les bons du Trésor de cette époque. *Janv. 1813.*

Cette caisse avait fourni jusqu'à cent douze millions de ressources courantes au commencement de 1813, et il ne lui était pas possible de pousser au delà les moyens de crédit dont elle disposait. M. Mollien, n'ayant pas plus que les autres ministres le secret de Napoléon, croyant avec le public à l'immensité du trésor amassé aux Tuileries, aurait *Impossibilité pour la caisse de service de fournir au Trésor de nouvelles facilités.*

voulu que Napoléon versât tout de suite cent ou deux cents millions dans les caisses de la trésorerie, et souvent, dans son profond chagrin, l'accusait d'une étrange avarice, presque d'une sorte d'avidité personnelle. Mais c'est là que Napoléon était, comme à la guerre, admirable de prévoyance, d'ordre, d'adresse, et qu'il faisait des prodiges, pour corriger sa politique par son administration. Il faut ajouter qu'il était tout aussi admirable de désintéressement, n'ayant d'autre avidité que celle de l'ambition.

Voici le secret de ce trésor amassé aux Tuileries que Napoléon avait raison de ne pas dévoiler, même à ses ministres, le système du gouvernement étant admis. Il consistait dans le reliquat du trésor extraordinaire et dans les économies de la liste civile.

Le reliquat du trésor extraordinaire était fort réduit par suite des donations prodiguées aux militaires qui avaient glorieusement servi, et par suite aussi des secours fournis au budget de la guerre. On n'a pas oublié en effet que pour maintenir les dépenses et les recettes de l'État en équilibre, Napoléon avait pris plusieurs fois au compte du trésor extraordinaire une portion des dépenses de la guerre. Le trésor extraordinaire, dont le montant avait varié de 320 à 340 millions, s'élevait en ce moment à 325 à peu près, mais point en valeurs liquides. Il y avait sur cette somme 84 millions anciennement prêtés au département des finances, 9 ou 10 placés en actions de la Banque que Napoléon achetait de temps en temps pour en maintenir le cours, 15 autres millions en diverses valeurs du Trésor que Napoléon prenait également sous main pour les soutenir, comme les bons de la caisse d'amortissement par exemple. Il y avait encore 12 millions prêtés aux villes de Paris et de Bordeaux ainsi qu'à plusieurs commerçants, 7 millions souscrits secrètement dans l'emprunt de Saxe, 4 millions en mercure resté dans les mines d'Idria, 135 millions enfin dus par la Prusse, l'Autriche, la Westphalie, la Saxe, la Bavière. Cette dernière somme était d'un recouvrement impossible, car la Prusse se prétendait quitte et même créancière, le mariage et les circonstances avaient dégagé l'Autriche, et les autres États allemands loin de pouvoir fournir de l'argent avaient besoin qu'on leur en prêtât. C'étaient en tout 267 millions, ou placés ou dus, qui n'étaient pas actuellement réalisables, mais qui rapportaient intérêt, et dont le produit formait le revenu annuel du domaine extraordinaire. Ce revenu montait à 13 ou 14 millions, avec lesquels Napoléon faisait des largesses, des aumônes, quelquefois même des embellissements dans sa capitale. Il ne restait donc que 58 ou 60 millions disponibles, somme peu considérable, mais qui employée à propos pouvait être d'un grand secours.

Janv. 1813.

Après ce trésor venait celui de la liste civile, fortune particulière de Napoléon, amassée par des prodiges d'économie. Napoléon jouissait de 40 millions à peu près de liste civile, dont 25 millions pour la France, 4 millions pour le produit des forêts de la couronne, 11 millions environ pour les listes civiles de Hollande, de Piémont, de Lombardie, de Toscane, de Rome. Mais il avait à entretenir les palais de France, de la Haye, d'Amster-

Liste civile de Napoléon.

Ses prodiges d'économie.

dam, de Turin, de Milan, de Florence, de Rome, et il le faisait avec une magnificence digne de sa grandeur. Il avait quelquefois acheté jusqu'à 6 millions de diamants anciens ou nouveaux dans une année, afin de reconstituer le trésor de la couronne en pierreries. Il entretenait une maison militaire d'un éclat excessif. Conséquent enfin avec lui-même, il faisait des dépenses pour les lettres, les arts et les sciences, y ajoutait souvent des actes de bienfaisance de la plus noble délicatesse, et portait un tel ordre dans ses comptes, que tout y était inscrit avec la plus sévère attention, et, par exemple, que le premier article de recette dans ses livres, après les 25 millions de la liste civile française, était le suivant : *Traitement de Sa Majesté Impériale et Royale, comme membre de l'Institut, 1200 francs* [1].

Pendant longtemps, Napoléon n'avait eu que 29 millions de liste civile, et ce n'était que depuis trois ou quatre ans qu'il en touchait 40. Depuis son élévation au trône, il avait économisé 135 millions, dont il avait placé quelques portions en bonnes valeurs du Trésor ou de l'industrie, pour en soutenir le cours, comme les bons du Mont-Napoléon à Milan, la caisse d'amortissement à Paris, les canaux de Loing et du Midi, etc. Mais de ce trésor il avait gardé environ une centaine de millions en numéraire dans les caves des Tuileries, pensant que dans les circonstances difficiles aucune ressource ne valait l'argent comptant. Il lui restait donc à peu près 60 millions sur le domaine extraordinaire, 100 sur les 135 mil-

[1] C'est avec les comptes de Napoléon sous les yeux que nous donnons ces détails.

LES COHORTES.

lions économisés de la liste civile, composant un total de 160 millions en or et en argent, soit aux Tuileries, soit dans les caisses du domaine extraordinaire.

Janv. 1813.

Telles étaient les valeurs métalliques, qui faisaient dire aux uns qu'il avait 300, aux autres 400 et même 600 millions en métaux précieux, dans un souterrain de son palais. Lui-même, ne s'expliquant pas clairement, ne donnant jamais à un caissier le secret de l'autre, résumant pour lui seul, dans sa vaste tête, l'état de ses finances et de ses armées, laissait croire ce qu'on voulait, et disait quelquefois tout ce qu'il fallait pour accréditer le bruit d'un trésor prodigieux. C'était, après son armée, la principale de ses ressources. Une seule eût mieux valu, la sagesse politique; mais, sauf celle-là, il avait toutes les autres. Malheureusement aucune ne saurait la remplacer!

Si Napoléon, se rendant aux instances de son ministre, eût versé au premier embarras, même au second, ces 160 millions dans les caisses du Trésor public, il les aurait vus disparaître, et se serait bientôt trouvé sans argent, comme un général sans réserve sur le champ de bataille. Il était donc sagement résolu à ne pas s'en dessaisir à moins d'une impérieuse nécessité, se réservant d'en employer une partie pour soutenir les valeurs que le ministre des finances serait tôt ou tard obligé de créer, et voulant en ménager une portion considérable pour les cas urgents. En même temps il se gardait bien pour justifier sa résistance d'avouer à quel point ses ressources extraordinaires étaient limitées, conservait ainsi son secret pour lui seul, supportait les in-

Motifs de Napoléon pour laisser ignorer la valeur de son trésor personnel, et pour n'y recourir qu'à la dernière extrémité.

sinuations quelquefois assez aigres de M. Mollien, et laissait dire ce ministre et d'autres, ne se livrant à son impatience naturelle que lorsque tout allait bien, devenant doux et calme au contraire lorsque tout allait mal, pour ne pas ajouter par des défauts de caractère aux peines de ceux qui le servaient. Il cherchait donc, sans s'expliquer, le moyen de se procurer les 232 millions qui manquaient pour compléter les budgets de 1811 et de 1812, et pour solder en entier celui de 1813.

Napoléon ne veut pas d'une augmentation d'impôts.

Napoléon ne voulait à aucun prix accroître les impôts, bien qu'une augmentation sur les contributions directes, très-facile à supporter, eût suffi pour produire les 150 millions dont on avait besoin pour 1813. Les impôts indirects, rétablis par lui, avaient réussi sous le rapport financier, bien entendu, car sous le rapport politique ils n'avaient pas eu plus de succès que de coutume. Mais les impôts indirects, on ne les augmente pas à volonté, et en élevant leur tarif, on n'est pas toujours sûr d'élever leur produit. Quant à la propriété foncière, Napoléon répugnait, après l'avoir déchargée sous son règne, à la grever de nouveau. Il aimait à pouvoir dire qu'au milieu des plus grandes guerres la condition matérielle de la France n'avait pas été changée, que l'armée seule se ressentait de ces guerres, mais que pour elle combattre était son lot ordinaire et toujours désiré, car elle y gagnait de la gloire, des honneurs, des grades, des richesses. C'étaient là des appréciations comme on a l'habitude d'en faire lorsqu'on parle sans contradicteur. Cette armée que Napoléon disait si satisfaite, commençait fort à se plaindre, et tous

LES COHORTES.

les militaires qui revenaient des bords du Niémen tenaient un langage tel, qu'on était obligé de veiller sur eux, et de les séparer des nouveaux soldats pour prévenir la contagion du mécontentement. De plus, on ne formait l'armée qu'en la tirant du sein de la population, en levant sur le pays ce fameux impôt du sang, réputé alors le plus cruel de tous. Une fois sous les drapeaux, il est vrai, les enfants de la France devenaient militaires de fort bonne grâce, mais les parents n'en prenaient pas aussi aisément leur parti, et il s'amassait peu à peu dans leur cœur une haine effroyable, dont l'explosion devait être terrible. Napoléon se nourrissait donc d'une pure illusion lorsqu'il croyait que les impôts d'argent n'étant pas augmentés, la guerre ne devait exercer sur l'esprit des populations aucune influence fâcheuse; mais enfin il aimait à se le persuader ainsi, et par ce motif il se refusait à toute augmentation d'impôts. M. Mollien, au contraire, désirant que ses caisses fussent remplies, et remplies par des moyens réguliers, préférait ce qu'il y avait de plus sûr et de plus prompt, et aurait voulu accroître les contributions publiques. Mais il n'y avait pas à en parler à Napoléon, et il fallait songer à une autre ressource.

Une émission de rentes, qui aurait réussi peut-être, si on avait tenté plus tôt d'en donner l'habitude au public, était impossible actuellement, ou du moins très-difficile, et il eût été singulier en effet, n'ayant pas essayé du crédit en 1807 et en 1808, de commencer à en user en 1813. Les produits des douanes, qui avaient été, avec les prélè-

Janv. 1813.

Personne ne croit à la possibilité d'une émission de rentes.

Janv. 1813.

vements sur le trésor extraordinaire, la ressource employée pour couvrir les déficits antérieurs, et notamment les frais du grand armement de 1812, étaient épuisés, car il n'y avait plus, comme en 1810 et en 1811, d'immenses saisies à opérer. Toutefois les produits ordinaires des douanes s'étaient fort accrus, et étaient montés de 30 millions à 80, grâce au fameux tarif de 50 pour cent, devenu l'instrument principal du blocus continental. Pour cette année, ne pouvant plus espérer la paix de la détresse de l'Angleterre, et n'ayant à l'attendre que des batailles qui allaient se livrer en Allemagne, voulant de plus rendre aux villes de Bordeaux, de Nantes, du Havre, de Marseille, quelque activité commerciale, Napoléon avait accordé une quantité de *licences* telle, qu'on pouvait considérer comme presque rétabli le commerce avec l'Angleterre, et qu'il s'était cru autorisé à évaluer à 100 millions l'impôt ordinaire des douanes. Aussi les rôles étaient-ils intervertis, et tandis que deux années auparavant Napoléon torturait l'Europe pour interdire les relations avec l'Angleterre, c'était l'Angleterre maintenant, qui, s'apercevant des avantages que procuraient à son ennemi les communications par *licences*, travaillait à les rendre impossibles.

N'ayant pas de crédit, ne voulant pas d'impôts, Napoléon a recours à une nouvelle aliénation de domaines nationaux.

Ne voulant augmenter ni l'impôt direct ni l'impôt indirect, le crédit n'étant pas en usage, les saisies commerciales ne produisant presque plus rien, restait le vieux moyen des aliénations de domaines nationaux, employé d'une manière si dommageable par nos premières assemblées révolutionnaires, et avec assez d'avantage par Napoléon, parce qu'il s'en était servi lentement, et en ayant recours à l'intermédiaire de la caisse d'amortissement. Mais ce moyen lui-même n'offrait plus que des ressources extrêmement restreintes. Napoléon avait restitué aux familles émigrées une assez notable portion de leurs biens. Quant aux biens qui n'avaient point été aliénés, il ne voulait pas assumer l'odieux de les faire vendre, car c'eût été donner suite à des confiscations auxquelles son gouvernement avait eu l'honneur de mettre fin. Les seules aliénations que Napoléon se permit sans scrupule, c'étaient celles des domaines de l'Église. Il ne répugnait pas à celles-là, et le public non plus, parce qu'il y avait à faire valoir à leur égard la raison très-sérieuse de l'abolition de la mainmorte. Les immenses bienfaits résultant de la mise en valeur des terres de l'Église étaient une réponse quotidienne et vivante à toutes les contradictions dont ce genre d'aliénations pouvait encore être l'objet. Mais de ces terres il n'en restait presque plus. Les pays religieux ajoutés à l'Empire, comme les provinces du Rhin, certaines portions de l'Italie, et surtout l'État pontifical, avaient fourni la matière de quelques ventes, que la caisse d'amortissement avait opérées assez avantageusement; mais le terme en était atteint, excepté pour celles de l'État pontifical; et quant à ces dernières, il avait fallu les suspendre par une raison que nous ferons bientôt connaître. Quelques années auparavant Napoléon avait pris la dotation de l'Université et celle du Sénat, qui étaient l'une et l'autre constituées en propriétés foncières, les avait remplacées par une rente sur le grand-livre, et avait fait vendre les propriétés pro-

Janv. 1813.

venant de cette origine par l'intermédiaire accoutumé de la caisse d'amortissement.

Restait-il encore quelque opération de ce genre à essayer, quelques biens de mainmorte à prendre, en indemnisant les propriétaires de ces biens avec des rentes sur le grand-livre? Telle était la question, et elle conduisit bientôt à trouver la ressource tant cherchée.

Les communes étaient le seul propriétaire de biens de mainmorte qui restât en France.

Il restait en effet un propriétaire mainmortable à déposséder, et à indemniser avec des rentes, et ce propriétaire c'étaient les communes. Dans presque tous les départements, et particulièrement dans quelques-uns, les communes possédaient des biens considérables et mal administrés. S'il eût fallu porter la main sur tous ces biens sans distinction, la chose eût été non-seulement inique, mais impraticable, et infiniment dangereuse, car on se serait exposé à des séditions. Mais on pouvait distinguer entre les propriétés communales, et on y était fort disposé. Au nombre de ces propriétés, il y avait les bâtiments servant aux usages communaux, tels que les hôtels de ville, les écoles, les hôpitaux, les églises, les places publiques, les promenades, dont il était impossible de songer à s'emparer. Cette première exception allait de soi, et n'avait presque pas besoin d'être énoncée. Il y avait d'autres biens, dont l'exception, quoique moins indiquée, était encore plus nécessaire, c'étaient tous ceux dont la jouissance prise en commun constituait une des principales ressources du peuple des campagnes, comme les pâturages où les paysans envoient paître leur bétail, les bois où ils prennent leur chauffage, les tourbières

Napoléon imagine de leur prendre leurs biens, en les indemnisant avec des rentes.

dont ils consomment ou vendent la tourbe. Enlever ces biens, dans un moment où la conscription commençait à pousser les campagnes au désespoir, c'était dans certaines provinces s'exposer à une nouvelle Vendée. Quant à ceux-là l'exception était encore inévitable, car la dépossession eût été non-seulement barbare, mais souverainement imprudente.

Restait une troisième espèce de biens, la seule qui pût être l'objet d'une mesure financière, nous voulons parler des propriétés affermées par les communes, ne représentant pour elles qu'un revenu en argent, dont elles appliquaient le montant à leurs dépenses. Comme après tout il ne s'agissait pour elles que d'un produit en argent, qui contribuait à alléger le poids de leurs impôts, peu leur importait que cet argent leur vînt d'un fermier ou de l'État, l'exactitude à payer étant au moins égale. Les communes ne devaient pas même s'apercevoir du changement, et l'État y devait gagner, outre une ressource actuelle dont il avait grand besoin, la mise en valeur de biens-fonds considérables et aussi mal administrés que le sont tous les biens de mainmorte. Quant à la valeur totale des biens dont il s'agit, on estimait qu'ils pourraient se vendre environ 370 millions, tandis qu'ils ne rapportaient pas plus de 8 à 9 millions par an aux communes. En supposant qu'on les vendît en effet 370 millions, et cette estimation ne semblait pas exagérée, il devait rester, en prélevant les 232 millions nécessaires à l'État, environ 138 millions, qui, au taux actuel des fonds publics (le cinq pour cent se vendait 75 francs) devaient procurer les 9 millions de rentes dont on avait besoin

Janv. 1813.

La mesure doit se borner aux biens affermés.

pour indemniser les communes. De la sorte l'État allait même trouver gratis la ressource qui lui était nécessaire.

Ainsi présentée la mesure n'offrait que des avantages, et il n'y avait pas à hésiter sur son adoption. Mais sous un autre point de vue il s'élevait des objections de la plus grande gravité. Premièrement le droit de propriété était atteint dans une certaine mesure, bien qu'il s'agit ici de propriétés collectives, sur le sort desquelles l'État exerce une action qu'il ne peut prétendre sur aucune autre. Ainsi il peut supprimer un couvent, une association, une commune, et dans ce cas il est amené à disposer de leurs propriétés, tandis qu'il ne peut supprimer un particulier, et même, quand il lui ôte la vie au nom des lois, il ne fait qu'ouvrir sa succession, sans avoir le droit de se saisir de ses biens. Secondement il y avait un dommage pécuniaire très-réel, quoique lointain, causé aux communes, car si dans le moment on leur procurait un revenu plus certain et plus facile, on leur donnait une propriété qui devait se déprécier tous les jours par le seul changement des valeurs, contre une propriété, celle de la terre, qui au contraire augmente sans cesse par la même cause. Troisièmement on froissait les administrations municipales, qui, habituées à gérer les domaines communaux, les regardaient comme leur propre fortune. Quatrièmement enfin l'aliénation, même en l'exécutant avec beaucoup de prudence, ne pouvait manquer d'être difficile et lente, car il fallait inventorier ces biens, les évaluer, les transférer à l'État, les remplacer par une rente proportionnelle, les vendre, en retirer le prix, ce qui devait exiger beaucoup de temps, et comme les besoins du Trésor étaient immédiats, il en résultait la nécessité d'anticiper par l'émission d'un papier sur le produit de la vente.

Ces objections bien présentées auraient fait reculer une assemblée éclairée, et à tout prendre une émission de rentes, fallût-il faire descendre le cinq pour cent de 75 francs à 60, même à 50, eût mieux valu, eût procuré des ressources moins coûteuses et plus prochaines, qu'une aliénation soudaine et considérable de propriétés foncières. Mais ces questions étaient alors beaucoup moins connues qu'elles ne le sont aujourd'hui. On ne savait pas aussi bien que de nos jours ce qu'on perd à troubler la propriété, ce qu'on gagne à payer les capitaux chèrement, pourvu qu'on les obtienne d'une manière régulière, et qu'on solde exactement les services publics. La question fut surtout débattue entre M. de Bassano, que sa complaisance pour les idées de Napoléon faisait alors admettre à l'examen de presque toutes les affaires, et M. Mollien, qui discutait peut-être un peu trop subtilement des vérités incontestables, s'irritait profondément contre son contradicteur sans oser le manifester, et s'en allait mécontent sans se rendre. Chaque jour la lutte recommençait. M. de Bassano trouvait que c'était merveille de se procurer tout de suite 370 millions, dont 232, chiffre exact des besoins du Trésor, seraient appliqués au service public, et 138 à indemniser le propriétaire spolié, sans qu'il en coûtât rien à personne, pas même à l'État qui allait recevoir une si grosse somme. M. Mollien soutenait sur le droit de propriété des théories vraies,

Janv. 1813.

Vive discussion établie sur ce sujet entre M. Mollien et M. de Bassano.

mais abstraites et qui touchaient peu son adversaire, présentait l'extension donnée aux bons de la caisse d'amortissement comme la création d'un vrai papier-monnaie, signalait les difficultés qui en résulteraient dans tous ses services, les signalait avec chagrin, avec humour, plutôt qu'avec résolution. Cette lutte entre un esprit facile et disert, mais comprenant trop peu les objections pour s'en laisser affecter, et un esprit convaincu mais ne sachant pas convaincre, eût été interminable, si Napoléon impatienté, discernant parfaitement ce qu'il y avait de vrai et de faux de l'un et de l'autre côté, mais voulant à tout prix un résultat, n'eût dit à M. Mollien : Tout cela est bien, je comprends vos objections, je les apprécie, mais avant de critiquer un projet il faut mettre quelque chose à la place. — L'objection était en effet embarrassante. C'était le cri du besoin, poussé par celui à qui les besoins de l'État étaient plus présents qu'à un autre, parce qu'il avait un million de soldats à vêtir, à armer, à nourrir, et que son existence, sa grandeur, sa gloire, tenaient à la solution du problème. Si M. Mollien eût été un esprit plus décidé, il aurait répondu tout de suite à Napoléon : Émettez des rentes 5 pour cent, à 60 francs, même à 50 s'il le faut; payez les capitaux 8 ou 10 pour cent, même davantage, et cette opération vous coûtera moins cher, vous créera moins d'inimitiés, nourrira plus tôt et mieux vos soldats, qu'un papier-monnaie mal accueilli, et refusé dans tous les payements. Mais M. Mollien n'eût pas osé dire cela, peut-être même n'eût-il pas osé le penser à cette époque, et Napoléon pressé de se procurer de l'argent, ne supposant pas possible une émission de rentes, voulant absolument avoir des biens à vendre puisque c'était la seule ressource du moment, les prenait où il y en avait encore. L'archichancelier Cambacérès, plus calme, était néanmoins dominé aussi par le sentiment du besoin, et par le même motif que Napoléon aboutit à l'adoption du projet si longuement débattu.

En conséquence, il fut convenu qu'on s'approprierait les biens des communes que nous avons désignés, c'est-à-dire les biens affermés, qu'on les évaluerait au moyen d'une procédure administrative sommaire, qu'on les remplacerait par une rente dont il était facile à l'État de faire l'avance en la créant, et qu'on les transférerait ensuite à la caisse d'amortissement. Cette caisse avait pris l'habitude des ventes territoriales, et les exécutait bien, parce qu'elle les exécutait lentement et par petites quantités. En attendant qu'elle en reçût le payement ordinairement exigé à des termes éloignés et successifs, elle émettait un papier portant intérêt, qu'elle donnait à l'État pour prix des biens à vendre, qu'elle retirait ensuite peu à peu, à mesure qu'elle touchait le prix des ventes, et qui se soutenait dans le public, parce qu'il était peu considérable, et très-exactement remboursé en capital et intérêts. C'était ce mécanisme qu'il s'agissait de développer, et qu'on développa en effet, en statuant que la caisse d'amortissement vendrait les nouveaux biens aux enchères, sous la condition pour les acheteurs d'acquitter un tiers de la valeur comptant, un second tiers en 1814, un troisième en 1815, et de payer en outre l'intérêt des sommes différées sur le pied

Janv. 1813.

La résolution d'aliéner les biens affermés des communes est définitivement adoptée.

Conditions de la mesure.

Janv. 1813.

de 5 pour cent. En attendant, la caisse d'amortissement devait créer immédiatement, et remettre au Trésor pour 232 millions de bons, portant intérêts, et successivement remboursables à mesure de l'acquittement du prix des immeubles à vendre. C'était ensuite au Trésor à se servir de ces bons comme il pourrait, et à forcer, par exemple, ou à induire les créanciers de l'État à les accepter. C'est là que commençait le juste chagrin de M. Mollien, chagrin que M. de Bassano ne comprenait pas plus que les colères de l'Europe prêtes à se déchaîner sur nous. — Mais à qui ferai-je accepter ce papier? disait le ministre du Trésor. — A tous ceux à qui vous devez, répondait Napoléon. Vous devez à des fournisseurs de la guerre et de la marine, à des créanciers de toute espèce, 46 millions pour 1811, 37 millions pour 1812; payez ces sommes avec les bons de la caisse d'amortissement, et vous introduirez ainsi ces bons en province. On y répugnera d'abord, mais en voyant qu'ils portent un intérêt exactement acquitté, qu'ils servent à acheter des biens fort beaux, et nullement frappés de réprobation comme les anciens biens d'émigrés, on les recherchera. Il s'en vendra sur la place, on en soutiendra le cours, et votre papier finira par valoir presque de l'argent. — Si Votre Majesté s'en chargeait, répondait timidement M. Mollien, c'est-à-dire, si elle achetait tout de suite les 232 millions avec les grandes ressources accumulées par son génie, alors tout serait facile. — Oui, sans doute, répliquait Napoléon, tout serait facile alors... et il se gardait de dire pourquoi il ne le faisait pas. Il avait effectivement tout au plus les deux

Émission d'un papier dont Napoléon prend une somme considérable pour le soutenir.

tiers de cette somme dans ses deux trésors, et il ne voulait pas avec raison se démunir de tout son argent comptant. Mais il promettait à M. Mollien de soutenir le cours de cette nouvelle valeur, en prenant pour son compte une somme considérable des bons que la caisse allait émettre.

Il résolut en effet d'en prendre pour 60 ou 70 millions successivement, placement qui était excellent, puisqu'il rapportait un intérêt certain, et que l'échéance en était certaine aussi, mais qui diminuait notablement les 160 millions comptant dont il était pourvu. Toutefois il n'y avait pas à hésiter dans l'état de gêne où l'on se trouvait, et il se flatta qu'en faisant acheter une portion de ce papier au moment de son émission, il en maintiendrait la valeur à un taux voisin du pair. Il le promit à M. Mollien pour lui rendre un peu de courage.

Telles étaient les mesures financières par lesquelles Napoléon s'apprêtait à soutenir ses dernières et ses plus terribles guerres. C'était la fin de ces aliénations de biens-fonds dont la révolution française avait fait ressource pour résister aux attaques de l'Europe. N'ayant plus de nobles à proscrire, et ne le voulant pas d'ailleurs, n'ayant plus d'églises à déposséder, Napoléon prenait les biens des communes, derniers propriétaires de mainmorte, et les aliénait au moyen d'une espèce de papier de crédit, beaucoup mieux assis et surtout beaucoup mieux limité que les assignats, mais rappelant le fâcheux souvenir du papier-monnaie, et introduit auprès du public dans un moment bien peu favorable.

Tout en faisant ce qui était humainement possible

Janv. 1813.

Songe à une grande mesure qui puisse lui ramener les esprits.

Cette mesure est un arrangement avec l'Église.

pour se mettre en état de repousser les ennemis qu'il avait attirés sur la France, Napoléon sentait le besoin aussi d'essayer quelque chose pour ramener les esprits qu'il voyait s'éloigner chaque jour davantage de son gouvernement. Une paix très-prochaine les lui eût seule rendus complétement; mais la paix, toute désirable qu'elle était, n'était possible qu'après d'énergiques efforts, qui nous rendissent, non pas notre exorbitante domination sur l'Europe, mais le prestige de notre supériorité militaire, et pour obtenir un tel résultat il fallait répandre encore bien du sang. A défaut de la paix, que même en étant très-sage il n'aurait pas pu donner tout de suite, Napoléon cherchait une satisfaction morale à procurer aux esprits. Il en imagina une qui, accordée à propos et sans réserve, aurait été d'un grand effet.

Usage fâcheux que les ennemis de Napoléon faisaient des affaires religieuses pour lui nuire.

De toutes les causes qui indisposaient l'opinion publique contre Napoléon, la plus agissante après la guerre, c'était la brouille avec Rome et la captivité du Pape. Pour les partisans de la maison de Bourbon, auxquels les derniers événements venaient de rendre des espérances depuis longtemps évanouies, c'était un prétexte, et des plus efficaces, pour exciter l'animadversion contre un gouvernement tyrannique qui, suivant eux, opprimait les consciences. Pour la portion pieuse du pays, politiquement désintéressée, mais ramenée à la religion par d'affreux malheurs du temps, c'était un motif sérieux et sincère de blâme et même d'aversion. En général les hommes et les femmes qui montrent le plus de penchant pour les pratiques religieuses, sont des âmes vives, qui éprouvent le besoin de contribuer activement au triomphe de leurs croyances. Ce sont de redoutables ennemis d'un gouvernement lorsqu'il s'est donné contre la religion des torts véritables. L'autorité de leurs mœurs, leur zèle à propager un grief, un bruit, une espérance, les rendent infiniment dangereux. Napoléon aurait voulu désarmer cette classe respectable, ôter en même temps un prétexte aux royalistes qui se servaient des affaires du culte pour lui nuire, et faire espérer la paix avec l'Europe par la paix avec l'Église.

Janv. 1813.

Aussi était-il résolu à terminer ses différends avec le Pape, en concédant le moins possible, mais en concédant toutefois ce qui serait nécessaire pour parvenir à un accord. Le Pape, détenu longtemps à Savone, était en ce moment à Fontainebleau, captif mais libre en apparence, et entouré de toute espèce de soins et d'honneurs. Napoléon craignant que pendant qu'il serait enfoncé dans les profondeurs de la Russie, les Anglais ne profitassent de l'occasion pour enlever Pie VII de Savone, avait ordonné sa translation à Fontainebleau pendant l'été de 1812. On lui avait donné l'appartement qu'il avait occupé à l'époque heureuse et brillante du couronnement, temps déjà bien loin et de lui et de Napoléon! On l'y avait comblé d'hommages, et une partie de la maison civile et militaire de l'Empereur lui avait été envoyée, afin qu'il vécût en souverain. Un détachement de grenadiers à pied et de chasseurs à cheval de la garde impériale faisait le service auprès de lui, et on avait eu l'attention de revêtir de l'habit de chambellan l'officier de la gendarmerie d'élite chargé de le garder, le capitaine Lagorsse,

Translation du Pape à Fontainebleau.

Situation du Pontife dans cette nouvelle résidence.

TOM. XV. 19

lequel, avec de l'esprit et du tact, avait fini par plaire au Pape au point de lui devenir indispensable. La surveillance était donc cachée sous les égards les plus respectueux. On avait laissé au Pape, outre son médecin et son chapelain, quelques anciens serviteurs dont on était sûr, et il était visité de temps en temps par les cardinaux de Bayane et Maury, par l'archevêque de Tours et l'évêque de Nantes. Ces personnages éminents, auxquels on avait tracé la conduite à tenir, sans avoir avec le Pontife des entretiens d'affaires, lui parlaient quelquefois des maux de l'Église, des moyens et de l'espérance de les faire cesser, surtout lorsque le retour de Napoléon à Paris mettrait en présence deux princes qui s'aimaient, et qui en s'abouchant directement s'entendraient mieux qu'en se faisant représenter par les négociateurs les plus habiles. Cette société était la seule qui fût permise au Pape, et la seule même qui lui plût. Il avait la faculté de célébrer la messe le dimanche à la grande chapelle du château, et d'y donner sa bénédiction aux fidèles. Mais on avait si peu ébruité sa translation, la pensée du public fixée sur Moscou était dans ce moment si peu tournée vers les affaires religieuses, on craignait tant d'ailleurs les embûches de la police impériale, qu'il venait à peine quelques curieux à Fontainebleau le dimanche. Le Pape vivait donc dans une retraite profonde, on pourrait même dire douce, si elle n'avait été forcée. Quoiqu'on eût mis le parc à sa disposition, il ne sortait jamais de ses appartements, par indolence et par calcul, faisait quelques pas tous les jours dans la grande galerie dite de Henri II, retombait ensuite dans son immobilité, ne lisait même pas, bien qu'il eût à sa portée la bibliothèque du château, et semblait complétement endormi dans sa captivité.

Janv. 1813.

On ne pouvait pas imaginer un traitement physique et moral plus propre à vaincre sa résistance, surtout si Napoléon apparaissant tout à coup, venait essayer sur lui le double prestige de sa puissance et de sa conversation entraînante. Napoléon revenu de Moscou vaincu par la nature, sinon par les hommes, devait sans doute avoir moins d'influence, mais il lui en restait encore assez pour décider, en s'y prenant bien, Pie VII à une transaction. D'ailleurs, disposant de toutes les issues, on n'avait laissé arriver à la connaissance du Pontife que les faits impossibles à cacher, expliqués de la manière la moins fâcheuse pour nos armes. Aussi, quoique ayant essuyé un mauvais hiver, Napoléon n'en était pas moins aux yeux de Pie VII le potentat le plus redoutable, potentat auquel personne n'était de force à arracher l'Italie pour en restituer une partie au successeur de saint Pierre.

Projet de Napoléon de s'aboucher directement avec Pie VII.

Napoléon s'était hâté le surlendemain même de son arrivée à Paris d'écrire au Pape, pour lui témoigner le plaisir qu'il éprouvait de le posséder si près de lui, le désir de l'aller voir et de terminer bientôt les différends qui troublaient l'Église. Puis à cette lettre il avait joint des allées et des venues de MM. de Bayane, de Barral, Duvoisin, pour l'amener à un accord par des concessions presque inespérées. En effet les points en litige ne présentaient plus d'aussi grandes difficultés qu'auparavant. Le mode de l'institution canonique était convenu depuis que l'Église, si facile alors sur sa prérogative essentielle, avait

Les points en litige fort restreints depuis le mode adopté pour l'institution canonique.

19.

concédé qu'après six mois tout prélat serait institué, ou par le Pape, ou à son défaut, par le métropolitain de la province ecclésiastique. Ce qui était plus difficile à déterminer, c'était l'établissement temporel du souverain Pontife. Pie VII ne faisant pas entrer la chute de Napoléon dans ses prévisions, et ne voyant dès lors aucun moyen de le forcer à restituer les États romains, en était à considérer l'établissement de la papauté à Avignon, avec une dotation convenable, comme une sorte de pis aller acceptable, qui avait dans le passé un précédent, une excuse et une consolation. Mais ce qui le révoltait, et lui paraissait pire que la captivité même, c'était le projet attribué à Napoléon, et qu'il avait eu en effet un moment, d'établir la papauté à Paris, sous la main des empereurs français. Si une telle chose avait pu s'accomplir, Pie VII n'aurait plus été à ses propres yeux que le patriarche de Constantinople, et la grande Église d'Occident aurait été ravalée pour lui au niveau de la moderne Église d'Orient.

Cette disposition d'esprit fournissait donc un moyen de négociation précieux, car en cédant sur l'établissement à Paris, et en accordant l'établissement à Avignon, on pouvait amener le Pape à consentir à la solution de la question réputée la plus épineuse. Restaient les arrangements relatifs aux biens de l'Église romaine, vendus ou à vendre, et aux siéges qualifiés de suburbicaires, parce qu'ils sont placés aux environs de Rome, et entourés d'une antique majesté. Le Pape tenait beaucoup à conserver ces siéges, et à pouvoir nommer des évêques de Velletri, d'Albano, de Frascati, de Palestrina, etc., car, sans moyens de récompenser des services, il lui aurait été impossible d'entretenir son gouvernement. A ces points s'en ajoutaient quelques autres encore, sur lesquels, avec la volonté d'en finir, et avec la puissance de Napoléon, il était facile d'arriver à un accord.

Lorsqu'on fut près de s'entendre, Napoléon résolut de se transporter lui-même à Fontainebleau, pour terminer par sa présence les hésitations ordinaires du Pape, et pour obtenir de lui un acte formel qu'on pût offrir au public comme gage de la paix religieuse, comme avant-coureur peut-être de la paix européenne.

En conséquence, le 19 janvier, feignant une partie de chasse à Grosbois, il changea brusquement de direction, et se rendit à Fontainebleau, où il avait secrètement envoyé sa maison. Le Pape était en ce moment en conférence avec plusieurs évêques et cardinaux. Déjà ému par les grandes affaires dont on l'entretenait depuis quelques jours, il le fut bien davantage en apprenant l'arrivée subite de Napoléon, qu'il n'avait pas vu depuis le couronnement, qu'il désirait et appréhendait tout à la fois de rencontrer, car s'il se flattait d'exercer une certaine influence sur l'auteur du Concordat, il craignait encore plus de subir la sienne. Sans lui laisser le temps de la réflexion, Napoléon accourut, le serra dans ses bras, en l'appelant son père. Le Pape reçut ses embrassements, en l'appelant son fils, et, sans entrer ce jour-là dans le fond des affaires, ces deux princes, si singulièrement associés par la destinée pour se plaire et se tourmenter toute leur vie,

Janv. 1813.

Lorsqu'on est près de s'entendre, Napoléon se transporte à Fontainebleau pour s'aboucher avec le Pape.

Entrevue cordiale de Napoléon et de Pie VII.

Janv. 1813.

parurent parfaitement heureux de se revoir. L'espérance d'une prompte et complète réconciliation rayonnait sur les visages. Les serviteurs du Pape, ordinairement les plus chagrins, semblaient saisis et charmés par ce spectacle.

Le lendemain Pie VII, entouré des cardinaux et des évêques qu'on avait laissé pénétrer jusqu'à lui pour cette circonstance, alla en grande cérémonie rendre visite à l'Empereur dans ses appartements. De chez l'Empereur il se transporta chez l'Impératrice, qu'il ne connaissait pas, car ce n'était pas celle qu'il avait sacrée, et sur ce trône où tout se succédait si v e la souveraine était déjà changée! Comme tout le monde il la trouva bonne, douce, heureuse de sa grandeur, se montra avec elle ce qu'il était toujours, digne, affectueux, plein des grâces de la vieillesse, puis, après lui avoir fait sa visite, il reçut la sienne, et au milieu de tout ce mouvement parut retrouver un peu de vie, de satisfaction, et d'espérance.

Gravité de la résolution que le Pape avait à prendre.

Toutefois il ne pouvait avoir d'illusion sur ce qui allait se passer. L'Empereur n'avait pu se déplacer pour ne faire à Fontainebleau qu'une visite. Suivant sa coutume, cet homme si actif, si dominateur, aspirait à quelque grand résultat, il venait arracher au chef de l'Église un consentement, et lui imposer ce qui lui coûtait le plus, une résolution. Et quelle résolution! Renoncer à la puissance temporelle, abandonner Rome pour Avignon, accepter une hospitalité magnifique, un esclavage doré, devenir ainsi patriarche de Constantinople en Occident, avec quelques richesses et quelques apparences souveraines de plus! Et pourtant, si le Pontife ne consentait pas à cette condition, n'allait-il pas trouver un nouvel Henri VIII, qui non par amour (ce n'était pas la faiblesse de Napoléon), mais par ambition, porterait à l'Église des coups plus redoutables encore que la spoliation de ses biens matériels? Pie VII était sur cela vaincu au fond de son cœur; mais avant de se résoudre, avant d'attacher à son pontificat un tel souvenir historique, avant de se résigner à être l'Augustule de la Rome chrétienne, ou de braver tout ce qui pourrait résulter pour la religion d'une lutte prolongée, il fallait un effort au-dessus de l'énergie de son âme, énergie qui était grande quand il s'agissait d'opposer à la persécution une résistance passive, qui devenait presque nulle quand il fallait prendre un parti prompt et difficile. Jamais, au reste, quelque temps qu'on lui eût donné, il ne se serait décidé lui-même, et Napoléon, s'il voulait un résultat, avait bien fait de venir en personne le séduire, l'éblouir, lui prendre presque la main pour l'obliger à signer!

Les visites d'apparat terminées, les sérieux entretiens commencèrent. Napoléon était résolu à déployer tout ce qu'il avait de grâce et de vigueur d'esprit, de puissance fascinatrice en un mot, pour charmer le Pape, et pour le convaincre en même temps qu'il n'y avait rien de mieux à faire que ce qu'on lui demandait. D'abord, sans paraître y attacher d'importance, il exposa, quand il en eut l'occasion, tout ce qu'il allait accomplir dans la prochaine campagne, et se montra certain d'accabler ses adversaires dès l'ouverture des hostilités. Bien qu'on n'eût pas laissé pénétrer jusqu'à Fontainebleau les

Janv. 1813.

Perplexité de Pie VII

Efforts de Napoléon pour le décider.

fâcheuses impressions déjà répandues en Europe sur la situation de Napoléon, le Pape savait cependant que pour la première fois il n'était pas revenu triomphant de la guerre. Mais en le voyant si confiant, si assuré de foudroyer bientôt la jactance des Russes et des Allemands, on ne pouvait pas ne pas éprouver la même confiance, et, aux changements près opérés dans sa personne, car, au lieu d'être droit et mince, Napoléon était déjà un peu courbé et plein d'embonpoint, le Pape crut revoir le jeune et radieux empereur de 1804. C'était, sous une extrême largeur de traits, le même feu, la même noblesse, la même beauté de visage.

Après avoir persuadé à Pie VII qu'il était aussi puissant que jamais, que contre ses volontés on ne prévaudrait pas plus qu'autrefois, Napoléon lui ôta toute espérance de recouvrer Rome, et lui montra la résolution irrévocable de ne jamais abandonner à une influence étrangère la moindre parcelle de l'Italie. Le chef de l'Église n'avait donc qu'à choisir entre Paris et Avignon. Il ferait bien mieux d'accepter Paris, disait Napoléon. Il y serait vénéré, entouré de toutes sortes d'hommages, et il y verrait l'empereur des Français tout disposé à lui tenir l'étrier, comme faisaient jadis les empereurs germaniques. Il aurait en outre la certitude de n'avoir plus de démêlés, car à la première difficulté, un moment d'explications cordiales entre les deux souverains arrêterait tout conflit prêt à naître. Mais enfin puisqu'il ne le voulait pas, il n'avait qu'à préférer Avignon, lieu déjà consacré par un long séjour des papes. Les ordres allaient être donnés immédiatement, et tout serait bientôt disposé pour qu'il y trouvât la plus somptueuse existence. Il y recevrait en liberté les ambassadeurs de toutes les puissances, qui jouiraient auprès de lui des priviléges et de l'indépendance diplomatiques, appartinssent-ils à des États en guerre avec la France, et qui pourraient se rendre auprès de la nouvelle cour pontificale par la mer et le Rhône, presque sans toucher au territoire de l'Empire. Deux millions de revenu lui seraient attribués pour l'indemniser des biens vendus dans les États romains. Tous les biens dont la vente n'était pas consommée, et c'était la plus grande partie, lui seraient rendus, et seraient administrés par ses agents. On allait rétablir pour lui complaire les siéges suburbicaires, dont il nommerait les évêques. Il aurait en outre, soit en Italie, soit en France, à son choix, la faculté de nomination dans dix diocèses, de quoi récompenser par conséquent les serviteurs de son gouvernement, sans compter la nomination des cardinaux qui ne cesserait pas de lui appartenir. Les prélats des États romains dont les siéges avaient été supprimés, qui étaient encore vivants, et qui étaient l'un des plus graves soucis du Pape, auraient la qualité, le titre, la situation d'évêques *in partibus*, et recevraient leur vie durant, sur le Trésor français, un traitement égal aux revenus de leurs anciens diocèses. Ce serait encore une nouvelle légion de grands dignitaires ecclésiastiques qui contribuerait à l'éclat de la cour d'Avignon. Les archives romaines, les grandes administrations de la pénitencerie, de la daterie, de la propagande, etc., seraient transportées auprès du Pape dans le beau pays de Vaucluse, et convenablement établies dans la nouvelle Rome pontificale, qu'on allait consacrer tout entière à sa glorieuse destination.

Le Pape n'aurait donc rien à regretter, ni richesses, ni éclat souverain, ni indépendance, ni puissance, car il réglerait toutes les affaires religieuses à son gré, aussi librement qu'il le faisait jadis à Rome. Il ne perdrait que la puissance temporelle, vaine ambition des pontifes, grave danger pour la religion, qui avait toujours souffert des démêlés des souverains temporels de Rome avec les princes de la chrétienté. C'est en traitant ce sujet que Napoléon déploya tout ce qu'il avait de subtilité et de logique pressante pour convaincre Pie VII. Il s'attacha particulièrement à lui persuader que la séparation des deux puissances spirituelle et temporelle, et l'abolition de la dernière, étaient une révolution inévitable du temps, qui n'intéressait en rien la religion, son influence et sa perpétuité. Que de choses, en effet, depuis vingt ans qu'on n'avait jamais vues, qu'on n'aurait jamais imaginées, et qu'il fallait cependant admettre, puisqu'elles étaient accomplies! Louis XVI et Marie-Antoinette sur l'échafaud; Napoléon, un simple officier d'artillerie, au palais des Tuileries, époux de Marie-Louise, tenant le sceptre de l'Occident; les empereurs d'Allemagne réduits à l'empire d'Autriche; la maison de Bourbon exclue de tous les trônes; le descendant du grand Frédéric réduit à l'état d'un électeur de Brandebourg; les anciens rangs effacés; les peuples exigeants, commandant presque à leurs souverains, excepté à Napoléon qui seul les contenait dans le monde; enfin la face de l'univers changée, tout cela n'était-il pas bien extraordinaire, tout cela ne parlait-il pas un langage aussi clair qu'irrésistible? La puissance temporelle des papes n'était-elle pas évidemment une des choses destinées à disparaître avec tant d'autres? Et ne fallait-il pas même remercier le ciel d'avoir choisi, comme instrument de ces révolutions, un homme tel que Napoléon, né dans la religion catholique, en ayant tous les souvenirs, l'aimant comme sa religion maternelle, sachant de quel prix elle était pour les hommes, et résolu à la défendre et à la faire fleurir! — C'est en ce point surtout que Napoléon fut heureusement inspiré, et produisit une vive impression sur le Pontife. — Supprimez, lui disait-il, entre nous, cette vaine difficulté de la souveraineté temporelle, supprimez-la, et vous verrez ce que vous et moi, libres de ces ennuis, nous ferons pour la religion!... — Et alors il lui montrait l'Église germanique détruite, privée de ses biens par l'avidité ordinaire des princes allemands, n'attendant et ne pouvant obtenir son rétablissement que de lui seul; l'Église de Hollande, l'Église des provinces anséatiques, pouvant être non pas maintenues, car elles n'existaient plus depuis deux siècles, mais restaurées; un siége catholique, par exemple, à la veille d'être rétabli à Hambourg; l'Église espagnole, l'Église italienne actuellement détruites et ayant besoin d'un sauveur, tout cet univers chrétien enfin dépendant de l'empereur des Français, de sa volonté puissante, et près de renaître ou de s'anéantir, sur un mot de sa bouche! Eh bien, ajoutait-il, réconcilié avec le Pape, rendu au repos par la paix européenne qui ne pouvait tarder, n'ayant plus à débattre avec le Pontife de vulgaires intérêts de territoire, dignes à peine d'occuper des princes de quatrième ordre, mais nullement le chef de l'Église universelle et le chef de l'Empire français, il s'appliquerait à faire à la religion plus de bien que ne lui en avait fait Charlemagne. En présence d'un tel avenir, comment discuter, comment hésiter! La Providence avait choisi un pontife doux, vertueux, modeste, pour rendre à la religion la pureté, le désintéressement des apôtres, et avec leur désintéressement leur influence sur les âmes, et lui homme de guerre, habitué à vaincre les difficultés de la terre, pour opérer cette révolution sans que la religion en fût affaiblie, de manière au contraire qu'elle gagnât en puissance morale tout ce qu'elle perdrait en puissance matérielle!

L'excellent Pape à qui on avait souvent écrit ou dit des choses semblables, mais qui n'avait jamais entendu personne les exprimer avec la chaleur, l'éloquence, l'air de persuasion que Napoléon y apportait, le Pape était séduit, vaincu, et se disait qu'en effet beaucoup de choses étaient changées, que beaucoup changeraient encore, que vraisemblablement la puissance temporelle des papes était une de ces choses destinées à finir, mais que, Napoléon aidant, elle n'emporterait en disparaissant aucun des appuis de la religion, aucun de ses moyens d'influence. C'était un sacrifice tout matériel à faire dans l'intérêt de la religion elle-même, et c'était dès lors acte de désintéressement et non de faiblesse, acte honorable et non pas honteux, que de consentir aux arrangements proposés! Il plaidait ainsi en son cœur avec Napoléon, et puis, quand il fallait se décider, il tombait dans des perplexités insurmontables.

Janv. 1813.

Après trois ou quatre jours de ces entretiens répétés, Napoléon fit comprendre au Pape qu'il fallait en finir, et comme la rédaction touchait le Pontife au moins autant que le fond des choses, il lui promit de trouver une forme qui n'éveillerait en rien ses scrupules, et ne chargerait sa mémoire d'aucun poids difficile à porter. Napoléon manda tout de suite un de ses secrétaires, et on se mit à l'œuvre. Ce qui coûtait le plus à Pie VII, c'était de reconnaître la prise de possession du patrimoine de Saint-Pierre par une puissance quelconque, et d'en faire l'abandon formel par l'acceptation d'un établissement hors d'Italie. Napoléon trancha cette difficulté en convenant qu'on ne parlerait ni de l'abandon de Rome, ni de l'établissement à Avignon, mais de l'existence indépendante du Saint-Père, et du libre exercice de sa puissance pontificale au sein de l'Empire français, comme s'il était dans ses propres États. En conséquence, on adopta le texte suivant : *Sa Sainteté exercera le pontificat en France et dans le royaume d'Italie, de la même manière et avec les mêmes formes que ses prédécesseurs.* Il fut seulement entendu que ce serait à Avignon et non ailleurs. Il fut ajouté ensuite en termes formels que le Pape recevrait auprès de lui les ambassadeurs des puissances chrétiennes, revêtus de la plénitude des priviléges diplomatiques, qu'il recouvrerait la jouissance et l'administration des biens non vendus dans les États romains, qu'il toucherait deux millions de revenu

Napoléon achève de décider le Pape en se prêtant à toutes les formes de rédaction qu'il désire.

Janv. 1813.

en dédommagement des biens aliénés, qu'il nommerait à tous les siéges suburbicaires et à dix évêchés qui seraient désignés plus tard soit en France, soit en Italie ; que les anciens évêques titulaires de l'État romain conserveraient leur titre sous la forme d'évêchés *in partibus*, et jouiraient d'un traitement égal au revenu de leur siége ; que le Pape aurait auprès de lui les diverses administrations composant la chancellerie romaine ; que l'Empereur et le Pape se concerteraient pour la création de nouveaux siéges catholiques, soit en Hollande, soit dans les départements anséatiques (clause à laquelle le Pape tenait d'une manière toute particulière, afin de faire ressortir ce que la religion gagnait à ce nouveau concordat) ; qu'enfin l'Empereur rendrait ses bonnes grâces aux cardinaux, évêques, prêtres, laïques, compromis à l'occasion des derniers troubles religieux. Il fut stipulé que l'institution canonique serait donnée aux évêques nommés par la couronne, dans les formes et délais déterminés par le dernier bref du Pape, c'est-à-dire dans six mois à partir de la nomination par l'autorité temporelle, et qu'à défaut par la cour pontificale d'avoir prononcé dans ce délai, le plus ancien prélat de la province pourrait conférer l'institution refusée ou différée. A ces dernières clauses, le Pape insista pour en ajouter une qui n'avait rien d'une disposition de loi ou de traité, mais qui était pour lui une sorte d'excuse, et qui était conçue dans les termes suivants : *Le Saint-Père se porte aux dispositions ci-dessus en considération de l'état actuel de l'Église, et dans la confiance que lui a inspirée Sa Majesté qu'elle accordera sa puissante protection aux besoins si nom-*

breux qu'a la religion dans les temps où nous vivons.

Il fut convenu enfin que le concordat actuel, quoique ayant la force obligatoire d'un traité, ne serait publié qu'après avoir été communiqué aux cardinaux, qui avaient droit d'en connaître, comme conseillers naturels et nécessaires de l'Église.

Napoléon fit tout ce que voulut le Saint-Père, admit sans réserve les changements de rédaction qu'il demandait, et que le secrétaire tenant la plume exécutait à l'instant même sur la minute du traité; puis lorsque tout fut convenu, texte français et texte italien, on envoya l'un et l'autre aux scribes chargés de la transcription, et le soir même, 25 janvier, les deux cours pontificale et impériale étant assemblées, le Pape et l'Empereur signèrent cet acte extraordinaire, qui mettait à néant la puissance temporelle de la papauté, pour toujours selon l'opinion de Napoléon et du Pape, pour bien peu de temps selon les desseins cachés de la Providence! L'Empereur, entourant Pie VII de témoignages de vénération, le faisant accabler de félicitations de tout genre, ne lui laissa pas même un moment pour réfléchir à ce qu'il avait fait, et l'enivra en le plaçant en quelque sorte au milieu d'un nuage d'encens. Pour lui prouver sa joie, et un complet retour de bonne volonté, il expédia sur-le-champ l'ordre de délivrer et de ramener à Paris les cardinaux détenus, connus sous le nom de *cardinaux noirs*. Il prodigua les grâces et les faveurs: il appela au Conseil d'État l'évêque de Nantes, auquel il donna en outre la croix d'officier de la Légion d'honneur et le grand cordon de l'ordre de la Réunion; il nomma l'évêque de Trèves conseiller

Janv. 1813.

Signature du concordat de Fontainebleau qui abolit la puissance temporelle du Saint-Siége.

Fêtes et grâces prodiguées à Fontainebleau.

d'État et officier de la Légion d'honneur; il donna le grand cordon de la Réunion au cardinal Maury et à l'archevêque de Tours, la croix d'officier de la Légion d'honneur aux cardinaux Doria et Ruffo, la décoration de la Couronne de fer à l'archevêque d'Édesse, des siéges de sénateur au cardinal de Bayane et à l'évêque d'Évreux, une pension de six mille francs au médecin du Pape, et des présents magnifiques à tous ceux qui avaient contribué à l'acte important qu'il venait de conclure.

Après avoir passé deux jours encore à Fontainebleau, pendant lesquels il s'efforça de manifester au Pape sa vive satisfaction, il partit le 27 janvier pour Paris, avec la conviction d'avoir accompli un acte qui peut-être ne serait pas définitif, mais qui dans le moment produirait certainement un grand effet. Il se hâta de publier dans les journaux officiels qu'un concordat venait de régler les différends survenus entre l'Empire et l'Église, et fit dire de vive voix, mais non imprimer, que le Pape allait s'établir à Avignon. Il écrivit en Hollande, à Turin, à Milan, à Florence, à Rome, à tous les représentants de son autorité, pour leur annoncer cet important arrangement, pour leur en apprendre les détails, les autoriser à en divulguer le sens, non le texte, et à faire tout ce qui serait nécessaire pour rétablir le calme dans les consciences troublées.

Ce calme ne devait pas être de longue durée, car il était facile de prévoir qu'aussitôt que les conseillers ordinaires du Pape seraient retournés auprès de lui, ils essayeraient de mettre son esprit à la torture, en lui reprochant l'acte qu'il avait signé, en lui en montrant les graves conséquences, surtout le défaut d'à-propos, à la veille d'une guerre qui pouvait ne pas tourner à l'avantage de Napoléon. En effet, à peine les cardinaux noirs avaient-ils été admis à Fontainebleau, qu'on vit l'esprit du Pape, si gai, si satisfait pendant quelques jours, redevenir triste et sombre. Les cardinaux di Pietro et autres lui remontrèrent qu'il avait très-imprudemment aboli la puissance temporelle de la papauté, opéré par conséquent de sa propre autorité une révolution immense dans l'Église, abandonné le patrimoine de Saint-Pierre qui ne lui appartenait point, et cela sans nécessité, Napoléon étant à la veille de succomber; qu'on l'avait trompé sur la situation de l'Europe, et qu'un acte pareil surpris, sinon arraché, ne devait pas le lier. En un mot, ils tâchèrent de lui inspirer mille terreurs, mille remords, et lui tracèrent de l'état des choses un tableau tel que la passion la plus violente pouvait seule le suggérer, tableau qui malheureusement devait bientôt se trouver véritable par la faute de Napoléon, mais que tout homme sage dans le moment aurait jugé faux ou du moins très-exagéré, car, bien qu'ébranlé dans l'opinion du monde, l'Empire français remplissait encore ses ennemis d'une profonde terreur.

Fév. 1813.

de ce qu'il a fait.

Ces conseils jetèrent l'infortuné Pie VII dans un de ces états d'agitation, de désespoir, où nous l'avons déjà vu tant de fois, et dans lesquels il perdait la dignité touchante de son caractère. Mais comment sortir de cet embarras? Comment nier ou révoquer une signature à peine donnée? Qui eût osé le conseiller? Personne, pas même les cardinaux qui ve-

Pie VII, sans contester le nouveau concordat, prend le parti de se refuser à son exécution.

naient, grâce au dernier concordat, de recouvrer leur liberté, leur admission auprès du Pape, et la faculté de lui bouleverser l'esprit et le cœur. Ils auraient craint de voir se refermer sur eux les portes des prisons d'État. Il fut donc convenu entre eux et Pie VII qu'on dissimulerait, qu'on n'afficherait aucun changement de dispositions, et qu'on attendrait les événements qui ne pouvaient manquer d'être prochains. En effet, Avignon ne serait pas prêt avant un an ou deux; on ne pouvait jusque-là exiger du Pape aucun acte officiel dérivant de ses nouveaux engagements; le concordat, en outre, ne devait pas être publié; il n'y avait donc qu'à se taire, et à se résigner quelque temps encore à la vie de reclus qu'on menait à Fontainebleau, à repousser doucement sous divers prétextes la pompe dont Napoléon voudrait entourer la papauté devenue française, et, quant aux bulles d'institution canonique réclamées depuis si longtemps par les nouveaux prélats, à se renfermer, comme on avait toujours fait, dans une simple abstention sans refus.

Ce plan adopté, il eût fallu plus d'empire sur lui-même que le Pape n'en possédait, pour cacher complétement ce qui se passait dans son âme. L'officier, fort adroit, qui le gardait sous l'habit de chambellan, le capitaine Lagorsse, s'aperçut bien vite de son trouble, et en devina la cause en voyant les agitations de l'infortuné Pontife se lier toujours aux visites des cardinaux les plus signalés par leur malveillance. Il en avertit par le ministre des cultes Napoléon lui-même, qui ne fut pas très-surpris de ce qui arrivait, et qui s'écria, en apprenant l'usage que faisaient de

LES COHORTES.

leur liberté ceux à qui on venait de la rendre : Je crois que nous avons agi trop vite. — Il eut bientôt un signe certain, quoique fort déguisé, des secrètes résolutions de Pie VII. L'auguste prisonnier, détenu depuis 1809, soit à Savone, soit à Fontainebleau, n'avait jamais eu à s'occuper des finances de sa maison, car il était défrayé de toutes ses dépenses sans qu'il eût à s'en mêler. Cependant, comme il pouvait être tenté de faire ou quelques aumônes ou quelques largesses, on avait saisi diverses occasions de lui offrir de l'argent, qu'il avait toujours refusé, quoique présenté de la manière la plus délicate. Cette fois, redevenu souverain, ayant bien des services à récompenser, et ayant droit de le faire sur des revenus qui lui étaient régulièrement attribués, il pouvait accepter décemment. Napoléon lui envoya les agents du Trésor impérial pour mettre à sa disposition les sommes dont il aurait besoin. Il repoussa ces dernières offres avec douceur, et sans affectation, comme si le moment n'était pas venu de rentrer ostensiblement dans l'exercice de sa nouvelle souveraineté.

Il n'en fallait pas davantage pour deviner les résolutions et les calculs des hommes qui dirigeaient le Pape. Mais Napoléon était aussi rusé que le plus rusé d'entre eux. Il voyait qu'ils ne voulaient pas faire d'éclat, et il ne le voulait pas non plus. Ce qui lui importait, ce n'était pas que les affaires de l'Église fussent arrangées, mais qu'elles le parussent, et pour quelque temps elles allaient le paraître, du moins aux yeux des masses. On publia partout, dans les provinces les plus reculées de

Fév. 1813.

Napoléon s'apercevant des intentions de Pie VII, s'y prête, parce qu'il lui suffit d'annoncer sans être démenti le rétablissement de la bonne intelligence avec le Saint-Siège.

l'Empire, qu'un concordat était signé entre le Pape et l'Empereur, que le Pontife était libre, qu'il allait se rendre dans le siége où il devait exercer la puissance pontificale; qu'en un mot toutes les difficultés religieuses étaient terminées. Quelques individus, plus au fait de l'intrigue romaine, essayèrent de répondre que c'était un mensonge, que le Pape n'avait consenti à rien. Il y en eut même qui osèrent répandre que Napoléon avait voulu violenter Pie VII sans en rien obtenir, ce qui a fourni depuis à certains écrivains l'occasion d'avancer que Napoléon avait traîné à terre, et par ses cheveux blancs, le vénérable vieillard (scène à peine croyable au moyen âge). Mais la foule pieuse et innocente, ignorant ces prétendus secrets, courut au pied des autels remercier Dieu du nouveau concordat, et se mit à espérer, comme le désirait Napoléon, que cette paix du ciel lui vaudrait peut-être la paix de la terre.

Il y avait deux mois que Napoléon était de retour à Paris, et, on le voit, il avait déjà fortement mis la main à toutes choses, diplomatie, guerre, finances et culte. C'était le moment d'ouvrir le Corps législatif, formalité devenue tellement insignifiante sous son règne, qu'on ne savait jamais le jour où ce corps commençait ses travaux, ni le jour où il les finissait. Cette fois, au contraire, on attachait un vif intérêt à la séance d'ouverture, et c'était un symptôme frappant du changement opéré dans les esprits. Sans songer à se ressaisir encore de ses affaires, imprudemment abandonnées à un génie prodigieux mais sans frein, la nation voulait au moins les connaître, et désirait lire le discours que prononcerait l'Empereur, si, comme on le supposait, il ouvrait le Corps législatif en personne.

Fév. 1813.

Napoléon effectivement en avait l'intention, afin de parler lui-même à la France et à l'Europe du haut de son trône, ébranlé sans doute, mais le plus élevé encore de l'univers. En comptant tous les jours ses ressources, en voyant les moyens affluer de nouveau sous sa main puissante, en combinant ses vastes plans militaires, il avait repris une entière confiance en lui-même, et il voulait qu'à la fierté de son langage, le monde jugeât de l'état vrai de son âme, et de la nature de ses résolutions.

En conséquence, le dimanche 14 février, il se rendit au Corps législatif pour lui faire l'honneur, qu'il ne lui accordait pas souvent, d'ouvrir sa session en personne, et pour lui exposer l'état des affaires de l'Empire. Entouré d'un cortége magnifique, il lut le discours suivant, dont l'imprudence égalait malheureusement l'éclat et la vigueur.

Séance impériale du 14 février, dans laquelle Napoléon prononce lui-même le discours d'ouverture de la session.

« MESSIEURS LES DÉPUTÉS DES DÉPARTEMENTS
AU CORPS LÉGISLATIF.

» La guerre rallumée dans le nord de l'Europe,
» offrait une occasion favorable aux projets des An-
» glais sur la Péninsule. Ils ont fait de grands efforts.
» Toutes leurs espérances ont été déçues..... Leur
» armée a échoué devant la citadelle de Burgos, et a
» dû, après avoir essuyé de grandes pertes, évacuer
» le territoire de toutes les Espagnes.

» Je suis moi-même entré en Russie. Les armes
» françaises ont été constamment victorieuses aux

» champs d'Ostrowno, de Polotsk, de Mohilew, de
» Smolensk, de la Moskowa, de Malo-Jaroslawetz.
» Nulle part les armées russes n'ont pu tenir devant
» nos aigles. Moscou est tombée en notre pouvoir.

» Lorsque les barrières de la Russie ont été forcées
» et que l'impuissance de ses armes a été reconnue,
» un essaim de Tartares ont tourné leurs mains par-
» ricides contre les plus belles provinces de ce vaste
» empire, qu'ils avaient été appelés à défendre. Ils
» ont en peu de semaines, malgré les larmes et le
» désespoir des infortunés Moscovites, incendié plus
» de quatre mille de leurs plus beaux villages, plus
» de cinquante de leurs plus belles villes, assouvis-
» sant ainsi leur ancienne haine, sous le prétexte
» de retarder notre marche en nous environnant d'un
» désert. Nous avons triomphé de tous ces obsta-
» cles! L'incendie même de Moscou, où, en quatre
» jours, ils ont anéanti le fruit des travaux et des
» épargnes de quarante générations, n'avait rien
» changé à l'état prospère de mes affaires..... Mais
» la rigueur excessive et prématurée de l'hiver a
» fait peser sur mon armée une affreuse calamité.
» En peu de nuits j'ai vu tout changer. J'ai fait de
» grandes pertes. Elles auraient brisé mon âme, si,
» dans ces graves circonstances, j'avais dû être ac-
» cessible à d'autres sentiments qu'à l'intérêt, à la
» gloire et à l'avenir de mes peuples.

» A la vue des maux qui ont pesé sur nous, la joie
» de l'Angleterre a été grande, ses espérances n'ont
» pas eu de bornes. Elle offrait nos plus belles pro-
» vinces pour récompense à la trahison. Elle mettait
» pour condition à la paix le déchirement de ce bel

» empire : c'était, sous d'autres termes, proclamer
» *la guerre perpétuelle.*

» L'énergie de mes peuples dans ces grandes
» circonstances, leur attachement à l'intégrité de
» l'Empire, l'amour qu'ils m'ont montré, ont dis-
» sipé toutes ces chimères, et ramené nos ennemis à
» un sentiment plus juste des choses.

» Les malheurs qu'a produits la rigueur des fri-
» mas ont fait ressortir dans toute leur étendue la
» grandeur et la solidité de cet empire, fondé sur les
» efforts et l'amour de cinquante millions de citoyens,
» et sur les ressources territoriales des plus belles
» contrées du monde.

» C'est avec une vive satisfaction que nous avons
» vu nos peuples du royaume d'Italie, ceux de l'an-
» cienne Hollande et des départements réunis, riva-
» liser avec les anciens Français, et sentir qu'il n'y a
» pour eux d'espérance, d'avenir et de bien que
» dans la consolidation et le triomphe du grand
» empire.

» Les agents de l'Angleterre propagent chez tous
» nos voisins l'esprit de révolte contre les souverains.
» L'Angleterre voudrait voir le continent entier en
» proie à la guerre civile et à toutes les fureurs de
» l'anarchie; mais la Providence l'a elle-même dési-
» gnée pour être la première victime de l'anarchie et
» de la guerre civile.

» J'ai signé directement avec le Pape un concordat
» qui termine tous les différends qui s'étaient malheu-
» reusement élevés dans l'Église. La dynastie fran-
» çaise règne et régnera en Espagne. Je suis satisfait
» de la conduite de tous mes alliés. Je n'en abandon-

Fév. 1843.

» nerai aucun ; je maintiendrai l'intégrité de leurs
» États. Les Russes rentreront dans leur affreux
» climat.

» Je désire la paix : elle est nécessaire au monde.
» Quatre fois depuis la rupture qui a suivi le traité
» d'Amiens, je l'ai proposée dans des démarches
» solennelles. Je ne ferai jamais qu'une paix honora-
» ble et conforme aux intérêts et à la grandeur de
» mon empire. Ma politique n'est point mystérieuse ;
» j'ai fait connaître les sacrifices que je pouvais faire.

» Tant que cette guerre maritime durera, mes
» peuples doivent se tenir prêts à toutes espèces de
» sacrifices ; car une mauvaise paix nous ferait tout
» perdre, jusqu'à l'espérance, et tout serait compro-
» mis, même la prospérité de nos neveux !

» L'Amérique a recouru aux armes pour faire
» respecter la souveraineté de son pavillon. Les vœux
» du monde l'accompagnent dans cette glorieuse
» lutte. Si elle la termine en obligeant les ennemis
» du continent à reconnaître le principe que le pavil-
» lon couvre la marchandise et l'équipage, et que
» les neutres ne doivent pas être soumis à des blocus
» sur le papier, le tout conformément aux stipula-
» tions du traité d'Utrecht, l'Amérique aura bien
» mérité de tous les peuples. La postérité dira que
» l'ancien monde avait perdu ses droits, et que le
» nouveau les a reconquis.

» Mon ministre de l'intérieur vous fera connaître
» dans l'exposé de la situation de l'Empire, l'état
» prospère de l'agriculture, des manufactures et de
» notre commerce intérieur, ainsi que l'accroisse-
» ment toujours constant de notre population. Dans

» aucun siècle, l'agriculture et les manufactures
» n'ont été en France à un plus haut degré de
» prospérité.

» J'ai besoin de grandes ressources pour faire face
» à toutes les dépenses qu'exigent les circonstances;
» mais moyennant différentes mesures que vous pro-
» posera mon ministre des finances, je ne devrai
» imposer aucune nouvelle charge à mes peuples. »

Ce discours, qui était de nature à émouvoir fortement les esprits, fut reçu avec les acclamations qui accueillent presque toujours le prince vulgaire ou grand, solidement établi ou menacé, qui se présente aux yeux de la foule. S'il était permis d'oublier un instant que la sagesse est la première des qualités dans le gouvernement des États, on admirerait volontiers à la tête d'un vaste empire cette indomptable fierté, ces conditions de paix si hardiment, quoique si imprudemment tracées au monde ! Toutefois en songeant à la situation de l'Europe, aux cris du patriotisme révolté retentissant d'une extrémité du continent à l'autre, on regrette que ce beau langage apportât tant de difficultés aux négociations qui pouvaient seules amener la paix, et arrêter l'effusion du sang humain ! Qu'allait dire en effet l'Angleterre de cette déclaration que la *dynastie française régnait, et régnerait en Espagne?* Qu'allaient dire tous les États intéressés au partage du grand-duché de Varsovie, de cette déclaration que *la France maintiendrait l'intégrité du territoire de tous ses alliés?* Qu'allait dire, et surtout qu'allait faire l'Autriche, chargée de rapprocher les puissances, si on lui rendait sa tâche impossible ?

Fév. 1813.

Effet produit par le discours impérial.

Difficultés qui allaient en résulter par rapport aux négociations.

Fév. 1813.

Derniers
événements
survenus
en Allemagne
pendant
les préparatifs
militaires
de Napoléon.

Retraite
du
roi de Prusse
à Breslau.

Édits
pour la levée
des
volontaires.

Telles étaient les questions désolantes que soulevait ce discours. Mais le public ignorant le secret des cabinets, ne pouvait pas se les adresser. L'assurance du langage impérial était faite pour le tranquilliser, du moins dans une certaine mesure, et pour imposer à l'Europe. C'était tout ce qu'il y avait de politique dans cet impolitique discours. On jugera du reste de ses effets par les événements eux-mêmes.

On se ferait difficilement une idée du changement que quelques jours écoulés avaient apporté dans l'Allemagne déjà si émue. Le roi de Prusse, qui s'était retiré à Breslau pour y être plus indépendant de nous, et même de ses sujets, n'y était plus maître de ses déterminations. Toujours convaincu que le seul moyen de sortir sain et sauf du chaos des événements actuels, c'était d'avoir beaucoup de soldats sous les armes, il n'avait pas attendu pour ordonner de nouvelles levées les réponses aux questions posées à Paris. Il avait publié plusieurs édits, et deux notamment, l'un pour engager les jeunes gens de famille à servir comme volontaires dans les chasseurs à cheval, l'autre pour engager les jeunes gens de toutes les classes à servir comme chasseurs à pied dans les régiments d'infanterie. L'opinion publique, en effet, eût été révoltée d'une distinction qui eût ouvert aux uns, fermé aux autres, les rangs de l'armée, toutes les classes demandant à contribuer à ce qu'elles appelaient l'affranchissement de l'Allemagne. A ce double appel, les têtes déjà en fermentation avaient été saisies d'un vertige général. De toutes parts on était accouru chez M. de Goltz, le seul des ministres prussiens demeuré à Berlin, et

on lui avait demandé violemment, comme on le fait
dans les jours de révolution, pour qui, contre qui,
le roi réclamait le secours de ses sujets, ajoutant
qu'ils étaient prêts, dans un cas, à se lever tous
comme un seul homme, et ce cas, il n'était pas difficile de le deviner, c'était celui où le roi voudrait
employer leur dévouement contre l'oppresseur de
l'Allemagne, contre Napoléon. M. de Goltz, qui
connaissait parfaitement la situation, et qui savait
comment parler et se conduire, leur avait répondu
en les exhortant à se confier dans la sagesse et le
patriotisme du roi, à s'en remettre à lui des intérêts de la patrie, et à lui donner leurs bras, en le
laissant libre d'en disposer comme il croirait plus
utile de le faire. Tandis que M. de Goltz gardait cette
réserve, ses yeux, son visage exprimaient ce que
sa langue n'osait pas dire, et on l'avait quitté pour
s'enrôler. De toutes parts d'ailleurs, les meneurs
des sociétés secrètes avaient dit qu'il fallait s'armer,
que le roi, incertain encore dans le moment, ne le
serait pas longtemps, qu'un peu plus tôt, un peu
plus tard, il serait entraîné, et que plus il se sentirait
fort, et entouré de ses sujets armés, plus il incline-
rait à suivre le penchant de son cœur, qui le portait
à se dévouer à l'affranchissement de l'Allemagne.
Sous ces fortes impulsions, la jeune noblesse s'était
enrôlée dans les chasseurs à cheval, la jeune bour-
geoisie des écoles et du commerce s'était empressée
de prendre rang dans les chasseurs à pied. En quelques jours les universités et les boutiques avaient
été vides, et il avait fallu presque suspendre les
cours publics. La noblesse s'équipait elle-même;

Fev. 1813.

Enthousiasme universel en Prusse, et empresse-ment à courir aux armes.

des dons volontaires, rendus obligatoires par des taxations qu'on envoyait chez les principaux commerçants, servaient à équiper les jeunes gens privés de ressources. Les arsenaux de l'État leur fournissaient des armes. Pour achever la ressemblance avec les premières journées de notre révolution, tous les hommes avaient pris une cocarde, c'était la cocarde noire et blanche. Aucun n'eût osé négliger de mettre à son chapeau ce signe de ralliement, car il eût passé pour un citoyen tiède ou ennemi de son pays.

Le roi de Prusse, apprenant à Breslau cet enthousiasme de ses sujets, dont il était témoin d'ailleurs en Silésie, était à la fois joyeux et alarmé, joyeux de se voir bientôt à la tête d'une force considérable, alarmé d'être pressé entre les Russes et les Français, obligé de se prononcer pour les uns ou pour les autres, sans savoir encore de quel côté se trouveraient l'indépendance et la restauration de la Prusse. Les réponses de Paris arrivant sur ces entrefaites le trouvèrent on ne peut pas plus mal disposé à les écouter patiemment. Cet excellent prince, comme tous les caractères inertes et ordinairement contenus, avait des moments où il s'échappait à lui-même, et où il n'était plus reconnaissable. Il fut indigné de ce qu'on lui contestait une somme de 94 millions dépensée pour l'armée française, de ce qu'on lui refusait un argent dont il avait si grand besoin, de ce qu'on lui retenait ses places de l'Oder et de la Vistule qui lui eussent été si utiles pour se décider avec plus de sûreté entre les Français et les Russes, surtout de ce qu'on lui déniait jusqu'à la faculté d'entrer en rapports osten-

sibles avec l'empereur Alexandre. Il tenait beaucoup
en effet à s'aboucher sans retard avec ce monarque,
premièrement parce que les Autrichiens autorisés à
s'entremettre avaient déjà envoyé des agents diplomatiques à Wilna et à Londres, secondement parce
qu'il voulait écarter les armées belligérantes de la
Silésie, troisièmement enfin parce qu'il voyait à Kœnigsberg le baron de Stein, le général d'York, les
agents russes, gouverner la province, convoquer les
états, agir sans lui, et éventuellement contre lui,
trancher en un mot du souverain, et se conduire
comme s'ils étaient prêts à se détacher de la monarchie prussienne dans le cas où il n'adhérerait
pas à la coalition. Frédéric-Guillaume éperdu voulait
demander compte à Alexandre de ces procédés envers un ami, envers un ancien allié, dont il avait
causé jadis les malheurs, et dont il devait aujour-
d'hui comprendre les cruels embarras. L'homme qu'il
aurait désiré envoyer auprès d'Alexandre était
M. de Knesebeck, le même qu'il avait chargé l'année
précédente d'aller expliquer et justifier à Saint-Pétersbourg son traité d'alliance avec Napoléon, et
qui, autorisé ou non, avait dépassé de beaucoup les
limites dans lesquelles il aurait dû se renfermer pour
rester loyal envers la France. Sans doute Frédéric-
Guillaume aurait pu dépêcher M. de Knesebeck secrètement, mais on n'aurait pas tardé à le savoir, les
meneurs de Kœnigsberg, dans leur joie, n'auraient
pas manqué de le publier, et le roi eût été en infraction de son alliance avec Napoléon, par conséquent
dans un mauvais cas, si une nouvelle victoire d'Iéna
ouvrait la campagne. Frédéric-Guillaume aurait donc

Fév. 1813.

Ce prince était surtout fort contrarié de ne pouvoir entrer en relations directes avec la Russie.

voulu, outre la restitution de son argent et de ses places, obtenir l'autorisation d'envoyer un agent ostensible auprès d'Alexandre.

Le monarque prussien, qui offrait le triste spectacle d'un roi honnête, placé entre sa conscience et l'intérêt de sa couronne, était en ce moment cruellement agité par l'une et par l'autre. Quoique peu démonstratif ordinairement, il afficha cette fois encore plus de colère qu'il n'en éprouvait, disant qu'il n'y tenait plus, qu'on l'opprimait, qu'on lui déniait ce qu'on lui devait incontestablement en lui refusant les 94 millions réclamés; qu'on s'était engagé à le rembourser dans trois mois, et qu'il y en avait plus de six que les fournitures avaient été faites; qu'en lui retenant ses places, données en gage jusqu'à ce qu'il se fût acquitté, on violait les traités et son territoire, puisqu'il ne devait plus rien; qu'en lui contestant, ce qui appartenait à toute puissance indépendante, la faculté de négocier avec un État voisin, on le traitait comme un prince dépendant, qui n'aurait plus la liberté de ses déterminations; que si encore on pouvait le protéger, si on s'était maintenu sur le Niémen ou sur la Vistule, il y aurait prétexte à écarter tout pourparler avec la Russie, mais qu'ayant perdu le Niémen, après le Niémen la Vistule, et étant à la veille de perdre l'Oder, il était injuste et déraisonnable de l'empêcher de négocier, pour la neutralité au moins de sa royale demeure.

Après avoir fait grand bruit de ces raisons, de manière à se préparer une excuse à tout événement, le roi, sans le publier ni le cacher, expédia M. de Knesebeck pour le quartier général russe, et dès ce jour on peut dire que d'une alliance il avait passé à l'autre. Il n'était pas encore fixé sur le mérite de sa résolution, il ne savait pas s'il faisait bien ou mal, s'il ne renouvelait pas la faute de 1806, si le mouvement auquel il assistait n'était pas semblable à celui qui avait précédé la bataille d'Iéna, et ne serait pas suivi des mêmes revers! Il est en effet si difficile quelquefois de distinguer entre le présent et un passé qui lui ressemble sous beaucoup de rapports, et de discerner dans ce présent ce que la Providence a caché de nouveau! Mais Frédéric-Guillaume voyait les Français se retirer pas à pas du Niémen à la Vistule, de la Vistule à l'Oder, les Russes s'avancer à leur suite, ses sujets l'appeler à grands cris, la question d'heure en heure se résoudre sans lui, et n'attendant plus de lumières de sa raison qui ne pouvait plus lui en fournir, il se mit à attendre toute lumière, toute détermination de l'événement lui-même. D'ailleurs son cœur de citoyen et de roi était avec ces Allemands qui poussaient mille cris, levaient mille bras pour l'indépendance de l'Allemagne, et si quelque chose le retenait encore, c'était la crainte seule d'aggraver l'esclavage de cette Allemagne qui lui était si chère.

Le secret de ce cœur royal, tous les Prussiens le devinaient et le disaient aux Russes. M. de Knesebeck ne pouvait que le répéter à Alexandre. Il fallait marcher en avant, forcer le quartier général français à rétrograder de Posen jusqu'à Francfort-sur-l'Oder; il fallait aussi marcher sur Varsovie, de Varsovie sur Cracovie, et la Silésie enveloppée ainsi par ses deux extrémités, tomberait avec son roi dans

Fév. 1813.

M. de Knesebeck à l'empereur Alexandre.

Marcher en avant afin d'éloigner les Français de la Prusse, était pour les Russes le vrai moyen de décider le roi Frédéric-Guillaume

Fév. 1843.

Avis pour et contre une marche en avant parmi les militaires russes.

les mains d'Alexandre. Il fallait faire plus encore, il fallait s'avancer non-seulement sur l'Oder, mais sur l'Elbe, dégager à droite Berlin et Hambourg, à gauche Dresde, et on délivrerait non-seulement la Prusse qui se lèverait tout entière comme un seul homme, mais les provinces anséatiques, le Hanovre, la Westphalie qui n'attendaient que l'occasion de s'insurger, la Saxe qui ne demandait qu'à être arrachée à la carrière aventureuse où Napoléon l'avait précipitée, peut-être même le Wurtemberg et la Bavière, et ce qui importait mille fois davantage, on délivrerait l'Autriche des liens dans lesquels la politique et une fausse parenté la tenaient encore engagée.

Les militaires réfléchis, le prince Kutusof en tête, désapprouvaient une marche aussi hardie, car il était impossible de laisser derrière soi Dantzig et Thorn qui avaient 30 mille hommes de garnison, Stettin, Custrin, Glogau, Spandau qui en avaient 30 mille autres, sans bloquer au moins ces places, et on ne pouvait dès lors poursuivre la campagne qu'avec une faible partie de ses forces. Il fallait en effet laisser à droite 40 mille hommes devant les places de la basse Vistule, 20 à 30 mille à gauche devant Varsovie et les Autrichiens, il devait donc en rester une cinquantaine de mille pour agir offensivement contre les Français, auxquels on rendrait en les poussant sur l'Elbe le service de les obliger à se concentrer, de manière qu'on se serait affaibli autant qu'on les aurait renforcés. Invincible derrière le Niémen, beaucoup moins sur la Vistule, plus du tout sur l'Oder, on serait incapable de vaincre sur l'Elbe. Il y avait donc folie à venir s'exposer ainsi au premier bond de ce lion irrésistible, contre lequel on n'avait obtenu de succès qu'en l'évitant.

Ces raisonnements, peu politiques, mais très-militaires, ne rencontraient que des oreilles rebelles chez les Allemands enthousiastes, et chez les Russes enthousiasmés à leur tour, et il est vrai qu'il y a des jours, fort rares sans doute, où la passion a plus raison que la raison. On répondait en effet, que les Français étaient enfermés dans les places et n'en sortiraient point, que les Prussiens et 20 mille Russes tout au plus suffiraient pour les contenir; qu'à gauche les Polonais étaient consternés, prêts à accepter d'Alexandre une restauration de leur patrie qu'ils n'attendaient plus de la France; que les soldats autrichiens buvaient tous les jours avec les soldats russes, qu'ils se retireraient volontiers devant le moindre corps chargé de les suivre, qu'on aurait ainsi 80 mille hommes au moins pour se porter en avant, que le prince Eugène n'en avait pas 20 mille, que les 25 ou 30 mille Français réunis à Berlin étaient menacés de tous côtés, et avaient la plus grande peine à s'y soutenir, que la plus simple démonstration forcerait le quartier général français à rétrograder de Posen sur Francfort, de Francfort sur Berlin, de Berlin sur Magdebourg, et que là des milliers d'Allemands se lèveraient pour l'obliger à rétrograder encore; mais que sans prétendre aller si loin, il était certain qu'en dégageant Posen et Varsovie, qu'en faisant un pas de plus pour dégager Berlin et Dresde, on affranchirait la Prusse, on se donnerait cent mille Prussiens tout de suite, deux cent mille dans quelques semaines, que cette alliance enlevée à Napoléon, assurée à la Russie et à l'Angleterre, achèverait de changer la face des choses en Europe, et mettrait sur la voie de la dernière des révolutions politiques, de la plus décisive, de celle enfin qui détacherait l'Autriche de la France pour la rattacher à la coalition européenne.

Fév. 1813.

Alexandre décidé surtout par les flatteries des Allemands à marcher en avant.

Toutes ces assertions étaient plus vraies que ne le croyaient les enthousiastes qui les débitaient, plus vraies encore que ne pouvait le supposer Alexandre à qui on les répétait tous les jours. Mais il ne fallait pas tant de vérité pour l'entraîner; il suffisait du bruit, du mouvement qu'on faisait autour de lui, des fumées si nouvelles de la gloire dont on l'enivrait, du titre de roi des rois qui de toutes parts retentissait à ses oreilles, et sans plus de motifs il avait décidé qu'on se porterait en avant. M. de Knesebeck n'avait pas eu beaucoup de chemin à parcourir pour le rencontrer, et il l'avait trouvé en marche sur la Vistule. Qu'avait-il à lui dire? rien qu'Alexandre ne sût, qu'on ne lui eût déjà dit, c'est que dès qu'il aurait fait quelques pas encore, la Prusse et son roi seraient à lui.

Mouvement des Russes sur la Vistule.

Alexandre avait employé le mois de janvier à se rendre par Suwalki, Willenberg, Mlawa, Plock sur la Vistule, cheminant entre la Pologne et la Vieille-Prusse. Resté du 5 février jusqu'au 9 à Plock, il en était parti pour Kalisch, n'ayant plus qu'une courte distance à franchir pour être à Breslau, auprès de Frédéric-Guillaume. Les gardes russes et la réserve, comprenant environ 48 mille hommes, l'avaient suivi. Pendant ce temps, Wittgenstein à droite avec l'ancienne armée de la Dwina, que précédaient quel-

Le centre, composé des réserves et de la garde, marche sur Kalisch.

ques mille Cosaques, s'avançait à la tête de 34 mille hommes sur Custrin et Berlin, laissant en arrière l'armée de Moldavie pour observer Dantzig et Thorn, avec 46 mille hommes. A gauche, Miloradovitch, Doctoroff, Sacken, disposant de 40 mille hommes, s'étaient dirigés sur Varsovie, et suivaient lentement le corps autrichien, qu'ils savaient peu disposé à se battre, et fort impatient de rentrer en Gallicie. L'ordre était donné aux deux colonnes de droite et de gauche de pousser toujours en avant, tandis que l'empereur Alexandre menant le centre, attendrait le moment d'entrer à Breslau pour se jeter dans les bras du roi de Prusse, et que l'ancienne armée de Moldavie, à la tête de laquelle Barclay de Tolly avait remplacé l'amiral Tchitchakoff, tiendrait en respect les garnisons de la Vistule.

Fév. 1813.

tandis que Wittgenstein s'avance sur Dantzig, et Miloradovitch sur Varsovie.

Le prince Eugène débordé à gauche par Thorn, à droite par Varsovie, n'osant pas dégarnir Berlin pour amener à lui les troupes de Grenier, n'avait aucune chance de se maintenir à Posen. Il en aurait eu le moyen, si le prince de Schwarzenberg avait voulu se retirer avec Reynier et Poniatowski sur Kalisch. Recevant ainsi un renfort de 50 mille hommes, ne craignant pas dans ce cas d'affaiblir un peu le corps qui gardait Berlin pour faire quelque chose de sérieux à Posen, il aurait pu avec 70 mille hommes tenir tête au centre russe, et en arrêtant le centre arrêter les ailes. Mais le prince de Schwarzenberg qui avait ordre de ne plus s'engager, depuis que sa cour adoptait ouvertement la politique de médiation, alléguait auprès du général Reynier et du prince Poniatowski l'impuissance où il était de

Le prince Eugène, débordé sur ses ailes, est obligé de quitter Posen.

Conduite du prince de Schwarzenberg, et sa retraite en Gallicie.

21.

Fév. 1813.

se battre, l'inutilité d'ailleurs de le faire actuellement dans l'intérêt des opérations futures, et les pressait de se tenir prêts à rétrograder davantage, car il ne pouvait plus demeurer à Varsovie. Invité à se diriger sur Kalisch, il avait répondu qu'ayant sur Cracovie, c'est-à-dire vers la Gallicie, ses dépôts, ses recrues, ses magasins, il lui était impossible de prendre la route de Kalisch, mais qu'il couvrirait ceux de ses compagnons d'armes qui croiraient devoir manœuvrer dans cette direction. Sur cette déclaration Reynier était parti tout de suite pour Kalisch, et y avait heureusement devancé les Russes, des mains desquels il n'avait pu se tirer qu'en livrant plusieurs combats d'arrière-garde. Poniatowski, rassemblant en toute hâte environ 15 mille Polonais, et laissant une garnison à Modlin, n'avait pu gagner à temps la route de Kalisch, et avait été contraint de suivre le prince de Schwarzenberg sur Cracovie, où il s'était retiré avec les restes fugitifs du gouvernement polonais.

Le prince Eugène, informé de ces divers mouvements, avait pris le parti de quitter Posen, et de s'acheminer vers Francfort-sur-l'Oder par la grande route de Meseritz. Il avait en même temps ordonné à l'ancienne division Lagrange, faisant partie des troupes qui gardaient Berlin, de venir à sa rencontre jusqu'à Francfort. Il s'était joint à elle avec les 10 mille hommes de toute nature qui lui restaient, et qui s'étaient accrus par le ralliement d'un certain nombre de soldats de la garde. Ne considérant pas la position de Francfort comme beaucoup plus tenable que celle de Posen, il avait résolu de se porter à Berlin, où il pouvait réunir avec Grenier

Retraite du prince Eugène sur Berlin.

40 mille hommes, et y avoir enfin une meilleure contenance que celle à laquelle il était réduit depuis un mois. Pendant qu'il y marchait, les coureurs de l'armée russe sous les colonels Tettenborn et Czernicheff, avaient passé l'Oder à Wrietzen, tout près de Berlin, avaient assailli à l'improviste un régiment de cavalerie italienne du corps du général Grenier, détruit ce régiment presque en entier, et fait éclater dans Berlin une joie immodérée.

Le général Grenier, sorti alors de Berlin avec ses deux divisions d'infanterie, avait repoussé les coureurs trop téméraires de l'armée de Wittgenstein, et était rentré dans cette capitale après avoir un peu calmé la joie de ses habitants. En prenant une forte position en avant de Berlin, en attirant à lui le corps du général Lauriston, dont une division était déjà à Magdebourg, en montrant la ferme résolution de combattre, le prince Eugène eût probablement arrêté les Russes, mais craignant de provoquer des événements décisifs avant l'arrivée de Napoléon, se voyant entouré d'ennemis, n'ayant pas plus de 2,500 hommes de cavalerie, exposé souvent à ne pouvoir pas même communiquer avec Magdebourg faute de troupes à cheval, il prit le parti de venir s'asseoir définitivement sur l'Elbe, où d'ailleurs le général Reynier avait déjà été obligé de se replier par le mouvement du centre des Russes. Le 4 mars il sortit de Berlin, après avoir évacué sur Magdebourg ses blessés, ses malades et son matériel. Placé désormais à la tête de quarante mille hommes, il n'avait plus à craindre qu'on vînt insulter sa prudence et ses aigles.

Mars 1813.

Le prince Eugène prend définitivement le parti de se replier sur l'Elbe, et de s'établir de Dresde à Magdebourg.

Le lendemain il était sur l'Elbe, et terminait cette longue retraite, commencée à Moscou le 20 octobre, et signalée par de si étranges et si prodigieux désastres. Le prince Eugène n'avait rien à se reprocher depuis qu'il avait pris le commandement, si ce n'est un peu trop de circonspection, et avait d'ailleurs rendu d'incontestables services. Tous les maréchaux et les généraux sans troupes, excepté les maréchaux Davout et Victor, l'avaient quitté. Il envoya le maréchal Davout à Dresde avec la division Lagrange, pour recueillir le général Reynier qui revenait de Kalisch, et pour défendre les points importants de Dresde et de Torgau. Il s'établit lui-même à Wittenberg avec les 10 mille hommes qui avaient été longtemps sa seule ressource, avec les troupes du corps de Grenier, et attira sur Magdebourg les divisions du corps de Lauriston, qui étaient prêtes à se porter en ligne. Il allait donc avoir 80 mille hommes sur l'Elbe, plusieurs grandes places mises en bon état de défense, et il ne pouvait plus être forcé d'abandonner cette ligne.

On comprend, sans qu'il soit besoin de le dire, la joie tumultueuse qui éclata dans toute la Prusse en apprenant l'évacuation définitive de Berlin. Bien avant cette évacuation, on avait envoyé au roi Frédéric-Guillaume émissaires sur émissaires, d'abord le fougueux baron de Stein, puis un Alsacien fort délié, le baron d'Anstett, dont le sol natal était depuis longtemps devenu français, puis un officier de grand crédit parmi les patriotes allemands, le général Scharnhorst, et on lui avait démontré de toutes les façons, par les raisons morales, politiques, militaires, qu'il fallait se donner à la Russie. On lui avait dit que Napoléon était vaincu, qu'il ne pourrait pas recommencer la longue série de ses victoires; que l'Europe, lasse de son joug, allait se soulever tout entière; que l'Autriche n'attendait que le signal de la Prusse pour se prononcer; que Napoléon ne résisterait point à une pareille masse d'ennemis; que la France d'ailleurs épuisée et dégoûtée ne lui en fournirait pas les moyens; qu'on débarrasserait ainsi le monde de son odieuse domination; que la Russie ne voulant pour elle-même que ce qu'elle avait autrefois possédé, allait restituer la portion du duché de Varsovie qui avait appartenu à la Prusse; qu'elle lui rendrait en outre toutes les parties de son territoire qu'elle parviendrait à reconquérir, et promettait même de ne pas poser les armes qu'elle n'eût aidé la Prusse à se reconstituer entièrement. C'était là surtout ce qui pouvait décider le roi Frédéric-Guillaume, car il craignait qu'après une bataille perdue on ne se décourageât, et qu'on ne le livrât encore, comme à Tilsit, à la vengeance de Napoléon. En prenant l'engagement de ne plus l'abandonner, et de soutenir une lutte à mort, on faisait ce qui devait le plus influer sur ses résolutions.

Mars 1813.

Raisons qu'on fait valoir auprès du roi Frédéric-Guillaume pour le décider à passer du côté des Russes.

Devant toutes ces raisons, devant toutes ces promesses, devant l'enthousiasme de ses sujets, il se rendit, en disant toutefois à ceux qui l'entouraient que ce ne devait pas être une affaire d'entraînement suivie d'un découragement subit comme en 1806, mais qu'il exigeait, puisqu'on voulait la guerre, qu'on y persévérât jusqu'à extinction, et en y prodiguant jusqu'au dernier écu, et jusqu'au dernier homme. Il autorisa donc M. de Hardenberg à signer le 28 février un traité par lequel la Russie s'engageait à réunir immédiatement 150 mille hommes, la Prusse 80 mille (chacune des deux puissances se proposant d'en réunir bientôt davantage), à les employer contre la France jusqu'à ce que la Prusse eût reçu une constitution plus conforme à son ancienne existence et à l'équilibre de l'Europe, à ne déposer les armes qu'après ce but atteint, à faire tous leurs efforts pour rattacher l'Autriche à la cause commune, à ne traiter en un mot que de concert, et jamais l'une sans l'autre. La Russie promettait en particulier d'employer ses bons offices auprès de l'Angleterre pour qu'elle conclût un traité de subsides avec la Prusse.

Tandis qu'ils prenaient ces engagements, le roi ni M. de Hardenberg n'avaient encore osé s'expliquer franchement avec M. de Saint-Marsan, ministre de France, et leur embarras avec lui était visible. Au moment où ils traitaient, l'armée française avait déjà évacué Posen et Francfort-sur-l'Oder, et s'apprêtait à sortir de Berlin. Elle n'était donc plus à craindre, et il y aurait eu peu de danger à déclarer franchement qu'on profitait de l'occasion pour refaire la fortune de son pays imprudemment compromise à une autre époque. Mais, d'une part, M. de Hardenberg avait assez d'esprit pour comprendre qu'il allait jouer une partie fort dangereuse pour son pays, et le roi assez de mémoire pour en être également convaincu, et tant que l'armée française n'avait pas repassé l'Elbe, ils n'osaient presque pas avouer ce qu'ils venaient de faire. M. de Hardenberg était même si ému, que le 27, veille de la signature du traité avec la Russie, il disait à M. de Saint-Marsan : Mais faites donc quelque chose pour la Prusse, et vous nous sauverez d'une cruelle extrémité ! — Il était sincère en s'exprimant de la sorte, et sur le point de prendre un parti qui pouvait être ou extrêmement heureux, ou extrêmement funeste pour sa patrie, il éprouvait les anxiétés d'un bon citoyen. Le roi, dont nous ne voudrions en rien décrier l'honnête caractère, fut encore moins franc que son ministre, et se servant d'une ruse peu digne de lui, feignit une extrême irritation à l'occasion de quelques procédés récents reprochés à l'armée française. Voici quels étaient ces procédés. Napoléon avait ordonné qu'on payât tout; mais les Prussiens, abusant de la situation, avaient exigé du général Mathieu Dumas, intendant de l'armée, des prix tels qu'il était impossible de les admettre. Le patriotisme autorisait à nous refuser des vivres, il n'autorisait pas à nous les faire payer trois ou quatre fois leur valeur. Napoléon avait donc cassé les marchés. Il avait ordonné aussi que les places de l'Oder s'approvisionnassent comme elles pourraient, en prenant autour d'elles ce qu'il serait impossible d'acheter. Les gouverneurs français de Stettin, Custrin, Glogau, n'y avaient pas manqué, et avaient enlevé à quelques lieues à la ronde le bétail, les grains, les bois, tout ce dont ils avaient eu besoin. Enfin le prince Eugène, là où ses troupes dominaient, avait empêché les levées en masse, lesquelles étaient une infraction évidente aux traités qui liaient la Prusse

Mars 1813.

Le roi de Prusse, pour préparer la France à un changement d'alliance, affecte une grande irritation au sujet de quelques actes récents des armées françaises.

envers la France, et limitaient l'étendue de ses armements. Certes, à côté de ce qui s'était passé pendant vingt ans de guerres acharnées, guerres que la Prusse avait provoquées bien gratuitement en 1792 (elle n'aurait pas dû en perdre le souvenir), ce n'était pas un motif sérieux à alléguer, pour une rupture d'alliance, que les trois faits que nous venons de rapporter. Il eût été plus simple et plus digne de dire que, longtemps vaincus, opprimés, on trouvait l'occasion de se relever, et qu'on la saisissait. Mais soyons justes à notre tour, et convenons que l'opprimé a contre son oppresseur le droit de la ruse. Il y perd de sa dignité, mais il ne manque à personne. Le 28 février, jour de la signature du traité avec la Russie, le roi affectant une irritation, qui, si elle était sincère, venait de la peur qu'il éprouvait en prenant un parti si grave, exigea qu'on adressât à M. de Saint-Marsan une note, où il nous était demandé compte péremptoirement, et avec sommation de répondre tout de suite, des derniers actes imputés à l'armée française. M. de Saint-Marsan ne pouvant répondre lui-même, la note fut envoyée à Paris par courrier extraordinaire.

Mais on ne se cachait plus, on n'en avait plus la force, et la joie des patriotes accourus à Breslau, entourant le roi, le félicitant publiquement de sa conduite, ne laissait aucun doute sur la résolution prise. D'ailleurs une suite de mesures tout à fait significatives vinrent rendre à peu près officielle la rupture avec la France. On donna cours forcé de monnaie aux papiers d'État qui répondaient à nos bons du Trésor. On décréta la formation d'une grande armée prussienne en Silésie. L'illustre général Blucher, celui qui avait toujours manifesté de l'asservissement de son pays le plus noble chagrin, fut nommé commandant en chef de cette armée. Le général Scharnhorst qui avait le plus contribué à entraîner le roi, fut nommé chef d'état-major de cette même armée. Enfin le procès du général d'York, qui n'avait jamais été commencé, se trouva, dit-on, terminé à son avantage. Il fut déclaré innocent, et réintégré dans le commandement des troupes dont il avait déterminé la défection. Les officiers prussiens qui, après l'alliance avec la France, avaient porté en Russie leur patriotisme indigné, les généraux Gneisenau, Clausewitz, furent appelés, pourvus de grades, et comblés de récompenses.

Mars 1813.

Après de telles manifestations, il n'y avait plus de contrainte à s'imposer, et l'entrevue des deux souverains nouvellement alliés eut lieu le 15 mars. Alexandre, accompagné de M. de Nesselrode et d'une foule de généraux, entra dans la capitale de la Silésie, et au milieu des applaudissements du peuple, des acclamations de l'armée, se jeta dans les bras de l'ami sacrifié jadis à Tilsit, et retrouvé récemment dans le désastre de Moscou. Le fougueux et généreux baron de Stein, retenu dans son lit par d'affreuses souffrances, n'était pas là pour assister à un événement qui était son ouvrage. La ville fut trois jours illuminée, et le roi eut du reste le soin de faire entourer par ses propres gardes la maison de M. de Saint-Marsan, afin qu'elle n'essuyât aucun outrage. Pendant ce séjour d'Alexandre à Breslau, M. de Hardenberg qui n'avait cessé de garder avec

Entrée d'Alexandre à Breslau, et entrevue de ce monarque avec le roi de Prusse.

Déclaration définitive de la Prusse.

M. de Saint-Marsan un silence triste, mais tellement expressif que ce n'était presque pas du silence, le rompit en lui remettant le 17 mars la déclaration de guerre à la France, et après lui avoir prodigué toute espèce de témoignages personnels, lui laissa le choix de partir quand et comme il voudrait.

Il n'est pas besoin d'affirmer que cet événement, quoique prévu, produisit sur l'Allemagne et sur l'Europe un effet immense. Les patriotes allemands manifestèrent plus que jamais leur joie et leurs espérances. Suivant eux, la Saxe, la Bavière, le Wurtemberg, tous les princes qu'on appelait nos esclaves, devaient sur-le-champ imiter la conduite de la Prusse, et prendre part à la coalition générale. Dans le désir d'accélérer ce résultat, les colonels Czernicheff et Tettenborn, laissant au corps de Wittgenstein le soin de suivre l'arrière-garde du prince Eugène sur Magdebourg et Wittenberg, descendirent l'Elbe avec leurs Cosaques, pour aller se montrer vers Hambourg, et pour essayer, de concert avec les flottilles anglaises, de soulever ces Français anséatiques, qui étaient Français malgré eux, et ne demandaient que l'occasion de ne plus l'être. En même temps les avant-gardes de l'armée russe du centre qui avaient traversé l'Oder, furent dirigées sur Torgau et sur Dresde, pour tâcher de décider la Saxe, et pour agir sur elle par les moyens qui avaient si bien réussi auprès de la Prusse.

Le prince Eugène inquiet pour Dresde en se repliant sur l'Elbe, avait appuyé à droite au lieu d'appuyer à gauche, et avait porté son centre à Wittenberg, au lieu de le porter à Magdebourg. Par suite de ce mouvement Hambourg s'était trouvé découvert, car on sait quelle distance il y a de Magdebourg, placé en quelque sorte au milieu de la ligne de l'Elbe, à Hambourg, situé à une petite distance de l'embouchure de ce fleuve (nous prenons ici la ligne de l'Elbe des montagnes de la Bohême à la mer). Les colonels Tettenborn et Czernicheff coururent donc avec neuf à dix mille Cosaques, appuyés par quelque infanterie légère, vers Lubeck et Hambourg. Les Anglais, de leur côté, avaient refait un établissement à l'île d'Héligoland, et y avaient accumulé des armes, des munitions, du matériel de guerre de tout genre. Leurs flottilles remplissaient les embouchures de l'Elbe. Il n'en fallait pas tant pour mettre en fermentation les têtes déjà fort enflammées des habitants de Hambourg. Le général Morand, non pas le célèbre Morand du corps de Davout, mais un vieux général du même nom, brave, malheureusement infirme, se retirait en ce moment avec deux mille hommes de la Poméranie sur Hambourg. Il fut assailli à l'improviste, mortellement blessé, et pris avec une partie de sa petite troupe. D'un autre côté le général Lauriston dirigé par Osnabruck, Hanovre, Brunswick sur Magdebourg, était encore à quarante lieues de là. Le général Boureier se trouvait à Hanovre au milieu des dépôts de sa cavalerie. Les forces qui résidaient à Hambourg même n'étaient suffisantes ni pour arrêter les Cosaques, ni pour contenir la population. Les autorités françaises qui avaient été fort maltraitées le 24 février précédent, qui avaient vu les douaniers, les commis des contributions indirectes, les agents de la police, bat-

Mars 1813.

Les Cosaques des colonels Tettenborn et Czernicheff envoyés à Hambourg.

Insurrection de Hambourg.

Mars 1813.

tus, pillés, expulsés, craignirent d'essuyer cette fois des traitements plus fâcheux encore, et évacuèrent Hambourg, en livrant la ville aux autorités municipales. Elles se dirigèrent sur Brême. A l'instant les Cosaques de Tettenborn accoururent au milieu de la joie générale, et reçurent les clefs de la ville pour les porter à l'empereur Alexandre. Les autorités municipales formées par les Français se démirent, et furent remplacées par l'ancien sénat. Une légion, dite légion de Hambourg, fut formée sur-le-champ, et composée de tous les hommes de bonne volonté disposés à s'armer pour la cause allemande. Elle fut équipée aux frais des riches Hambourgeois, qui remplirent en quelques heures une forte souscription ouverte pour subvenir à cette dépense. On fit signal aux Anglais d'arriver, et ils arrivèrent en effet bien vite avec des bâtiments chargés de sucre, de cafés, et de cotons. C'était doubler la joie que produisait leur apparition, car à la satisfaction de voir s'éloigner une autorité étrangère détestée, se joignait celle de voir le blocus continental aboli, et les voies du commerce rouvertes. Les malheureux Hambourgeois ne savaient pas à quel brusque retour de fortune ils s'exposaient par cette imprudente manifestation!

Situation de la Saxe.

Sur le haut Elbe, en Saxe, à Dresde, le même mouvement se produisit à l'approche des troupes russes et prussiennes.

Embarras et épouvante du roi Frédéric-Auguste.

L'infortuné Frédéric-Auguste, roi de Saxe, jusque-là fort attaché à Napoléon qui l'avait comblé de faveurs, et lui avait rendu la Pologne, commençait à sentir que tant d'ambition n'était pas faite pour lui, que le repos, l'amour de ses sujets, les pratiques religieuses étaient son lot véritable et unique. Aussi tout en regrettant beaucoup la Pologne, il était prêt à y renoncer, pourvu qu'on lui laissât sa chère Saxe, telle qu'il la possédait avant les grandeurs dont Napoléon l'avait accablé. Depuis les derniers événements, sans montrer moins de dévouement à la France, il avait pourtant cherché un conseiller qui dirigeât sa faiblesse dans ce dédale de circonstances prodigieuses, et il avait cru faire le meilleur choix possible en s'adressant à l'empereur d'Autriche, c'est-à-dire au beau-père, à l'allié de Napoléon. M. de Metternich s'était aussitôt efforcé de le rattacher à ce parti de princes allemands, qu'il s'appliquait à former, et dont le but était de pacifier l'Europe en s'interposant entre la Russie, l'Angleterre et la France, et en les forçant à accepter une paix toute germanique. On avait dit, et avec raison, à Frédéric-Auguste, que ce n'était pas trahir la France, que c'était lui rendre service au contraire, et en même temps remplir ses devoirs de bon Allemand, que de travailler à rétablir la paix sur la base d'une Allemagne indépendante, forte et respectée. Il n'avait pas hésité à suivre cette voie, et par ce motif n'avait répondu que d'une manière évasive aux réclamations du ministre de France, qui tantôt lui demandait des approvisionnements, tantôt des recrues, tantôt de la cavalerie. Pour se soustraire à ces instances, il avait fait valoir sa détresse, les dispositions malveillantes de ses sujets, et enfin l'impossibilité d'exécuter ce qu'on exigeait de lui dans le temps prescrit. Son corps d'armée étant revenu sur l'Elbe, sous la conduite du général Reynier, il l'avait

Mars 1813.

Ce prince s'adresse à l'Autriche, qui travaille à l'affilier au parti médiateur qu'elle cherche à former en Europe.

Le roi de Saxe cantonne à Torgau son

Mars 1813.

Infanterie revenue de Pologne avec le général Reynier, et laisse voir la résolution de ne plus l'employer activement.

cantonné dans Torgau, et là, sous prétexte de le recruter, il l'avait mis à part dans une place forte, pour y attendre, dans une espèce de neutralité semblable à celle du prince de Schwarzenberg, les directions de la politique autrichienne. Quant à sa cavalerie, composée de 1,200 cuirassiers superbes, et de 1,200 hussards et chasseurs excellents, dont Napoléon avait demandé impérieusement l'envoi, il l'avait positivement refusée. Pour lui inspirer le courage d'un tel refus, il lui avait fallu une peur plus grande encore que celle que lui inspirait Napoléon, et cette peur était celle des Cosaques, dont la présence partout annoncée faisait trembler jusqu'aux alliés des Russes. S'attendant à chaque instant à voir apparaître ces Cosaques, si effrayants de loin, il avait résolu de se placer au milieu de sa cavalerie, et de s'en aller avec sa famille dans un lieu sûr, laissant son infanterie dans Torgau, et ses États à ceux qui voudraient les occuper tour à tour. Avec de pareilles dispositions il suffisait de la défection de la Prusse, et de l'approche des avant-gardes russes, pour décider ce prince à exécuter un projet de fuite si longuement préparé. Malgré les représentations du ministre de France, M. de Serra, qui s'efforçait de lui démontrer l'inconvenance de son départ, et le danger d'abandonner ses sujets qui allaient inévitablement se livrer aux passions régnantes, et se donner envers la France des torts dont ils seraient bientôt punis, dont lui-même souffrirait, il partit, laissant Dresde dans les mains du maréchal Davout, ses objets les plus précieux et les moins transportables dans la forteresse de Kœnigstein, marchant

Il forme le projet de se retirer sous l'escorte de sa cavalerie, loin des armées belligérantes.

Ce prince, malgré les instances du ministre de France, se transporte en Bavière.

enfin lui-même avec son trésor, avec sa nombreuse famille, au milieu de trois mille hommes, tant cavaliers qu'artilleurs. Il aurait pu se retirer en Bohême, où il serait arrivé en quelques heures, sur une terre neutre, en ce moment inviolable pour toutes les puissances belligérantes. Il ne l'osa pas, et la cour d'Autriche ne l'eût pas voulu, pour ne pas découvrir trop tôt la secrète ligue qu'elle cherchait à former. Il se rendit par Plauen et Hof à Ratisbonne, sur le territoire du roi de Bavière, aussi embarrassé que lui. Son intention était de rester en Bavière, ou de se jeter en Autriche, selon les événements. M. de Serra lui avait bien adressé l'invitation de venir en France, mais une telle démarche l'eût perdu aux yeux des Allemands, eût été contraire d'ailleurs au projet de médiation de l'Autriche, et il n'avait point accepté cette invitation.

Mars 1813.

À peine était-il parti de Dresde que les Russes parurent aux environs de cette ville. L'infanterie saxonne s'était enfermée dans Torgau, et avait déclaré n'en vouloir pas sortir pour contribuer à la défense de l'Elbe. Le maréchal Davout avait pour défendre le cours supérieur de l'Elbe la division française Durutte, seul reste du corps de Reynier depuis que les Saxons l'avaient quitté, plus quelques troupes que le prince Eugène lui avait envoyées, et enfin les seconds bataillons de son corps qu'on venait de réorganiser à Erfurt. Il se hâta d'accourir à Dresde de sa personne, et prit les mesures que réclamaient les circonstances, en militaire probe mais inexorable, ne commettant aucun mal inutile, mais ordonnant sans pitié tout le mal nécessaire. Il par-

Apparition des Russes devant Dresde.

Le maréchal Davout fait sauter le pont de Dresde.

courut les bords de l'Elbe, ordonna la destruction des moulins, des bateaux, des bacs, malgré les cris des paysans saxons, et arrivé au beau pont de pierre qui dans Dresde servait à l'union des deux villes, la vieille et la nouvelle, il en fit miner deux arches, et les fit sauter, sans s'inquiéter des attroupements des habitants, de leurs menaces et de leurs clameurs. Il se mit ensuite à la tête de ses troupes pour recevoir les Russes s'ils essayaient de forcer le passage.

Ces mesures de défense devinrent l'un des griefs les plus violemment allégués dans toute l'Allemagne. On composa des gravures grossières, représentant le pont de Dresde détruit par celui que dans le Nord on appelait le féroce Davout, et on les répandit par milliers dans les villes et les campagnes. — Voilà, disait-on, comment les Français traitent leurs plus fidèles alliés, les Saxons, qui viennent de se battre vaillamment pour leur cause, tandis qu'eux Français s'enfuient en jetant leurs armes. —

Cette nouvelle excitation produite par la défection de la Prusse s'était naturellement fait sentir à Vienne, malgré la distance et l'ordinaire tranquillité de cette capitale. La politique profonde de M. de Metternich et de l'empereur François, quoique devinée par quelques esprits pénétrants, échappait aux gens passionnés de la cour, de l'armée et du peuple. Ils n'y voyaient qu'une coupable lenteur à se détacher de la France, et à secouer les funestes engagements qu'on avait pris en contractant le mariage de Marie-Louise avec Napoléon. Le déchaînement de cette partie du public autrichien était extrême. On remarquait parmi les plus animés l'impératrice elle-même, princesse de Modène, et ce qui est plus étonnant, l'archiduc Charles, ordinairement si sage, surtout si mesuré lorsqu'il s'agissait de la France. Mais ce prince sentant au fond du cœur fermenter son patriotisme allemand, profondément blessé d'ailleurs par son frère l'empereur François qui l'avait exclu de toute participation aux affaires, saisissait assez volontiers les occasions de blâmer le gouvernement, et cette fois du reste était sincère, car il était de ceux qui auraient voulu une conduite plus claire et plus franche. On allait jusqu'à lui prêter un propos étrange par sa hardiesse. Il avait dit, assurait-on, que si l'empereur François avait contracté un mariage gênant pour sa politique, et que chez lui le père embarrassât le souverain, il fallait qu'il abdiquât, et cédât la couronne à un membre de la famille plus libre de ses actions.

L'exaltation était si grande que M. de Metternich avait eu quelques craintes à concevoir pour sa personne, et que le gouvernement s'était vu obligé d'ordonner de nombreuses arrestations, même parmi des personnages considérables, tels que M. de Hormayer, l'un des employés les plus élevés de la chancellerie autrichienne, celui dont on se servait pour communiquer secrètement avec le Tyrol. Ce qui se passait en Allemagne n'était en effet ni du goût de l'empereur, ni du goût de M. de Metternich. D'abord il ne leur convenait pas d'exciter l'esprit public aussi vivement qu'on le faisait, et, pour secouer le joug de Napoléon, d'accepter celui des masses populaires. Alexandre leur paraissait un prince imprudent, enivré par des succès auxquels il n'était pas accoutumé, et Frédéric-Guillaume un prince faible, mené aujourd'hui

Mars 1843.

L'empereur François et M. de Metternich jugent la conduite de la Prusse fort imprudente, et ne veulent tomber ni sous le joug des masses populaires, ni sous le joug de la Russie.

par ses sujets, comme six ans auparavant il l'était par sa femme. Ni l'empereur ni M. de Metternich ne se faisaient faute d'exprimer ce jugement. Ensuite cette manière impétueuse, irréfléchie d'agir n'était pas la leur. Ils voulaient sortir des mains de Napoléon, sans se mettre dans celles d'Alexandre, et en sortir en tout cas, sans s'exposer à y retomber plus durement que jamais, par suite d'une guerre follement entreprise, et sottement conduite. Ils étaient loin de regarder Napoléon comme détruit; ils s'attendaient à le voir, de même qu'en 1806, déboucher d'une manière foudroyante des défilés de la Thuringe, et punir les imprudents qui venaient s'exposer de si près à ses coups. Si du reste un tel résultat n'était pas certain, il était au moins possible, et cette seule raison suffisait à leurs yeux pour qu'on dût ne pas agir si vite, ne pas s'engager surtout avant que l'armée autrichienne fût reconstituée, et même pour qu'on préférât la ressource d'une médiation, au moyen de laquelle on referait la situation de l'Allemagne sans courir le danger d'une guerre avec la France.

C'est de ce point de vue que le cabinet autrichien jugeait la conduite de la Prusse bien hasardée, les démonstrations allemandes bien téméraires; c'est de ce point de vue aussi qu'il ne cessait de nous donner des conseils de prudence et de modération, qu'il nous suppliait, en admettant que nous fissions encore une campagne vigoureuse, de ne vouloir tirer de nos succès futurs d'autre résultat qu'une paix prochaine, équitable, acceptable par toute l'Europe.

Aussi fut-il désolé quand il nous vit, comme dans

le rapport adressé au Sénat pour demander les nouvelles levées, comme dans le discours impérial prononcé le 14 février, annoncer des volontés absolues, tantôt à l'égard de l'Espagne, tantôt à l'égard des départements anséatiques, tantôt à l'égard du grand-duché de Varsovie, car c'était rendre impossible la médiation dont on l'avait chargé. Il s'en expliqua longuement et plusieurs fois avec M. Otto, notre ministre à Vienne. Lui parlant du discours impérial : J'admire fort, lui dit-il, cette fierté de langage de votre empereur, et j'y retrouve tout son génie; mais il faut songer aux conséquences de ce qu'on fait, et les conséquences ici ne peuvent être que déplorables. Comment voulez-vous que je négocie avec l'Angleterre, quand vous dites que la dynastie française règne et régnera en Espagne? Comment voulez-vous que je négocie avec la Russie et la Prusse, quand vous dites que les territoires constitutionnels ou appartenant à des alliés, c'est-à-dire les villes anséatiques et le grand-duché de Varsovie, demeureront chose sacrée et inviolable? Jamais je ne pourrai faire accepter de telles conditions à l'Europe. Or il nous faut la paix à nous, il vous la faut à vous, car même en gagnant des victoires, et vous aurez besoin d'en remporter beaucoup pour rendre l'Europe modérée à votre égard, même en gagnant des victoires, on ne résiste pas toujours au soulèvement universel des esprits, et bientôt même on en éprouve le contre-coup chez soi... — A cette occasion, sans nous dire la paix qu'il souhaitait, et qu'il était facile d'entrevoir, M. de Metternich essaya d'arracher à M. Otto le secret de

Mars 1813.

toujours vers la politique de médiation, M. de Metternich considère avec chagrin le langage absolu de Napoléon.

Sages observations de ce ministre sur le discours de Napoléon au Corps législatif.

M. de Metternich voudrait

Mars 1813.

Connaître les conditions de paix de la France, et ne pouvant en obtenir la confidence, laisse entrevoir celles de l'Autriche.

Longs entretiens de M. de Metternich avec M. Otto.

celle que nous désirions nous-mêmes. Mais il l'essaya en vain, car M. Otto ne savait rien. Ne réussissant pas à le faire parler, M. de Metternich n'hésita pas à parler lui-même, pour nous préparer à des conditions que l'Europe pût accepter, même en la supposant vaincue par nous, ce qu'il ne refusait jamais d'admettre dans son argumentation.—L'Espagne, dit-il, avec des formes tour à tour insinuantes ou franchement ouvertes, ne vous sera probablement pas concédée par l'Angleterre, surtout après la dernière campagne. A nous, Allemands, cette condition nous importe peu, elle ne nous touche que du point de vue de l'Angleterre, de laquelle ni la Russie ni la Prusse ne voudront se séparer dans les négociations. C'est tout au plus si vous ferez supporter à l'Angleterre la réunion de la Hollande à la France, mais avec plus d'une victoire encore, et cette condition comme la précédente ne nous touche qu'à cause des intérêts britanniques. Mais vous ne ferez supporter ni à l'Angleterre, ni à la Prusse, ni à la Russie, ni à l'Allemagne surtout, l'adjonction définitive des provinces anséatiques à l'empire français. Pourquoi donc être si affirmatifs, si absolus sur ce point? Que vous importent des pays placés si loin de votre véritable frontière, si peu utiles à votre défense, si étrangers à vos intérêts commerciaux, si peu sympathiques à votre nation, si nécessaires à la constitution d'une Allemagne indépendante! Quand vous attachiez une grande importance au blocus continental, vous pouviez tenir aux territoires anséatiques, mais aujourd'hui ce blocus croule de toute part, la Russie, la Prusse l'ont abandonné, vous-mêmes vous l'enfreignez tous les jours. Vous feriez en le maintenant la fortune de vos ennemis russes et prussiens, car tout passerait par chez eux, d'ailleurs la supposition de la paix générale en fait disparaître l'utilité; renoncez-y donc dès à présent, et en y renonçant, consentez à restituer des territoires qui ne pouvaient avoir d'avantage pour vous que du point de vue de ce blocus. Quant à la Prusse, il faut vous résigner à en admettre une plus forte, plus étendue, qui devienne le véritable État intermédiaire entre la Russie et le midi de l'Europe, État intermédiaire qu'il serait absurde de chercher aujourd'hui dans la Pologne, puisque vous n'avez pas réussi à la rétablir, et dont il nous appartient à nous Allemands plus qu'à vous de poursuivre la reconstitution, puisque nous sommes les voisins de la Russie, et que vous ne l'êtes pas. Pourquoi donc êtes-vous si affirmatifs sur le grand-duché de Varsovie, qu'on ne peut plus maintenir, que la Russie ne voudra jamais souffrir sur sa frontière, et qui est d'ailleurs la seule matière dont on puisse se servir pour recomposer la Prusse, sans détruire votre royaume de Westphalie? Pourquoi nous créer des difficultés insolubles, en exprimant à cet égard des volontés irrévocables?..... — Passant à la Confédération du Rhin, M. de Metternich ajoutait ce qui suit : — A quoi bon cette singulière création, qui vous impose des charges sans aucun avantage, qui est incompatible avec l'indépendance de l'Allemagne, et qui est aujourd'hui irrévocablement détruite dans l'esprit des Allemands? Quoi! vous vous obstineriez pour un vain titre de *protecteur*, qui, concevable sur la tête de votre glorieux

Mars 1813.

et puissant maître, serait ridicule sur la tête d'un enfant? Est-ce que votre empereur, possesseur de la frontière qui s'étend de Bâle au Texel, ayant Strasbourg, Mayence, Coblentz, Cologne, Wesel, Groningue pour points d'appuis de cette frontière, n'a pas assez d'influence sur l'Allemagne, n'est même pas assez inquiétant pour elle? Que veut-il de plus? Il n'a pas tant besoin de paraître le premier potentat du continent : qu'il se contente de l'être, et qu'il dissimule ce qu'il est, plutôt que de chercher à le montrer. Vous croyez peut-être, ajoutait-il, que nous voulons rétablir l'ancienne Confédération germanique pour reprendre la couronne impériale? Vous vous trompez. Nous ne songeons plus à ce titre aussi vain que pesant. Nous n'aurions qu'à choisir, car on nous offre tout, tout, entendez-vous (et en disant ces mots M. de Metternich laissait deviner de nombreuses et secrètes communications de la part des coalisés); mais nous ne voulons que les choses qu'on ne peut pas nous refuser, celles que vous-mêmes êtes prêts à nous concéder; nous voulons surtout une Allemagne indépendante et la paix, car nous avons soif de paix. Tous les peuples nous la demandent, et ils nous désavoueraient, nous abandonneraient si nous leur imposions des sacrifices pour un autre but que la paix. Vous nous direz que vous êtes forts, que vous allez vaincre encore vos ennemis. Nous le savons, nous y comptons, nous en avons même besoin pour obtenir la paix dont nous vous avons indiqué quelques conditions; mais rendez-la possible, et pour cela ne vous montrez pas absolus, ne soyez pas cause que les négociations se trouvent rompues avant d'être entamées ! —

Ces admirables conseils, donnés sincèrement, avaient été accompagnés des formes les plus douces, les moins menaçantes, et non pas énoncés une fois, et dogmatiquement, mais tantôt un jour, tantôt un autre, selon les occasions. Ils laissaient voir assez clairement la paix que l'Autriche serait disposée à accepter, peut-être même à appuyer de ses forces, et qui pouvait être résumée dans les termes suivants : l'Espagne restituée aux Bourbons, les villes anséatiques rendues à l'Allemagne, la Confédération du Rhin supprimée, le grand-duché de Varsovie réparti entre la Prusse, la Russie et l'Autriche, et quant à ce qui concernait l'Autriche en particulier, une meilleure frontière sur l'Inn, et la restitution de l'Illyrie! Certes la France conservant la ligne du Rhin, plus la Hollande, conservant le royaume de Westphalie comme État allié, c'est-à-dire vassal, le Piémont, la Toscane, Rome, comme départements français, la Lombardie, Naples, comme principautés de famille, la France était l'empire le plus puissant qui se pût imaginer, plus vaste même qu'il n'aurait fallu le désirer, car il était douteux que les successeurs du grand homme qui aurait fondé cet empire pussent le garder tout entier. L'Autriche avait raison de dire qu'il faudrait se battre, et se battre heureusement encore pour obtenir tous ces territoires, surtout celui de la Hollande; mais l'abandon de l'Espagne eût probablement décidé l'Angleterre en faveur de cette paix; quant à l'Italie, on se serait résigné à nous la laisser, si l'Autriche s'y était résignée elle-même;

Mars 1813.

Les conditions qu'il laissait entrevoir comme possibles suffisaient, et au delà, à la véritable grandeur de la France.

enfin quant à la Westphalie, ce qui prouvait qu'on était disposé à céder sur ce point, c'est qu'à Breslau l'empereur Alexandre et le roi de Prusse avaient refusé de prendre des engagements avec l'électeur de Hesse-Cassel, bien qu'il s'offrît à la coalition les mains pleines de millions, sa fortune lui ayant été secrètement conservée par le dévouement d'une puissante maison financière, qui commençait alors à s'élever en Europe, celle des frères Rothschild.

Du reste quelque paix qu'on fût prêt à admettre, ou à refuser, il ne fallait pas, comme le disait M. de Metternich avec une profonde sagesse, annoncer des volontés absolues, qui devaient rendre impossible l'ouverture des négociations, qui devaient même empêcher le premier essai de la médiation autrichienne, et qui dès lors allaient obliger le cabinet de Vienne à se prononcer tout de suite, ou pour nous ou contre nous, et probablement contre nous, ce qu'il n'avouait pas encore, mais ce qu'il était facile de deviner pour peu qu'on eût conservé la liberté de son jugement. — Laissez, avait ajouté M. de Metternich dans ses fréquents entretiens avec M. Otto, laissez s'assembler des négociateurs, et une fois réunis, ils seront menés plus loin qu'on ne le croit, car le monde veut la paix, et la demandera si fortement au premier congrès assemblé, que ce congrès ne pourra pas la lui refuser. —

Dans ce moment même se trouvait vérifiée la parfaite justesse de ces conseils. En effet, sur l'autorisation qui lui avait été adressée de Paris, le cabinet de Vienne avait envoyé M. de Wessenberg à Londres, M. de Lebzeltern à Kalisch, pour offrir non pas sa médiation (ce mot était modestement réservé pour plus tard), mais son entremise aux deux principales cours belligérantes, afin d'amener un rapprochement avec la France, et une paix dont tout le monde, écrivait-il, avait un pressant besoin. M. de Wessenberg, après avoir pris la voie de Hambourg, où la police française s'était même montrée assez incommode à son égard, ce qui avait été un nouveau grief pour les gazettes allemandes, s'était rendu à Londres, y avait été reçu par lord Castlereagh avec une extrême politesse, mais reçu secrètement, afin de ne pas causer une inutile émotion à l'opinion publique. Lord Castlereagh en lui témoignant la plus vive satisfaction de voir un agent autrichien à Londres, le plus grand empressement à accepter l'entremise de l'empereur François, lui avait dit que probablement il devait savoir que sa mission était désormais sans objet, car le discours de l'empereur Napoléon, maintenant connu de toute l'Europe, ne laissait plus le moindre doute sur sa résolution de n'admettre aucune condition raisonnable, que si lui, M. de Wessenberg, n'avait pas déjà été rappelé à Vienne après un tel discours, c'était par suite de la difficulté des communications, qu'il le serait bientôt certainement, car il n'y avait plus aucun moyen de négocier; qu'au surplus il pouvait rester à Londres s'il lui plaisait, que l'Angleterre serait toujours prête à traiter sur des bases équitables, qu'elle ni ses alliés n'entendaient contester à la France la juste grandeur due à ses efforts et à ses longues guerres, mais qu'on ne livrerait jamais la généreuse Espagne à l'usurpation de Napoléon. En

Mars 1813.

d'annoncer sa médiation.

Envoi de M. de Wessenberg à Londres.

Lord Castlereagh lui répond qu'on l'aurait écouté volontiers, mais que depuis le discours de Napoléon, il n'y a plus moyen de négocier.

un mot M. de Wessenberg avait été accueilli d'une manière qui confirmait l'entière vérité de tout ce que M. de Metternich conseillait, comme base indispensable de la paix future.

A Kalisch, au camp des Russes, on avait différé tantôt sous un prétexte, tantôt sous un autre, de recevoir M. de Lebzeltern, puis on avait fini par l'admettre, après s'être donné le temps de se concerter avec le cabinet de Londres, et alors on l'avait accueilli avec des égards infinis, même avec des caresses, et on lui avait dit qu'on désirait la paix, qu'on la négocierait volontiers par l'entremise de l'Autriche, mais que cette cour devait sentir l'impossibilité de traiter avec l'empereur Napoléon après les déclarations qu'il venait de faire, qu'elle-même reconnaîtrait bientôt l'impossibilité de s'entendre avec cet ambitieux insatiable, qu'alors elle reviendrait à son union naturelle et nécessaire avec l'Europe, et qu'on serait bien heureux de l'avoir pour alliée, que ce jour-là on la ferait l'arbitre de la paix, de la guerre, de toutes choses en un mot. Après ces déclarations on avait insinué à M. de Lebzeltern qu'on le garderait volontiers à Kalisch, mais dans l'espérance qu'on ne lui dissimulait pas, de l'avoir comme représentant, non pas d'une cour ennemie, ou même médiatrice, mais alliée et belligérante.

Dès que ces dépêches furent arrivées à Vienne, M. de Metternich les communiqua au ministre de France, en l'invitant à les transmettre à l'empereur Napoléon, en suppliant celui-ci de les prendre en grande considération, et en lui demandant instamment d'indiquer au cabinet autrichien la conduite qu'il devait tenir dans une pareille situation. M. de Metternich annonça en outre qu'il avait donné au prince de Schwarzenberg un congé momentané, son corps d'armée étant rentré sur la frontière de Gallicie, et que ce prince allait se rendre à Paris, pour y provoquer de la part de l'empereur Napoléon des explications plus franches, plus satisfaisantes que celles qu'avait obtenues M. de Bubna; que Napoléon daignerait sans doute parler à un homme qui avait été le négociateur de son mariage, son lieutenant soumis pendant la dernière guerre, et qui restait encore aujourd'hui son admirateur le plus sincère, son ami le plus partial.

Cette défection de la Prusse, ces agitations de l'Allemagne, ces communications de l'Autriche empreintes d'un caractère si frappant de vérité, n'émurent guère Napoléon. En travaillant jour et nuit à réorganiser ses forces, en voyant, après vingt ans de luttes meurtrières, la facilité qu'il avait encore à tirer des ressources de cette France si féconde en population et en richesses, en découvrant surtout l'ineptie militaire de ses ennemis qui venaient bénévolement s'offrir sur l'Elbe à ses coups, et commettaient en fait de guerre autant de fautes qu'il en commettait en fait de politique, il avait repris une confiance immense en lui-même, et ne tenait aucun compte de ce qui se passait sur le vaste théâtre de cette Europe, qu'il avait remplie de scènes si tragiques, et qu'il allait remplir de scènes plus tragiques encore que toutes celles auxquelles on avait assisté. La défection de la Prusse, il s'y attendait, et il avait regardé cet événement comme inévitable, dès qu'il

Mars 1813.

instances qu'on lui fournisse des moyens de se faire écouter.

Napoléon peu ému par la défection de la Prusse et les communications de l'Autriche.

Extrême confiance qu'il a prise dans ses moyens de guerre.

avait vu notre quartier général se retirer successivement sur la Vistule, l'Oder et l'Elbe. C'est pour ce motif que tout en donnant quelque espérance à la Prusse, il n'avait voulu faire pour la retenir aucun sacrifice, pécuniaire ou politique. Seulement, peu habitué à observer les grands mouvements d'opinion publique, peu disposé à y croire et surtout à y céder, il était surpris de l'audace de la Prusse à se déclarer contre lui, et la trouvait plus hardie qu'il ne l'aurait imaginé. Il était convaincu néanmoins que le roi de Prusse, bien que soutenu par l'enthousiasme national, devait trembler de tous ses membres à l'idée de la future campagne, et il se promettait de réaliser bientôt toutes ses craintes. Faisant en lui-même le compte des forces prussiennes, il se disait que la Prusse, réduite comme elle l'était en territoire et en population, ne pouvait pas apporter plus de 100 mille hommes à la coalition, dont 50 mille immédiatement disponibles, que la Russie n'en avait pas dans son état actuel 100 mille à mettre en ligne (toutes choses vraies); il se disait en voyant les Prussiens et les Russes s'avancer sur le haut Elbe et la Thuringe avec de pareilles forces, que sous trois ou quatre semaines il les ramènerait en Pologne plus vite qu'ils n'en étaient venus. Il ressentait déjà la joie de la victoire, tant il s'en croyait sûr, et était persuadé qu'après une ou deux batailles il ferait rentrer la raison dans les têtes, se replacerait dans la situation dont on le supposait descendu, et conclurait la paix, car il la désirait à sa manière, et la dicterait conforme non pas précisément à son discours, dans lequel il avait cru de

Mars 1813.

Napoléon ne croit pas que les Prussiens et les Russes réunis puissent lui opposer plus de 150 mille hommes à l'ouverture de la campagne, et il ne s'en inquiète nullement.

bonne politique de se montrer plus inflexible encore qu'il ne voulait être, mais assez rapprochée de ce discours, sauf en Espagne, où il était enfin, mais trop tard, résigné à de grands sacrifices.

Mars 1813.

La défection de la Prusse, loin de l'émouvoir, fut pour lui une occasion de demander de nouvelles forces à la France. Il était très-satisfait de sa levée de cent mille hommes sur les quatre classes antérieures; elle lui avait procuré pour la garde impériale, pour la réorganisation des anciens corps de la grande armée, une espèce d'hommes fort belle, et à laquelle il n'était plus habitué, depuis qu'il appelait les conscrits une année d'avance, sous prétexte de prendre le temps de les instruire. Ces sujets des classes antérieures, un peu plus mécontents que les autres le jour du départ, perdaient leur humeur une fois au corps, et il leur restait la taille, les muscles qu'on a à vingt-cinq ans, et le courage naturel à la nation française. Il fit donc préparer un nouveau sénatus-consulte pour demander encore 80 mille hommes, non pas seulement sur les quatre, mais sur les six dernières conscriptions. C'étaient ainsi près de 600 mille hommes au lieu de 500 mille, sur lesquels sa puissante faculté d'organisation allait s'exercer, et pour les obtenir, la défection de la Prusse était un argument tout naturel à donner, non pas au Sénat qui n'en avait pas besoin, mais au public éclairé, qui tout en gémissant de pareils sacrifices, ne pouvait pas les contester en présence des dangers dont la France était menacée.

Il ne voit dans la défection de la Prusse qu'un prétexte pour demander de nouvelles levées.

Nouvel appel de 80 mille hommes sur les anciennes classes.

La Prusse lui servit encore d'argument pour une exigence d'un autre genre. On avait fait appel en

Formation des gardes d'honneur

Allemagne à toutes les classes, mais en commençant par la jeune noblesse. En France les appels ne portaient en général que sur les classes moyennes ou inférieures. Les classes élevées échappaient à la conscription par le remplacement, qu'elles payaient à des prix excessifs, depuis que la guerre était devenue horriblement sanguinaire. Elles n'avaient contribué également aux dons volontaires que par leur fortune. Napoléon, cette fois, voulait à leur égard s'en prendre aux personnes mêmes. Depuis longtemps il y pensait, et l'occasion lui sembla heureusement trouvée. En Allemagne la jeune noblesse regardait comme un devoir de courir aux armes à la tête de toutes les classes de la nation : pourquoi n'en ferait-elle pas autant en France? Jadis la noblesse française n'avait laissé à personne l'honneur de la devancer sur les champs de bataille; les armes étaient sa profession, sa gloire, sa passion la plus vive. Pourquoi ne serait-elle plus la même aujourd'hui? Il y avait à la vérité une explication de son éloignement à servir, c'est qu'elle aimait l'ancienne dynastie, et point du tout la nouvelle. Cette raison ne touchait guère Napoléon, ou plutôt le touchait beaucoup. Admissible de la part des pères qui vieillissaient dans l'imbécile retraite de leurs châteaux, elle ne l'était pas, selon lui, ou du moins ne le serait pas longtemps pour les jeunes gens, qui avaient du sang dans les veines, qui devaient le sentir fermenter, et ne pouvaient pas croire que la chasse fût assez pour leur âge, leur nom, leur avenir. Il n'y avait qu'à les prendre de gré ou de force, à les réunir dans un corps qui flattât leur vanité par son titre, la frivolité de leur âge par la beauté de son uniforme, et puis une fois transportés à l'armée, on saurait bien les enflammer, car ce ne serait pas leur faire honneur que de les supposer moins inflammables que le reste de la nation au bruit du canon, à la voix d'un grand capitaine. On aurait l'avantage de les avoir ralliés à soi, et surtout de ne pas les laisser derrière soi, oisifs et hostiles au fond de leurs provinces, à la veille d'événements peut-être graves.

Mars 1813.

Comme on ne pouvait pas procéder à leur égard par la voie de la conscription, à laquelle ils avaient déjà satisfait, et satisferaient encore par le remplacement, et qu'on était réduit à les prendre arbitrairement, ceux-ci pour leur fortune, ceux-là pour leur nom, Napoléon pensa qu'il fallait investir les préfets du pouvoir de les désigner à volonté, en donnant pour excuse d'une manière de procéder aussi peu régulière la raison d'égalité, fort singulièrement alléguée ici, puisque l'égalité c'était la conscription. On devait dire au pays que cette classe des anciens nobles s'évertuant à échapper à force d'argent au service militaire, le plus pénible de tous, il fallait l'y contraindre tout comme les autres, et employer pour y réussir les moyens nécessaires, quels qu'ils fussent.

Par ces moyens, dont la nature importait peu à ses yeux, Napoléon se flatta d'obtenir encore dix mille beaux cavaliers, distingués par la naissance et la fortune, et très-probablement par la valeur. Il résolut de les former en quatre régiments de 2,500 hommes chacun, qualifiés régiments des gardes d'honneur, destinés à servir à côté de l'Empereur et

Organisation des gardes d'honneur.

à porter un brillant uniforme. Les hommes composant ces régiments devaient avoir de leurs parents mille francs au moins de revenu, et sortir avec le grade de sous-lieutenants quand ils passeraient dans d'autres corps. C'était par conséquent un vrai corps de noblesse, et la difficulté des premiers jours vaincue, une légion brillante, dont on tirerait autant de services qu'on en tirait sous l'ancienne monarchie de la maison du roi. Napoléon choisit sur-le-champ les villes de Versailles, Metz, Lyon et Tours pour les lieux de formation, et nomma pour colonels de ces quatre régiments des personnages remarquables par le nom, le grade et les services. Ce furent le comte de Pully, général de division, le baron Lepic, général des grenadiers à cheval de la garde, le comte Philippe de Ségur, général de brigade, et le comte de Saint-Sulpice, général des cuirassiers.

Quant au mode de l'appel, il fut dit dans le sénatus-consulte que les préfets seraient chargés de se concerter avec les autorités départementales pour la formation de la nouvelle légion de cavalerie. Munis d'une telle commission, les préfets n'avaient pas grande contrainte à s'imposer. Ils devaient convoquer les conseils de département, tâcher de provoquer de la part des fonctionnaires, ou des familles attachées au gouvernement, l'offre de quelques-uns de leurs fils, en promettant que leur sang ne serait pas prodigué, puis s'autoriser de ces manifestations pour désigner eux-mêmes un nombre suffisant de jeunes gens parmi les fils des riches propriétaires vivant en été dans leurs terres, en hiver dans les quartiers aristocratiques des grandes villes. On comptait sur l'amour-propre, sur l'activité des jeunes gens, pour les amener à consentir à de telles désignations, et à défaut sur les moyens de contrainte, silencieux mais efficaces, dont les préfets étaient alors largement pourvus.

Napoléon se trouvait donc fort dédommagé de la survenance d'un nouvel ennemi par cette augmentation de ressources, et il paraissait aussi animé à la guerre que dans le temps de sa première jeunesse. Toutefois ayant paré par cette extension de ses armements à ce qui venait de se passer en Prusse, il fallait s'occuper également de l'Autriche, qui tout en gardant le titre d'alliée prenait déjà peu à peu le rôle de médiatrice, et pouvait être conduite bientôt à un rôle encore moins amical. Depuis la défection de la Prusse elle devenait pressante en effet, voulait qu'on lui donnât de quoi négocier, de quoi préparer la paix qu'elle disait indispensable, et il allait être bientôt difficile de se refuser à une explication avec elle, surtout le prince de Schwarzenberg étant en route pour Paris, et ayant un tel accès auprès de la cour des Tuileries que les réticences à son égard seraient presque impossibles. Napoléon en observant les allures de la cour d'Autriche s'était bien demandé si elle ne serait pas capable elle-même de se mettre de la partie contre lui; mais il s'était peu arrêté à cette idée, par les raisons suivantes. Selon lui, le public à Vienne n'était pas aussi exigeant qu'à Berlin, et la cour n'était pas aussi faible. De plus, l'Autriche avait contracté avec nous des liens de famille et d'alliance, qui étaient sinon une chaîne indestructible, au moins un embarras, car la pudeur est un joug

Mars 1813.

Tandis qu'il prépare des moyens militaires contre la Prusse, Napoléon songe à conjurer par des moyens diplomatiques le mécontentement de l'Autriche.

Fausse opinion que Napoléon se fait de la politique

Mars 1813.

de l'Autriche
en
ce moment.

Il la croit
trop grossiè-
rement
intéressée,
et ne discerne
pas assez
la portée
de ses vues.

qui a sa force. Ce n'était pas tout de suite que l'Autriche pourrait oublier et le mariage de Marie-Louise, et le traité d'alliance du 14 mars 1812. En outre elle était gouvernée par des hommes qui avaient appris à redouter les armes françaises. L'Autriche enfin était une puissance intéressée, qui avant tout, en toute circonstance, cherchait à bien gérer ses affaires, et qu'on dominerait par l'intérêt, c'est-à-dire par le don de quelque riche territoire. Ainsi, crainte de la guerre avec la France, désir de gagner quelque chose à ce vaste tumulte de l'Europe, voilà à quoi Napoléon réduisait en ce moment toute la politique de l'Autriche, et malheureusement pour lui et pour nous, il se trompait. Il ne voyait pas que l'Autriche, intéressée sans doute, mais sage autant qu'intéressée, mettait fort au-dessus de l'avantage matériel d'une extension de territoire, l'avantage politique de reconquérir l'indépendance de l'Allemagne, et d'établir ainsi un meilleur équilibre en Europe, qu'elle aimait mieux enfin avoir une place un peu moindre dans un ordre de choses stable et bien pondéré, que d'en avoir une plus grande dans un ordre de choses mal équilibré, odieux à tout le monde, et qui ne pouvait pas durer, parce qu'on ne fonde rien sur la haine universelle. D'ailleurs quant aux acquisitions territoriales, il n'était rien qu'on ne lui offrît du côté de la coalition européenne, et qu'on ne fût prêt à lui donner, de manière qu'à se ranger contre nous, elle avait à gagner outre de vastes agrandissements, une meilleure constitution de l'Europe, avantage auquel elle tenait plus qu'à tout autre. Une raison, une seule, l'arrêtait, la crainte de rentrer en guerre avec nous, crainte que l'augmentation incessante du nombre de nos ennemis devait chaque jour atténuer.

Mars 1813.

Ne voyant ainsi dans le cabinet autrichien que la crainte et l'intérêt, Napoléon chercha dans la défection même de la Prusse les moyens de s'attacher ce cabinet, et il imagina de lui offrir les appâts suivants. L'Autriche voulait la paix, et il la souhaitait lui-même, toujours à sa manière, bien entendu. Cette puissance, selon lui, avait le moyen d'amener très-prochainement cette paix si désirée, et de la conclure à son gré, comme au gré de la France. Elle armait, il le savait, et il l'y poussait lui-même. Ainsi elle recrutait le corps auxiliaire du prince de Schwarzenberg retiré à Cracovie, et le corps d'observation de la Gallicie; elle formait de plus une réserve en Bohême. Le tout présentait déjà cent mille combattants environ. Elle pouvait dès le début de la campagne employer ces cent mille hommes d'une manière décisive, et on venait de lui en fournir l'occasion la plus naturelle. On avait en effet accueilli assez mal ses ouvertures de paix, et elle était fondée à en concevoir un notable déplaisir. Elle pouvait dès lors se constituer tout de suite médiatrice, sommer les puissances belligérantes de stipuler un armistice afin de négocier en repos, puis, si on n'écoutait pas sa sommation, déboucher avec ses cent mille hommes de la Bohême en Silésie, prendre en flanc les coalisés que les Français allaient aborder de front, et si elle agissait de la sorte il était impossible qu'il restât dans un mois un seul Russe, un seul Prussien entre l'Elbe et le Niémen. Alors l'Europe

Plan de conduite que lui suggère Napoléon.

Il voudrait que l'Autriche fît entrer cent mille hommes en Silésie, pour les jeter dans le flanc des coalisés, et croit l'y décider en lui offrant les dépouilles de la Prusse.

Mars 1813.

notamment la Silésie.

se trouverait à la merci de la France et de l'Autriche victorieuses, et le partage des dépouilles serait facile à faire. L'empereur François prendrait la Silésie, la Silésie sujet éternel des regrets de la maison d'Autriche, une bonne portion du grand-duché de Varsovie, et enfin l'Illyrie, promise dans tous les cas. On indemniserait la Saxe de la perte du grand-duché de Varsovie en lui donnant le Brandebourg et Berlin; on rejetterait la Prusse au delà de l'Oder, on lui laisserait la Vieille-Prusse, on y ajouterait la principale partie du duché de Varsovie, et on en ferait une espèce de Pologne, moitié allemande, moitié polonaise, ayant pour capitales Kœnigsberg et Varsovie.

Napoléon, dans son nouveau plan, veut détruire tout à fait la Prusse, ou du moins la transporter en Pologne.

Ce plan ne pouvait convenir à l'Autriche, parce qu'il entraînait le complet bouleversement de l'Allemagne qu'elle entendait au contraire reconstituer d'une manière forte et indépendante.

Il est bien certain que l'Autriche, en jetant en Silésie les cent mille hommes qui étaient prêts, et au besoin les cent mille autres qui allaient l'être dans trois mois, devait assurer la défaite totale de l'Europe, et la forcer à traiter sur-le-champ. Mais quel résultat Napoléon lui offrait-il pour la décider à un pareil emploi de ses forces? Il lui offrait de reporter la Prusse au delà de la Vistule, de ne laisser à celle-ci de ses anciens États que la Vieille-Prusse de Dantzig à Kœnigsberg, et d'y ajouter le grand-duché de Varsovie, c'est-à-dire d'en faire une Pologne, et de mettre à sa place, entre l'Oder et l'Elbe, la maison de Saxe. Il lui offrait donc purement et simplement de détruire la Prusse, car cette puissance, transportée à Kœnigsberg ou à Varsovie, ne serait pas plus devenue une Pologne, que la Saxe étendue de Dresde à Berlin ne serait devenue une Prusse. La force d'une nation ne consiste pas seulement dans son territoire, mais dans son histoire, son passé et ses souvenirs. On ne pouvait pas plus donner à la maison de Brandebourg les souvenirs de Sobieski en lui donnant Varsovie, qu'à la maison de Saxe les souvenirs du grand Frédéric en lui donnant Berlin. Il n'y aurait plus eu de Prusse, c'est-à-dire d'Allemagne, et l'Autriche, qui cherchait sa propre indépendance dans l'indépendance de l'Allemagne reconstituée, n'aurait pas trouvé ce qu'elle cherchait, eût-elle une province de plus, et cette province fût-elle la Silésie! L'Autriche n'eût été qu'une esclave enrichie! Et cela, l'Autriche le comprenait parfaitement, et quand elle ne l'aurait pas compris, le cri des Allemands indignés le lui aurait fait invinciblement comprendre. Et si on se demande comment un homme d'autant de génie que Napoléon pouvait méconnaître des vérités aussi palpables, il faut se dire que le plus puissant esprit, quand il ne veut jamais sortir de sa propre pensée pour entrer dans la pensée d'autrui, quand il ne veut tenir aucun compte des vues des autres pour ne songer qu'aux siennes, arrive à se créer les plus étranges illusions, en croyant pouvoir façonner le monde comme il lui plaît qu'il soit. C'est ainsi que Napoléon était amené à concevoir une Europe de fantaisie, et à s'imaginer qu'avec cent mille hommes de plus introduits dans ses cadres, et une bataille de plus ajoutée à sa glorieuse histoire, il composerait cette Europe comme il le voudrait. Sans doute l'Autriche avait longtemps haï la Prusse, elle avait longtemps regretté la Silésie, et il en concluait qu'il n'y avait qu'à jeter en proie à sa passion la Prusse anéantie, et la Silésie

Mars 1813.

Autres motifs de tout genre qui auraient empêché l'Autriche d'accueillir le plan de Napoléon.

restituée, pour la décider! Il ne comprenait pas qu'un petit-fils de Marie-Thérèse pût résister à un tel appât, qu'un ministre profondément calculateur comme M. de Metternich pût se préoccuper des cris du patriotisme allemand. Il ne comprenait pas qu'il y a un jour où tout le monde est obligé d'être honnête et désintéressé, c'est celui où une oppression intolérable a obligé tout le monde à s'unir contre cette oppression; et malheureusement il avait amené ce jour, il l'avait amené pour notre ruine, en faisant de nous, ses premiers opprimés, les involontaires oppresseurs de l'Europe. Il n'apercevait pas d'ailleurs que, même du point de vue de l'intérêt grossier, ces projets d'Europe qu'il remaniait à chaque victoire, à chaque traité, avec son imagination et son épée, paraissaient aux yeux de tous un sable, un pur sable, et qu'on ne tenait nullement à avoir une portion de ce sable mouvant, dont le moindre vent devait changer les fugitives ondulations. Il ne comprenait pas que l'Autriche pût aimer moins de territoire dans un ordre de choses stable et naturel, que plus de territoire dans un ordre de choses fictif, arbitrairement conçu, et plus arbitrairement établi, sans compter qu'en fait de territoire la coalition, comme nous l'avons dit, était prête non-seulement à tout offrir à l'Autriche, mais à lui tout donner.

Telles étaient les illusions de Napoléon, et les tristes causes de ces illusions. Pourtant lui-même sentait en partie le vice de ses plans, car il ne voulait pas dire tout de suite à l'Autriche l'espèce d'Europe qu'il projetait, de peur qu'elle ne reculât devant de si étranges propositions. Il songeait à lui dire simplement : Faites montre de vos cent mille hommes en Silésie, sur le flanc des coalisés, montrez-les même sans les faire battre, moi je me battrai pour tous, je rejetterai Russes et Prussiens au delà du Niémen, et pour prix de ce service, je vous donnerai la Silésie, plus un million de Polonais, sans préjudice de l'Illyrie!

Mars 1813.

Voilà ce qu'il voulait dire, et ce qu'il espérait faire écouter. Mais, outre l'inconvénient de se tromper sur ce que l'Autriche désirait, il y avait dans cette conduite l'inconvénient extrêmement grave, que nous avons déjà signalé, de l'introduire plus avant qu'il n'aurait fallu dans les événements, de lui donner une importance dangereuse, de lui fournir le prétexte d'armer, le moyen de changer son rôle d'alliée en celui de médiatrice, et bientôt peut-être en celui d'ennemie, si nous ne voulions pas subir les conditions de sa médiation; de lui aplanir ainsi nous-mêmes le chemin par lequel elle pouvait passer sans déshonneur, presque sans embarras, de l'état d'alliance étroite à l'état de guerre avec nous. Napoléon entrait donc en plein dans cette faute, et il y entra bien davantage encore par le choix du personnage chargé d'aller faire prévaloir ses idées à Vienne. Notre ambassadeur auprès de cette cour était M. Otto, jadis ambassadeur à Berlin, homme sage, modeste, ne visant jamais à agrandir son rôle, et vraiment fait pour résider auprès de la cour d'Autriche, si on avait cherché à bien vivre avec elle, sans lui laisser prendre à la politique du moment plus de part qu'il ne convenait. Napoléon ne le jugeant ni assez influent, ni assez clairvoyant, s'oc-

Un autre inconvénient du plan de Napoléon, c'est de faire entrer l'Autriche dans les événements plus qu'il ne l'aurait fallu.

Pour amener l'Autriche à ses idées, Napoléon ne veut plus de M. Otto pour son représentant à Vienne et fait choix de M. de Narbonne.

Mars 1813.

Caractère et talents de M. de Narbonne.

cupa de lui trouver un successeur, et choisit M. de Narbonne, dont nous avons déjà rapporté la tardive mais chaleureuse adhésion à l'Empire. Patriote de 1789, ancien ministre de Louis XVI, ne désavouant rien de ce qu'il avait été, grand seigneur, militaire instruit, homme à talents brillants et variés, doué de beaucoup d'à-propos et de grâce, M. de Narbonne était merveilleusement propre à réussir auprès d'une cour aristocratique, élégante, sachant unir l'esprit du monde à celui des affaires. Mais il n'était pas homme à se tenir en deçà de son rôle, et il eût été plutôt enclin à aller au delà. M. de Metternich, tout habile qu'il était, devait avoir de la peine à échapper à sa pénétration et à ses vives instances, et pour un rôle actif, on ne pouvait pas souhaiter un meilleur agent. La question était toujours de savoir s'il fallait être à Vienne aussi remuant qu'on s'apprêtait à l'être [1].

Napoléon choisit donc M. de Narbonne pour son ambassadeur, et il était si pressé de l'expédier qu'il n'attendit même pas le prince de Schwarzenberg, chargé d'apporter à Paris les vues de la cour d'Autriche. Il lui importait assez peu en effet de connaître les vues de cette cour, puisque n'en tenant aucun

[1] Napoléon à Sainte-Hélène a déploré le choix de M. de Narbonne, et en rendant justice aux rares talents, au zèle de cet ambassadeur, a dit que par ses qualités mêmes il avait été funeste, en poussant trop tôt l'Autriche à jeter le masque. Il est bien vrai que M. de Narbonne fut peut-être trop clairvoyant et trop entreprenant à Vienne; mais on va voir qu'il était bien moins coupable que ses instructions, et que la faute très-réelle, que Napoléon, débarrassé à Sainte-Hélène de tous ses préjugés, apercevait trop tard, était celle du gouvernement français et non pas celle de M. de Narbonne lui-même. La suite de ce récit va bientôt éclaircir ce point d'histoire si curieux et si triste.

compte il voulait lui inculquer les siennes, et d'ailleurs M. de Narbonne ne pouvait pas arriver trop tôt, la campagne devant s'ouvrir sous peu de jours. Napoléon ne lui dit pas tout d'abord quelle Europe on ferait à la paix, il ne lui dit que la première partie de son secret, c'est qu'il fallait que l'Autriche portât ses cent mille hommes sur les versants de la Silésie, qu'elle sommât les coalisés de s'arrêter, ce qu'ils ne feraient probablement pas, qu'alors elle les prît en flanc, pendant qu'il les prendrait en tête, et qu'elle acceptât pour prix de la victoire commune, la Silésie et une portion de la Pologne, avec l'Illyrie. — M. de Narbonne partit avec ces propositions.

Mars 1813.

Napoléon ayant obtenu toutes les levées qu'il désirait, et dirigé sa diplomatie comme on vient de le voir, s'apprêtait enfin à entrer en campagne. On était à la fin de mars 1813. Ses diverses créations militaires avançaient rapidement, grâce à son irrésistible activité. Sa cavalerie seule le retenait, car elle n'avait pas été réorganisée aussi vite qu'il l'aurait voulu. Néanmoins il se prépara à partir au milieu d'avril, impatient qu'il était de réaliser le beau plan de campagne qu'il avait conçu. Il arrêta pour cela ses dernières dispositions. Il adressa quelques reproches au prince Eugène pour avoir rétrogradé trop vite et trop loin, non pas qu'il regrettât les pas qu'on laissait faire aux coalisés, car, au contraire, il désirait qu'ils vinssent se placer le plus près possible de ses coups. Mais il regrettait le temps dont le privaient ces progrès trop rapides de l'ennemi, et il jugeait qu'il serait obligé de devancer l'époque des hostilités de vingt jours au moins, ce qui était fâ-

Napoléon ayant achevé ses dispositions militaires et diplomatiques, songe à partir pour l'armée.

cheux, car pendant ces vingt jours il aurait beaucoup perfectionné ses armements. Il regrettait surtout les chevaux que l'abandon des territoires allemands lui faisait perdre, et il n'évaluait pas cette perte à moins de douze à quinze mille. Il blâma aussi le prince Eugène pour avoir trop appuyé à droite, et, en voulant couvrir Dresde, ce qui importait peu, comme on va le voir, d'avoir découvert Hambourg, qu'il importait au contraire de mettre à l'abri de la contagion des passions germaniques. Du reste il le blâma paternellement, selon sa coutume, n'employant jamais avec lui ces sarcasmes poignants dont il accablait ses frères, uniquement parce qu'il leur trouvait des prétentions. Il lui traça sa conduite, et lui indiqua en termes généraux le plan d'opérations qui suit.

Il lui ordonna de ne pas se préoccuper de la route de Dresde à Erfurt, Fulde, Mayence, car peu importait que les coalisés y pénétrassent, et y fissent même beaucoup de progrès. Il lui recommanda au contraire de conserver à tout prix celle de Magdebourg, Hanovre, Osnabruck, Wesel, qui passait par la basse Allemagne, et il lui enjoignit de s'inquiéter de celle-là seulement. En s'établissant fortement sur cette ligne, le prince Eugène gardait la plus grande partie du cours de l'Elbe, couvrait Hambourg qu'on allait reprendre, Brême, la Hollande, la Westphalie, la partie de l'Allemagne enfin qu'on avait voulu faire française. Si les coalisés, profitant de cette disposition, perçaient par Dresde, et s'avançaient jusqu'aux montagnes de la Thuringe, jusqu'aux champs célèbres d'Iéna, il ne fallait pas s'en effrayer, mais seulement changer de front par une conversion qui s'exécuterait la gauche en avant, la droite en arrière, c'est-à-dire la gauche à Wittenberg, la droite à Eisenach, le dos aux montagnes du Hartz. Cette position une fois prise par le prince Eugène, Napoléon viendrait avec 180 mille hommes, par la Hesse ou la Thuringe, lui donner la main, le rejoindre sur l'Elbe ; réunissant alors 250 mille hommes, il couperait les coalisés de Berlin et de la mer, les refoulerait, les écraserait contre les montagnes de la Bohême, puis d'un second pas, il rentrerait dans Berlin, débloquerait les garnisons françaises de Stettin, Custrin, Glogau, Thorn, Dantzig, et en un mois se retrouverait victorieux sur les bords de la Vistule !

Mars 1813.

On ne pouvait pas jeter sur le champ de bataille qu'il allait illustrer par tant de hauts faits, de génie, d'héroïsme et de malheurs, un regard qui méritât mieux d'être appelé le regard de l'aigle, car ces résultats si bien prévus étaient justement ceux que l'imprudence des coalisés allait bientôt attirer sur eux. A ces vues générales Napoléon ajouta selon son usage l'indication précise des détails. Il blâma le prince d'avoir porté le redoutable et redouté maréchal Davout à Dresde, où il fallait rassurer, adoucir les bons Saxons, au lieu de l'avoir réservé pour Hambourg et la basse Allemagne, où il fallait se montrer terrible. Il suffisait, en effet, du nom de ce maréchal pour faire trembler les contrées du bas Elbe, où il avait déjà déployé la double dureté de son caractère et du système impérial, jamais, il faut le répéter, à son profit, et toujours pour l'exécution

Mars 1813.

Armées de réserve préparées sur l'Elbe, sur le Rhin et en Italie.

des ordres de son maître. Napoléon voulut qu'on l'y renvoyât, pour y suppléer par la crainte qu'inspirait son nom, à tout ce qui lui manquerait sous le rapport des ressources militaires. Le maréchal Davout venait de recevoir ses seconds bataillons, au nombre de seize, récemment réorganisés à Erfurt par la rencontre des cadres revenant de Russie avec les recrues arrivant des bords du Rhin. Le maréchal Victor avait également reçu les siens qui s'élevaient à douze. Napoléon ordonna de laisser le maréchal Victor sur le haut Elbe, pour servir de lien entre le prince Eugène et la grande armée qui allait déboucher de la Thuringe, et de faire descendre le maréchal Davout sur Hambourg pour reprendre cette ville. Les cadres des troisièmes et quatrièmes bataillons des maréchaux Davout et Victor se recrutaient en ce moment sur le Rhin avec des hommes des anciennes classes. C'étaient donc encore trente-deux bataillons pour le maréchal Davout, vingt-quatre pour le maréchal Victor, qui, ajoutés aux seconds bataillons qu'ils avaient déjà, devaient faire quarante-huit pour l'un, trente-six pour l'autre, c'est-à-dire quatre-vingt-quatre pour les deux. Il y avait là une seconde et belle armée, qui dans deux mois serait sur l'Elbe. Napoléon imagina un nouveau moyen de l'augmenter de vingt-huit bataillons. Il a été dit qu'on avait gardé le cadre du premier bataillon de ces anciens corps dans les places de l'Oder. Mais il se trouvait que les cadres de deux compagnies avaient suffi pour recevoir les soldats revenus de Russie. Comme il y avait eu trente-six régiments, c'était un total de soixante-douze compagnies, qui accru des compagnies des

Armée de réserve sur l'Elbe.

vaisseaux, des nombreuses troupes d'artillerie et du génie restées sur la Vistule et l'Oder, avait fourni les garnisons de Stettin, Custrin, Glogau, Spandau. Quant aux garnisons de Dantzig et de Thorn, on doit se souvenir qu'il y avait été pourvu avec les divisions Heudelet, Grandjean, Loison, etc., et un reste de troupes bavaroises. Les cadres des premiers bataillons, devenus disponibles à deux compagnies près, étaient donc rentrés sur le Rhin, et Napoléon suppléant aux deux compagnies qui leur manquaient par deux autres prises au dépôt, les avait reportés au complet de leur organisation. Les beaux hommes des anciennes classes devaient remplir tous ces cadres. Ainsi, sous peu de semaines, les maréchaux Davout et Victor, pourvus déjà de leurs seconds bataillons, recevraient de plus les troisièmes, quatrièmes et premiers, ce qui leur en ferait cent douze, et à 800 hommes par bataillon, leur procurerait 90 mille hommes d'infanterie. On leur préparait trois cents bouches à feu dans les places de la Westphalie, de la Hollande, du Hanovre. Les cadres de dragons et chasseurs arrivant d'Espagne devaient leur fournir une cavalerie suffisante, de manière qu'indépendamment des 300 mille hommes avec lesquels Napoléon allait ouvrir la campagne, il se ménageait une seconde armée de 110 mille hommes sur le bas Elbe. Pourtant comme l'insurrection de Lubeck et de Hambourg rendait les secours pressants, Napoléon fit partir immédiatement un certain nombre de ces bataillons qui étaient prêts, et les envoya sous les ordres du général Vandamme dans les départements anséatiques. Tous ces bataillons étant

Mars 1813.

Mars 1813.

Armée de réserve sur le Rhin.

le long du Rhin, on les embarqua sur ce fleuve dès qu'ils furent vêtus d'une veste, et descendus à Wesel on les mit en route pour Brême. Le nom seul du général Vandamme suffisait pour produire une forte impression sur ces populations révoltées. Ajoutez que le régime constitutionnel fut suspendu dans toute la 32ᵉ division militaire (comprenant les pays du bas Rhin au bas Elbe), et que le régime des commissions militaires y fut dès lors établi.

A Mayence, indépendamment de la garde et des deux corps du Rhin qui venaient de s'y organiser, et qui étaient déjà répandus entre Francfort, Wurzbourg et Fulde, Napoléon projetait une nouvelle création avec le restant des cadres rappelés d'Espagne. L'ordre formel avait été expédié au delà des Pyrénées de ne laisser que les cadres nécessaires pour le nombre d'hommes existant, ce qui enlevait à l'Espagne quelques soldats d'élite, mais peu de force numérique. Ces cadres arrivaient successivement en poste, et Napoléon avait ordonné de les remplir avec les 80 mille hommes des six anciennes classes dont il venait tout récemment de décréter la levée. Les cadres tirés d'Espagne étaient, comme nous l'avons dit, les meilleurs. Ils avaient fait de toutes les guerres celle qui forme le plus l'officier, la guerre de surprise, car il faut presque qu'il y soit général. Ils étaient rompus à la fatigue, n'avaient pas depuis longtemps servi sous Napoléon, ambitionnaient l'honneur de se trouver sous ses ordres directs, et arrivaient pleins de zèle, tandis qu'au contraire les cadres revenant de Russie, quoique ne laissant rien à désirer sous le rapport des qualités militaires, étaient exténués, et animés d'un ressentiment qui éclatait en propos dangereux[1]. Il fallait à ces derniers du repos, des indemnités pour ce qu'ils avaient perdu, et un bon recrutement, avant qu'on pût les mettre en ligne. Quant aux cadres d'Espagne, il n'y avait pas grande peine à prendre, et le jour de leur arrivée à Mayence, ils entraient en fonctions, et servaient avec ardeur. Napoléon préparait avec ces cadres une armée de réserve sur le Rhin, comme il venait d'en créer une sur l'Elbe avec les anciens corps.

Mars 1813.

Enfin il avait résolu de préparer également une armée de réserve pour l'Italie. On a vu que le général Bertrand s'y était rendu afin d'organiser un corps de 40 à 50 mille hommes avec les nombreux éléments militaires que la France avait accumulés au delà des Alpes depuis 1796, et que les cadres du corps du prince Eugène, détruit en Russie, étaient venus se réorganiser à mi-chemin, c'est-à-dire à Augsbourg. Le général Bertrand avait accompli sa tâche, et était en marche avec environ 45 mille hommes. Il avait cheminé heureusement, sauf qu'un régiment italien ayant rencontré un détachement de même nation qui revenait de Russie, après avoir entendu ses récits, avait déserté presque en entier. A part cet incident, le général Bertrand arrivait en bon ordre, et avec des troupes animées des meilleures dispositions. Napoléon trouvant Augsbourg trop éloigné d'Italie pour y réorganiser l'ancien corps du prince Eugène, changea de résolution, dirigea dé-

Armée de réserve en Italie.

---

[1] La correspondance du prince Eugène, du duc de Valmy, du général Lauriston, du maréchal Marmont, et celle des ministres français à l'étranger, constatent le fait d'une manière certaine.

Mars 1813.

finitivement sur Vérone les cadres revenant de Russie, et destina au général Bertrand, qui devait les recueillir en passant, les trois mille recrues déjà réunies à Augsbourg. Quant aux cadres renvoyés à Vérone, ils pouvaient fournir vingt-quatre bataillons, qui allaient se réorganiser pendant le printemps et l'été. Les dépôts de l'Italie étant remplis de conscrits provençaux, languedociens, savoyards, piémontais, corses, tous excellents, et rendus au dépôt depuis un an, même deux, on était assuré de leur recrutement. Sur quarante-huit bataillons dont se composait l'armée proprement italienne, il y en avait sept ou huit en Espagne, et une vingtaine en Allemagne. Il en restait vingt à peu près en Italie, déjà recrutés sur les lieux mêmes, lesquels devaient, avec les vingt-quatre cadres français revenus de Russie, présenter un total de quarante-huit bataillons. On avait moyen de les porter à soixante, en y ajoutant encore quelques cadres français rappelés d'Espagne, qui étaient en route vers le Piémont où ils avaient leurs dépôts. Il y avait là de quoi fournir le fond d'une seconde armée d'Italie. En y joignant l'armée napolitaine que Murat organisait avec soin, et avec laquelle il se consolait des chagrins que lui causait la sévérité de Napoléon, on pouvait réunir 80 mille hommes en Italie, pour le cas où l'Autriche deviendrait inquiétante.

Nouvelles difficultés apportées à la réorganisation de la cavalerie.

Napoléon avait donc, soit en Allemagne, soit en Italie, outre les armées qui allaient entrer en ligne, d'autres armées prêtes à servir de réserve, et à réparer les pertes de la guerre. Elles étaient composées, il est vrai, de troupes bien jeunes, mais enfermées dans

des cadres admirables, et les cadres, comme chacun
le sait, sont le nerf des armées. D'ailleurs les troupes
allemandes qu'on allait nous opposer n'étaient pas
moins jeunes, et si elles avaient l'enthousiasme patriotique, nous avions le sentiment de l'honneur militaire exalté au plus haut point, Napoléon à notre
tête, et notre fortune à conserver. Les avantages
étaient donc fort balancés. La cavalerie seule, comme
nous l'avons dit, nous manquait encore. Le général
Bourcier en basse Allemagne avait vu ses cantonnements bouleversés et le champ de ses remontes
extrêmement restreint par l'insurrection des provinces anséatiques, toutes ses confections de harnachement interrompues par la mauvaise volonté des
ouvriers allemands, et les crédits dont il était muni
presque annulés dans ses mains par l'impossibilité de
se procurer du numéraire même avec le papier des
meilleurs négociants. Au lieu de trente mille chevaux de selle ou de trait qu'il avait espérés d'abord,
à peine était-il en mesure d'en réunir la moitié. Il
avait toutefois de quoi remonter 12 mille cavaliers,
dont 6 mille étaient déjà à cheval, remis de leurs
fatigues, et prêts à figurer dans les corps des généraux Latour-Maubourg et Sébastiani. Les dépôts du
Rhin pouvaient fournir un nombre à peu près égal
de cavaliers montés, qui allaient, sous le duc de
Plaisance, rejoindre l'armée, et être bientôt suivis
d'un semblable contingent. Enfin les cadres de la
cavalerie d'Espagne arrivaient et devaient procurer
de nouveaux moyens. On comptait toujours sur cinquante mille cavaliers pour le milieu de l'année. Mais
il était possible qu'on en eût tout au plus dix mille

à l'ouverture de la campagne. Napoléon s'inquiétait fort peu de cette circonstance. Nous livrerons, disait-il, des batailles d'Égypte, et nous les gagnerons, comme celle des Pyramides, avec des carrés. — Aussi avait-il tracé lui-même le plan d'éducation de sa jeune infanterie, et prescrit la formation en carré comme celle qu'on devait lui faire exécuter le plus souvent[1]. Sauf le retard de la cavalerie, tout avait donc marché avec une merveilleuse rapidité, puisqu'il y avait trois mois au plus qu'il travaillait, et qu'il pouvait déjà fondre avec 300 mille fantassins et 800 bouches à feu, sur ses ennemis imprudemment avancés jusqu'à la Saale.

On vient de voir que l'Espagne avait été pour lui une pépinière d'officiers et de sous-officiers de la première qualité. C'était bien le moins, après s'être épuisé pour soutenir cette déplorable guerre, qu'il en tirât cette ressource. Toutefois il n'avait pas voulu trop affaiblir ses armées de la Péninsule, et voici son motif. Au fond du cœur il avait renoncé à l'Espagne sans le dire, se réservant cette concession, la seule à laquelle il fût résigné, pour décider au dernier moment l'Angleterre à traiter. Désarmer le continent par ses victoires, et lui faire subir les arrangements territoriaux qu'il voudrait, désarmer l'Angleterre par un sacrifice en Espagne, telle était en résumé toute sa politique, et elle eût été bonne

[1] Il existe sur ce sujet, et dictées par Napoléon, les lettres les plus curieuses et les plus détaillées. Il veut qu'on enseigne deux choses et toujours les mêmes aux conscrits : la formation en carré, et puis le déploiement en ligne de bataille, ou le reploiement en colonnes d'attaque sous la protection du feu de la division du centre. Ces manœuvres devaient s'exécuter en route, de manière à utiliser le temps des marches.

si les arrangements territoriaux qu'il prétendait imposer au continent avaient été plus acceptables. Dans cette disposition d'esprit, évacuer l'Espagne pour la rendre à Ferdinand, et retirer les 300 mille hommes qu'il y avait encore, et dans lesquels il aurait pu trouver tout de suite 200 mille soldats admirables, eût été le parti le plus sage, s'il avait été libre de ses déterminations. Mais en agissant de la sorte, il aurait eu bientôt à combattre dans le midi de la France les Anglais qu'il n'aurait plus eu à combattre en Espagne, ce qui était infiniment plus dangereux, et il se serait démuni d'un gage, qui était son principal moyen de négociation dans le futur congrès européen. La punition d'être entré en Espagne était donc l'obligation d'y rester, même quand il ne le désirait plus. Il fallait par conséquent qu'il la défendît à outrance, comme s'il eût voulu la garder, c'est-à-dire autant qu'en 1809 et en 1810.

Mars 1813.

Au surplus il approuvait la situation nouvelle qu'on y avait prise, tout en blâmant amèrement les fautes par lesquelles on y avait été amené. Il approuvait qu'on ne retînt que Valence, la Catalogne, l'Aragon, les Castilles, ce qui était une moitié et la plus importante de la Péninsule; mais il voulait qu'on les gardât de manière à rejeter au loin les Anglais, s'ils faisaient une tentative nouvelle sur Valladolid et Burgos, et qu'on leur donnât même assez d'occupation pour les empêcher d'entreprendre des expéditions maritimes sur les côtes de France. Le maréchal Suchet, qui n'avait point été affaibli, lui semblait suffisant pour défendre l'Èbre et la côte de la Méditerranée depuis Barcelone jusqu'à Va-

Napoléon approuve la nouvelle position assignée aux armées de la Péninsule.

lence. Les armées d'Andalousie, du centre et de Portugal, réunies comme elles l'avaient été dans la dernière campagne, lui semblaient suffisantes pour défendre les Castilles contre lord Wellington. Seulement il mettait beaucoup de prix à rapprocher davantage encore ces trois armées, et il ordonna de leur faire repasser le Guadarrama, de n'avoir sur le Tage que de la cavalerie, de ne conserver à Madrid qu'une division d'avant-garde, qu'on y laisserait pour l'effet moral, et d'établir la cour à Valladolid. Il voulait que les trois armées fussent réunies en avant de Valladolid, de manière à pouvoir en un clin d'œil se concentrer, et marcher sur l'armée anglaise. Il enjoignit même de préparer un parc de siége, qui pût faire craindre à lord Wellington une entreprise sur Ciudad-Rodrigo, toujours dans le but de le fixer dans la Péninsule. Il ne prescrivit qu'une mesure qui parût en contradiction avec ces sages dispositions, c'était de prendre au besoin une partie de ces trois armées pour détruire à tout prix les bandes qui désolaient le nord de l'Espagne, et qui interceptaient les communications avec la France, dans la Navarre, le Guipuscoa, la Biscaye, l'Alava. Il considérait cette interruption de communication comme un trouble fâcheux, et comme un inconvénient politique des plus graves. Se proposant effectivement de faire bientôt de l'Espagne un objet de négociation et d'échange, il voulait pouvoir dire qu'il en possédait la meilleure moitié d'une manière incontestée, partir de là pour s'attribuer la Catalogne, l'Aragon, la Navarre, les provinces basques, ce qu'on appelait en un mot les bords de l'Èbre, et restituer le reste à Ferdinand. C'est l'arrangement qu'il avait songé à imposer à Joseph, et qu'il était prêt à conclure avec Ferdinand et les Anglais; mais il gardait son secret, afin de ne le dire que le plus tard et le plus efficacement possible[1].

Dans cette intention, et pour avoir des communications sûres, il avait confié l'armée du nord au général Clausel, dont le mérite nouveau et subitement révélé l'avait frappé quoique de loin, et il lui avait donné la faculté d'attirer à lui une partie des trois armées concentrées en Castille, afin qu'il eût le temps de détruire les bandes avant l'époque où les Anglais avaient l'habitude d'entrer en campagne. C'était une détermination importante, et qui pouvait avoir, comme on le verra plus tard, de graves conséquences. Sauf cette détermination qui était fautive, à en juger par le résultat, ses dispositions étaient excellentes. Il n'avait enlevé qu'une trentaine de mille hommes à l'Espagne en lui prenant des cadres, et sur 280 mille hommes d'effectif, il lui laissait 200 mille combattants, les meilleurs que la France possédât à cette époque. Il avait rappelé le maréchal Soult, désormais incompatible avec la cour de Madrid, et avait donné à Joseph, outre le maréchal Jourdan pour le conseiller, les généraux Reille, d'Erlon, Gazan, pour commander sous

---

[1] Ce secret est resté un mystère; mais la lecture attentive des papiers de Napoléon, de ses correspondances, de ses notes, de ses ordres administratifs et militaires, ne nous a laissé aucun doute à cet égard, et c'est pour cela que nous n'hésitons pas à présenter comme une certitude historique le fait que nous venons de rapporter.

Mars 1813.

Prêt à quitter la France, Napoléon veut confier la régence à Marie-Louise.

lui les trois armées du centre, d'Andalousie et de Portugal.

Rassuré ainsi sur l'Espagne, satisfait des progrès de ses armements du côté de l'Allemagne, Napoléon s'apprêtait à partir, aussi confiant qu'à aucune époque dans le résultat de ses vastes combinaisons. Mais il voulait auparavant organiser son gouvernement, de manière à parer à un accident, ou réel, ou seulement supposé, comme celui dont le général Malet s'était servi pour mettre en prison jusqu'à des ministres.

Nous avons déjà dit que, songeant à faire couronner le Roi de Rome cet hiver même, et à investir Marie-Louise de la régence, il avait entretenu de cet objet l'archichancelier Cambacérès, le seul homme dans lequel il eût pour la politique intérieure une entière confiance. Couronner le Roi de Rome dans un moment où les esprits étaient profondément attristés, attirer à Paris les personnages les plus influents des départements dans un moment où l'on avait besoin d'eux pour les manifestations patriotiques qu'on cherchait à provoquer, n'avait pas semblé une chose convenable après un peu de réflexion. Restait la régence, dont il était facile sans y mettre beaucoup d'apparat d'investir Marie-Louise, afin que, dans le cas où un boulet emporterait Napoléon, on pût rallier les esprits autour d'un gouvernement tout constitué, et déjà même en fonction. Or Napoléon qui avait fait la campagne de 1812 en empereur, voulait, comme nous l'avons dit, faire en général, même en soldat, celle de 1813. Il en sentait le besoin, et il lui plaisait d'ailleurs de redevenir simplement homme de guerre, car la guerre était son art de prédilection, et une fois rassuré sur le sort de sa femme et de son fils qu'il aimait véritablement, il se sentait presque heureux de retourner sans réserve, et pour ainsi dire sans souci, au métier de sa jeunesse, au métier qui avait fait ses délices et sa gloire. Il résolut donc de donner la régence à Marie-Louise, et de la lui conférer avant son départ. Cette disposition avait aussi un avantage de quelque valeur, c'était de flatter l'empereur François, qui était fort attaché à sa fille, quoi qu'il le fût davantage à sa maison. Il était à présumer en effet que si Napoléon succombait sur un champ de bataille, et que Marie-Louise restât souveraine de France, celle-ci aurait son père pour ami. Il est même probable que si ce cas s'était réalisé, la France n'étant pas affaiblie comme elle le fut en 1814, on se serait contenté de lui arracher certains sacrifices, en lui laissant les Alpes et le Rhin pour frontière.

On comprend bien que ce n'était pas à Marie-Louise, bonne et assez sensée, mais profondément ignorante des affaires d'État, que Napoléon songeait à confier le gouvernement de son vaste empire, mais à un homme dont le bon sens était sans égal, l'expérience consommée, et le caractère un peu moins faible qu'on ne le supposait généralement. On devine que nous parlons de l'archichancelier Cambacérès. Napoléon voulait qu'il fût à côté de Marie-Louise, et que sous le nom de cette princesse il gouvernât toutes choses. Napoléon serait même mort sans inquiétude, si, la guerre terminée, il avait été certain de laisser pendant dix ans encore la minorité

Mars 1813.

Motifs qu'il a pour conférer la régence à l'Impératrice.

de son fils et l'ignorance de sa femme sous la direction de ce personnage, chez lequel la finesse, le tact, la modération, le savoir, se réunissaient pour composer un homme d'État supérieur, non pas un homme d'État ferme, hardi, parlant haut, comme on en voit dans les pays libres, mais un maître habile dans l'art des ménagements, comme il en faut dans un pays tel que la France, qui, même lorsqu'elle n'est pas libre, ne peut être gouvernée qu'avec infiniment de précautions. Pour une pareille tâche Napoléon craignait ses frères, et se défiait de leurs prétentions, de leur humeur inquiète, surtout pendant une minorité.

L'âge, un commencement d'infortune, un long maniement des hommes, l'abaissement des caractères sous le pouvoir absolu, les lectures historiques qui avaient rempli sa jeunesse et qui lui revenaient en mémoire dans son âge mûr, avaient singulièrement ajouté à sa défiance naturelle. Lui, si confiant pour les choses qu'il dirigeait en personne, n'entrevoyait après sa mort que sinistres aspects, surtout pour son fils et pour sa femme. Plein d'humeur contre ses frères et beau-frère qui le contrariaient, et qu'il maltraitait fort, il était convaincu qu'ils se disputeraient le pouvoir s'il laissait un fils enfant, et qu'ils en troubleraient la minorité. Il s'entretint longuement de ces inquiétudes avec le prince Cambacérès, et se montra résolu à employer les précautions même les plus offensantes à l'égard de ses frères. Les constitutions impériales refusaient la régence aux femmes, pour la donner aux oncles de l'Empereur mineur. Napoléon dit hardiment au prince

Cambacérès qu'il ne voulait pas que ses frères fussent investis de la régence, et qu'il entendait la conférer à Marie-Louise, pour que lui, Cambacérès, l'exerçât en réalité sous le nom de l'Impératrice. Sa mort au feu lui semblait fort possible, l'effrayait peu pour lui-même, et pouvait même à ses yeux n'être pas la pire des fins. Il voulait donc laisser un gouvernement tout constitué, et en pleine activité, avant de partir pour l'Allemagne. Ces vues, quoique si flatteuses, remplirent d'effroi le vieux Cambacérès. La prudence avait toujours chez lui comprimé l'ambition, et, l'âge aidant, il était moins ambitieux qu'il n'avait jamais été. Quelques jouissances sensuelles, peu dignes de sa gravité, avaient distrait pendant un temps son âme appesantie : aujourd'hui, qui l'aurait cru? cet esprit si peu dominé par l'imagination tournait à l'extrême dévotion, et bien loin d'aspirer à gouverner un immense empire en l'absence ou à la mort du géant qui l'avait élevé, il songeait à s'enfoncer dans la retraite et la piété. Il fut épouvanté du rôle qui lui était réservé, et plaida auprès de Napoléon la cause de ses frères. D'abord, avait-il dit, il aurait fallu les écarter par une disposition constitutionnelle, et l'histoire n'apprenait que trop que les dispositions des souverains défunts, établies constitutionnellement ou non, ne prévalaient guère contre les passions que leur mort déchaînait presque toujours. De plus, Joseph était bon, attaché au fond à Napoléon, n'avait pas d'enfant mâle, et songeait probablement à unir l'une de ses filles au Roi de Rome. C'étaient des raisons de ne pas le craindre, et même de se fier à lui. Jérôme

Mars 1813.

sous le nom de l'Impératrice couler en réalité le pouvoir à l'archichancelier Cambacérès.

Effroi du prince Cambacérès et sa répugnance à se charger du fardeau que Napoléon lui destine.

était tout à fait dévoué à son frère, et d'ailleurs point en mesure, par son âge, de disputer la régence. Louis avait disparu de la scène. Murat, si ce n'est comme militaire, n'avait aucune importance. Il n'y avait donc pas à s'inquiéter d'eux, et il fallait laisser la régence à Joseph, dans les mains de qui elle serait peu contestée. — Toutes ces raisons ne touchèrent point Napoléon, et il parut décidé à écarter ses frères. Il ne voulait que sa femme conduite par un habile homme. L'archichancelier parla ensuite à Napoléon du prince Eugène, qui jamais ne lui avait donné de mécontentement, sauf par un peu de nonchalance, et qui du reste s'était acquis beaucoup d'honneur dans la dernière campagne. Au nom du prince Eugène, Napoléon, ordinairement si affectueux quand il s'agissait de ce prince, s'arrêta tout à coup avec l'apparence d'une réflexion inquiète et ombrageuse. — Eugène, dit-il, est un excellent homme. Mais il est bien jeune! Il faut se garder d'allumer une ambition excessive dans ce cœur si peu fait encore aux passions du monde... Qui sait ce que le temps pourrait amener!... —

Tous les princes impériaux ayant été ainsi écartés, et Napoléon revenant sans cesse à son idée, il fallut chercher pour le satisfaire les formes les moins blessantes. Personne, pour trouver des formes, n'était plus habile que l'archichancelier Cambacérès. Il y avait, pour exclure la plupart des princes de la famille impériale, soit de la régence, soit même du conseil de régence, une raison des plus naturelles, et des moins sujettes à contestation, c'était la possession d'un trône étranger. Les princes en effet qui régnaient hors de l'Empire, pouvaient avoir des intérêts tellement contraires à ceux de la France, que leur exclusion du gouvernement, en cas de minorité, allait de soi, et ne pouvait paraître ni une de ces précautions de défiance, ni une de ces rigueurs excessives, qu'un règne efface immédiatement en succédant à un autre. Il fut donc convenu que, par un article du sénatus-consulte projeté, on exclurait de la régence les princes assis sur des trônes étrangers, à moins qu'ils n'abdiquassent, ce qui était peu vraisemblable, pour venir exercer en France leurs droits de princes et de grands dignitaires de l'Empire. Une autre disposition tout aussi naturelle, c'était la préférence accordée à la mère pour gouverner l'État pendant la minorité de son fils. La nature était ici une raison parlant à tous les cœurs. De plus la politique extérieure venait ajouter une autre raison en faveur de Marie-Louise, c'était l'avantage de conférer le pouvoir à une fille des Césars, aimée de l'empereur son père, et ayant ainsi des titres sacrés à la protection de la principale des cours européennes. Les frères de Napoléon exclus sans injustice et sans offense, l'Impératrice constituée régente de la manière la mieux motivée, il fallait lui composer un conseil de régence, et régler les attributions de ce conseil. Napoléon décida qu'il serait composé des princes du sang, oncles de l'Empereur, des princes grands dignitaires (toujours à la condition qu'ils ne régneraient pas au dehors), et dans l'ordre suivant : l'archichancelier, l'archichancelier d'État, le grand électeur, le connétable, l'architrésorier, le grand amiral. Cet ordre attribuait la première place

Mars 1813.

que le prince Cambacérès fait adopter à Napoléon relativement à la régence.

Conseil de régence.

au prince Cambacérès, et lui assurait la principale influence sur les affaires. Napoléon se chargeait d'ailleurs de la lui assurer plus complétement par ses instructions secrètes à l'Impératrice. Le conseil devait être consulté sur toutes les grandes affaires d'État, mais il n'avait que voix consultative.

Les choses ayant été ainsi réglées dans un projet de sénatus-consulte, Napoléon fit d'abord présenter ce projet au Conseil d'État avant de l'envoyer au Sénat. Il en exposa lui-même les motifs de vive voix, avec précision et autorité. Tout le monde se tut, et parut approuver sans réserve. Néanmoins un membre demanda s'il ne conviendrait pas de réparer une omission du futur sénatus-consulte, et de conférer la régence à la mère de l'Empereur mineur, même lorsqu'elle ne serait pas impératrice douairière. Le cas aurait pu se produire si Napoléon avait pris pour héritier un fils de son frère Louis et de la reine Hortense. Cette princesse, depuis que le roi Louis avait abdiqué la couronne de Hollande, vivait en France séparée de son mari, et très-aimée de la société parisienne. La réclamation, évidemment présentée dans son intérêt, fut appuyée par un jeune conseiller d'État qui jouissait de toute la faveur impériale, M. le comte Molé. Napoléon la repoussa d'une manière dure et péremptoire, et il n'en fut plus question. En sortant du conseil, il dit à Cambacérès : Eh bien, avez-vous vu s'agiter les amis d'Hortense ? que serait-ce si j'étais mort ?... — Et il laissa échapper un soupir à la pensée de tout ce qui pourrait arriver s'il disparaissait de la scène du monde.

Le sénatus-consulte fut adopté par le Sénat tel

qu'il avait été proposé. Par ses lettres patentes Napoléon conféra à la régente la plénitude apparente de l'autorité souveraine, sauf l'interdiction de présenter des lois au Corps législatif, et des sénatus-consultes au Sénat, mais dans la pratique il restreignit l'usage de cette autorité par des précautions bien calculées, et il établit que la régente ne ferait rien sans la signature du prince Cambacérès. Il lui donna en outre pour secrétaire de la régence, devant remplir auprès d'elle les fonctions de ministre d'État, le sage duc de Cadore, M. de Champagny. Il ne pouvait assurément l'entourer de meilleurs conseils.

Le 30 mars il investit l'Impératrice de sa nouvelle dignité. Environné des grands dignitaires de l'Empire, il la reçut dans la salle du trône, et il lui fit prêter serment de gérer en bonne mère, en fidèle épouse, en bonne Française, les augustes fonctions qui lui étaient attribuées. Cette formalité accomplie, il congédia l'assemblée, ne retint que les ministres, et fit assister l'Impératrice à un conseil où l'on traita des plus grandes affaires. Elle y parut attentive, curieuse, et point dépourvue d'intelligence. Pendant les jours qui suivirent, il continua de l'appeler à chaque conseil, discuta toutes choses devant elle, et prit soin de l'initier lui-même au gouvernement. Dans ce court apprentissage, il indiqua à ceux qui devaient la diriger ce qu'il fallait lui montrer ou lui cacher. Parcourant les rapports de police, il en écarta quelques-uns, et dit à l'archichancelier Cambacérès : Il ne faut point salir l'esprit d'une jeune femme de certains détails. Vous lirez ces rapports, et vous ferez choix de ceux qui devront être communiqués à l'Impératrice[1]. — Puis il exclut encore, pour se le réserver, un genre d'affaires, c'était la nomination des officiers supérieurs de l'armée. — Ni vous ni l'Impératrice, dit-il à Cambacérès, ne connaissez le personnel de l'armée. Le ministre de la guerre seul le connaît, et je n'ai pas confiance en lui. Si je le laissais faire, il remplirait l'armée de sujets sur le dévouement desquels je ne pourrais pas compter, et je finirais par le destituer. Vous aurez donc soin de me renvoyer à signer tous les brevets. — Le ministre Clarke, duc de Feltre, laborieux, assidu à ses fonctions, affectant le dévouement, mais commençant à douter de la perpétuité de la dynastie impériale, cherchait volontiers auprès de tous les partis des appuis futurs. Il était violemment brouillé avec le ministre de la police. Napoléon n'était pas fâché de faire surveiller la fidélité un peu suspecte du duc de Feltre par la haine du duc de Rovigo, dans la sincérité duquel il avait toute confiance.

Au moment de partir pour l'armée, Napoléon, cherchant à concilier des amis à son fils et à sa femme, aurait voulu faire une promotion considéra-

[1] Voici une lettre intéressante au duc de Rovigo, qui révèle ce genre de sollicitude.

« *Au ministre de la police.*

» Erfurt, le 26 avril 1813.

» Mon intention n'est pas que vous remettiez directement à l'Impé-
» ratrice vos mémoires sur les affaires de police. Ce ne peut avoir aucun
» avantage, et j'y vois des inconvénients. L'Impératrice est trop jeune
» pour lui gâter l'esprit ou l'inquiéter par des détails de police. Vous ne
» devez donc adresser qu'à l'archichancelier la copie des rapports que
» vous me remettrez. L'archichancelier ne lui remettra que ce qu'il est
» bon qu'elle sache, et en traitant ces sortes d'affaires le plus légèrement
» possible. »

ble de sénateurs, afin d'étayer par des intérêts satisfaits le dévouement ébranlé d'un grand nombre de personnages. Mais cette mesure présentait un danger que le pénétrant archichancelier lui signala. Il ne restait que treize places vacantes au Sénat, et treize dotations disponibles. Faire plus de nominations qu'il n'y avait de vacances, c'était s'obliger ou à diviser davantage les ressources existantes, ou à augmenter les revenus du Sénat. La situation des finances ne permettant pas de recourir à ce dernier moyen, et ne voulant pas user du premier, de peur de mécontenter le Sénat, Napoléon ne nomma que treize nouveaux membres, qui n'ajoutèrent pas beaucoup, comme on le verra plus tard, à la fidélité de ce corps. Il prodigua en outre les décorations de l'ordre de la Réunion, et nomma duc le comte Decrès, auquel il avait fait attendre ce titre fort injustement, car ce n'était pas la faute de ce ministre si la marine n'avait pas eu de grands succès pendant l'ère impériale. Il choisit pour ses aides de camp le général Corbineau, qui avait miraculeusement trouvé le passage de la Bérézina, et l'illustre Drouot, qui rendait de si grands services dans l'artillerie de la garde, avec laquelle se gagnaient les batailles. Il ne se borna pas à ménager des amis à sa femme et à son fils, il chercha encore à leur épargner des embarras. Il avait rappelé d'Espagne le maréchal Soult, et permis à M. Fouché de revenir de sa sénatorerie. Il ne voulut pas laisser oisifs à Paris ces deux personnages, surtout le second. Il emmena le maréchal Soult avec lui, se proposant de lui donner un emploi dans sa garde, et il résolut, dès qu'il serait

Avril 1813.

Napoléon consacre 70 millions à l'achat de bons de la caisse d'amortissement pour les soutenir.

Mesures relatives à l'exécution du concordat de Fontainebleau.

rentré dans les pays allemands, de confier à M. Fouché le gouvernement des provinces conquises.

Il venait de terminer, après trois ou quatre semaines, la session du Corps législatif, et lui avait fait voter la loi de finances, ainsi que la loi relative à la vente des biens communaux. En attendant que les nouveaux bons de la caisse d'amortissement eussent obtenu la confiance du public, il en avait acheté pour la liste civile et le trésor extraordinaire pour environ 70 millions, ce qui était un grand secours donné à M. Mollien, mais une notable diminution des ressources métalliques renfermées aux Tuileries. Suivant sa coutume il envoya quelques millions à Mayence, dans une caisse inconnue de tous ses ministres, pour qu'aucun d'eux ne comptât sur elle, et qu'il pût y trouver les moyens de pourvoir extraordinairement à ce qui manquerait à ses troupes.

Avant de partir, il prit encore quelques mesures relativement au concordat de Fontainebleau. Le Pape, sans nier l'authenticité de ce concordat, ni la réalité de la signature par lui donnée, avait adopté le parti de ne pas exécuter le nouveau traité, en gardant du reste le plus complet silence sur ses intentions. Il ne parlait pas de sa translation à Avignon, pour laquelle d'ailleurs rien n'était encore prêt; il n'exerçait aucune des fonctions du pontificat; il n'avait pas fait choix d'un ministre pour communiquer avec le gouvernement français, n'avait pas davantage informé les diverses cours catholiques qu'on pouvait lui envoyer à Avignon des représentants accrédités. Quant aux fameuses bulles destinées à instituer les évêques nommés par Napoléon, tant de fois annoncées et depuis si longtemps attendues, il n'en disait rien, de manière que le gouvernement de l'Église restait toujours suspendu. Sur ces divers objets Pie VII, revenant à un système de finesse qui n'était pas à lui, mais à ses conseillers, était loin de déclarer qu'il voulait renoncer au concordat de Fontainebleau et rétracter sa signature, mais il semblait indiquer que dans l'état des choses l'exécution de ce traité n'avait rien de pressant, et affectait de sommeiller plus que de coutume dans sa paisible retraite. Seulement les personnages actifs du parti de l'Église faisaient à Fontainebleau de fréquents voyages. Le bouillant Napoléon faillit s'emporter, et gâter par un éclat l'habileté de son rapprochement avec le Saint-Père. Mais mieux conseillé il se borna à profiter de ses avantages. Le Pape ayant signé le concordat publiquement, librement, Napoléon n'avait aucune raison de le tenir secret. A la vérité, il avait promis de ne le rendre public qu'après la communication qui devait en être faite aux cardinaux ; mais la mauvaise foi dont on usait envers lui, le retard qu'on mettait à faire cette communication aux cardinaux, qui étaient tous réunis à Paris, les dénégations de beaucoup de gens d'Église, assurant, les uns que le concordat n'existait pas, les autres qu'il avait été extorqué par la violence, donnaient enfin à Napoléon le droit de le publier. En conséquence il le fit insérer au Bulletin des lois, comme loi de l'État, devant recevoir son exécution à partir de cette insertion. Il prit ensuite ses mesures pour que l'institution des nouveaux prélats, signifiée officiellement au Pape, pût avoir lieu par le métropolitain, si le

Avril 1813.

Publication de ce concordat.

Pape ne l'accordait pas lui-même dans les six mois. En outre il restreignit le nombre des visiteurs à Fontainebleau, et désigna ceux qui pourraient être admis auprès du Pape. Enfin il ordonna, mais sans bruit, l'arrestation et la translation à quarante lieues de Paris du cardinal di Pietro, comme s'étant signalé par ses mauvais conseils en cette dernière circonstance. Il ne laissa point ignorer autour du Pape le motif de cette nouvelle rigueur. Au surplus il ne l'étendit à aucun autre des conseillers de Pie VII. C'était un avertissement qu'il voulait donner, mais point encore un éclat qu'il voulait faire.

Peu de jours avant son départ pour Mayence, survint le prince de Schwarzenberg, qui était annoncé comme le confident des plus secrètes résolutions du cabinet autrichien. Napoléon avait déjà réexpédié à Vienne M. de Bubna, dont il avait goûté l'esprit, caressé l'amour-propre, et encouragé autant que possible les bonnes dispositions pour la France. Il s'était fort appliqué à lui inculquer l'idée, qui en ce moment pouvait difficilement entrer dans une tête allemande, que l'Autriche devait chercher à refaire avec la France sa fortune délabrée. Il tenta la même chose auprès du prince de Schwarzenberg. Ce prince, qui ne haïssait point Napoléon, et avait lieu au contraire d'en être personnellement satisfait, commençait à se trouver fort embarrassé, car il ne voulait pas lui déplaire, et il tenait aussi à ménager les passions de son pays, bien qu'il fût loin de les partager entièrement. M. de Metternich l'avait envoyé pour questionner beaucoup plus que pour parler; il l'avait chargé surtout de savoir quelle paix Napoléon serait disposé à conclure, et de lui insinuer que l'Autriche ne tirerait l'épée que pour la paix, et pour une paix tout allemande. Dire cela à l'impétueux Napoléon, rayonnant de confiance et d'ardeur, n'était chose ni aisée ni agréable. Aussi le prince de Schwarzenberg n'avait-il accepté cette mission qu'à regret, et ne la remplissait-il qu'avec une sorte de mauvaise grâce. Il n'articula rien de clair ni de satisfaisant, parla seulement de la nécessité de la paix, du déchaînement des esprits en Allemagne, et n'osa exprimer qu'une très-petite partie de ce qu'il était chargé de dire. Napoléon du reste ne lui laissa ni le temps ni l'occasion de s'expliquer, chercha en le caressant beaucoup à l'entraîner dans ses projets, lui montra une confiance calculée, et prenant ses états de troupes qu'il avait toujours sur sa table à travail, s'efforça de lui persuader qu'il avait en France, en Allemagne, en Italie, en Espagne, onze ou douze cent mille hommes sous les armes, valant bien en qualité les jeunes Allemands qu'on devait lui opposer, ayant de bien autres officiers, et surtout un bien autre général. Il affirma qu'il allait écraser les Russes et les Prussiens, et les jeter au delà de la Vistule. Il tâcha ensuite de persuader au prince que c'était le cas pour l'Autriche de rendre la paix certaine et immédiate en se prononçant en faveur de la France, et de la rendre en outre la plus avantageuse qu'elle eût jamais conclue, en acceptant la Silésie, un million de Polonais, et l'Illyrie, toutes choses qu'il était prêt à lui donner. Le prince de Schwarzenberg, quoique doué d'une raison assez ferme, fut touché des calculs de Napoléon, essaya toutefois de lui dire qu'il aurait à combattre

Avril 1813.

Attitude embarrassée du prince de Schwarzenberg.

Ce prince n'ose pas dire à Napoléon les vérités qu'il est

Avril 1813.

chargé de lui exposer.

dans la prochaine campagne des troupes animées d'un violent fanatisme, que ce ne serait pas l'affaire d'une ou deux batailles, qu'il serait donc sage à lui de songer à négocier, que l'Autriche était toute prête à l'y aider, mais qu'elle ne pouvait cependant pas se battre contre l'Europe, pour un arrangement qui ne serait en rien conforme aux vœux et aux intérêts de l'Allemagne. Mais Napoléon était beaucoup trop ardent pour qu'on pût avec de froides raisons l'arrêter dans ses élans. Le prince de Schwarzenberg vit bien qu'il voulait se battre à outrance, que rien ne l'en empêcherait, que probablement il aurait des succès, et pensa qu'il fallait attendre ces succès, et en connaître l'importance, avant de rien augurer et de rien résoudre. En conséquence il proféra quelques mots sans force et sans suite, puis se tut, n'osant pas même dire à Napoléon, sur un point très-important, la vérité qu'il savait, et qu'il eût été de sa loyauté de lui faire connaître. Ce point était relatif au corps auxiliaire autrichien. L'Autriche affectant de rester fidèle au traité d'alliance du 14 mars 1812, le corps auxiliaire autrichien devait toujours être à la disposition de Napoléon, et de plus son entrée en action était fort désirable en ce moment. Napoléon dit donc au prince de Schwarzenberg qu'il allait expédier à ce corps des ordres pour qu'il s'avançât avec le prince Poniatowski vers la haute Silésie, et qu'il espérait que ces ordres seraient exécutés. Le prince de Schwarzenberg qui savait bien que son gouvernement ne voulait plus tirer un coup de fusil, craignit de l'avouer à Napoléon, et eut la faiblesse de lui répondre que le corps autrichien obéirait.

Après avoir vainement tenté de convertir le prince de Schwarzenberg, Napoléon adressa à ses alliés le grand-duc de Bade, le prince primat, le duc de Wurzbourg, les rois de Wurtemberg, de Bavière et de Saxe, la recommandation de préparer leur contingent, et surtout de lui expédier ce qu'ils auraient de cavalerie organisée. Il insista particulièrement auprès du roi de Saxe, retiré à Ratisbonne, lequel avait avec lui les 2,400 beaux cavaliers dont nous avons parlé, et sur lesquels Napoléon comptait pour les adjoindre au corps du maréchal Ney. Il fit cette demande comme on donne un ordre absolu. Toutes ces dispositions terminées, et après avoir reçu les derniers embrassements de l'Impératrice, émue, désolée de cette séparation, il partit le 15 avril, aussi ardent, aussi confiant qu'au début de ses plus belles campagnes! Heureuse et fatale confiance qui devait produire de grandes choses, mais, par son excès même, amener de nouveaux et irréparables désastres!

FIN DU LIVRE QUARANTE-SEPTIÈME.

LIVRE QUARANTE-HUITIÈME.

LUTZEN ET BAUTZEN.

Suite de la mission du prince de Schwarzenberg. — Ce prince quitte Paris après avoir essayé de dire à l'Impératrice et à M. de Bassano ce qu'il n'a osé dire à Napoléon. — Ce qui s'est passé à Vienne depuis la défection de la Prusse. — La cour d'Autriche persévère plus que jamais dans son projet de médiation armée, et veut imposer aux puissances belligérantes une paix toute favorable à l'Allemagne. — Efforts de cette cour pour ménager des adhérents à sa politique. — Ce qu'elle a fait auprès du roi de Saxe, retiré à Ratisbonne, pour en obtenir la disposition des troupes saxonnes et des places fortes de l'Elbe, et la renonciation au grand-duché de Varsovie. — L'Autriche ayant obtenu du roi Frédéric-Auguste la faculté de disposer de ses forces militaires, en profite pour se débarrasser de la présence du corps polonais à Cracovie. — Ne voulant pas rentrer en lutte avec les Russes, elle conclut un arrangement secret avec eux, par lequel elle doit retirer sans combattre le corps auxiliaire, et ramener le prince Poniatowski dans les États autrichiens. — Négociations de l'Autriche avec la Bavière. — M. de Narbonne arrive à Vienne sur ces entrefaites. — Accueil empressé qu'il reçoit de l'empereur et de M. de Metternich. — M. de Metternich cherche à lui persuader qu'il faut faire la paix, et lui laisse entendre qu'on ne pourra obtenir qu'à ce prix l'appui sérieux de l'Autriche. — Il lui insinue de nouveau quelles pourront être les conditions de cette paix. — M. de Narbonne ayant reçu de Paris ses dernières instructions, transmet à la cour de Vienne les importantes communications dont il est chargé. — D'après ces communications, l'Autriche doit sommer la Russie, la Prusse et l'Angleterre de poser les armes, leur offrir ensuite la paix aux conditions indiquées par Napoléon, et si elles s'y refusent, entrer avec cent mille hommes en Silésie, afin d'en opérer la conquête pour elle-même. — Manière dont M. de Metternich écoute ces propositions. — Il paraît les accepter, déclare que l'Autriche prendra le rôle actif qu'on lui conseille, offrira la paix aux nations belligérantes, mais à des conditions qu'elle se réserve de fixer, et pèsera de tout son poids sur la puissance qui refuserait d'y souscrire. — M. de Narbonne, s'apercevant bientôt d'un sous-entendu, veut s'expliquer avec M. de Metternich, et lui demande si, dans le cas où la France n'accepterait pas les conditions autrichiennes, l'Autriche tournerait ses armes contre elle. — M. de Metternich cherche d'abord à éluder cette question, puis répond nettement qu'on agira contre quiconque se refuserait à une paix équitable, en ayant du reste

LUTZEN ET BAUTZEN.   393

toute partialité pour la France. — Évidence de la faute qu'on a commise, en poussant soi-même l'Autriche à devenir médiatrice, d'alliée qu'elle était. — Tout à coup on apprend que le corps d'armée du prince de Schwarzenberg rentre en Bohême, au lieu de se préparer à reprendre les hostilités, que le corps polonais doit traverser sans armes le territoire autrichien, que le roi de Saxe se retire de Ratisbonne à Prague pour se jeter définitivement dans les bras de l'Autriche. — Nouvelles réclamations de M. de Narbonne. — Il insiste pour que le corps autrichien, conformément au traité d'alliance, reste aux ordres de la France, et demande formellement si ce traité existe encore. — M. de Metternich refuse de répondre à cette question. — M. de Narbonne attend, pour insister davantage, de nouveaux ordres de sa cour. — Surprise et irritation de Napoléon, arrivé à Mayence, en apprenant la retraite du corps autrichien, et surtout le projet de désarmer le corps polonais. — Il ordonne au prince Poniatowski de ne déposer les armes à aucun prix, et enjoint à M. de Narbonne, sans toutefois provoquer un éclat, de faire expliquer la cour d'Autriche, et de tâcher de pénétrer le secret de la conduite du roi de Saxe. — Napoléon, au surplus, se promet de mettre bientôt un terme à ces complications par sa prochaine entrée en campagne. — Ses dispositions militaires à Mayence. — Bien qu'il ait préparé les éléments d'une armée active de 300 mille hommes, et d'une réserve de près de 200 mille, Napoléon n'en peut réunir que 190 ou 200 mille au début des hostilités. — Son plan de campagne. — Situation des coalisés. — Forces dont ils disposent pour les premières opérations. — L'Autriche ne voulant pas se joindre à eux avant d'avoir épuisé tous les moyens de négociation, ils sont réduits à 100 ou 110 mille hommes pour un jour de bataille. — Composition de leur état-major. — Mort du prince Kutusof, le 28 avril, à Bunzlau. — Marche des coalisés sur l'Elster, et de Napoléon sur la Saale. — Habiles combinaisons de Napoléon pour se joindre au prince Eugène. — Arrivée de Ney à Naumbourg, du prince Eugène à Mersebourg. — Beau combat de Ney à Weissenfels le 29 avril, et jonction des deux armées françaises. — Vaillante conduite de nos jeunes conscrits devant les masses de la cavalerie russe et prussienne. — Arrivée de Napoléon à Weissenfels, et marche sur Lutzen le 1er mai. — Mort de Bessières, duc d'Istrie. — Projets de Napoléon en présence de l'ennemi. — Il médite de marcher sur Leipzig, d'y passer l'Elster, et de se rabattre ensuite dans le flanc des coalisés. — Position assignée au maréchal Ney, près du village de Kaja, pour couvrir l'armée pendant le mouvement sur Leipzig. — Tandis que Napoléon veut tourner les coalisés, ceux-ci songent à exécuter contre lui la même manœuvre, et se préparent à l'attaquer à Kaja. — Plan de bataille proposé par le général Diebitch, et adopté par les souverains alliés. — Le corps de Ney subitement attaqué. — Merveilleuse promptitude de Napoléon à changer ses dispositions, et à se rabattre sur Lutzen. — Mémorable bataille de Lutzen. — Importance et conséquences de cette bataille. — Napoléon poursuit les coalisés vers Dresde, et dirige Ney sur Berlin. — Marche vers l'Elbe.

LIVRE XLVIII.

— Entrée à Dresde. — Passage de l'Elbe. — Maître de la capitale de la Saxe, Napoléon somme le roi Frédéric-Auguste d'y revenir sous peine de déchéance. — Ce qui s'était passé à Vienne pendant que Napoléon livrait la bataille de Lutzen. — M. de Narbonne recevant l'ordre de faire expliquer l'Autriche relativement au corps auxiliaire et au corps polonais, insiste auprès de M. de Metternich, et lui remet une note catégorique. — Prières de M. de Metternich pour détourner M. de Narbonne de cette démarche. — M. de Narbonne ayant persisté, le cabinet de Vienne répond que le traité d'alliance du 14 mars 1812 n'est plus applicable aux circonstances actuelles. — On reçoit à Vienne les nouvelles du théâtre de la guerre. — Bien que les coalisés se vantent d'être vainqueurs, les résultats démontrent bientôt qu'ils sont vaincus. — Satisfaction apparente de M. de Metternich. — Empressement du cabinet de Vienne à se saisir maintenant de son rôle de médiateur, et envoi de M. de Bubna à Dresde pour communiquer les conditions qu'on croirait pouvoir faire accepter aux puissances belligérantes, ou pour lesquelles du moins on serait prêt à s'unir à la France. — Napoléon, en apprenant ce qu'a fait M. de Narbonne, regrette qu'on ait poussé l'Autriche aussi vivement, mais la connaissance précise des conditions de cette puissance l'irrite au dernier point. — Il prend la résolution de s'aboucher directement avec la Russie et l'Angleterre, d'annuler ainsi le rôle de l'Autriche après avoir voulu le rendre trop considérable, et de faire contre elle des préparatifs militaires qui la réduisent à subir la loi, au lieu de l'imposer. — En attendant, ordre à M. de Narbonne de cesser toute insistance, et de s'enfermer dans la plus extrême réserve. — Napoléon envoie le prince Eugène à Milan pour y organiser l'armée d'Italie, et prépare de nouveaux armements dans la supposition d'une guerre avec l'Europe entière. — Réception du roi de Saxe à Dresde. — Napoléon se dispose à partir de Dresde, afin de pousser les coalisés de l'Elbe à l'Oder, en leur livrant une seconde bataille. — Leur plan de s'arrêter à Bautzen et d'y combattre à outrance étant bien connu, Napoléon au lieu d'envoyer le maréchal Ney sur Berlin, le dirige sur Bautzen. — Arrivée de M. de Bubna à Dresde au moment où Napoléon allait en partir. — Habileté de M. de Bubna à supporter la première irritation de Napoléon, et à l'adoucir. — Explication qu'il donne des conditions de l'Autriche. — Modifications avec lesquelles Napoléon les accepterait peut-être. — Napoléon feint de se laisser adoucir, pour gagner du temps et pouvoir achever ses nouveaux armements. — Il consent à un congrès où seront appelés même les Espagnols, et à un armistice dont il se propose de profiter pour s'aboucher directement avec la Russie. — Départ de M. de Bubna avec la réponse de Napoléon pour son beau-père. — A peine M. de Bubna est-il parti que Napoléon, conformément à ce qui a été convenu, envoie M. de Caulaincourt au quartier général russe, sous le prétexte de négocier un armistice. — Départ de Napoléon pour Bautzen. — Distribution de ses corps d'armée, et marche du maréchal Ney, avec soixante mille hommes, sur les derrières de Bautzen. — Description de la position de Bautzen, propre à livrer deux batailles. — Bataille du 20 mai. — Seconde bataille du 21, dans laquelle les formidables positions des Prussiens et des Russes sont emportées après avoir été vaillamment défendues. — Le lendemain 22, Napoléon pousse, l'épée dans les reins, les coalisés sur l'Oder. — Combat de Reichenbach et mort de Duroc. — Arrivée sur les bords de l'Oder et occupation de Breslau. — Détresse des souverains coalisés, et nécessité pour eux de conclure un armistice. — Après avoir refusé de recevoir M. de Caulaincourt de peur d'inspirer des défiances à l'Autriche, ils envoient des commissaires aux avant-postes afin de négocier un armistice. — Ces commissaires s'abouchent avec M. de Caulaincourt. — Leurs prétentions. — Refus péremptoire de Napoléon. — Pendant les derniers évènements militaires, M. de Bubna se rend à Vienne. — Il y fait naître une sorte de joie par l'espérance de vaincre la résistance de Napoléon aux conditions de paix proposées, moyennant certaines modifications auxquelles on consent, et il revient au quartier général français. — Napoléon, se sentant serré de près par l'Autriche, allègue ses occupations militaires pour ne pas recevoir immédiatement M. de Bubna, et le renvoie à M. de Bassano. — S'apercevant toutefois qu'il sera obligé de se prononcer sous quelques jours, et qu'il aura, s'il refuse leurs conditions, les Autrichiens sur les bras, il consent à un armistice qui sauve les coalisés de leur perte totale, et signe cet armistice funeste, non dans la pensée de négocier, mais dans celle de gagner deux mois pour achever ses armements. — Conditions de cet armistice, et fin de la première campagne de Saxe, dite campagne du printemps.

Avril 1813.

Après le départ de Napoléon, le prince de Schwarzenberg était resté confondu de tout ce qu'il avait vu et entendu, et très-mécontent de n'avoir ni pu, ni osé exprimer une seule des vérités qu'il avait mission de dire à la cour de France. Il essaya de se montrer plus ouvert avec l'Impératrice, auprès de laquelle il avait accès, car, outre qu'il était pour elle Allemand et ambassadeur de son père, il avait été le négociateur de son mariage, et avait par conséquent tous les titres pour en être écouté. Malheureusement ses discours à cette princesse ne pouvaient pas avoir grand effet. Marie-Louise, éblouie du prestige dont elle était entourée, éprise alors de son époux qui lui plaisait, et qui la comblait de soins, formait des vœux ardents pour

Suite de la mission du prince de Schwarzenberg.

Ses entretiens avec Marie-Louise et M. de Bassano.

ses triomphes, mais n'avait sur lui aucun crédit. Ses yeux étaient encore rouges des larmes qu'elle avait versées en le quittant, lorsqu'elle reçut l'ambassadeur de son père. Elle écouta avec chagrin ce que lui dit le prince de Schwarzenberg sur les dangers de la situation présente, sur les passions soulevées en Europe contre la France, sur la nécessité de conclure la paix avec les uns, et de la conserver au moins avec les autres. Pour toute réponse la jeune impératrice répéta ce qu'on lui avait appris à dire des forces immenses de Napoléon; mais entendant peu ce qui avait rapport à la guerre, elle se borna surtout à demander qu'on ménageât sa situation en France, et qu'après l'y avoir envoyée comme un gage de paix, on ne l'exposât pas à devenir une nouvelle victime des orages révolutionnaires. Les infortunes de Marie-Antoinette avaient laissé un tel souvenir dans les esprits, que souvent Marie-Louise se sentait saisie de terreurs subites, et se regardait comme en grand danger si l'Autriche était encore une fois en guerre avec la France. Elle parla de ses craintes au prince de Schwarzenberg mais sans le toucher beaucoup, car il ne les prenait pas au sérieux, et d'ailleurs il pensait en politique et en militaire, et bien qu'un peu gêné par les faveurs qu'il avait reçues de la cour de France, il songeait par-dessus tout à la fortune de son pays et à la sienne. Il ne pouvait pas résulter grand'chose de pareils entretiens. Ceux que le prince de Schwarzenberg eut avec M. de Bassano, qui était resté quelques jours encore à Paris, auraient pu avoir plus d'utilité, mais n'en eurent malheureusement aucune.

Lors du mariage de Marie-Louise, le prince de Schwarzenberg avait poussé l'intimité avec M. de Bassano presque jusqu'à l'intrigue; ils étaient donc très-familiers l'un avec l'autre, et pouvaient se parler librement. M. de Schwarzenberg tenta de dire la vérité, sans y apporter cependant tout le courage qu'il aurait dû y mettre, et qui plus tard l'aurait excusé de manquer à la reconnaissance envers Napoléon, s'il ne parvenait pas à en être écouté. Il essaya de contester quelque peu les allégations de M. de Bassano, de rabattre quelque chose des immenses armements dont ce ministre faisait un continuel étalage, de parler de l'inexpérience de notre infanterie, surtout de la destruction de notre cavalerie, de la fureur patriotique que nous allions rencontrer chez les coalisés, des passions qui entraînaient en ce moment les peuples de l'Europe et dominaient les gouvernements eux mêmes, de l'impossibilité où serait l'Autriche de se battre contre l'Allemagne pour la France, à moins qu'elle ne parût le faire pour une paix tout allemande. M. de Bassano ne sembla guère comprendre ces vérités, et avec une naïveté qui honorait sa bonne foi, mais pas du tout son jugement politique, allégua souvent le traité d'alliance, et surtout le mariage. Le prince de Schwarzenberg perdant patience, laissa échapper ces mots : Le mariage, le mariage !... la politique l'a fait, la politique pourrait le défaire ! — A ce cri de franchise sorti de la bouche du prince de Schwarzenberg, M. de Bassano, surpris, commença à entrevoir la situation; mais au lieu de venir au secours de la faiblesse de son interlocuteur, qui n'osait pas avouer ce qu'il savait, c'est que l'Autriche ne se battrait point pour nous contre les Allemands, qu'elle se joindrait même à eux si nous n'acceptions pas la paix qu'elle avait imaginée, il feignit de ne pas comprendre, afin de n'avoir pas à répondre, et se prêta à ce que l'entretien se terminât par de nouvelles et mensongères protestations de fidélité à l'alliance. Sans doute, paraître n'avoir pas compris, afin d'éviter un éclat, pouvait être habile, bien qu'une explication franche, amicale et complète eût été beaucoup plus habile à notre avis; mais en dissimulant avec le représentant de l'Autriche, il fallait au moins ne pas dissimuler avec Napoléon; il fallait lui dire à lui ce qu'on affectait de n'avoir pas entendu d'un autre, c'est que, s'il ne faisait pas des sacrifices, il aurait l'Autriche de plus sur les bras, et succomberait sous une coalition de l'Europe entière. M. de Bassano jugea qu'il valait mieux ne rien répéter à l'Empereur de ce qu'il avait recueilli, afin de ne pas l'irriter contre l'Autriche. L'intention était honnête assurément; mais on perd, en les servant ainsi, les maîtres qu'on n'a point habitués au langage de la vérité. Si le monde entier, si la nature des choses devaient les ménager comme on les ménage soi-même, il se pourrait que taire le mal ce fût le conjurer; mais comme il n'y a de soumis que soi, les faits qu'on leur laisse ignorer ne font que s'aggraver, grandir et se convertir bientôt en désastres!

Le prince de Schwarzenberg partit de Paris fort mécontent de tout ce qu'il avait vu, et, s'il avait été juste, il aurait dû être aussi mécontent de lui que des autres, car il n'avait pas même su faire entendre autant de vérités que son gouvernement l'avait autorisé à en dire, et autant qu'il en devait à Napoléon, pour se laver envers lui de tout reproche d'ingratitude, en acceptant le nouveau rôle qu'il allait bientôt jouer.

A Vienne les choses ne se passaient pas mieux, bien qu'avec beaucoup plus de clairvoyance et d'esprit de la part des représentants de la France et de l'Autriche. Tandis que M. de Narbonne était en route pour s'y rendre, la situation avait encore empiré pour nous, et M. de Metternich et l'empereur, pressés entre l'opinion universelle de l'Allemagne qui les sommait de se joindre à la coalition, et la France envers laquelle ils étaient engagés, ne savaient plus comment se tirer d'embarras, et se trouvaient condamnés chaque jour à de plus pénibles dissimulations. Leur but n'avait pas changé, car il n'y en avait qu'un de sage et d'honnête à poursuivre dans leur situation. Passer de l'état d'allié de la France à celui d'allié de la Russie, de la Prusse, de l'Angleterre, par un état intermédiaire, celui d'arbitre, imposer aux uns comme aux autres une paix avantageuse à l'Allemagne, se tenir à ce rôle intermédiaire le plus longtemps possible, ne se réunir à la coalition qu'à la dernière extrémité, était aux yeux du prudent empereur, de l'habile ministre, la seule conduite à tenir. Pour l'empereur, elle conciliait, comme nous l'avons dit, ses intérêts de souverain allemand avec ses devoirs de père; pour le ministre, elle offrait une manière convenable de passer d'une politique à l'autre, et de rester décemment à la tête des affaires. Pour les deux elle avait le grand mérite d'épargner à l'Autriche la guerre avec la France, qui, à leurs yeux, présentait toujours des chances singulièrement effrayantes. Mais faire accepter aux coalisés, exaltés par la haine et l'espérance, cette lente transition vers eux, faire accepter à Napoléon des conseils modérés, était une chose presque impossible, dans laquelle toute la dextérité du monde pouvait échouer, surtout au milieu des incidents continuels d'une situation extraordinaire.

Il eût été plus commode sans aucun doute de s'expliquer nettement et immédiatement avec tous, de dire aux coalisés comme à Napoléon qu'on voulait la paix, qu'on la voulait allemande pour l'Allemagne d'abord, dont on devait avoir les intérêts à cœur, pour l'Europe ensuite, à l'équilibre de laquelle une Allemagne indépendante était indispensable; que, pouvant jeter dans la balance un poids décisif, on était prêt à le faire contre celui qui n'admettrait pas complétement et tout de suite ce système de pacification générale. Mais parler ainsi avant d'avoir deux cent mille hommes en Bohême pouvait être chose hasardeuse en présence d'un caractère aussi impétueux que Napoléon, et d'une coalition aussi enivrée de succès inespérés que l'était celle de la Russie, de l'Angleterre et de la Prusse. Il était donc prudent de gagner du temps avant de s'expliquer. Le cabinet autrichien n'y négligea rien : il était en fonds d'habileté pour réussir dans une tâche pareille.

D'abord il avait voulu en Allemagne même se ménager des adhérents à sa politique médiatrice, et il les avait cherchés parmi les princes engagés comme lui dans l'alliance française, par prudence ou par intérêt. Il avait commencé par s'adresser secrètement à la Prusse, qui, avec une mobilité tenant à sa position et aux passions de son peuple, avait versé tout d'un coup de la médiation dans la guerre. Ne pouvant plus se servir de la Prusse, il avait, toujours en secret, tourné ses efforts vers la Saxe et la Bavière, qui ne demandaient pas mieux que d'avoir la paix, surtout de l'avoir avantageuse à l'Allemagne, et il les avait rattachées à sa politique. Il avait amené, comme on l'a vu, le roi de Saxe à quitter Dresde, à nous refuser son contingent en cavalerie, et à enfermer dans Torgau son contingent en infanterie. Mais ce n'était plus assez, il voulait maintenant le conduire de Ratisbonne à Prague, pour en disposer plus complétement, et lui faire adopter toutes ses vues. La principale de ces vues consistait à obtenir du vieux roi le sacrifice de la Pologne, présent bien flatteur de Napoléon, mais présent chimérique et dangereux, dont la campagne de Moscou venait de démontrer le péril et l'inanité. Ayant le consentement du roi de Saxe pour la suppression du grand-duché de Varsovie, le cabinet autrichien espérait trouver moins de difficultés de la part de Napoléon, qui n'aurait plus l'embarras et le désagrément d'abandonner un allié pour lequel il avait toujours affiché la plus grande faveur. Alors, avec les territoires qui s'étendent du Bug à la Warta, on avait de quoi reconstituer la Prusse, on délivrait la Russie de ce grand-duché de Varsovie, qui était pour elle un fantôme accusateur et menaçant; on lui donnait quelque chose pour le duc d'Oldenbourg, et on

Avril 1813.

favorable à la médiation.

Secrètes menées auprès du roi de Saxe.

L'Autriche voudrait arracher ce prince des mains des Français, et le conduire en Bohême pour en disposer à son gré.

reprenait pour soi, ce qui au milieu de beaucoup de vues de bien public n'était pas indifférent à l'Autriche, la portion de la Gallicie perdue après la bataille de Wagram. C'était donc un point bien important à obtenir du roi de Saxe, et on poursuivait cet objet auprès de lui avec secret, dextérité et insistance. On voulait enfin que la Saxe n'employât ses forces qu'avec celles de l'Autriche, en même temps, dans la même mesure. Ses forces consistaient dans la belle cavalerie qui avait suivi la cour, dans les dix mille hommes d'infanterie cantonnés à Torgau, dans la place de Torgau elle-même, dans la forteresse de Kœnigstein sur l'Elbe, et enfin dans le contingent polonais du prince Poniatowski, qui s'était retiré vers Cracovie à la suite du prince de Schwarzenberg. Cette dernière partie des forces saxonnes était la plus intéressante aux yeux de l'Autriche, non à cause de son importance militaire, mais à cause de sa position toute spéciale. Il fallait empêcher en effet que le corps polonais, à la réouverture prochaine des hostilités, ne se mît en mouvement sur l'ordre qu'il recevrait de Napoléon, et n'attirât ainsi les Russes vers la Bohême. Ajoutez qu'à la reprise des hostilités ce n'était pas seulement aux Polonais que Napoléon devait envoyer des ordres de mouvement, mais au corps autrichien lui-même. Pour dénouer tant de complications, M. de Metternich, avec sa fertilité d'esprit ordinaire, avait imaginé un premier moyen, adroit mais dangereux s'il était divulgué, c'était de continuer par convention écrite ce qu'on avait déjà fait par convention tacite, c'est-à-dire de se retirer devant les Russes en feignant d'y être contraint par des forces supérieures. En conséquence, employant à un double usage M. de Lebzeltern, qui avait été envoyé à Kalisch pour y offrir la médiation autrichienne, on était convenu des faits suivants par une note, échangée entre les parties, qu'on s'était promis de tenir à jamais secrète. Le général russe, baron de Sacken, dénoncerait l'armistice par lequel les Russes avaient suspendu les hostilités avec les Autrichiens à la fin de la dernière campagne, et feindrait de déployer sur leur flanc une force considérable; ceux-ci, de leur côté, feindraient de se retirer par nécessité, repasseraient la haute Vistule, abandonneraient Cracovie, rentreraient en Gallicie, et emmèneraient le corps polonais de Poniatowski avec eux, en l'obligeant à subir cette prétendue nécessité. Une fois arrivés là, les Russes s'arrêteraient et respecteraient les frontières autrichiennes. Mais pour ne pas garder les Polonais si près du grand duché de Varsovie, et surtout pour ne pas les laisser séjourner au milieu de la Gallicie, à laquelle ils pouvaient mettre le feu, le cabinet autrichien voulait convenir avec le roi de Saxe, leur grand-duc, de les ramener à travers les États autrichiens sur l'Elbe, où Napoléon ferait d'eux ce qu'il lui plairait. On aurait ainsi résolu l'une des plus grosses difficultés du moment.

Les Russes avaient accepté la secrète convention dont nous venons de parler, et M. de Nesselrode, devenu, non pas encore en titre mais en fait, le ministre dirigeant d'Alexandre, s'était hâté de la signer. Restait à faire agréer ces divers arrangements au roi de Saxe.

Avril 1813.

Convention secrète avec les Russes, pour éviter de nouvelles hostilités avec eux.

26.

Avril 1813.

Le roi de Saxe adhère à tout ce que lui suggère l'Autriche, mais oppose quelque résistance relativement au grand-duché de Varsovie.

Ce pauvre roi, horriblement tourmenté, ne sachant plus à qui se donner, mais suivant volontiers l'Autriche, dont la position ressemblait fort à la sienne, avait consenti à tout ce qu'on lui avait proposé. Il avait stipulé à l'égard de sa cavalerie conduite à Ratisbonne, de son infanterie enfermée dans Torgau, de la place de Torgau et de celle de Kœnigstein, qu'il ne serait usé de ces forces et de ces places que d'accord avec l'Autriche, conjointement avec elle, et conformément à son plan de médiation. A l'égard des troupes polonaises, il avait consenti que, rentrées en Gallicie, on leur ôtât momentanément leurs armes, sauf à les leur rendre ensuite, et qu'on les conduisît à travers les États autrichiens, en leur fournissant tout ce dont elles auraient besoin, à un point de la Bavière ou de la Saxe qui serait ultérieurement désigné. Par malheur pour cette combinaison, il se trouvait dans les troupes polonaises un bataillon de voltigeurs français, et ce n'était pas une médiocre affaire de désarmer des Français, surtout en prétendant rester les alliés de la France.

Ce point obtenu, il fallait arracher au roi de Saxe l'abandon définitif du duché de Varsovie, afin d'ôter à Napoléon, avons-nous dit, un embarras et un argument, et l'Autriche voulait proposer à la Saxe comme dédommagement de la Pologne la jolie principauté d'Erfurt, jusqu'ici gardée en dépôt par la France, et un moment offerte en dédommagement au duc d'Oldenbourg. Mais la Saxe, tout en cédant aux vues de l'Autriche, s'était défendue quand on lui avait parlé du sacrifice du grand-duché de Varsovie, car Erfurt, quoique une jolie enclave de ses

États, ne valait pas cette glorieuse couronne de Pologne, qui un siècle auparavant brillait si bien au front des princes de Saxe. Aussi le cabinet autrichien voulait-il amener le roi de Saxe de Bavière en Bohême, pour mieux disposer de lui. Afin de l'y attirer, il faisait valoir auprès de ce prince l'avantage d'être à Prague dans un pays inviolable, et à quelques heures de Dresde, en mesure par conséquent de parler chaque jour à ses sujets, et de conserver leur affection.

Les négociations entamées avec la Bavière étaient tout aussi délicates, et présentaient même beaucoup plus de difficultés. Outre qu'il fallait lui faire agréer un projet de médiation qui était tout à fait en dehors de la politique de Napoléon (ce qui ne laissait pas d'avoir ses dangers), il fallait la disposer à un sacrifice nullement utile à la cause générale, mais très-utile à l'Autriche, c'était le rétablissement de la frontière de l'Inn, entamée aux dépens de l'Autriche et au profit de la Bavière par le traité de paix de 1809. Ici il n'y avait que la menace à employer, et aucun dédommagement à offrir, car il ne se trouvait autour de la Bavière que les territoires de Baden, de Wurtemberg, de Saxe, qu'on n'aurait su comment démembrer au profit d'un voisin. La tâche était difficile, et on courait la chance que la Bavière mécontente ne révélât tout à Napoléon. Quant à nos alliés de Bade, de Wurtemberg, l'Autriche n'avait pu les aborder qu'avec beaucoup de ménagements, leur voisinage des bords du Rhin les rendant tout à fait dépendants de la domination vigilante de Napoléon.

C'est au milieu de ce travail subtil et secret que

Avril 1813.

Menées de l'Autriche auprès de la Bavière.

Arrivée

Avril 1813.

de M. de Narbonne à Vienne.

Opposition absolue entre les idées qu'il est chargé de proposer, et les idées de l'Autriche.

M. de Narbonne vint surprendre l'Autriche, et lui apporter des vues malheureusement bien différentes des siennes. Au lieu du projet de reconstituer la Prusse, et de rendre l'Allemagne indépendante, M. de Narbonne apportait un bouleversement de l'Allemagne plus grand encore que celui auquel on voulait remédier, c'est-à-dire la Prusse détruite définitivement, la Saxe substituée à la Prusse, et l'Autriche payée il est vrai par la Silésie, mais plus dépendante que jamais! Certes il n'y avait pas avec de telles propositions grand moyen de s'entendre; ajoutez que M. de Narbonne, récemment entré dans la faveur de Napoléon, arrivait naturellement avec le désir de se distinguer, et surtout avec la prétention de n'être pas comme son prédécesseur dupe de M. de Metternich! Dispositions dangereuses, quoique fort concevables, car ce qu'il y aurait eu de mieux, c'eût été de paraître dupe sans l'être, et même de l'être réellement, plutôt que de forcer l'Autriche à se prononcer, en lui montrant qu'on l'avait devinée.

Brillant accueil fait à M. de Narbonne.

L'accueil de M. de Metternich à M. de Narbonne fut des plus empressés et des plus flatteurs. M. de Metternich, ne se contentant pas d'être un esprit politique profond, se piquait d'être aussi un esprit aimable et sincère, et savait l'être au besoin. Il fit avec M. de Narbonne assaut de grâce; il l'accueillit comme un ami auquel il n'avait rien à cacher, et avec le secours duquel il voulait sauver la France, l'Autriche, l'Europe d'une affreuse catastrophe, en s'expliquant franchement et tout de suite sur toutes choses. Il se donna donc beaucoup de peine pour savoir si M. de Narbonne apportait enfin quelques concessions à la politique européenne, qui prouvassent de la part de Napoléon une disposition à la paix. Mais M. de Narbonne attendait encore de Paris ses dernières instructions, dans lesquelles on devait lui tracer point par point la manière dont il ferait successivement à l'Autriche les importantes ouvertures dont on allait le charger. Jusque-là il n'avait presque rien à dire, si ce n'est que Napoléon entendait ne rien céder, mais que si l'Autriche voulait devenir sa complice, il la payerait bien, avec des territoires qu'on prendrait n'importe à qui. En pareille situation, se taire, beaucoup écouter, beaucoup deviner, en attendant qu'il pût parler, était tout ce que M. de Narbonne avait de mieux à faire, et c'est ce qu'il fit. Comme il ne parlait pas, M. de Metternich essaya de parler. Il dit des choses qu'on aurait dû deviner sans qu'il les dit, et qu'on aurait au moins dû comprendre, quand il prenait soin de les répéter si souvent, et avec une bonne volonté si évidente de les rendre utiles. On était à Vienne, suivant M. de Metternich (et il disait vrai), dans une position des plus difficiles depuis la défection de la Prusse. L'Allemagne entière demandait qu'on se joignît aux Russes et aux Anglais contre les Français. Toutes les classes à Vienne, quoique moins hardies qu'à Berlin, tenaient au fond le même langage, et ce qu'il y avait de plus grave, c'est que l'armée partageait leur avis. Tout le monde voulait qu'on profitât de l'occasion pour affranchir l'Allemagne du joug de la France, et pour faire cesser un état de choses intolérable. L'Autriche savait sans doute tout ce qu'il y avait d'exagéré, d'imprudent dans ce langage. Elle

Avril 1813.

M. de Metternich s'efforce auprès de M. de Narbonne, comme auprès de M. Otto, de savoir quelle paix la France serait disposée à conclure.

savait que Napoléon était très-puissant, très-redoutable, qu'il ne fallait pas s'attaquer à lui témérairement ; et lui, M. de Metternich, n'allait pas retomber dans les fautes dont il avait voulu détourner la politique autrichienne par le mariage de Marie-Louise. Il n'oubliait donc ni la puissance de Napoléon, ni le mariage, ni le traité d'alliance du mois de mars 1812, et il ne se laisserait pas plus conduire par le peuple des capitales que par celui des salons et des états-majors. Il fallait pourtant reconnaître des vérités qui étaient évidentes, et ne pas tomber soi-même dans l'aveuglement qu'on reprochait à ses adversaires ; il fallait se dire qu'il y avait en Europe un soulèvement universel des esprits contre la France, au moins contre son chef, et en France même un besoin de repos bien légitime ; qu'on gagnerait des batailles sans doute, mais que des batailles ne suffiraient pas longtemps pour résister à un tel mouvement ; qu'il fallait donc pactiser, pactiser en conservant sa juste grandeur, mais sans vouloir opprimer l'indépendance des autres, au point de rendre leur situation intolérable. — M. de Metternich ajoutait que l'Autriche n'avait que des vues droites, modérées, qu'elle voulait rester l'alliée de la France, qu'on ne pouvait pas cependant exiger d'elle qu'elle versât le sang de ses peuples pour appesantir une chaîne dont elle portait sa lourde part ; que si on lui demandait d'appuyer de toutes ses forces un projet de paix acceptable par l'Europe, ses peuples lui pardonneraient peut-être de demeurer unie à la France pour un tel but, mais que dans le cas contraire, elle exciterait chez ses propres sujets un soulèvement universel. A ce propos, M. de Metternich citait des arrestations de personnages considérables, celle de M. de Hormayer notamment, et en outre des destitutions nombreuses, qu'on avait été obligé d'ordonner pour imposer silence aux plus turbulents des patriotes germaniques. Mais il faisait remarquer qu'il y a terme à tout, que le cabinet était un nageur nageant vigoureusement contre le courant, mais ne pouvant le remonter que si Napoléon lui tendait la main. Puis craignant qu'il n'y eût quelque apparence ou de blâme ou de menace dans ses paroles, il se confondait en protestations d'attachement, d'estime, d'admiration pour Napoléon, et tenait, disait-il, à se séparer de tous ceux qui voudraient tendre à l'abaisser. — L'abaisser, grand Dieu! s'écriait spirituellement M. de Metternich; il s'agit de le laisser grand trois ou quatre fois comme Louis XIV. Ah! s'il voulait se contenter d'être grand de la sorte, combien il nous rendrait tous heureux, et combien il assurerait l'avenir de son fils, avenir qui est devenu le nôtre! —

M. de Metternich n'obtenant en réponse à ces généralités si vraies que des généralités banales sur l'étendue de nos armements, sur nos prochaines victoires, sur la nécessité de nous ménager, renouvelait avec adresse, et avec un regard interrogateur, ces coups de sonde déjà donnés dans la profondeur de notre ambition. Il répétait alors ce qu'il avait dit déjà plusieurs fois, sur l'impossibilité de maintenir la chimère du grand-duché de Varsovie, condamnée par la campagne de 1812; sur la nécessité de renforcer les puissances intermédiaires, et, par préférence à toutes, la Prusse, seule capable de remplacer la Pologne à jamais détruite; sur la nécessité de reconstituer l'Allemagne; sur l'impossibilité de faire durer la Confédération du Rhin, institution à jamais ruinée dans l'esprit des peuples germaniques, et beaucoup plus incommode qu'utile à Napoléon; sur l'impossibilité de faire agréer par les puissances belligérantes l'adjonction définitive au territoire français de Lubeck, Hambourg, Brême; sur tous les points enfin que nous avons précédemment indiqués, et à l'égard desquels s'était déjà manifestée clairement la pensée du cabinet autrichien. — Nous aurons déjà bien assez de peine, ajoutait M. de Metternich, d'empêcher qu'on ne parle de la Hollande, de l'Espagne, de l'Italie! L'Angleterre en parlera probablement, et si elle cède sur la Hollande et sur l'Italie, elle ne cédera certainement pas sur l'Espagne. Mais nous n'en dirons rien pour ne pas compliquer les affaires, et, s'il le faut, nous laisserons l'Angleterre de côté, et nous traiterons sans elle. Nous amènerons peut-être la Russie et la Prusse à s'en séparer, si nous leur présentons des conditions acceptables, et, dans ce cas, la France nous retrouvera ses fidèles alliés! Mais de grâce, qu'elle s'explique, qu'elle nous fasse connaître ses intentions, et qu'elle nous rende possible de rester ses alliés, en nous donnant à soutenir une cause raisonnable, une cause que nous puissions avouer à nos peuples! — Quant à ce qui concernait particulièrement les intérêts autrichiens, M. de Metternich montrait un dégagement de toute préoccupation, qui prouvait bien qu'il n'avait qu'à puiser à droite ou à gauche dans les offres qu'on faisait de tous les côtés à l'Autriche! — Que ne lui offrait-on pas en effet, disait-il, de la part des coalisés!... Mais il n'écouterait pas leurs folles propositions; il se contenterait de ce qu'on ne pouvait pas refuser à l'Autriche, de cette portion de la Gallicie qu'on lui avait prise en 1809 pour agrandir l'impossible duché de Varsovie, des provinces illyriennes dont la France avait promis la restitution, et il parlait de cela comme d'une chose faite, assurée, irrévocable, tandis qu'il en avait à peine été dit quelques mots entre les cabinets français et autrichien.

Avril 1813.

Tel fut le langage (d'ailleurs peu nouveau) de M. de Metternich. L'empereur François, plus mesuré, moins hardi dans ses entretiens, se contenta, en recevant personnellement M. de Narbonne de la façon la plus gracieuse, de lui dire combien il était satisfait du bonheur que sa fille avait trouvé en France, combien il appréciait le génie de son gendre, combien il tenait à rester son allié; mais il ne lui dissimula pas qu'il ne pouvait l'être que dans l'intérêt de la paix, car ses peuples ne lui pardonneraient point de l'être pour un autre but. Il ajouta que cette paix, il faudrait l'acheter de deux manières, par des victoires et par des sacrifices; que son gendre avait bien fait d'employer ses grands talents à créer de vastes ressources, car la lutte serait plus opiniâtre encore qu'il ne l'imaginait; mais enfin qu'avec des succès il amènerait sans doute ses adversaires à des idées plus modérées, et que si, après les avoir vaincus, il voulait accorder au repos des peuples quelques sacrifices nécessaires, l'Autriche

L'empereur François confirme en tout le langage tenu par M. de Metternich.

s'y employant fortement, on arriverait à une paix durable, paix que son gendre après tant de travaux glorieux devait lui-même désirer, et qu'il souhaitait vivement, quant à lui, non-seulement comme souverain, mais comme père, car elle assurerait le bonheur de sa fille chérie, et l'avenir d'un petit-fils auquel il portait l'intérêt le plus tendre.

À toutes ces manifestations M. de Narbonne avait répondu du mieux qu'il avait pu, toujours en vantant la grandeur de son maître, en répétant qu'il fallait le ménager, et s'était servi de l'art, qu'il avait appris dans les salons, de couvrir de beaucoup d'aisance et de grâce l'impossibilité de rien dire de sérieux. Du reste, tout en faisant bonne contenance, il avait deviné le secret des intentions autrichiennes. L'Autriche évidemment n'était pas disposée à tirer le canon pour la France contre l'Allemagne; toutefois elle n'entendait pas, comme la Prusse, passer brusquement de l'alliance à la guerre. L'empereur ne voulait pas oublier complétement son rôle de père; le ministre voulait opérer décemment sa transition d'une politique à l'autre, et ils songeaient à se présenter comme médiateurs, à offrir une paix acceptable, et à peser de tout leur poids sur les uns et les autres pour la faire accepter. Une preuve de ce projet ressortait de toutes parts. L'Autriche armait, non pas avec le génie de Napoléon, mais avec une précipitation au moins égale, et sans précisément le nier, elle n'en disait rien. Bien certainement elle nous l'eût dit, s'en serait même vantée, si elle eût armé pour nous.

Tout de suite M. de Narbonne jugea que ce qu'on pourrait obtenir de mieux de cette cour, ce serait la neutralité, et qu'avec des ménagements, en lui parlant peu, et en ne lui demandant rien, on la retiendrait assez longtemps dans un rôle inactif, qui devait nous suffire. Il y aurait eu sans doute mieux à faire, comme nous l'avons remarqué déjà, c'eût été, en lui pardonnant ses dissimulations, son demi-abandon, de reconnaître qu'elle avait raison au fond de ne vouloir travailler qu'à la paix, et à une paix toute germanique, dès lors de s'y prêter franchement, d'entrer dans ses vues, de faire d'elle un médiateur entièrement à nous, et d'obtenir ainsi la paix, telle qu'elle travaillait à la conclure, car la France sans le grand-duché de Varsovie, sans la Confédération du Rhin, sans les villes anséatiques, sans l'Espagne, mais avec la Hollande, la Belgique, les provinces rhénanes, le Piémont, la Toscane, les États romains, indépendamment des royaumes vassaux de Westphalie, de Lombardie et de Naples, était encore plus grande qu'il ne le lui aurait fallu pour être vraiment forte! Le mieux eût donc été d'entrer sans aucun ressentiment dans les vues de l'Autriche, et de l'oser dire à Napoléon. Mais M. de Narbonne l'eût osé en vain, et ne songea pas même à l'essayer. A défaut de cette conduite, se proposer la neutralité de l'Autriche, et tendre à paralyser cette cour au lieu de tendre à la rendre plus active, était la seconde conduite en mérite, en prudence, en chances de succès. M. de Narbonne le comprit parfaitement, et allait conseiller cette conduite à son gouvernement, lorsqu'il reçut ses instructions si longtemps attendues, et qui étaient certes tout le contraire de la neutralité.

Avril 1813.

par ce qu'il voit, comprend qu'on ne peut faire de l'Autriche un instrument des desseins de Napoléon.

Avril 1813.

M. de Narbonne reçoit le 9 avril ses instructions définitives, par lesquelles il est chargé de proposer à l'Autriche de se constituer médiatrice dans le sens des vues de la France.

Expédiées le 29 mars, arrivées le 9 avril, elles apportèrent à M. de Narbonne le moyen de sortir du langage insignifiant dans lequel il s'était jusque-là renfermé, et cette fois poussant la franchise aussi loin que possible, il lut à M. de Metternich le texte même de M. de Bassano, texte bien fait pour exciter le sourire du ministre autrichien par le ton de jactance que le ministre français avait ajouté à la politique impétueuse de Napoléon. M. de Narbonne lut donc ce projet, consistant à dire à l'Autriche qu'il fallait qu'elle s'emparât du rôle principal; que, puisqu'elle voulait la paix, il fallait qu'elle se mît en mesure de la dicter, en préparant de grandes forces, et en sommant ensuite les puissances belligérantes de s'arrêter, sous menace de jeter cent mille hommes dans leur flanc, puis enfin en jetant ces cent mille hommes en Silésie si elles ne s'arrêtaient pas, et en gardant la Silésie pour elle, tandis que Napoléon refoulerait au delà de la Vistule Prussiens, Russes, Anglais, Suédois, etc.... — M. de Metternich écouta ce projet avec une apparente impassibilité, questionna beaucoup pour se le faire expliquer dans toutes ses parties, puis cependant toucha un point qui n'était pas traité dans cette dépêche. — Si les puissances belligérantes, demanda-t-il, s'arrêtent à notre sommation, quelles bases de paix leur offrirons-nous? — A cette question M. de Narbonne ne put répondre, car la dépêche de M. de Bassano se bornant pour l'instant à envisager le cas de guerre, annonçait des développements ultérieurs. Napoléon en effet ne voulait pas dire encore, dans le cas où l'on entrerait tout de suite en négociation, quelle

Europe il entendait faire. M. de Metternich affecta de prendre patience quant à ce dernier point, et de réfléchir beaucoup à ce qu'on lui apportait, comme si tout ce qu'il avait entendu pouvait fournir matière à de longues réflexions. Il promit de répondre aussi vite que le permettait un sujet aussi grave.

Avril 1813.

Si dans le très-grand embarras où il se trouvait en ce moment, entre des coalisés impatients qui voulaient qu'il se déclarât immédiatement leur allié, et Napoléon qui entendait le retenir dans ses chaînes, on lui avait demandé quel moyen il souhaitait pour en sortir, certes il n'en aurait pas imaginé un autre que celui qu'on lui envoyait de Paris. En quoi consistait en effet son embarras? Il consistait premièrement à oser dire à Napoléon que l'Autriche se portait médiatrice, ce qui entraînait l'abandon du rôle d'alliée, secondement à trouver un prétexte pour des armements dont l'étendue ne pouvait plus être justifiée, troisièmement à entrer en explication sur l'emploi prochain du corps auxiliaire autrichien, qui, au lieu de se battre avec les Russes, allait rentrer en Gallicie. Sur ces trois points, qui mettaient l'Autriche dans un singulier état de gêne à l'égard de la France, on venait miraculeusement à son secours, comme nous allons le montrer, et M. de Metternich était trop habile pour ne pas saisir au passage une si bonne fortune.

La proposition que la France adresse à l'Autriche est pour celle-ci un soulagement inespéré, et un moyen de se tirer d'embarras.

Il prit deux jours pour répondre, après avoir, très-probablement, pris à peine une heure pour réfléchir. En conséquence il fit appeler M. de Narbonne, et lui annonça, avec un air de satisfaction facile à concevoir, qu'après avoir consulté son maître, il était

Après avoir feint de prendre le temps de la réflexion, M. de Metternich répond

prêt à s'expliquer, les graves sujets dont il s'agissait n'admettant pas de remise.—Il était, disait-il, trop heureux de se trouver sur les points les plus importants de la dernière communication parfaitement d'accord avec l'empereur Napoléon! Ainsi, tout d'abord, le cabinet autrichien pensait, comme ce monarque, qu'il ne lui était pas possible de se renfermer dans un rôle secondaire, et de borner son action à ce qu'elle avait été en 1812, qu'il fallait, pour des circonstances si différentes, un concours tout différent. L'Autriche l'avait prévu, et s'y préparait. C'était la cause des armements auxquels elle se livrait, et qui, indépendamment du corps auxiliaire revenu de la Pologne, du corps d'observation resté en Gallicie, allaient lui procurer bientôt cent mille hommes en Bohême. Quant à la manière de se présenter aux puissances belligérantes, l'Autriche ne l'entendait pas autrement que l'empereur Napoléon, et elle se poserait devant elles en médiateur armé. Elle proposerait aux puissances de s'arrêter, de convenir d'un armistice, et de nommer des plénipotentiaires. Si elles y consentaient, ce serait le cas alors d'énoncer des conditions, et on attendait impatiemment à ce sujet les nouvelles communications promises par le cabinet français. Si au contraire elles refusaient d'admettre aucune proposition de paix, alors ce serait le cas d'agir, et de régler la manière d'employer les forces de l'Autriche concurremment avec celles de la France. Ce cas évidemment ferait ressortir l'insuffisance du dernier traité d'alliance, et la nécessité de le modifier en se conformant aux circonstances. De tout cela enfin il résultait de nouvelles dispositions à prendre pour le corps auxiliaire autrichien, qui se trouvait aux frontières de Pologne, dans une situation absolument fausse, et qu'on allait ramener sur le territoire autrichien avec le corps polonais, pour empêcher qu'il ne fût employé contrairement aux vues des deux cabinets. Du reste à cette déclaration M. de Metternich joignit l'expression d'un parfait contentement, répétant qu'il était bien heureux d'être si complétement d'accord avec le cabinet français, et affirmant qu'il ferait concorder de son mieux son ancienne qualité d'allié avec la récente qualité de médiateur qu'on l'avait invité à prendre.

Avril 1813.

dès lors pour l'Autriche de modifier son traité d'alliance avec la France, et de l'approprier à son nouveau rôle de médiatrice.

Jamais, dans ce jeu redoutable et compliqué de la diplomatie, on n'avait mieux joué, et plus gagné que M. de Metternich en cette occasion. D'un seul coup en effet il avait résolu tous ses embarras. D'allié esclave il s'était fait hautement médiateur, et médiateur armé. Il avait osé professer que le traité d'alliance de mars 1812 n'était plus applicable aux circonstances présentes; il avait motivé ses armements sans nous laisser un seul mot à objecter; il avait enfin résolu d'avance une grosse et prochaine difficulté qui se préparait pour lui, celle de l'emploi à faire du corps auxiliaire autrichien. Quant à l'offre d'entrer dans les vues de la France, d'agir avec elle pour achever de bouleverser l'Allemagne, de déplacer la Prusse, c'est-à-dire de la détruire, de prendre la Silésie, etc., il n'est pas besoin d'ajouter que l'Autriche n'en voulait à aucun prix, non par amour pour la Prusse, mais par amour de la commune indépendance. Elle éludait donc cette offre, en considérant ce cas comme un cas de guerre, dont on aurait à s'occuper plus tard, lorsque les puissances belligérantes auraient refusé toutes les ouvertures de paix, ce qui n'était guère vraisemblable. M. de Metternich termina sa déclaration en annonçant qu'un courrier extraordinaire allait en porter la copie au prince de Schwarzenberg à Paris.

L'empressement de l'Autriche à accepter le rôle de médiatrice armée, inspire des soupçons à M. de Narbonne.

Le ton seul de la communication l'eût rendue suspecte, quand bien même le sens n'en eût pas été clair. La solennité avec laquelle M. de Metternich appuyait sur les points essentiels, l'empressement qu'il mettait à informer le prince de Schwarzenberg à Paris, indiquaient le désir de prendre acte, tout de suite et dans les deux capitales à la fois, de l'importante déclaration qu'il venait de faire, ce qui révélait bien plutôt les précautions d'amis prêts à se quitter, que la cordialité d'amis prêts à confondre leurs intérêts et leurs efforts. M. de Narbonne était beaucoup trop clairvoyant pour ne pas s'apercevoir que sous cette affectation à paraître d'accord sur tous les points, il y avait le plus complet et le plus redoutable dissentiment. Qu'avait en effet entendu le cabinet français par son imprudente communication? Il avait entendu qu'au lieu de la coopération partielle stipulée par le traité de 1812, l'Autriche serait tenue de fournir à la France la totalité de ses forces, c'est-à-dire cent ou cent cinquante mille hommes; que pour pouvoir en arriver là elle emploierait la forme qui lui était la plus commode à cause de l'esprit de ses peuples, celle de la médiation, et que sur le refus probable, même certain, des puissances, d'accepter les propositions qu'on leur présenterait, l'Autriche entrerait en lutte avec toutes ses armées, et se payerait de ses efforts par les dépouilles de la Prusse. Or, c'était justement le contraire qu'entendait M. de Metternich, sous des paroles copiées avec affectation sur les nôtres. Il admettait en effet que le traité de 1812, borné à un secours de trente mille hommes, n'était plus applicable aux circonstances; qu'il fallait intervenir avec cent cinquante mille hommes, intervenir, comme le voulait la France, sous la forme de la médiation armée, sommer les puissances belligérantes, leur proposer un armistice, et puis peser sur elles pour leur faire accepter les conditions qu'on aurait jugées bonnes. Or, bien qu'on dût s'attendre à des prétentions assez peu modérées de la part de l'Angleterre, de la Russie et de la Prusse, l'Autriche était assurée de les amener à céder par la seule menace d'unir ses forces aux nôtres, et par conséquent n'avait guère la crainte de se trouver en dissentiment avec elles. Il n'y avait réellement pour elle de difficulté à prévoir que de la part de Napoléon, qui ne voulait ni abandonner le grand-duché de Varsovie pour refaire la Prusse, ni laisser abolir la Confédération du Rhin, ni surtout renoncer aux départements anséatiques. Le poids des cent cinquante mille Autrichiens devait donc être employé à peser sur lui, et sur lui seul. L'alliance, ainsi agrandie dans son but et ses moyens, mais convertie en médiation, n'était plus qu'une contrainte qu'on lui préparait, en se servant des propres termes de sa proposition.

M. de Narbonne, sans aigreur ni emportement, plutôt avec le persifflage d'un homme d'esprit qui

Avril 1813.

M. de Narbonne cherche à faire

ne veut pas être pris pour dupe, chercha pourtant à faire expliquer M. de Metternich, et à lui arracher une partie de son secret. — L'alliance, dit-il, ne sera plus limitée, soit; l'Autriche jouera dans cette grande crise le rôle qui sied à sa puissance, nous en sommes d'accord; elle interviendra non plus avec trente mille hommes, mais avec cent cinquante mille, pour faire accepter les conditions de la paix, mais quelles conditions? — Celles dont nous serons convenus, répondit M. de Metternich, et sur lesquelles nous vous pressons vainement de vous expliquer depuis trois mois, celles dont nous espérions aujourd'hui même la communication de votre part, et que vous nous faites attendre encore, ce qui rend notre déclaration incomplète en un point essentiel, celui des conditions que nous présenterons aux puissances belligérantes en les sommant d'accepter un armistice ou la guerre. — M. de Narbonne ici se trouvait mis dans son tort par l'habile joueur auquel il avait affaire, et qui n'avait en ce moment l'avantage que parce qu'il avait la raison de son côté, la France n'osant pas avouer des conditions de paix qui dans l'état des choses n'étaient pas avouables. — Mais, reprit M. de Narbonne, si ces conditions, que je ne connais pas encore, n'étaient pas telles que vous les désirez... — Là-dessus, M. de Metternich ne voulant pas accomplir trop de choses en un jour, et se contentant du terrain conquis, lequel était certes assez grand, puisque l'Autriche était parvenue à convertir l'alliance en médiation armée, M. de Metternich se hâta d'interrompre M. de Narbonne, et lui dit : Ces conditions ne m'inquiètent

pas... Votre maître sera raisonnable... il n'est pas possible qu'il ne le soit pas... Quoi! il risquerait tout pour cette ridicule chimère du grand-duché de Varsovie, pour ce protectorat non moins ridicule de la Confédération du Rhin, pour ces villes anséatiques qui n'ont plus de valeur pour lui le jour où, concluant la paix générale, il renonce au blocus continental!... Non, non, ce n'est pas possible!...
— M. de Narbonne, ne voulant pas permettre à son adversaire de lui échapper, dit encore à M. de Metternich : Mais supposez que mon maître pensât autrement que vous, qu'il mit sa gloire à ne pas céder des territoires constitutionnellement réunis à l'Empire, à ne pas renoncer à un titre qu'on ne lui dispute que pour l'humilier, et qu'il voulût conserver à la France tout ce qu'il avait conquis pour elle, alors qu'adviendrait-il? — Il adviendrait... il adviendrait, répliqua M. de Metternich avec un mélange d'embarras et d'impatience, il adviendrait que vous seriez obligés d'accorder ce que la France vous demande elle-même, ce qu'elle a bien le droit de vous demander après tant d'efforts glorieux, c'est-à-dire la paix, la paix avec cette juste grandeur qu'elle a conquise par tant de sang, et qu'il n'entre dans l'esprit de personne, même de l'Angleterre, de lui disputer. — Ici M. de Narbonne insistant de nouveau, et lui disant : Mais enfin supposez que mon maître ne fût pas raisonnable (du moins comme vous l'entendez), supposez qu'il ne voulût pas de vos conditions, quelque acceptables qu'elles vous paraissent, eh bien, comment comprenez-vous en ce cas le rôle du médiateur?... Pensez-vous qu'il devrait employer

Avril 1813.

Efforts de M. de Metternich pour éluder cette question.

Avril 1813.

Poussé à bout, M. de Metternich déclare que le médiateur emploiera sa force contre quiconque se refuserait à une paix équitable.

contre nous cette force que nous sommes convenus de porter de trente mille hommes à cent cinquante mille? — Pressé d'en dire plus qu'il ne voulait, M. de Metternich, toujours plus impatienté, finit par s'écrier: Eh bien, oui! le médiateur, son titre l'indique, est un arbitre impartial; le médiateur armé, son titre l'indique encore, est un arbitre qui a dans les mains la force nécessaire pour faire respecter la justice, dont on l'a constitué le ministre... — Puis, comme fâché d'en avoir trop dit, M. de Metternich ajouta: Bien entendu que toute la faveur de cet arbitre est pour la France, et que tout ce qu'il pourra conserver de partialité sera pour elle. — Mais enfin, dans certains cas, vous nous feriez la guerre, reprit encore M. de Narbonne. — Non, non, répondit M. de Metternich, nous ne vous la ferons pas, parce que vous serez raisonnables. — Alors M. de Narbonne, cherchant à rendre plaisante une conversation qu'il craignait d'avoir rendue trop grave, dit à M. de Metternich: J'aime à croire que par la nouvelle situation que vous avez prise, vous voulez gagner du temps, et nous ménager le loisir de remporter quelque victoire... Dans ce cas, permettez-moi de n'avoir plus de doute, l'arbitre sera pour nous, si c'est la victoire qui doit le décider. — Je compte sur vos victoires, répondit M. de Metternich, et j'ai besoin d'y compter, car il en faudra plus d'une pour ramener vos adversaires à la raison. Mais, ne vous y trompez pas, le lendemain d'une victoire nous vous parlerions avec plus de fermeté qu'aujourd'hui. —

Regret de l'un et de l'autre interlocuteur d'avoir poussé les choses trop loin.

M. de Metternich, poussé à bout, s'était exprimé avec une vivacité qui prouvait à quel point son cabinet était résolu à soutenir le système de paix auquel il s'était attaché, et ici éclatait tout entière la grande faute que redoutaient avec raison MM. de Caulaincourt, de Talleyrand, de Cambacérès, lorsqu'ils conseillaient de ne point s'adresser à l'Autriche. A s'adresser à elle, il n'aurait fallu le faire que décidés à accepter ses conditions, qui heureusement pour nous étaient fort acceptables; mais si on ne voulait pas de ces conditions, qu'elle avait assez clairement indiquées pour qu'il fût facile de les deviner, il fallait alors gagner du temps, ne pas la pousser à augmenter ses armements, ne pas lui demander plus de trente mille hommes, ne pas même exiger qu'elle nous les fournît exactement, se contenter de ce qu'elle ferait, quoi que ce fût, ajourner les explications, et se hâter en attendant de rejeter les coalisés au delà de l'Elbe, de l'Oder, de la Vistule, afin de les séparer tellement de l'Autriche, qu'elle fût dans l'impossibilité de leur tendre la main. Du reste, la faute était non pas à M. de Narbonne, envoyé pour la commettre, choisi pour la commettre plus vite, plus complètement qu'un autre, la faute était à Napoléon, à sa prétention de faire de l'Autriche un instrument, quand elle ne pouvait plus l'être, et, en voulant ainsi en faire un instrument, de lui mettre lui-même à la main les armes qu'elle devait tourner bientôt contre nous.

Avril 1813.

Grave faute d'avoir soi-même poussé l'Autriche à devenir médiatrice.

Les conséquences de cette faute furent immédiates, et se précipitèrent, on peut le dire, les unes sur les autres. A peine l'Autriche avait-elle pris la position de médiateur armé par sa déclaration du 12 avril, qu'elle profita du terrain acquis pour s'avan-

Conséquences nombreuses et promptes de la faute commise.

cer dans la voie qu'elle venait de s'ouvrir. Le roi de Saxe était toujours à Ratisbonne, assailli des conseils, des menaces, des sollicitations de tout le monde. La Prusse l'avait sommé de se joindre à la coalition, lui promettant toutes sortes de dédommagements s'il se joignait à elle, lui adressant toute espèce de menaces s'il s'y refusait. Il avait décliné avec beaucoup de ménagement les offres de la Prusse, en se fondant sur les engagements qu'il avait contractés avec la France, et il avait adhéré aux vues de l'Autriche. Les pourparlers de celle-ci, pour l'amener à renoncer au grand-duché de Varsovie, n'avaient pas cessé. Cette fois elle avait un argument nouveau à produire. — La France et l'Autriche venaient, disait-elle, de se mettre d'accord. La France avait demandé la médiation de l'Autriche, l'Autriche y avait consenti. On ne faisait donc rien que de conforme aux vues de Napoléon, et on ôterait à celui-ci un grave embarras en lui apportant la renonciation de la Saxe au grand-duché de Varsovie. On rendrait ainsi la paix non-seulement facile, mais certaine. D'ailleurs il fallait sauver le solide, c'est-à-dire la Saxe, en sacrifiant le chimérique, c'est-à-dire la Pologne, et renoncer à un rêve qui n'était plus de mise dans le temps actuel. — Vaincu par ces raisons, Frédéric-Auguste, qui sentait lui-même que les conquêtes n'étaient pas sa vocation, et qu'en s'associant à un conquérant sorti de l'enfer des révolutions, il avait accepté une association autant au-dessus de son génie que de sa conscience, souscrivit à la renonciation qui lui était demandée, et la signa le 15 avril, trois jours après la déclaration de médiation armée, faite par l'Autriche sur notre imprudente provocation.

Mais ce n'était pas tout ce que l'Autriche souhaitait du roi de Saxe. On savait que Napoléon allait arriver à Mayence, puis à Erfurt, pour se mettre à la tête de ses armées, et qu'il pourrait d'un mouvement de sa main reprendre le pauvre roi, retiré en Bavière, et lui faire encore perdre l'esprit, la mémoire, le sentiment du vrai, en lui promettant qu'il serait roi de Pologne. Cet enchanteur, à la fois séduisant et terrible, devait passer trop près de Ratisbonne pour qu'on y laissât le faible Frédéric-Auguste exposé à sa redoutable influence. On insista de nouveau auprès de celui-ci pour qu'il se rendît à Prague. — Les coalisés, lui disait-on, étaient entrés dans Dresde, et là ils s'apprêtaient à gouverner le royaume de Saxe à la façon du baron de Stein, à peu près comme on avait gouverné la Vieille-Prusse, en persuadant aux peuples qu'ils étaient les maîtres de leur sort, et qu'ils pouvaient se donner à qui ils voulaient, quand leurs princes désertaient les intérêts de la commune patrie. Il fallait donc qu'il se hâtât de venir à Prague, en lieu sûr, à une petite journée de Dresde, d'où il administrerait son royaume comme s'il y était, et sans courir aucune espèce de danger, ni de la part des coalisés ni de la part des Français. —

Dans le moment même où l'on disait ces choses, le roi de Saxe avait reçu la sommation envoyée de Paris, et reproduite par le maréchal Ney, d'avoir à livrer sa belle cavalerie à ce maréchal qui en avait besoin pour ouvrir la campagne. C'était demander à cet excellent roi presque la vie. Il res-

Avril 1843.

L'Autriche attire définitivement le roi de Saxe à Prague.

sentait plus que personne la crainte des Cosaques, qui faisaient peur à ceux qu'ils venaient secourir plus qu'à ceux qu'ils venaient combattre. Trois mille cavaliers et artilleurs superbes, escortant un trésor avec lequel on payait comptant de quoi les nourrir chaque jour, étaient une sorte de garde au sein de laquelle ce roi fugitif dormait en repos. En outre les chefs de ses troupes avaient déclaré ne plus vouloir servir avec les Français. En présence de ces circonstances, le comte de Marcolini, vieillard complaisant, de même humeur que son maître, ayant un peu plus d'esprit mais beaucoup moins d'honneur, et gouvernant ce maître par habitude, lui persuada que la retraite à Prague était la seule résolution à prendre. Presque en même temps le ministre de France, M. de Serra, insistant pour avoir une réponse relativement à la cavalerie, Frédéric-Auguste saisi d'épouvante, et plein de regrets de s'être mis dans de tels embarras pour la chimère de ses ancêtres, se décida brusquement à partir. Il avait auprès de lui un ministre éclairé, M. de Senft, qui l'avait jusque-là maintenu dans l'alliance de la France, et qui avait joué à Dresde le même rôle que M. de Metternich à Vienne, M. de Hardenberg à Berlin, M. de Cetto à Munich. Il fut vaincu comme tous ces partisans de l'alliance française, et céda. Sans avertir le ministre de France, dans la nuit du 19 au 20 avril, la cour de Saxe partit pour Prague dans une longue suite de voitures, au milieu de trois mille cavaliers et artilleurs sortant de Ratisbonne le sabre au poing, la mèche allumée, dans la crainte de rencontrer les Français, et prenant la route de Lintz, afin de les éviter. M. de Serra reçut au dernier moment une lettre pour l'Empereur, dans laquelle le bon Frédéric-Auguste disait que sur l'invitation de l'Autriche, dont il connaissait la parfaite entente avec la France, il se rendait à Prague, mais toujours en restant l'allié fidèle du grand monarque qui l'avait comblé de tant de bienfaits.

Lorsque cette nouvelle parvint à Vienne, l'empereur François et son ministre M. de Metternich ne cachèrent guère leur joie de tenir enfin un si précieux instrument de leurs desseins. Au même instant, croyant n'avoir plus autant à se cacher, relativement au corps auxiliaire, ils écrivirent au prince Poniatowski qu'il fallait évacuer Cracovie, et rentrer dans les États autrichiens, car les hostilités allaient recommencer, et on ne voulait pas attirer les Russes en Bohême en se battant contre eux. On l'avertit de plus que pendant le trajet, les armes des Polonais, des Saxons et des Français, seraient déposées sur des chariots pour leur être ensuite restituées. Cet avis fut donné au prince Poniatowski au moment même où lui arrivait de Paris l'ordre de se préparer à rentrer en campagne, et à coopérer avec le corps autrichien, qui allait recevoir de son côté les instructions de Napoléon. Le prince Poniatowski s'était hâté de mander le tout à M. de Narbonne, pour que cet ambassadeur lui expliquât ces énigmes auxquelles il ne comprenait plus rien.

M. de Narbonne apprenant la brusque fuite du roi de Saxe à Prague, la retraite forcée du corps polonais, le projet de désarmer ce corps, et l'espèce de défection du corps autrichien auxiliaire, reconnut

Avril 1813.

L'Autriche ramène son corps auxiliaire en Gallicie, et décide que le corps polonais sera désarmé pour être conduit auprès de l'armée française.

dans cet ensemble de faits le développement des desseins de l'Autriche, qui moins gênée depuis qu'elle s'était hardiment constituée médiatrice, d'un côté attirait le roi de Saxe à Prague pour apporter à son plan de pacification l'adhésion si importante de ce prince, de l'autre ramenait les troupes autrichiennes en arrière pour mettre un terme à son rôle de puissance belligérante, et enfin faisait disparaître avec le corps polonais, les restes du gouvernement du grand-duché, retirés sur la frontière de la Gallicie. En effet depuis l'évacuation de Varsovie, les ministres du grand-duché s'étaient réfugiés avec le prince Poniatowski à Cracovie, où ils présentaient un dernier semblant de gouvernement de Pologne.

M. de Narbonne qui s'était constitué le surveillant assidu de la politique autrichienne, courut de nouveau chez M. de Metternich, pour lui demander compte de tant de singularités, qui venaient de se produire presque en même temps. Il trouva M. de Metternich embarrassé d'avoir à répondre à tant de questions, et presque fâché de ce que les résultats qu'il désirait se fussent accomplis si vite. Commençant par le roi de Saxe, M. de Metternich se hâta de dire à M. de Narbonne qu'il leur était tombé en Bohême comme la foudre, et que personne n'était plus surpris que l'empereur et lui de cette soudaine arrivée à Prague. — Comme la foudre, soit, lui répondit M. de Narbonne, mais je vous crois aussi habile que Franklin à la diriger. — Du reste l'ambassadeur de France ne s'arrêta pas davantage à un sujet sur lequel il n'aurait eu que des démentis à donner, ce qui n'était ni séant ni politique, et il en vint tout de suite au point le plus important, c'est-à-dire à la prétention qu'on avait de ramener le corps polonais en Bohème, et de l'y désarmer, ce qui exigeait une explication immédiate, car il pouvait survenir à Cracovie un conflit entre le prince Poniatowski et le comte de Frimont, chargé du désarmement, et même un éclat direct avec l'Autriche, si les ordres de Napoléon au corps auxiliaire autrichien ne rencontraient que la désobéissance. M. de Metternich ne voulant pas avouer l'arrangement secret signé avec les Russes, s'excusa le plus adroitement qu'il put, en disant que l'avis donné au prince Poniatowski était un avis tout amical, qui ne l'obligeait à rien; qu'ayant rempli loyalement les devoirs de compagnons d'armes envers les Polonais depuis la retraite commencée en commun, on les prévenait de l'impossibilité où l'on allait être de les soutenir; que les Russes approchaient en force, qu'on ne voulait pas les attirer sur le territoire autrichien en les combattant de nouveau, et se mettre d'ailleurs en contradiction avec le rôle de médiateur qu'on venait de prendre à l'instigation de la France; qu'on était donc résolu à rentrer en Gallicie où l'on espérait n'être pas suivi, si on s'abstenait de toute hostilité, et que par suite on avait offert au prince Poniatowski de s'y retirer avec les Autrichiens, pour n'être pas fait prisonnier, ce qui entraînait l'obligation de déposer momentanément les armes, car il n'était pas d'usage de traverser en armes un territoire neutre.

Avril 1813.

Telles furent les explications de M. de Metternich. Il y avait bien des réponses à lui opposer, car s'il

Embarras de M. de Metternich,

Avril 1813.

naissant de son rôle complexe d'allié et de médiateur.

avait pris une position simple et vraie, en nous conseillant ouvertement la paix, et en se chargeant sur notre provocation du rôle de médiateur pour y travailler, il s'en fallait qu'il eût osé prendre une position aussi franche à l'égard du traité d'alliance. En effet, tout en le disant insuffisant dans quelques-unes de ses dispositions, il ne contestait pas le principe de l'alliance, et dès lors le concours des forces demeurait obligatoire, au moins pour le corps auxiliaire autrichien. Il restait donc bien des moyens de répondre à M. de Metternich, mais il eût été beaucoup plus habile de le laisser dans l'idée qu'il pouvait remplir à la fois les deux rôles de médiateur et d'allié, afin de lui imposer le plus longtemps possible les obligations du rôle d'allié. Malheureusement M. de Narbonne n'avait pas été envoyé dans cette intention, et il persista à embarrasser son antagoniste. — Le traité d'alliance, lui dit-il, existait encore; M. de Metternich en convenait, et mettait même beaucoup de soins à le soutenir. A la vérité, on considérait ce traité comme n'étant plus entièrement applicable aux circonstances, mais en ce point seulement qu'un secours de trente mille hommes ne paraissait plus proportionné à la gravité de la situation. Il n'en résultait pourtant pas que le secours de trente mille hommes serait lui-même refusé. Ces trente mille Autrichiens joints aux Polonais pouvaient présenter une force de quarante-cinq mille hommes, qui placée sur le flanc gauche des coalisés, leur porterait des coups sensibles, ou du moins paralyserait par sa seule présence cinquante mille de leurs soldats. Enfin Napoléon partant pour l'armée avait annoncé qu'il donnerait bientôt des ordres au corps autrichien, en vertu du traité du 14 mars 1812. Allait-on désobéir, déclarer que le traité n'existait plus, le déclarer à l'Europe, à Napoléon lui-même? Et puis ne songeait-on pas à l'honneur des armes? Allait-on se retirer devant quelques mille Russes, car le corps de Sacken n'était pas de plus de vingt mille hommes, et après être rentré ainsi timidement dans ses frontières, irait-on s'y cacher, et désarmer ses propres alliés? Était-ce là une conduite digne de l'Autriche? Ces alliés eux-mêmes consentiraient-ils à remettre leurs armes, quand parmi eux surtout se trouvaient des Français? Et s'ils refusaient de les remettre, les désarmerait-on de vive force, ou bien les livrerait-on aux Russes?...—

Il n'y avait rien à répondre à ces observations, M. de Metternich n'ayant eu encore que la hardiesse de se déclarer médiateur, et n'ayant pas eu celle de dépouiller entièrement la qualité d'allié. Aussi, évitant des questions trop embarrassantes, M. de Metternich se porta sur un terrain où il lui était plus facile de se défendre, celui de la prudence. — Qu'importaient à Napoléon, qui allait pousser de front avec sa redoutable épée les maladroits coalisés venus au-devant de lui, qu'importaient, dit M. de Metternich, quelques mille Autrichiens et Polonais de plus à Cracovie? Pour une satisfaction assez vaine, celle de compromettre l'Autriche (car au fond on ne voulait pas autre chose), on allait la placer dans une position fausse à l'égard des puissances belligérantes, auxquelles elle avait à se présenter comme arbitre, rendre impossible son rôle de médiatrice, l'exposer

Avril 1813.

M. de Metternich échappe à son embarras en considérant la question du point de vue de la prudence.

à un soulèvement de l'opinion publique si elle tirait un coup de fusil contre les coalisés, lui faire peut-être perdre le timon des affaires allemandes, qu'elle tenait déjà d'une main tremblante et tourmentée. Si elle refusait ces trente mille hommes aujourd'hui, c'était pour en offrir cent cinquante mille plus tard, lorsqu'on serait convenu de conditions de paix acceptables, ce qui dépendait de la France seule, et ce qu'elle pouvait même rendre instantané. Il fallait d'ailleurs être raisonnable, et ne pas demander à l'Autriche de se battre contre les Allemands pour les Polonais. Ce n'était pas là une situation soutenable, dans l'état des opinions à Vienne, à Dresde, à Berlin. Quant à l'honneur on y avait songé, et si on voulait se retirer, c'était parce qu'on était sûr d'avoir devant soi des forces considérables. Quant aux Polonais, on offrait de les recevoir, de les nourrir, et on ne le ferait que pour plaire à la France, car les admettre en Gallicie c'était accepter déjà la plus incommode visite, et ce serait s'exposer à la plus dangereuse que de les y laisser armés. De plus leur souverain, le roi de Saxe, avait consenti à leur désarmement momentané. Restait le bataillon français : eh bien, quant à celui-là, on comprenait sa susceptibilité justifiée par tant d'exploits! on ferait à Napoléon le sacrifice de respecter dans ces quelques centaines d'hommes, sa gloire, celle de l'armée française, et on violerait les principes en autorisant ce bataillon à demeurer en armes sur un territoire neutre, car effectivement on avait, au su de Napoléon, déclaré neutre le territoire de la Bohême pour empêcher les Russes d'y pénétrer.

En abandonnant le terrain du droit pour se porter sur celui de la prudence, M. de Metternich redevenait plus fort, et on ne pouvait regretter qu'une chose, c'est que la situation ne lui permît pas d'être plus franc, et que M. de Narbonne n'eût pas la permission d'être plus modéré, car nous serions arrivés sur-le-champ à une médiation équitable et acceptée de l'Europe entière. Quoi qu'il en soit, M. de Narbonne reconnut tout de suite qu'on s'abusait en voulant obtenir de l'Autriche un concours efficace avec nos conditions sous-entendues de paix, et que la neutralité était tout ce qu'on pourrait en attendre, et encore au prix de victoires promptes et décisives. Il en fit part à M. de Bassano, en sollicitant des directions nouvelles pour la situation si difficile dans laquelle il se trouvait placé. Un nouveau fait que lui mandait de Munich notre ambassadeur, M. Mercy d'Argenteau, révélait tout le travail de l'Autriche pour amener des adhérents à son système de médiation armée. Elle avait cherché à faire de la Bavière ce qu'elle avait fait de la Saxe, une alliée de la France à double entente, alliée, si la France acceptait une paix allemande, ennemie, si elle persistait à vouloir une paix oppressive pour l'Allemagne. La Bavière, affamée de repos, assaillie des cris du patriotisme germanique, avait prêté l'oreille aux propositions de l'Autriche, et les avait presque admises, jusqu'au moment où celle-ci, songeant à ses propres intérêts, lui avait redemandé la ligne de l'Inn, ce qui entraînait pour la Bavière un sacrifice de territoire, sans compensation possible. Au simple énoncé de cette prétention la Bavière était redevenue

Avril 1813.

M. de Narbonne voyant le danger de pousser l'Autriche trop vivement, s'arrête, et demande de nouvelles instructions à sa cour.

fidèle à la France, et plusieurs indiscrétions calculées de sa part avaient appris à notre légation que l'Autriche avait essayé sans succès de séduire l'un de nos alliés allemands. Ces détails avaient été mandés à M. de Narbonne à Vienne, à M. de Bassano à Paris. Ils confirmaient pleinement les idées qu'on ne pouvait manquer de se faire en voyant agir la cour de Vienne, et en l'entendant parler, c'est qu'elle cherchait à créer un parti intermédiaire, pour parvenir à une paix à son gré, au gré de l'Allemagne, et non au gré de Napoléon! Hélas! que n'acceptions-nous une telle paix, qui ne retranchait rien à notre grandeur véritable, et ne retranchait quelque chose qu'à cette grandeur chimérique et impossible que Napoléon s'obstinait à défendre!

Napoléon apprend à Mayence tout ce qui s'était passé en Autriche.

Ces faits si importants et si multipliés de la politique européenne s'étaient passés du 1ᵉʳ au 20 avril, pendant que Napoléon préparait son départ de Paris, en partait, arrivait à Mayence, et y donnait ses premiers ordres. Rendu le 17 avril à Mayence, il s'était mis tout de suite au travail, et pendant qu'il portait sur toutes choses son regard ardent et sa main puissante, il avait arrêté au passage les courriers diplomatiques allant et venant, et avait appris, non pas complétement, car tous les courriers ne traversaient pas Mayence, mais suffisamment, ce que nous venons de rapporter, et avait pu s'en faire une idée au moins approximative. Ce qui l'avait le plus surpris, c'était le brusque départ du roi de Saxe pour Prague, au moment où l'armée française arrivait pour dégager ses États; c'était la politique si compliquée de l'Autriche à l'égard de ce prince, et il avait même

supposé, ne sachant pas tout, que l'Autriche voulait
entraîner le malheureux Frédéric-Auguste à commettre des fautes, pour le perdre dans l'affection de la
France, et ôter à celle-ci tout motif de lui conserver
le grand-duché de Varsovie. La retraite du corps autrichien lui avait paru moins obscure, et il avait vu
que l'Autriche, sans nier l'alliance, en repoussait les
obligations. Mais le désarmement des Polonais l'avait
indigné, et il avait expédié un courrier à Cracovie,
pour enjoindre au prince Poniatowski de ne se laisser désarmer à aucun prix, de rentrer, s'il le fallait,
en Pologne, d'y faire à tout risque la guerre de partisans, et de périr plutôt que de remettre ses armes,
ajoutant avec une véhémence et une grandeur de
langage qui n'appartenaient qu'à lui : *L'Empereur ne
tient nullement à conserver des hommes qui se seraient
déshonorés.* — De plus il maintenait l'avertissement,
donné au comte de Frimont, de se tenir prêt à obéir
à ses premiers ordres.

Se servant de M. de Caulaincourt comme ministre
des affaires étrangères en l'absence de M. de Bassano, il écrivit à M. de Narbonne qu'il ne comprenait pas la conduite de l'Autriche, ou plutôt qu'il
commençait à la trop comprendre, qu'il s'était laissé
aller à la confiance à son égard, mais qu'il s'apercevait qu'elle jouait double jeu, et qu'elle ménageait
à la fois ses ennemis et lui; que la politique de cette
puissance à l'égard de la Saxe était singulièrement
obscure, qu'il fallait tâcher d'en découvrir le secret,
et chercher à savoir si la place de Torgau, où s'était
retirée l'infanterie saxonne, serait ou non fidèle à la
France, ce qu'il importait fort de connaître dans un

Avril 1813.

Son irritation surtout par rapport au désarmement des Polonais.

Il défend au prince Poniatowski de livrer ses armes.

Avril 1813.

Ordre
à M. de Narbonne de faire
expliquer
de nouveau
l'Autriche,
sans
provoquer
toutefois
un éclat.

moment où l'on se préparait à opérer sur l'Elbe; qu'il fallait encore faire expliquer l'Autriche sur ce qu'on avait à attendre du corps auxiliaire, la forcer à dire s'il obéirait ou non, et surtout lui bien persuader qu'elle devait renoncer au désarmement des troupes polonaises. Napoléon, en un mot, recommandait à M. de Narbonne de percer tous les mystères qui l'entouraient, mais sans éclat, en ménageant le père de l'Impératrice, et en lui donnant, à lui Napoléon, le temps de couper à Dresde, où il allait marcher, le nœud gordien qu'on ne pouvait pas dénouer à Vienne. En même temps il écrivit à M. de Bassano qui était resté à Paris, pour que celui-ci montrât au prince de Schwarzenberg les nouvelles reçues, en lui demandant compte de l'étrange contradiction qui se trouvait entre ses paroles et les faits survenus à Cracovie. Le prince de Schwarzenberg avait dit en effet à Napoléon que ses ordres seraient exécutés par le comte de Frimont, et néanmoins tout à cette heure annonçait le contraire.

Napoléon
se propose
de trancher
avec son épée
toutes
les difficultés
de la
situation.

Du reste c'étaient là pour Napoléon des sujets de peu d'inquiétude. Ces embarras, ces ruses, il se promettait d'y mettre un terme prochain, en débouchant bientôt en Saxe avec deux cent mille hommes par toutes les issues de la Thuringe. A peine arrivé à Mayence, il y avait employé son temps avec cette activité, cette intelligence sans égales, qui en faisaient le premier administrateur du monde. Quoiqu'il fût le plus obéi des hommes, et celui qui commandait le mieux, quoiqu'il n'eût pas perdu un instant, il y avait dans les résultats accomplis de nombreux mécomptes. Malgré l'ordre précis de n'expédier des

dépôts que des détachements bien organisés, bien
vêtus, bien armés, malgré la présence à Mayence et
le zèle infatigable du vieux duc de Valmy, il manquait encore à tous les corps beaucoup de matériel
et surtout beaucoup d'officiers. Mais dix ou quinze
jours de travail sur les lieux suffisaient à Napoléon
pour tout réparer.

Avril 1813.

Il commença par l'argent, dont on était entièrement dépourvu. La trésorerie, en effet, interprétant
trop à la rigueur l'ordre de centraliser les caisses à
Magdebourg, pour les mettre à l'abri des surprises
de la guerre, n'avait pas laissé de caisse à Mayence.
Quantité d'opérations administratives étaient arrêtées par cette seule circonstance. Napoléon fit remédier à cette erreur. Il apportait d'ailleurs sa caisse
particulière, restée un secret pour tous ses coopérateurs, et il en tira ce qu'il fallait pour les besoins
imprévus, toujours si fréquents à la guerre. Des officiers de la ligne ou de la garde, revenus de Russie
après avoir tout perdu, attendaient encore leur indemnité. On la leur compta immédiatement. Beaucoup de détachements arrivaient les uns avec une
simple veste, les autres avec leur habillement entier, mais avec un armement incomplet. Les objets
manquants ou n'étaient point encore confectionnés,
ou étaient en route à la suite des corps. Les régiments provisoires notamment, qu'on avait composés, comme nous l'avons dit, avec des bataillons
épars, étaient les plus mal pourvus, faute d'une administration commune. Ils n'avaient ni drapeaux, ni
musique, ni souvent les objets d'équipement les plus
indispensables. Les officiers manquaient dans ces ré-

Activité
que Napoléon
déploie
à Mayence
pour fournir
à ses troupes
ce qui
leur manque.

Objets
qui
manquaient,
et qu'il fallait
se procurer.

giments, et surtout dans les régiments de cohortes, qui étaient commandés presque en entier par des officiers tirés de la réforme. Le matériel de l'artillerie en canons était arrivé, mais le harnachement et beaucoup d'autres objets n'avaient pas suivi. Les chevaux de trait étaient en nombre insuffisant. La cavalerie, ainsi qu'il était facile de le prévoir, était la plus en arrière de toutes les armes. Indépendamment de celle que le général Bourcier réorganisait en Hanovre avec des chevaux pris en Allemagne, et avec des hommes revenant de Russie, le duc de Plaisance recueillait dans tous les dépôts du Rhin ce qui était prêt à servir, et devait le conduire en régiments provisoires à la grande armée; et ici encore c'étaient les chevaux qui constituaient la plus grosse difficulté.

Napoléon pourvut à tout avec son activité et son argent comptant. Des officiers envoyés de tous les côtés allaient accélérer le transport de ce qui était resté sur les routes, en payant et en requérant des charrois extraordinaires. Le pays sur les bords du Rhin, et sur ceux du Main, étant riche en toutes choses, Napoléon fit amener à prix d'argent les ouvriers et les matières, et de plus chargea les régiments, en leur avançant des fonds, de se pourvoir eux-mêmes de ce dont ils avaient besoin, ce qu'ils firent avec empressement et succès. Les chevaux abondant dans la contrée, on courut en acheter jusqu'à Stuttgard, et on en trouva beaucoup soit de trait, soit de selle. Quant aux officiers, dont il avait été appelé un grand nombre d'Espagne, et qui arrivaient par les voitures publiques, Napoléon les employait sur-le-champ. Lorsque cette source était insuffisante, il se faisait désigner, dans des revues qu'il passait en personne, les individus capables de remplir les grades vacants, leur délivrait des brevets sans attendre le travail des bureaux de la guerre, et les faisait reconnaître le jour même dans les régiments. Il avait dit qu'il ne serait plus l'empereur Napoléon, mais le général Bonaparte, et il tenait parole. Il avait réduit ses propres équipages au plus strict nécessaire, et exigé que tous les généraux suivissent son exemple. — Il faut que *nous soyons légers*, disait-il, car nous aurons beaucoup d'ennemis à battre, et nous ne le pourrons qu'en nous multipliant, c'est-à-dire en marchant vite. —

Animant ainsi tout de sa présence, dès qu'un régiment avait ce qu'il lui fallait, sous le double rapport du matériel et du personnel, il l'envoyait rejoindre ou le maréchal Ney à Wurzbourg, ou le maréchal Marmont à Hanau, ou la garde impériale à Francfort. La garde en particulier exigeait les plus grands soins, car la partie valide était sur l'Elbe avec le prince Eugène, les débris à réorganiser étaient répandus entre Fulde et Francfort, et tout ce qui était de nouvelle levée couvrait les routes de Paris à Mayence. Les cavaliers amenaient, outre le cheval qu'ils montaient, deux chevaux de main pour leurs camarades revenus démontés de Russie. Napoléon s'occupa de réunir ces éléments, et, grâce à lui, l'organisation de ces divers corps d'armée fut singulièrement accélérée. Le corps du général Lauriston, exclusivement composé de cohortes, avait déjà rejoint le prince Eugène sur l'Elbe. Ceux des maréchaux Ney et Marmont étaient prêts à entrer en campagne. Le corps du général

Bertrand débouchait sur Augsbourg, et y trouvait l'artillerie que Napoléon lui avait envoyée pour le dispenser de la traîner à travers les Alpes, de l'argent pour acheter en Bavière deux mille chevaux de trait, et les trois mille recrues destinées d'abord aux cadres revenus de Russie, mais définitivement attribuées au corps arrivant d'Italie. Tout s'accomplissait si vite, jusqu'à l'éducation des hommes, qu'on faisait chaque jour arrêter les troupes en marche, pour répéter les manœuvres que Napoléon avait spécialement recommandées, et qui consistaient à former le bataillon en carré, à le déployer en ligne, puis à le reployer en colonne d'attaque.

Ce n'est pas ainsi assurément qu'on peut créer de bonnes armées. Mais quand, par suite d'une politique sans mesure, on s'est condamné à tout faire vite, il est au moins heureux de savoir apporter à l'exécution des choses cette prodigieuse rapidité.

D'ailleurs, il faut le dire, par son génie particulier la nation française se prêtait merveilleusement aux fautes de Napoléon, et était même une séduction pour l'entraîner à les commettre. Cette nation prompte, intelligente et héroïque, qui, depuis les premiers temps de son histoire, n'a cessé d'être en guerre avec l'Europe, qui pendant vingt-deux ans de révolution, de 1792 à 1815, ne s'est pas reposée un jour, tandis que les nations avec lesquelles elle était successivement aux prises se reposaient tour à tour, est la seule peut-être au monde dont on puisse en trois mois convertir les enfants en soldats. En 1813, la chose était plus facile que jamais. Napoléon possédait des sous-officiers, des officiers et des généraux consommés, qui avaient pratiqué vingt ans la guerre, qui avaient en eux-mêmes et en lui une confiance sans bornes, qui, tout en lui gardant rancune du désastre de Moscou, voulaient réparer ce désastre, et il ne leur fallait pas beaucoup de temps pour s'emparer de cette jeunesse française, et la remplir de tous les sentiments dont ils étaient animés. Avec de tels éléments on pouvait encore accomplir des prodiges. Il ne restait qu'un vœu à former, c'est que tout ce sang généreux ne fût pas versé uniquement pour ajouter un nouvel éclat à une gloire déjà bien assez éclatante, et qu'il servît aussi à sauver notre grandeur, non pas cette folle grandeur qui se piquait d'avoir des préfets à Rome et à Hambourg, mais cette grandeur raisonnable, qui consistait à nous asseoir définitivement dans les limites que la nature nous a tracées, et que notre révolution de 1789, joignant à la promulgation de principes immortels l'achèvement de notre territoire national, nous avait glorieusement conquises! Suivons ces tristes événements, et on verra à quelles épreuves nous étions encore réservés.

Napoléon avait calculé qu'en laissant environ 30 mille hommes à Dantzig et à Thorn, 30 mille à Stettin, Custrin, Glogau, Spandau, ce qui faisait 60 mille hommes pour les places de la Vistule et de l'Oder, le prince Eugène, renforcé par le corps du général Lauriston qui lui avait été envoyé en mars, pourrait réunir 80 mille combattants sur l'Elbe. Il espérait déboucher avec 150 mille de la Thuringe, en recueillir en passant 50 mille venant d'Italie, et aller ainsi avec 200 mille hommes donner la main aux 80 mille du prince Eugène. C'était plus qu'il n'en fallait pour accabler les 150 mille soldats dont les Russes et les Prussiens se flattaient de disposer à l'ouverture de la campagne. Venaient ensuite les trois armées de réserve, l'une en formation en Italie, l'autre à Mayence, la troisième en Westphalie, lesquelles devaient être prêtes en juin ou juillet. Il y avait là de quoi tenir tête, et aux ennemis présents qu'on allait avoir sur les bras au printemps, et aux ennemis futurs que l'été ou la politique de l'Autriche pouvait amener en ligne quelques mois après.

Comme il arrive toujours, il y avait du mécompte, non pas précisément dans le nombre des troupes réunies, mais dans l'époque de leur réunion, ce qui devait priver Napoléon d'une partie des forces sur lesquelles il avait compté pour le début des hostilités. Ainsi, au lieu de 280 mille hommes de troupes actives dans les derniers jours d'avril, ou les premiers jours de mai, c'étaient 200 mille hommes qu'il allait avoir sous la main, mais 200 mille réellement présents au drapeau, et c'était du reste assez pour reconduire promptement sur l'Elbe et sur l'Oder, même sur la Vistule, les ennemis imprudents qui étaient venus le braver de si près. Voici l'état et la distribution de ses forces, à la fin d'avril, au moment où les opérations allaient commencer.

Le prince Eugène après avoir laissé 27 à 28 mille hommes à Dantzig, 32 ou 33 mille dans les autres places de la Vistule et de l'Oder, ce qui faisait les 60 mille dont nous venons de parler, avait à peu près 80 mille hommes de troupes actives, mais point assez disponibles pour les amener toutes à la rencontre de Napoléon, quand celui-ci déboucherait en Saxe. Ainsi le prince Poniatowski, rejeté vers les frontières de la Bohême, était séparé du prince Eugène par la masse entière des coalisés, qui avaient passé l'Elbe sur plusieurs points. De tout ce qu'il y avait de Polonais à notre service on n'avait pu recueillir que la division Dombrowski, forte d'environ 2 mille fantassins et de 1500 cavaliers, et occupée actuellement à se réorganiser à Cassel. Du corps de Reynier, depuis la séparation des Saxons, il restait la division française Durutte, qui avait été de 15 mille hommes, et qui était encore de 4 mille après avoir fait la campagne de 1812, en Pologne, il est vrai, et point en Russie. Les 28 mille hommes de la division Lagrange et du corps de Grenier étaient réduits à 24 mille par les combats journaliers avec les Prussiens et les Russes. Ces trois divisions (car le corps de Grenier avait été divisé en deux), placées sous les ordres supérieurs du maréchal Macdonald, et confiées directement aux généraux Fressinet, Gérard et Charpentier, présentaient, après un hiver passé devant l'ennemi, une troupe excellente. Enfin le corps du général Lauriston, qui aurait dû être de 40 mille combattants, n'était plus, par suite des maladies et du retard de plusieurs cohortes, que de 32 mille, mais tous hommes faits, et commandés par des divisionnaires du plus grand mérite, tels que le général Maison par exemple. De ce corps il avait fallu détacher encore la division Puthod, afin de couvrir le bas Elbe, en attendant que les maréchaux Davout et Victor avec leurs bataillons réorganisés, pussent l'un reprendre Hambourg, l'autre occuper Magdebourg. Toutefois parmi ces bataillons réorganisés il y en avait huit, ceux du maréchal Victor, qui étaient restés jusqu'ici à la disposition du prince Eugène, et qui gardaient Dessau, point fort important puisqu'il était placé à peu de distance du confluent de l'Elbe et de la Saale, et que c'était derrière ces deux cours d'eau que le prince Eugène et Napoléon devaient opérer leur jonction. (Voir la carte n° 58.) Ce prince avait enfin la cavalerie remontée en Hanovre, qui arrivait lentement, et 3 mille hommes de la garde impériale, qu'il devait bientôt rendre à la grande armée. C'est par suite de ces détachements, de ces retards, de ces réductions, que le prince Eugène ne pouvait venir joindre Napoléon qu'avec 62 mille hommes environ, au lieu de 80 mille dont il aurait pu disposer, s'il n'avait été séparé du prince Poniatowski, s'il n'avait été obligé d'envoyer la division Puthod sur le bas Elbe, et si ses corps n'avaient fait pendant l'hiver quelques pertes inévitables. Mais ces 62 mille hommes étaient tous présents sous les armes, très-animés, et très-bien commandés. Ils étaient répandus sur l'Elbe depuis Wittenberg jusqu'à Magdebourg, prêts à étendre la main derrière la Saale, pour se joindre à Napoléon, qu'ils attendaient avec impatience. Ils avaient tout récemment si bien reçu les Prussiens et les Russes en avant de Magdebourg, qu'ils les avaient rendus fort circonspects.

Sur le Main Napoléon avait espéré réunir 130 mille hommes, et 200 mille après sa jonction avec le général Bertrand. Il avait supposé que le maréchal Ney pourrait avoir 60 mille hommes, le maréchal

Marmont 40, le général Bertrand 30, et que la garde n'en compterait pas moins de 40. En ajoutant à ces forces environ 10 mille hommes des petits princes allemands, il devait atteindre le chiffre de 200 mille combattants au moment de son apparition en Saxe. Voici les réductions qu'il avait encore subies en passant de l'espérance à la réalité.

Le maréchal Ney, au lieu de 60 mille hommes n'en avait que 48 mille, parce que les Wurtembergeois et les Bavarois lui manquaient, et surtout parce qu'il n'avait pu attirer à lui la cavalerie saxonne. Il possédait quatre belles divisions d'infanterie française, formées avec des cohortes et des régiments provisoires, ayant en fait d'instruction deux mois d'avance sur les autres, et, depuis plus d'un mois et demi, exercées sous ses yeux autour de Wurzbourg. Elles comprenaient environ 42 mille fantassins présents au drapeau, et en attendaient encore 7 à 8 mille. Napoléon y avait joint ceux des alliés qui avaient été les plus obéissants, parce qu'ils étaient les plus rapprochés de nous, les Hessois, les Badois, les Francfortois, au nombre de 4 mille hommes, sous le général Marchand. Quinze cents artilleurs, et 500 hussards qui composaient toute sa cavalerie, portaient son corps à 48 mille hommes, ainsi que nous venons de le dire.

Le second corps du Rhin qui s'organisait à Hanau, sous le maréchal Marmont, ne s'élevait pas à 40 mille hommes, comme on l'avait supposé, mais à 32 mille, beaucoup de détachements étant encore en retard. La troisième des divisions de ce corps, celle du général Teste, ayant trop d'hommes en arrière,

Avril 1813.

Forces du maréchal Ney, qui au lieu de 60 mille hommes, n'en peut avoir que 48 mille à l'ouverture des hostilités.

Forces du maréchal Marmont, qui au lieu de 40 mille hommes, en a 32.

s'était vue obligée de les attendre avant de rejoindre la grande armée. Elle devait, dès qu'elle serait complétée, aller en Hesse pour veiller sur la royauté menacée du roi Jérôme, recueillir en passant la division Dombrowski, et se réunir ensuite sur l'Elbe au corps dont elle était destinée à faire partie. Les trois divisions restantes offraient 26 ou 27 mille combattants, parmi lesquels le beau corps d'infanterie de marine, et à leur tête d'illustres divisionnaires, tels que les généraux Compans et Bonnet. Ce dernier était celui qui s'était signalé en Espagne, ce qui prouve que Napoléon tirait de cette contrée tout ce qu'il y avait de mieux pour l'opposer à la nouvelle coalition.

La garde impériale n'a que 15 mille hommes de prêts sur 40 mille.

Enfin la garde impériale, qui devait s'élever à plus de 40 mille hommes, était loin d'être prête, malgré l'activité que Napoléon avait déployée pour la réorganiser. Il y avait environ 3 mille soldats de vieille garde, 8 à 9 mille de jeune garde, les uns et les autres en état de partir, plus 3 mille cavaliers, et ce qu'il fallait d'artilleurs pour servir cent bouches à feu. Ces 15 à 16 mille hommes devaient recueillir les 3 mille hommes que le prince Eugène avait auprès de lui, et laissaient derrière eux 25 mille hommes en route, lesquels allaient bientôt se former à Mayence, à Hanau, à Wurzbourg, quand on leur aurait fait place.

Le corps du général Bertrand est celui qui présente le moins de mécomptes; il compte

Le général Bertrand était celui qui avait éprouvé le moins de mécomptes dans la composition de son corps d'armée. Il amenait quatre divisions d'infanterie, dont trois françaises et une italienne, comprenant 36 à 37 mille fantassins et 2,500 artilleurs.

Au lieu de 6 mille cavaliers qu'il s'était flatté d'avoir, il n'avait pu en réunir que 2,500, le 19ᵉ de chasseurs et deux régiments de hussards en formation à Turin et à Florence n'ayant pu être prêts à temps. Ajoutant à cet effectif 3 mille conscrits qu'il venait de recueillir à Augsbourg, il avait à peu près 45 mille hommes, bien disposés et plus instruits que le reste de la nouvelle armée, parce qu'ils se composaient de vieux cadres, et de conscrits comptant un an ou deux d'instruction. Le général Bertrand n'ayant jamais commandé des troupes, Napoléon lui avait donné pour le seconder le général Morand, l'ancien compagnon de Friant et de Gudin dans le 1ᵉʳ corps, et l'un des meilleurs généraux de l'armée. Napoléon ne pouvait pas lui laisser quatre divisions, la plupart des maréchaux n'en ayant que trois. Il lui attribua les divisions Morand et Peyri (celle-ci italienne), qui se trouvaient en avant des autres, et destina au maréchal Oudinot les divisions Pactod et Lorencez qui étaient restées en arrière. Les Wurtembergeois et les Bavarois, quand on pourrait les amener, devaient fournir une troisième division, les premiers au général Bertrand, les seconds au maréchal Oudinot.

Avril 1813.

45 mille hommes sur 50.

En tenant compte de ces diverses réductions, Napoléon pouvait, avec les 48 mille hommes du maréchal Ney, avec les 27 mille du maréchal Marmont, avec les 15 mille de la garde et les 45 mille du général Bertrand, déboucher en Saxe à la tête de 135 mille hommes et de 350 bouches à feu, donner la main au prince Eugène qui l'attendait sur l'Elbe avec 62 mille hommes et 100 bouches

Napoléon avec le prince Eugène, pouvait néanmoins réunir 200 mille hommes le jour des premières hostilités, ce qui était suffisant

à feu, et opposer ainsi à l'ennemi 200 mille combattants, véritablement présents au drapeau. Ces 200 mille combattants devaient être bientôt complétés par 50 mille autres, et suivis de trois armées de réserve, qui porteraient le total de nos forces à 400 mille soldats au moins. C'était un résultat prodigieux, quand on songe que Napoléon n'avait eu que trois mois pour réunir ces éléments dispersés, ou presque détruits, c'était même un résultat peu croyable. Aussi les Allemands, dont la haine s'exhalait en railleries autant qu'en cris de rage, publiaient-ils des caricatures, dans lesquelles ils représentaient des détachements de soldats, qui après être sortis de Mayence par une porte, y rentraient par l'autre, afin de simuler une suite incessante de troupes passant le Rhin. Mais en voyant aujourd'hui les corps français défiler en longues colonnes de Mayence sur Francfort, de Francfort sur Fulde ou Wurzbourg, il fallait bien y croire, et les craindre. Il est vrai que les attelages de l'artillerie étaient composés de jeunes chevaux, presque tous blessés, à cause de leur âge, et de l'inexpérience des conducteurs, que la cavalerie était presque nulle, que les maréchaux Ney et Marmont avaient chacun 500 hommes à cheval pour s'éclairer, le général Bertrand 2,500; il est vrai que pour former une réserve de grosse cavalerie capable de charger en ligne, il fallait se contenter de 3 mille chasseurs et grenadiers à cheval de la garde, de 4 à 5 mille hussards et cuirassiers amenés du Hanovre par le général Latour-Maubourg, et presque tous montés sur des chevaux qui avaient à peine l'âge du service; mais c'était l'esprit qui animait l'ensemble sur lequel il fallait compter. Ces généraux, ces officiers, les uns venant d'Espagne ou d'Italie, les autres échappés miraculeusement de Russie et apaisés après un moment d'irritation, étaient indignés de voir, non pas la gloire de la France, mais sa puissance mise en doute, étaient résolus pour la rétablir à des efforts extraordinaires, et tout en blâmant la politique qui les condamnait à ces efforts désespérés, avaient tellement communiqué leur esprit à leurs jeunes soldats, que ceux-ci, naguère arrachés avec peine à leurs familles, montraient une ardeur singulière, et poussaient le cri de Vive l'Empereur! chaque fois qu'ils apercevaient Napoléon, Napoléon l'auteur des guerres sanglantes dans lesquelles ils allaient tous périr, l'auteur détesté par leurs familles, naguère encore détesté par eux-mêmes, et tous les jours blâmé hautement dans les bivouacs et les états-majors : noble et touchante inconséquence du patriotisme au désespoir!

Avril 1813.

Enthousiasme des jeunes soldats de Napoléon.

Napoléon ayant mis la dernière main à ses préparatifs, quitta Mayence le 26 avril, visita successivement Wurzbourg et Fulde, et se rendit à Weimar, où l'avait précédé le maréchal Ney avec ses jeunes et vaillantes divisions. Son plan, conçu avec la rapidité et la sûreté ordinaires de son coup d'œil, consistait à laisser les coalisés, déjà portés au delà de l'Elbe, s'avancer autant qu'ils voudraient, même jusque sur la haute Saale, puis à se diriger lui-même sur Erfurt et Weimar, à défiler derrière la Saale comme derrière un rideau (expression de ses dépêches), à joindre le prince Eugène vers Naumbourg

Napoléon, après avoir mis la dernière main à ses préparatifs, quitte Mayence le 26 avril.

ou Weissenfels, à passer ensuite cette rivière en masse, et à prendre avec 200 mille hommes l'ennemi en flanc, dans les environs de Leipzig. Si la fortune le secondait, il pouvait obtenir de ce plan les plus importants résultats. Il pouvait après avoir vaincu les coalisés dans une grande bataille, en prendre un bon nombre, rejeter ceux qu'il n'aurait pas pris au delà de l'Elbe et de l'Oder, débloquer ses garnisons de l'Oder, rentrer vainqueur dans Berlin, se remettre en communication avec Dantzig, et montrer plus terrible que jamais le lion qu'on avait cru abattu.

Dans ces vues, il avait fait marcher en tête le maréchal Ney, et l'avait dirigé sur Erfurt, Weimar et Naumbourg, pour occuper tous les passages de la Saale, avant que l'ennemi eût le temps de s'en emparer. (Voir les cartes n°ˢ 34 et 58.) Il lui avait même enjoint d'occuper les passages si connus de Saalfeld, d'Iéna, de Dornbourg, de ne point franchir la Saale, de la garder seulement, et il avait attiré à lui le général Bertrand suivi à peu de distance du maréchal Oudinot, par Bamberg et Cobourg sur Saalfeld. Les rois de Bavière et de Wurtemberg, moins incertains dans leur conduite, le premier depuis les intrigues avortées de l'Autriche, le second depuis le prodigieux développement de nos forces, avaient enfin mis en mouvement six ou sept mille hommes chacun, de manière à fournir deux divisions de plus, l'une pour le général Bertrand, l'autre pour le maréchal Oudinot, ce qui devait porter nos forces concentrées à environ 212 mille hommes. Napoléon avait en même temps ordonné au prince Eugène de s'avancer en masse dans la direction de Dessau, assez près du point où la Saale et l'Elbe se confondent, et de remonter la Saale jusque vers Weissenfels. (Voir la carte n° 58.) Quant à lui, il suivait le maréchal Ney et le général Bertrand, avec la garde et le corps du maréchal Marmont. Le 26 il était à Erfurt, le 28 à Eckartsberg, près du célèbre champ de bataille d'Awerstaedt. Il avait commandé partout d'immenses approvisionnements, à Wurzbourg qui appartenait au frère de l'empereur François, à Erfurt qui appartenait à la France, à Weimar, à Naumbourg qui appartenaient aux maisons de Saxe. Il avait vaincu à force d'argent le patriotisme germanique, un peu moins ardent dans ces contrées que dans les autres. Il pouvait donc espérer que ses soldats vivraient sans être réduits à commettre de trop grands désordres. Son opération délicate en ce moment c'était ce double mouvement le long de la Saale, consistant pour lui à la descendre, pour le prince Eugène à la remonter, et dont le résultat devait être de réunir en une seule masse les 212 mille hommes dont il disposait. Mais les coalisés, quoique placés bien près de lui, n'étaient ni assez avisés, ni assez alertes pour deviner sa manœuvre et la déjouer. Ils étaient pourtant bien proche, et d'un seul pas auraient pu l'interrompre et la faire échouer.

Avril 1813.

Jusque-là ils avaient fait de leur mieux pour employer le temps utilement, mais n'y avaient pas aussi bien réussi que Napoléon. L'armée russe, comme on l'a vu, avait presque autant souffert que nous pendant la retraite de Moscou, et ne comptait pas plus de 100 mille hommes, qu'elle avait eu à peine le loisir de recruter, et qui étaient dispersés depuis Cracovie

Armée des coalisés au moment de l'entrée en campagne.

Forces des Russes.

29.

jusqu'à Dantzig. Vingt mille Russes environ sous les généraux Sacken et Doctoroff étaient opposés aux Polonais et aux Autrichiens autour de Cracovie; 20 mille étaient restés devant Thorn et Dantzig; 8 à 9 mille couraient sur le bas Elbe vers Hambourg et Lubeck, sous Tettenborn et Czernicheff; 10 mille avaient suivi Wittgenstein au delà de Berlin, et, avec le corps prussien d'York, observaient Magdebourg; 12 mille, dont la plus grande partie en cavalerie, avaient, sous Wintzingerode, passé l'Elbe à Dresde; 30 mille enfin, composant le corps principal et consistant dans la garde, les grenadiers et le reste de l'armée de Kutusof, étaient demeurés sur l'Oder avec le quartier général.

Les Prussiens avaient reconstitué leur armée avec une promptitude qui tenait à une organisation secrètement et longuement préparée. Les traités qui les liaient à Napoléon les obligeaient à n'avoir sous les armes que 42 mille hommes, dont ils avaient dû nous donner 20 mille pour faire avec nous la dernière campagne, et sur ces 20 mille plus d'un tiers avaient péri. Mais ils avaient entretenu des cadres nombreux, et laissé en congé dans les villes et les campagnes des soldats tout formés, qui n'attendaient qu'un signal pour revenir sous les drapeaux. Ils avaient pu par ce moyen et par les levées spontanées de la jeunesse prussienne, réunir 120 mille hommes, dont 60 mille de troupes actives, parfaitement instruites, environ 40 mille hommes de troupes en formation destinées à rejoindre les premières, et environ 20 mille dans les places. Ils espéraient porter cet armement à 150 mille hommes, dont

LUTZEN ET BAUTZEN.   453

100 mille en ligne, à condition de recevoir bientôt des subsides anglais. La jeunesse des écoles et du commerce remplissait les bataillons de chasseurs à pied, annexés aux régiments d'infanterie; la jeunesse noble ou riche entrait dans les chasseurs à cheval, annexés à chaque régiment de cavalerie.

Avril 1813.

Pour l'instant, en défalquant ce qu'il avait fallu laisser sur les derrières, ou employer au blocus des places, ou envoyer en courses lointaines vers les extrémités de leur ligne, les coalisés avaient à présenter sur le champ de bataille, à leur droite le corps prussien d'York, qui depuis sa défection n'avait pas quitté le corps russe de Wittgenstein, et réuni à ce dernier formait une masse de 30 mille hommes; à leur centre le corps de Wintzingerode de 12 à 15 mille hommes de cavalerie et d'infanterie légères, marchant à l'avant-garde; en seconde ligne et toujours à leur centre, Blucher avec 26 mille Prussiens, Kutusof avec 30 mille Russes; à leur gauche enfin, mais hors de portée, 10 ou 12 mille hommes sous le général Sacken, c'est-à-dire un total de 110 à 112 mille combattants. Ce n'était pas beaucoup pour tant de hardiesse, de présomption, de promesses magnifiques répandues dans toute l'Europe pour la soulever contre nous.

Pour les premières opérations, les coalisés ne peuvent guère réunir au delà de 110 mille hommes sur un même champ de bataille.

Les coalisés avaient compté sur un secours qui se faisait encore attendre, c'était celui du prince Bernadotte. Dans l'entrevue d'Abo, le futur roi de Suède était convenu avec Alexandre de concourir aux efforts de la coalition au moyen d'un corps de 30 mille Suédois, auxquels s'adjoindraient 15 ou 20 mille Russes dont il aurait le commandement. Les Anglais

Les coalisés avaient vainement attendu le concours de Bernadotte.

Avril 1813.

pour faciliter la composition de cette armée avaient accordé un subside de 25 millions de francs. Le prix de la guerre faite à la France était, comme on l'a vu, la Norvége. Les Anglais, pour enchaîner le prince Bernadotte au moyen d'un pacte pour ainsi dire infernal, voulaient ajouter à la Norvége la Guadeloupe, l'une des dépouilles de la France. Néanmoins il ne se pressait guère de remplir ses engagements, et songeait avant tout à envoyer ses troupes en Norvége, pour se saisir du prix promis à sa défection. On cherchait à l'en dissuader, surtout par ménagement pour le Danemark, qu'on espérait amener à la coalition en lui offrant un dédommagement soit en Poméranie, soit dans les territoires anséatiques. Le prince royal de Suède n'écoutait guère ces remontrances, et persistait à ne s'occuper que de la Norvége. Aussi la coalition était-elle pleine de défiances à son égard, défiances assez concevables, car, même en ce moment, de nombreux émissaires se succédant à Paris affirmaient que le parti de l'ancien maréchal Bernadotte n'était pas pris, et que, moyennant quelques avantages, on pourrait le ramener à de meilleurs sentiments envers la France.

Bien que les coalisés se fussent avancés fort témérairement au delà de l'Elbe, il leur était impossible de reculer, et ils devaient combattre où ils étaient.

Privés de ce secours, privés de celui de l'Autriche, qui ne s'était pas encore jointe à eux, parce qu'elle voulait épuiser auparavant toutes les chances d'une solution pacifique, et parce que d'ailleurs elle n'était pas prête, les coalisés avaient formé la résolution de recevoir avec leurs cent douze mille hommes le choc de Napoléon, de faire même mieux, et d'aller se heurter à lui. D'abord ils avaient douté, ou fait semblant de douter de l'étendue de ses forces, puis, quand il n'avait plus été possible de les contester, ils en avaient nié la qualité, soutenant que c'étaient des enfants menés par des vieillards, et que les meilleurs soldats de la Russie et de la Prusse, animés du plus ardent patriotisme, n'avaient pas à s'inquiéter de leur nombre. De plus on était en plaine, et ces jeunes fantassins ne résisteraient pas au choc d'une cavalerie qui était la plus nombreuse et la plus belle de l'Europe. Après tant de vanteries repasser l'Elbe à l'approche de Napoléon eût été difficile, et même fort dangereux. On aurait ainsi profondément découragé les esprits en Allemagne, après les avoir prodigieusement excités; on aurait surtout, en s'éloignant, rendu l'Autriche à Napoléon. Il fallait donc combattre où l'on était, et pourtant, dans l'impatience de s'avancer afin d'affranchir de nouvelles parties de l'Allemagne, on s'était porté au delà de l'Elbe, qu'on avait passé à gauche, c'est-à-dire à Dresde, ne pouvant le passer à droite à cause de Magdebourg, et on s'était ainsi engagé dans un véritable coupe-gorge. On était en effet entre le prince Eugène d'un côté, les montagnes de la Bohême de l'autre, Napoléon en face, exposé à recevoir une forte attaque de front, tandis qu'on recevrait un coup mortel dans le flanc. Le prudent Kutusof, devenu depuis ses triomphes une sorte d'oracle, n'aimant pas les Allemands et leurs démonstrations patriotiques, persistait à dire qu'il fallait s'en tenir à ce qu'on avait fait, garder le grand-duché de Varsovie, conclure à ce prix la paix avec la France, et rentrer chez soi. Alexandre, arrêté dans son rôle de libérateur de l'Allemagne, qui le séduisait alors autant que l'avait séduit après

Avril 1813.

Avril 1813.

La mort de Kutusof laisse le champ libre à tous les esprits ardents qui conseillaient l'offensive.

Tilsit celui de conquérant de Constantinople, était singulièrement contrarié par cette opposition, qu'il n'osait pas négliger au point de passer outre. Aussi, tandis que Wintzingerode, marchant avec l'ardent Blucher, avait traversé l'Elbe dès le commencement d'avril, le corps de bataille russe était demeuré en arrière, et n'était entré que le 26 à Dresde, jour même où Napoléon arrivait à Erfurt. Mais tout à coup, Kutusof épuisé par la dernière campagne, et expirant en quelque sorte au milieu de son triomphe, était mort à Bunzlau. A partir de cet instant, les considérations de la prudence perdaient le seul chef qui fût assez accrédité pour les faire valoir, et Alexandre, entouré des enthousiastes allemands, ne devait plus songer qu'à prendre l'offensive la plus prompte. Livrer bataille tout de suite, n'importe où, n'importe comment, n'était plus chose mise en question, pourvu que ce fût dans les plaines de la Saxe, où la cavalerie des coalisés devait avoir tant d'avantage contre les Français, qui n'avaient qu'une jeune infanterie sans cavalerie.

Marche des armées belligérantes les unes vers les autres, du 27 au 29 avril.

On continua donc à s'avancer les 27, 28, 29 avril, entre le prince Eugène qui était au confluent de la Saale et de l'Elbe, et Napoléon qui venait de la forêt de Thuringe. Il y aurait eu certainement un moyen de conjurer le danger de cette position, c'eût été de se porter en toute hâte sur Leipzig, Lutzen, Weissenfels, Naumbourg, avec les 100 mille hommes dont on disposait (défalcation faite du corps de Sacken laissé en Pologne), de couper la ligne de la Saale, et de s'interposer entre Napoléon et le prince Eugène pour empêcher leur jonction. (Voir la carte n° 58.) Cette opération naturellement indiquée était fort praticable, car on était dès le 28 entre la Pleiss et l'Elster à la hauteur de Leipzig. Mais il aurait fallu que quelqu'un commandât, et Kutusof étant mort, Alexandre, qui était resté la seule autorité militaire, écoutant tous les avis sans savoir en adopter aucun, on s'avançait avec le désir et la crainte tout à la fois de rencontrer Napoléon. Il était convenu qu'à cause de l'importance de leur rôle les Russes auraient le commandement, et parmi eux on cherchait vainement à qui le donner. Tormazoff était le plus ancien de leurs généraux, mais le moins capable. Wittgenstein, singulièrement vanté pour avoir défendu la Dwina contre les Français qui ne voulaient pas la franchir, était fort en faveur, et chargé de commander lorsqu'on serait devant l'ennemi. Mais ses succès, si exagérés, n'étaient pas même son ouvrage; ils étaient dus à son chef d'état-major, le général Diebitch, officier entreprenant, plein d'esprit et de talents militaires, donnant son avis sans parvenir à le faire suivre. Le commandement ne pouvait donc être ni prompt, ni sûr, ni obéi, et en attendant on poussa devant soi jusqu'à la hauteur de Leipzig, Wittgenstein et d'York à droite dans la direction de Halle, Wintzingerode en avant-garde à Lutzen, Blucher et le gros de l'armée russe au centre, entre Rotha et Borna, Miloradovitch à gauche, sur la route de Chemnitz qui longe le pied des montagnes de la Bohême, pour se garantir de ce côté, si par hasard Napoléon s'y présentait. On marchait sachant qu'il avançait, mais ne voyant pas une chose qu'il était pourtant facile de deviner, c'est qu'au lieu de longer les montagnes de la Bohême en sortant de la forêt de Thuringe, il prendrait la direction opposée, et descendrait la Saale afin de se joindre au vice-roi.

Napoléon, qui connaissait ses adversaires, se doutait bien qu'ils ne feraient pas ce qu'il faudrait pour empêcher sa jonction avec le prince Eugène, et cependant il ne négligea rien pour en assurer le succès, comme s'il avait eu devant lui l'ennemi le plus avisé et le plus alerte. Arrivé, ainsi que nous l'avons dit, le 28 avril à Eckartsberg, il avait porté en avant le long de la Saale, de manière à en fermer successivement tous les débouchés, le maréchal Ney, le général Bertrand et le maréchal Oudinot. En même temps il avait attiré à lui, par un mouvement contraire, le prince vice-roi, en lui faisant remonter la Saale par Halle et Mersebourg. Il suivait Ney avec la garde et Marmont. Pour opérer la jonction projetée il ne restait, le 28, qu'à occuper l'espace compris entre Mersebourg et Naumbourg, en allant à la rencontre du prince Eugène à Weissenfels qui est entre deux. (Voir la carte n° 58.) Napoléon, pour rendre en quelque sorte infaillible le succès de sa manœuvre, ne s'était pas contenté de faire avancer l'un vers l'autre Ney et Eugène afin d'amener leur réunion à Weissenfels, il avait détaché du corps de Marmont la division Compans, la mieux commandée, la plus nombreuse de ce corps, et l'avait portée à gauche sur Freybourg, pour qu'elle vînt en doublant les têtes de colonne de Ney et d'Eugène, former entre eux une espèce de soudure. Ces mouvements furent ordonnés d'Eckartsberg le 28 au soir, pour être exécutés le lendemain 29. Ney devait descendre la

Saale de Naumbourg à Weissenfels, avec ses deux premières divisions, passer cette rivière à la hauteur de Weissenfels, s'emparer de cette ville, tandis que ses autres divisions le suivraient, et que Bertrand et Oudinot viendraient occuper les débouchés par lui abandonnés d'Iéna, de Dornbourg et de Naumbourg. De son côté le prince Eugène devait remonter la Saale, le corps de Lauriston jusqu'à la hauteur de Halle, celui de Macdonald jusqu'à la hauteur de Mersebourg et au-dessus, afin de donner la main à Ney. Ces diverses instructions étaient tracées avec une précision, une prévoyance admirables. Du reste Napoléon, ne supposant pas que l'ennemi fût si près avec la masse de ses forces, séjourna encore à Eckartsberg de sa personne, pour mettre de l'ordre à la queue de ses colonnes.

Avril 1813.

Le 29, le maréchal Ney descendit en effet la Saale, la franchit un peu au-dessus de Weissenfels, sur des ponts qu'on n'avait pas eu de peine à y jeter, et s'avança dans les immenses plaines qui se déploient au delà de cette rivière. C'est au milieu de ces plaines qu'on rencontre Lutzen, Lutzen que Gustave-Adolphe a rendue célèbre, que Napoléon, quelques jours après, devait rendre plus célèbre encore.

Le 29 avril le maréchal Ney passe la Saale à Weissenfels.

Suivant les instructions tactiques de Napoléon, le maréchal Ney cheminait à travers la plaine de Weissenfels, avec la division Souham formée en plusieurs carrés. Des avant-postes de cavalerie lui avaient clairement révélé l'approche des nombreux escadrons de Wintzingerode. Ce général allemand qui commandait l'avant-garde russe, avait sous ses ordres la division d'infanterie du prince Eugène de

LIVRE XLVIII.

Avril 1813.

Wurtemberg, et huit à neuf mille hommes d'une superbe cavalerie. Il avait le jour même dépassé Weissenfels, pour venir chercher sur la Saale des nouvelles des Français. Ney se présenta bientôt pour lui en donner.

Première rencontre de nos jeunes conscrits avec les masses nombreuses de la cavalerie ennemie.

Nos conscrits voyant l'ennemi pour la première fois, mais conduits par des officiers qui avaient passé leur vie en sa présence, et par un maréchal dont l'attitude seule aurait suffi pour les rassurer, s'avançaient avec le frémissement d'un jeune et bouillant courage. Ils avaient à franchir une ondulation de terrain assez marquée, et apercevaient au delà de nombreux escadrons appuyés par de l'infanterie légère et de l'artillerie attelée. Ils reçurent les premiers boulets sans s'étonner. Des tirailleurs choisis traversèrent ce terrain ondulé, et forcèrent les tirailleurs ennemis à reculer. On les suivit, on descendit dans l'enfoncement du sol, on remonta sur le côté opposé, puis on déboucha en plusieurs carrés dans la plaine, et on fit sur l'ennemi un feu très-vif d'artillerie. Après quelques volées de canon, la division de cavalerie Landskoy s'élança au galop sur nos carrés. C'était le moment critique. Le vieux et intrépide Souham, l'héroïque Ney, les généraux de brigade, se placèrent chacun dans un carré, pour soutenir leur infanterie qui n'était pas habituée à ce spectacle. Au signal donné, un feu de mousqueterie exécuté à propos accueillit la cavalerie ennemie, et l'arrêta court. Nos jeunes soldats, étonnés que ce fût si peu, attendirent un nouvel assaut, le reçurent mieux encore, et jonchèrent la terre des cavaliers de Landskoy. Puis

Joie du maréchal Ney en voyant

Ney rompant les carrés, et les formant en colonnes,

poussa l'ennemi devant lui. Il félicita ses braves conscrits, qui remplirent l'air des cris mille fois répétés de Vive l'Empereur! A partir de ce moment, on pouvait tout espérer d'eux. Ils entrèrent à la suite des Russes dans Weissenfels, les en expulsèrent, et à la chute du jour furent maîtres de ce point décisif. Ney, qui depuis sa jeunesse n'avait jamais combattu avec des soldats aussi novices, se hâta d'écrire à Napoléon pour lui exprimer sa joie et sa confiance. — Ces enfants, lui écrivit-il, sont des héros; je ferai avec eux tout ce que vous voudrez.—

Avril 1813.

la conduite de ses jeunes troupes.

Au même instant Macdonald, formant la tête de colonne du prince Eugène, était entré dans Mersebourg, et avait mêlé ses avant-postes avec ceux du maréchal Ney. Le général Lauriston qui le suivait, avait trouvé les ponts de Halle fortement occupés par le général prussien Kleist. Ces ponts, comme on doit s'en souvenir en se reportant à l'un des actes héroïques de l'infortuné général Dupont dans la campagne de 1806, s'étendent sur plusieurs bras de la Saale, et sont impossibles à enlever, à moins qu'ils ne soient aux mains d'une troupe démoralisée. Ce n'était plus l'état d'esprit des Prussiens, qu'un noble patriotisme, une sorte de désespoir national enflammaient. Ils occupaient les ponts de Halle avec de l'infanterie et une nombreuse artillerie. Le général Lauriston n'insista pas pour forcer une position qu'on allait faire tomber le lendemain en la tournant.

Arrivée du prince Eugène sur Mersebourg, et sa réunion avec la grande armée.

Napoléon en lisant les récits de ses généraux, partagea leur joie, et écrivit à Munich, à Stuttgard, à Carlsruhe, à Paris, pour raconter les prouesses

Avril 1813.

Beau projet de Napoléon consistant à marcher sur Leipzig, pour prendre l'ennemi en flanc.

de ses jeunes soldats. Il quitta le lendemain 30 Eckartsberg, et alla coucher à Weissenfels.

Sa jonction avec le prince Eugène étant opérée sur la basse Saale, il songea naturellement à tirer de cette jonction le parti qu'il s'en était promis, celui de déboucher en masse dans les fameuses plaines de Lutzen, de courir sur Leipzig en une forte colonne, de passer l'Elster à Leipzig même, et puis exécutant un mouvement de conversion, la gauche en avant, de marcher sur les coalisés, et de les pousser contre les montagnes de la Bohême. (Voir la carte n° 58). N'ayant pas assez de cavalerie pour s'éclairer, car celle qu'il avait restait forcément clouée à l'infanterie de peur d'être écrasée, il n'entrevoyait que fort incomplétement les projets de l'ennemi. Mais plusieurs reconnaissances, plusieurs rapports interprétés avec sa faculté ordinaire de divination, lui avaient appris que les Russes et les Prussiens affluaient sur sa droite, qu'ils se trouvaient par conséquent entre lui et les montagnes, sur le haut Elster, qui était le cours d'eau que nous devions rencontrer après avoir franchi la Saale. Le plan de Napoléon offrait donc encore les plus grandes chances de succès, et il résolut de s'avancer de Weissenfels sur Lutzen, pour de là se porter sur Leipzig en masse serrée, et y passer l'Elster. Toutefois ne pouvant marcher avec près de deux cent mille hommes sur une seule voie, il dirigea par la grande route de Lutzen à Leipzig, le maréchal Ney, la garde et le maréchal Marmont. Pour flanquer à droite cette colonne qui était la principale, il ordonna au général Bertrand et au maréchal Oudinot, restés sur la haute Saale, de déboucher de Naumbourg sur Stössen. Pour la flanquer à gauche, il ordonna au prince Eugène de déboucher de Mersebourg, et de se porter avec toutes ses forces sur Leipzig par la route de Mackranstaedt. Ces divers corps partant ainsi de la Saale, à trois ou quatre lieues les uns des autres, convergeaient tous vers le point commun de Leipzig. Ces dispositions arrêtées pour être exécutées le lendemain 1ᵉʳ mai, il s'occupa, ce qui lui arrivait souvent pendant cette marche, de l'organisation de ses troupes, et en particulier de celle de la garde impériale. Le prince Eugène lui amenait quatre bataillons de vieille garde, deux de jeune, plus une certaine portion d'artillerie et de cavalerie appartenant à ce corps d'élite. C'était tout ce qu'on avait pu recueillir des débris de Moscou. Le prince Eugène avait eu soin de les faire reposer et équiper. Napoléon réunit les quatre bataillons de la vieille garde à deux qu'il avait avec lui, ce qui lui en fit six. Il réunit les deux de jeune garde aux quatorze de la division Dumoutier, qui fut élevée de la sorte à seize. Il agit de même pour les autres armes, et parvint ainsi à porter la garde à 17 ou 18 mille hommes, sans compter les autres divisions qui achevaient de s'organiser sur les derrières. Il laissa au prince Eugène les quatre mille cavaliers remontés que le général Latour-Maubourg était allé prendre dans le Hanovre, et qui formaient avec la cavalerie de la garde la seule troupe à cheval capable d'exécuter une attaque en ligne.

Avril 1813.

Le lendemain 1ᵉʳ mai il monta de bonne heure à cheval, ayant à ses côtés les maréchaux Ney, Mortier, Bessières, Soult, Duroc, et M. de Caulaincourt.

Mouvement de l'armée le 1ᵉʳ mai.

Mai 1813.

Combat de Weissenfels, et mort du maréchal Bessières.

Caractère et mérites du maréchal Bessières.

Il voulait jouir par ses propres yeux du spectacle qui avait tant charmé le maréchal Ney l'avant-veille, celui de nos jeunes soldats supportant gaiement et solidement les assauts de la cavalerie ennemie.

Cette vaste plaine de Lutzen, quoique fort unie, présentait cependant comme toute plaine ses accidents de terrain. En sortant de Weissenfels on rencontrait un ravin dont le cours était assez long, le lit assez profond, et appelé le Rippach, du nom d'un village qu'il traversait. Dès le matin les troupes du maréchal Ney y marchèrent avec confiance, disposées en carrés entre lesquels se trouvait l'artillerie, et précédées de nombreux tirailleurs. Parvenues au bord du ravin elles rompirent les carrés pour le passer, franchirent l'obstacle, reformèrent les carrés, et s'avancèrent en tirant du canon. C'était toujours la division Souham qui marchait la première, et avec une excellente attitude. Au moment où elle se déployait, le maréchal Bessières qui commandait ordinairement la cavalerie de la garde, et qui par ce motif n'aurait pas dû être là, mais qui avait voulu suivre Napoléon, se porta un peu à droite, afin de mieux observer le mouvement de l'ennemi. Tout à coup un boulet lui fracassant le poignet avec lequel il tenait la bride de son cheval, l'atteignit en pleine poitrine, et le renversa. Il avait passé en un instant de la vie à la mort! C'était la seconde fois, hélas! que ce brave homme était frappé à côté de Napoléon! Une première fois à Wagram, il avait été atteint par un boulet, mais en avait été quitte pour une contusion; cette fois il était tué sur le coup! Était-ce notre bonheur qui s'évanouis-

LUTZEN ET BAUTZEN.

sait? était-ce la fortune qui après nous avoir avertis en 1809, nous frappait enfin en 1813? Malgré la confiance générale qu'inspirait l'entrain des troupes, ce pénible sentiment pénétra plus d'un cœur. Bessières, commandant de la cavalerie de la garde, fait par Napoléon maréchal et duc d'Istrie, était un vaillant homme, vif comme les Gascons ses compatriotes, et comme eux cherchant à se faire valoir; mais spirituel, sensé, ayant souvent le courage de dire à Napoléon des vérités utiles, non pas en forme de boutades passagères, mais avec assez de sérieux et de suite. Napoléon l'aimait, l'estimait, lui donna un regret sincère, puis après avoir prononcé ces mots : *La mort s'approche de nous*, il poussa son cheval en avant, pour voir marcher ses jeunes soldats, pendant qu'on emportait Bessières dans un manteau. Il éprouva la même satisfaction que Ney deux jours auparavant. Il vit ses conscrits assaillis par des charges réitérées de cavalerie, les repoussant avec une imperturbable bonne humeur, et abattant devant leurs rangs trois ou quatre cents cavaliers ennemis. On finit cette journée à Lutzen, content de ce que l'on avait vu faire à nos soldats, triste plus qu'on ne le disait de la mort de Bessières, dans laquelle beaucoup de gens s'obstinaient à découvrir un présage. Pourtant le temps était beau, les troupes étaient très-animées; tout semblait sourire de nouveau, la nature et la fortune! Napoléon alla visiter le monument de Gustave-Adolphe, frappé dans cette plaine, comme Épaminondas, au sein de la victoire, et ordonna qu'on élevât aussi un monument au duc d'Istrie, tué dans les mêmes lieux. Il

Mai 1813.

Regrets de Napoléon et de l'armée.

lui consacra quelques belles paroles dans le bulletin de la journée, et écrivit à sa veuve une lettre faite pour enorgueillir une famille, et la consoler autant que la gloire console.

Le lendemain 2 mai, journée mémorable, l'une des dernières faveurs accordées par la fortune à nos armes, Napoléon se leva dès trois heures du matin pour donner ses ordres, et dicter une multitude de lettres. On n'avait plus que quatre lieues à parcourir pour être à Leipzig, et pour avoir passé l'Elster. Les rapports d'espions, plus explicites que ceux des jours précédents, disaient que les Russes et les Prussiens continuaient leur mouvement sur notre droite, que de Leipzig ils étaient remontés, en cheminant derrière l'Elster, sur Zwenkau et Pegau, apparemment pour nous chercher où nous n'étions pas, c'est-à-dire sur une route plus rapprochée des montagnes. (Voir la carte n° 58.) Napoléon à cette nouvelle se confirma dans la pensée de se porter en masse sur Leipzig, de se rabattre ensuite dans le flanc de l'ennemi, et, afin de réaliser cette pensée, il régla ses mouvements avec une profondeur de prudence qui, au milieu des incertitudes où il était faute de cavalerie, lui procura le plus éclatant, le plus mérité des triomphes. Le prince Eugène arrivé à Mackranstaedt dans la journée, avait le pas sur le corps de bataille, et Napoléon le lui laissa pour qu'il pût se porter immédiatement sur Leipzig. Il lui ordonna d'envoyer le corps de Lauriston directement sur Leipzig, puis de diriger Macdonald à droite sur Zwenkau, point où devaient se rencontrer les détachements les plus avancés de l'ennemi, et lui

Mai 1813.

Journée du 2 mai.

Napoléon dirige le prince Eugène sur Leipzig, et par précaution place le corps de Ney au village de Kaja, pour se couvrir contre

recommanda de se tenir de sa personne entre Lauriston et Macdonald, avec la division Durutte, la cavalerie de Latour-Maubourg et une forte réserve d'artillerie, afin d'aller au secours de celui des deux qui aurait de trop fortes affaires sur les bras. Napoléon s'apprêta à le suivre avec la garde, pour aider celui d'eux tous qui en aurait besoin. Mais avec une prévoyance dont il était seul capable, se doutant que les coalisés pourraient bien pendant ce mouvement sur Leipzig se réunir en masse sur sa droite, car il était possible qu'ils eussent remonté l'Elster pour le prendre lui-même en flanc, il retint Ney avec ses cinq divisions aux environs de Lutzen, et l'établit à un groupe de cinq villages, dont le principal s'appelait Kaja. Ce village était situé à une lieue au-dessus de Lutzen, au bord du *Floss-Graben*, canal d'irrigation qui traversait toute la plaine entre la Saale et l'Elster. Ney placé sur ce point avec ses cinq divisions, devait y former le pivot solide autour duquel nous allions opérer notre mouvement de conversion. Restaient Marmont, Bertrand, Oudinot, marchant à la suite de l'armée, et se trouvant, Marmont au bord du Rippach, Bertrand un peu plus en arrière, Oudinot sur la Saale même. Napoléon ordonna à Marmont et à Oudinot de franchir successivement le Rippach, et de venir se ranger sur la droite de Ney, pour le secourir, ou en être secourus s'ils étaient brusquement abordés par l'ennemi, et de se porter ensuite tous ensemble sur l'Elster, entre Zwenkau et Pegau, dans le cas où ils n'auraient rencontré personne. Ney était donc le point solide autour duquel une moitié de l'armée allait pivoter, pendant que l'autre moitié se

Mai 1813.

une attaque de flanc.

Profonde sagesse des dispositions de Napoléon.

portant en avant entrerait dans Leipzig, et opérerait le mouvement de conversion qui devait nous placer dans le flanc de l'ennemi. Avec de telles précautions, dont on va bientôt apprécier la profonde sagesse, il n'y avait presque pas de danger sérieux à craindre, en exécutant devant une armée de plus de cent mille hommes une opération extrêmement délicate, mais nécessaire si on voulait arriver à des résultats considérables. Amis et ennemis nous présentions à peu près 300 mille combattants, à quatre ou cinq lieues les uns des autres.

Ces dispositions ordonnées avec indication précise à chaque chef de corps du but qu'on voulait atteindre, et de la conduite à tenir dans toutes les éventualités, Napoléon se mit à dicter des lettres le reste de la matinée, ne voulant monter à cheval qu'à neuf ou dix heures, parce que c'était alors seulement que chacun devait être en pleine marche vers sa destination. Il écrivit au vieux duc de Valmy sur la composition de certains bataillons, au général Lemarois, envoyé dans le grand-duché de Berg, sur les dépôts de cavalerie qui étaient dans son arrondissement, au prince Poniatowski sur la jonction des deux armées de l'Elbe et du Main, et sur leur marche ultérieure, au major général sur la mise en jugement du gouverneur de Spandau qui avait capitulé, à plusieurs autres personnages enfin sur une multitude d'objets, et entre autres au duc de Rovigo sur la manière de parler des événements militaires, dans un moment où l'opinion défiante accueillait moins facilement que jamais les assertions du gouvernement, et terminait ses observations par ces mots remarquables :

Vérité, simplicité, voilà ce qu'il faut aujourd'hui. — Après avoir ainsi dicté une quantité de lettres avec une parfaite liberté d'esprit, il partit à dix heures, et suivi d'un escadron de la garde il courut vers Leipzig, dont il était à quatre lieues seulement. Au nombre des officiers de haut grade qui l'accompagnaient se trouvait le maréchal Ney, venu pour voir de quel côté se porterait la tempête qui semblait s'amasser autour de nous. Une demi-heure suffisait au maréchal pour rejoindre son corps au galop, si elle se dirigeait vers les villages que ses cinq divisions étaient chargées de garder. En ce moment le maréchal Macdonald coupant devant nous, de gauche à droite, la route de Leipzig, s'avançait sur Zwenkau; à gauche, le général Lauriston s'avançait de Mackranstaedt sur Leipzig. Le prince Eugène, avec la réserve que Napoléon lui avait composée, et qui consistait, avons-nous dit, dans la division Durutte et la cavalerie de Latour-Maubourg, était sur la route même de Leipzig, prêt à porter secours, ou au maréchal Macdonald, ou au général Lauriston. Toute la garde suivait en masse le prince Eugène sur Leipzig. Après avoir traversé ces nombreuses colonnes, qui le saluaient des cris répétés de Vive l'Empereur! Napoléon arriva devant Leipzig pour y être témoin du spectacle le plus animé.

La fusillade et la canonnade y étaient en effet très-vives. L'intrépide Maison commandant la première division du corps de Lauriston, attaquait avec sa résolution et son intelligence accoutumées la ville de Leipzig, que défendait le général Kleist avec l'infanterie prussienne. Des terrains marécageux et boisés,

Mai 1813.

Napoléon quitte Lutzen à dix heures du matin, et se porte au galop sur Leipzig.

Le général Maison enlève Leipzig sous les yeux de Napoléon.

470 LIVRE XLVIII.

Mai 1813.

traversés par plusieurs bras de l'Elster, précèdent, comme on le sait, la ville de Leipzig, lorsqu'on vient de Lutzen, et il faut franchir la longue suite des ponts jetés sur ces divers bras, pour parvenir jusqu'à la ville elle-même. Des tirailleurs remplissaient les bouquets de bois environnants; une forte artillerie, appuyée par l'infanterie prussienne, était au village de Lindenau, qui se trouve à l'entrée des ponts de l'Elster. Le général Maison, après avoir forcé les tirailleurs ennemis à se replier, et mis une partie de son artillerie en batterie, s'était porté au village de Leutsch, situé à la gauche de Lindenau, et avec du canon et une colonne d'infanterie, avait ouvert un feu de flanc sur Lindenau. Il avait ensuite jeté dans le premier bras de l'Elster un bataillon, qui passant à gué, devait prendre à revers les Prussiens chargés de défendre la tête des ponts. Cette opération terminée, il avait formé une colonne d'attaque qu'il dirigeait lui-même, et avait abordé à la baïonnette les troupes chargées de défendre Lindenau. Les Prussiens, après s'être vaillamment défendus, se voyant menacés d'être pris à revers par la colonne qui était entrée dans les eaux de l'Elster, avaient évacué le premier pont, en y mettant le feu, et Maison les avait suivis à la tête de son infanterie. Napoléon regarda quelques instants avec sa lunette cette attaque si bien conduite, vit ses soldats pénétrant pêle-mêle avec les Prussiens dans Leipzig, et les nombreux habitants de cette ville montés sur les toits de leurs maisons pour savoir quel serait leur sort!

Tandis que Napoléon assiste

Tandis que par un beau temps de mai il contemplait cette scène, semblable à tant d'autres qui avaient rempli sa vie, une canonnade retentit tout à coup sur sa droite, juste du côté de Kaja, vers les villages où il avait laissé en faction le corps de Ney. Son esprit, qui avait calculé toutes les chances de cette vaste manœuvre, ne pouvait être ni surpris, ni déconcerté. Il écouta quelques instants cette canonnade, qui ne fit que s'accroître, et bientôt devint terrible. — Tandis que nous allions les tourner, s'écria Napoléon, ils essayent de nous tourner nous-mêmes; il n'y a pas de mal, ils nous trouveront prêts partout. — Sur-le-champ il expédia Ney au galop, lui enjoignit de s'établir dans les cinq villages, d'y tenir comme un roc, ce qui était possible, puisqu'il avait 48 mille hommes, et qu'il allait être secouru à droite, à gauche, en arrière par des forces considérables. Puis avec la promptitude d'un esprit préparé à tout, il ordonna le renversement entier de son ordre de marche, chose si difficile à prescrire à temps, et à exécuter avec précision, surtout quand on opère avec de si grandes masses. D'abord il recommanda au général Lauriston de ne pas se dessaisir de la ville de Leipzig, mais de n'y laisser qu'une de ses trois divisions, et d'échelonner les deux autres en arrière, la tête tournée vers Zwenkau, pour remonter l'Elster jusqu'à Zwenkau même, et se porter sur la gauche de Ney. (Voir la carte n° 58.) Il prescrivit à Macdonald, dont les instructions étaient de se diriger sur Zwenkau, de se rabattre de Zwenkau sur Eisdorf, petit village placé tout près de la gauche de Ney, au bord du *Floss-Graben*. Le *Floss-Graben* était ce canal d'irrigation qui traversait, avons-nous dit, la plaine de Lutzen, et que nos troupes avaient

Mai 1813.

à l'attaque de Leipzig, une épouvantable canonnade se fait entendre vers Kaja.

Napoléon renverse tout son ordre de bataille, pour reporter ses forces sur sa droite.

Mai 1813.

Belles dispositions prises avec une promptitude extraordinaire.

Napoléon se reporte au galop sur Lutzen et Kaja.

dû franchir pour se rendre à Leipzig, tandis que le corps de Ney, établi à Kaja, était resté en deçà, et y appuyait sa gauche. Macdonald devait remonter le *Floss-Graben* jusqu'à Eisdorf et Kitzen, et à cette hauteur il était en mesure de flanquer la gauche de Ney, et de déborder même l'ennemi venu de Zwenkau. Le prince Eugène laissant Lauriston à Leipzig, devait avec le reste de ses troupes soutenir Macdonald. Telles furent les dispositions à la gauche de Ney. Marmont étant demeuré sur les bords du Rippach, en arrière de Lutzen, était en ce moment en marche. Napoléon lui ordonna de venir se placer à la droite du corps de Ney, à Starsiedel, l'un des cinq villages que ce corps avait été chargé de garder. Le général Bertrand, qui était encore un peu plus loin, eut ordre de déboucher sur les derrières mêmes de l'ennemi, en se liant à Marmont. Ainsi Ney allait être flanqué à droite et à gauche par des corps qui devaient non-seulement l'appuyer, mais se recourber sur les deux flancs de l'ennemi. Enfin, pour qu'il ne fût pas enfoncé par le centre, Napoléon fit rebrousser chemin à la garde tout entière, et la dirigea par la route de Lutzen sur Kaja. Il apportait à Ney le secours de 18 mille hommes d'infanterie, qui cette fois n'étaient plus une troupe de parade, mais une vigoureuse troupe de combat, vouée comme son empereur à tous les dangers, dans une campagne où il s'agissait de rétablir à quelque prix que ce fût le prestige de nos armes. Il fallait deux heures aux uns, trois heures aux autres, pour arriver au feu ; mais il était onze heures du matin, et tous avaient le temps de prendre part à cette grande bataille, et de concourir au

LUTZEN ET BAUTZEN. 473

rétablissement de notre puissance ébranlée. Ce vaste renversement de son ordre de marche si promptement conçu et prescrit, Napoléon partit au galop, traversant les colonnes de sa garde qui rétrogradaient vers ce champ de bataille, que nous avions espéré trouver devant nous, et qu'il fallait aller chercher sur notre droite, en arrière. La canonnade du reste n'avait cessé de s'accroître en vivacité et en étendue. L'air en était rempli, et tout annonçait l'une des plus mémorables journées de cette ère sanglante et héroïque.

Voici ce qui s'était passé du côté de l'ennemi, et ce qui avait amené à Kaja la rencontre que Napoléon avait cru trouver au delà de Leipzig. A la nouvelle des deux combats que le général Wintzingerode avait livrés avec sa cavalerie, en avant et en arrière de Weissenfels, les 29 avril et 1er mai, les coalisés avaient enfin compris que Napoléon, cessant de descendre la Saale pour joindre le vice-roi, venait de la passer pour marcher de la Saale à l'Elster, franchir ensuite l'Elster, et les prendre en flanc. Puisqu'on avait voulu la bataille, on l'avait à souhait, et dans cette plaine de Lutzen, où la belle cavalerie des alliés devait jouir de tous ses avantages contre une jeune infanterie qui avait à peine quelques escadrons pour s'éclairer. Le comte de Wittgenstein qui remplaçait Kutusof, qu'on disait absent et point mort pour ménager l'esprit superstitieux du soldat russe, avait été appelé, et son chef d'état-major Diebitch avait donné pour lui le plan de la bataille. Il avait proposé de profiter du mouvement de flanc qu'exécutait Napoléon pour le prendre en flanc lui-

Mai 1813.

Dispositions des coalisés.

Tandis que Napoléon voulait

Mai 1813.

Les prendre en flanc, ils songeaient à exécuter contre lui la même manœuvre.

même, de l'attaquer vers Lutzen, c'est-à-dire vers Kaja, où l'on n'apercevait que de simples détachements, de l'y aborder en masse, puis ces postes enlevés, de fondre sur lui avec les vingt-cinq mille hommes de la cavalerie alliée, et si l'infanterie française si brusquement assaillie était culbutée, de la jeter dans les terrains marécageux qui s'étendent de Leipzig à Mersebourg, point de jonction de la Saale et de l'Elster. Si on réussissait, on pouvait faire essuyer à Napoléon un vrai désastre. Le plan était ingénieusement conçu ; il obtint l'assentiment des deux souverains, et celui du fougueux Blucher, qui demandait à tout prix une prochaine bataille. Mais ce n'est pas tout que d'imaginer un plan, il faut l'exécuter. Or un plan, quelque excellent qu'il soit, qui vient d'en bas au lieu de venir d'en haut, a peu de chances d'une bonne exécution. Il fallait ici que les ordres remontassent de Diebitch à Wittgenstein, de Wittgenstein à Alexandre et à Frédéric-Guillaume, pour redescendre ensuite jusqu'à leurs généraux, et c'étaient de bien longs détours pour faire agir cent mille hommes entre onze heures du matin et six heures du soir. Pourtant comme on était très-rapprochés les uns des autres, très-dévoués à l'œuvre commune, et que les petits sentiments, obstacle ordinaire aux grandes choses, avaient peu de part aux résolutions de chacun, les tiraillements furent moindres qu'il ne fallait s'y attendre avec une telle organisation du commandement, et le 1er mai au soir tout fut en mouvement vers le but indiqué.

Marche des coalisés sur Lutzen.

Il fut convenu que dans la nuit du 1er au 2 mai on passerait l'Elster, ceux qui venaient de Leipzig et de Rotha à Zwenkau, ceux qui venaient de Borna à Pegau; qu'on franchirait ensuite le *Floss-Graben*, et qu'on irait par un mouvement de conversion se rabattre sur les cinq villages placés à la droite de Lutzen, où l'on avait aperçu quelques bivouacs seulement, et que là on se précipiterait en masse sur le flanc de l'armée française, la cavalerie prête à charger au galop lorsque l'infanterie aurait enlevé les villages.

Mai 1813.

dans la nuit du 1er au 2 mai.

Toute la nuit fut employée à ces manœuvres. Wittgenstein et d'York, venant de Leipzig avec 24 mille hommes, passèrent l'Elster à Zwenkau, y rencontrèrent Blucher qui le traversait aussi avec 25 mille, ce qui entraîna une certaine confusion et quelque retard. Les 18 mille hommes composant les gardes et les réserves qu'amenait l'empereur Alexandre, franchirent l'Elster à Pegau, et tous ensemble vinrent se ranger sur le terrain qu'avait reconnu la cavalerie de Wintzingerode, sur le flanc de l'armée française, parallèlement à la route de Lutzen à Leipzig. Cette cavalerie était forte de 12 à 13 mille hommes. Miloradovitch, avec 12 mille soldats, était plus haut sur l'Elster, le long des montagnes où l'on avait supposé d'abord que Napoléon pourrait se présenter. C'était une masse d'environ 92 mille combattants de la première qualité, animés pour la plupart, surtout les Prussiens, d'un ardent patriotisme. Les mouvements qui leur étaient prescrits avaient pris du temps. A dix heures du matin ils défilaient encore, et s'applaudissaient de voir l'armée française en marche sur Leipzig, dans l'espérance de la surprendre. Quant au corps de Ney, blotti dans les villages, il ne laissait apercevoir que quelques feux, et n'avait l'apparence que de détachements placés là par précaution. Alexandre et Frédéric-Guillaume, abandonnant le commandement à Wittgenstein qui commandait à peine, puisqu'un autre pensait pour lui, parcouraient à cheval les rangs de leurs soldats, recueillaient leurs acclamations, et contribuaient ainsi à augmenter une perte de temps déjà beaucoup trop grande.

Les coalisés ayant franchi le *Floss-Graben* au-dessus de nous pour se porter à Lutzen, tandis que nous l'avions franchi au-dessous, et en sens contraire, pour nous porter vers Leipzig, appuyaient leur droite au *Floss-Graben*, leur gauche au ravin du Rippach, et avaient en face les cinq villages qui allaient être si violemment disputés. Le village de Gross-Gorschen s'offrait d'abord à eux; ensuite venait celui de Rahna à leur gauche, celui de Klein-Gorschen à leur droite. Quoiqu'on fût en plaine, ces trois villages étaient au fond d'une dépression de terrain assez peu sensible, dans laquelle se réunissaient de petits ruisseaux bordés d'arbres, formant des mares pour l'usage du bétail, et allant dégorger leurs eaux dans le *Floss-Graben*. Du point où ils étaient les coalisés apercevaient distinctement ces trois villages de Gross-Gorschen en première ligne, de Rahna et de Klein-Gorschen en seconde ligne; puis en regardant au delà, ils voyaient le terrain se relever graduellement, et au-dessus apparaître le village de Kaja à droite, contre le *Floss-Graben*, le village de Starsiedel à gauche, près du Rippach, et enfin beaucoup plus loin le clocher pointu de Lutzen et la route de Leipzig.

Il fut convenu que Blucher attaquerait d'abord les trois premiers villages, que Wittgenstein et d'York l'appuieraient, que Wintzingerode placé à gauche avec toute sa cavalerie, serait prêt à fondre sur les Français dès qu'on les croirait ébranlés, qu'enfin la garde et les réserves russes, infanterie et cavalerie, rangées à droite, le long du *Floss-Graben*, seraient prêtes à se porter à l'appui de ceux qui fléchiraient. On ne désespérait pas de voir arriver Miloradovitch à temps pour prendre part à la bataille. Sans lui on était encore 80 mille hommes, bien concentrés et parfaitement résolus.

Mai 1813.

Blucher chargé de la première et principale attaque.

Après avoir donné une heure de repos aux troupes, les Prussiens de Blucher attaquèrent les premiers, sous les yeux des deux souverains, qui placés à quelque distance, sur une légère éminence, pouvaient assister aux actes de dévouement de leurs soldats. Vers midi, Blucher, présent malgré ses soixante-douze ans à toutes les attaques, et digne adversaire du maréchal Ney qu'il allait combattre dans cette journée, s'avança à la tête de la division de Kleist sur Gross-Gorschen. La division Souham du corps de Ney, avertie par ces longs préparatifs, avait pu se mettre sous les armes. Quatre bataillons étaient en dehors du village avec du canon. Le général Blucher précédé de trois batteries exécuta sur les quatre bataillons de Souham un feu violent et bien dirigé. Les jeunes soldats de Souham firent bonne contenance, mais deux ou trois de leurs pièces ayant été démontées, et l'infanterie de la division de Kleist les abordant avec une extrême vigueur, ils furent rejetés dans Gross-Gorschen, puis débordés

Mémorable bataille de Lutzen livrée le 2 mai 1813.

Blucher enlève à la division Souham le village de Gross-Gorschen.

de droite et de gauche, et culbutés sur Rahna et Klein-Gorschen formant la seconde position. La joie fut vive sur le terrain du haut duquel Alexandre et Frédéric-Guillaume observaient la bataille, et l'espérance d'une grande victoire surgit au cœur de tous. A gauche de cette action fort chaude, en face de Starsiedel, Wintzingerode avec ses troupes à cheval s'approcha des villages attaqués, dans l'intention de les déborder et de saisir l'occasion d'une charge décisive. Mais le combat commençait à peine, et bien des vicissitudes pouvaient en changer la face avant la fin de la journée.

Repliés sur Klein-Gorschen et Rahna, les soldats de Souham n'étaient plus aussi faciles à déloger. Les fossés, les clôtures, les mares d'eau qui se trouvaient entre ces villages, offraient de nombreux moyens de résistance. La division Souham, forte de 12 mille hommes, et ralliée tout entière sous son vieux général qui joignait à une rare intrépidité une expérience de vingt années, se défendait avec vigueur. Malheureusement la division Girard, qui était un peu à droite, dans la direction de Starsiedel, ne s'attendant pas à cette attaque, était encore dans le désordre du bivouac, et l'envoi de ses chevaux au fourrage condamnait son artillerie à une complète immobilité. Souham pouvait donc être débordé de ce côté. Mais en ce moment le maréchal Marmont, ayant franchi le Rippach, débouchait de Starsiedel en face de Wintzingerode. Ce maréchal marchant le bras en écharpe à la tête de ses soldats, rangea d'un côté la division Bonnet, de l'autre la division Compans, et les disposa toutes deux en plusieurs carrés, de manière à couvrir la droite de Souham et à protéger le ralliement de la division Girard. Wintzingerode n'osant aborder ces fantassins, qui paraissaient solides comme des murailles, les cribla de boulets sans les ébranler. A l'abri de cet appui la division Girard se forma, et vint s'établir à la droite de Souham, sur le prolongement de Rahna et de Klein-Gorschen.

Mai 1813.

A ce spectacle, Blucher et les deux souverains s'aperçurent que l'armée française était moins surprise qu'ils ne l'avaient espéré, et que ce ne serait pas une tâche aisée que de lui enlever ces villages auxquels elle paraissait si fortement attachée. Ne connaissant pas d'obstacles, ayant dans le cœur outre son courage, toutes les passions germaniques, Blucher se saisit de sa seconde division, celle de Ziethen, et la conduisit avec tant d'énergie sur Klein-Gorschen et Rahna, où s'était transportée la lutte, qu'il parvint à ébranler les divisions Souham et Girard. On se battit corps à corps dans les jardins et les larges places de ces deux villages, et enfin les Prussiens, animés d'une sorte de rage, expulsèrent nos jeunes soldats, et les rejetèrent vers Kaja d'un côté, vers Starsiedel de l'autre. Mais Kaja n'était pas facile à enlever, et Starsiedel était couvert par les carrés des divisions Bonnet et Compans. Pourtant Blucher, emporté par son héroïque ardeur, s'avançait, résolu à surmonter tous les obstacles, lorsque de nouvelles forces survinrent de notre côté.

Il réussit à les enlever.

C'était l'instant où le maréchal Ney, dépêché par Napoléon, arrivait de Leipzig au galop, amenant au pas de course celles de ses divisions qui étaient en arrière de Kaja. Blucher allait enfin rencontrer une énergie capable de contenir la sienne. Ney, chemin faisant, avait fait prendre les armes aux divisions qui n'étaient pas encore engagées. Il avait dirigé celle de Marchand, composée des Allemands des petits princes, au delà du *Floss-Graben*, sur Eisdorf, par la route que suivait Macdonald pour déborder l'ennemi. Il avait ordonné à la division Ricard, placée entre Lutzen et Kaja, de le rejoindre le plus promptement possible, et, trouvant celle de Brenier à Kaja même, il s'était mis à sa tête pour marcher à l'appui de Souham et Girard, repoussés de Klein-Gorschen et de Rahna.

L'action était en ce moment d'une extrême violence. A l'aspect de ce visage énergique de Ney, aux yeux ardents, au nez relevé, dominant un corps carré d'une force athlétique, nos jeunes soldats reprennent confiance. Ney les rallie derrière la division Brenier, et, comme invulnérable sous un feu continu d'artillerie, fait toutes ses dispositions pour reconquérir les villages abandonnés. On y marche en effet, baïonnette baissée. On trouve les Prussiens qui les dépassaient déjà, et qui n'entendaient pas abandonner leur conquête. Pourtant, si pour les Prussiens il s'agit de rétablir la grandeur de leur patrie, il s'agit pour nos généraux, pour nos officiers, de conserver la grandeur de la nôtre, et, remplissant nos conscrits du feu qui les anime, ils les poussent en avant, et rentrent dans Klein-Gorschen d'un côté, dans Rahna de l'autre. Là le combat devient furieux. On lutte corps à corps au milieu des ruines de ces villages. Souham, Girard, revenus dans

Klein-Gorschen et Rahna à la suite de Brenier, y établissent de nouveau leurs soldats, qui n'avaient jamais vu le feu, et qui assistant pour leur début à l'une des plus cruelles boucheries de cette époque, étaient comme enivrés par la poudre et la nouveauté du spectacle. Ils restent maîtres des deux villages, et repoussent les Prussiens jusque sur Gross-Gorschen, leur première conquête.

<small>Mai 1813.</small>

Napoléon arrive sur ces entrefaites, parcourant les files des blessés, qui, les membres brisés, criaient Vive l'Empereur! Il voit Ney qui se soutient au centre, Eugène qui avec Macdonald marche à gauche par delà le *Floss-Graben*, pour déborder l'ennemi vers Eisdorf, et Marmont qui formé sur la droite en plusieurs carrés se maintient à Starsiedel. Il n'aperçoit pas encore Bertrand qui chemine au loin, mais il compte sur son arrivée, et il sait que la garde accourt à perte d'haleine. Il est tranquille et laisse continuer la bataille.

<small>Arrivée de Napoléon au point où se livre la bataille. Ses dispositions.</small>

Mais Blucher qui a encore la garde royale et les réserves, et qui n'a besoin de consulter personne pour disposer de tout ce qui est Prussien, s'en saisit, et les porte en avant avec une sorte de fureur patriotique. A droite il jette un ou deux bataillons au delà du *Floss-Graben*, pour conserver Eisdorf où il voit marcher une colonne de Français; à gauche il lance la garde royale à cheval sur les divisions Bonnet et Compans rangées en carrés devant Starsiedel, et fait dire à Wintzingerode d'appuyer cette attaque avec toute la cavalerie russe. Au centre, il fond avec l'infanterie de la garde royale sur Klein-Gorschen et Rahna. Cet effort, tenté avec la résolution de gens

<small>Nouvel effort de Blucher, à la tête de la garde royale, contre les villages de Klein-Gorschen et de Rahna.</small>

<small>Il les enlève</small>

qui veulent vaincre ou mourir, réussit comme les résolutions de l'héroïsme désespéré. Blucher est blessé au bras, mais il ne quitte pas le champ de bataille, emporte de nouveau les villages de Klein-Gorschen et de Rahna, et, sans reprendre haleine, marche sur Kaja, que pour la première fois il parvient à nous enlever, tandis que sa cavalerie, lancée sur les divisions Bonnet et Compans, tâche d'enfoncer leurs carrés. Mais les marins de Bonnet, habitués à la grosse artillerie, reçoivent les boulets, puis les assauts de la cavalerie, sans laisser apercevoir le moindre ébranlement.

Kaja néanmoins est forcé, notre centre est tout ouvert, et si les coalisés agissant avec ensemble envoient l'armée russe à l'appui de Blucher, la ligne de Ney peut être percée, sans que notre garde impériale ait le temps de fermer la brèche. Napoléon, au milieu du feu, rallie les conscrits. — Jeunes gens, leur dit-il, j'avais compté sur vous pour sauver l'Empire, et vous fuyez! — Il n'a pas encore sous la main la garde qui s'avance en toute hâte; il n'a plus ces quatre-vingts escadrons de Murat qu'il lançait autrefois si à propos dans les champs d'Eylau ou de la Moskowa. Mais il lui reste la division Ricard, la cinquième de Ney, et il ordonne au comte Lobau de se mettre à la tête de cette vaillante division pour reprendre Kaja. Lobau conduit à l'ennemi cette jeune infanterie, pendant que Souham, Girard, Brenier, s'occupent à rallier leurs soldats. Il marche sur Kaja, y rencontre la garde prussienne, l'aborde à la baïonnette, et la repousse. On rentre dans ce village, et on ramène les Prussiens vers le terrain légèrement

LUTZEN ET BAUTZEN.

enfoncé où se trouvent les deux villages de Rahna et Klein-Gorschen. En même temps Souham, Girard, sous la conduite de Ney, reviennent à la charge avec leurs divisions ralliées, et le combat rétabli continue avec la même violence. On se fusille, on se mitraille presque à bout portant. Girard, ce brave général qui en Estrémadure avait essuyé une surprise malheureuse, se comporte en héros. Blessé, il reste au milieu du feu.

Mai 1813.
La division Ricard reprend Kaja.

Cette scène de carnage s'étend d'une aile à l'autre sur plus de deux lieues. Macdonald avec ses trois divisions, après avoir enlevé Rapitz aux troupes avancées de l'ennemi, s'approche d'Eisdorf et de Kitzen, et fait entendre son canon sur notre gauche, au delà du *Floss-Graben*. Vers le côté opposé Bertrand débouche par delà la position de Marmont, et on aperçoit au loin sur notre droite sa première division, celle de Morand, s'approchant en plusieurs carrés.

Vaste étendue du carnage.

C'est le moment pour les coalisés d'essayer un dernier effort avant qu'ils soient débordés de toutes parts. Jusqu'ici il n'y a eu d'engagés que Blucher et Wintzingerode, c'est-à-dire environ 40 mille hommes. Il leur reste en arrière à gauche, d'York et Wittgenstein avec 18 mille hommes, puis les 18 mille hommes des gardes et des réserves russes.

Blucher, tout sanglant, demande qu'on le soutienne, et qu'on porte un grand coup au centre, car il n'y a que ce point où l'on puisse obtenir des résultats décisifs, un vaste croissant de feux commençant à envelopper de droite et de gauche l'armée alliée. Il n'y a pas à hésiter, et on ordonne à la

Blucher demande aux deux souverains coalisés de faire un dernier effort décisif.

31.

seconde ligne, celle de Wittgenstein et d'York, de marcher à l'appui des troupes si maltraitées de Blucher. Il y aurait mieux à faire encore, ce serait de lancer outre Wittgenstein et d'York, les gardes et les réserves russes sur le centre des Français, et d'envoyer la cavalerie de Wintzingerode, et toute celle dont on peut disposer, sur les divisions de Marmont, qui n'ont d'appui que leurs carrés. Mais l'empereur Alexandre, affectant de se montrer partout, et n'étant pas où il faudrait être, ne commande pas, et empêche Wittgenstein de commander, tandis que le sage roi de Prusse, qui n'a pas même le souci de paraître brave, quoiqu'il le soit, n'ose pas donner un ordre. Toutefois la résolution de tenter un dernier effort, prise assez confusément, est mise à exécution. Il est six heures du soir, et il est temps encore de percer le centre de l'armée française, où Blucher, en se faisant presque détruire, a presque détruit deux divisions de Ney. Les troupes de Wittgenstein et d'York viennent soutenir et dépasser le corps à moitié anéanti de Blucher. Elles marchent sur les ruines enflammées de Klein-Gorschen et de Rahna, passent à travers les débris de l'armée prussienne, et, sous une pluie de feu, s'avancent sur Kaja, pendant que Wintzingerode avec la garde prussienne à cheval et une partie de la cavalerie russe, s'élance sur les carrés de Marmont, qui ont pris une position un peu en arrière pour s'appuyer à Starsiedel. Vains assauts! Les carrés de Bonnet et de Compans, comme des citadelles enflammées, vomissent des feux de leurs murailles restées debout; mais à droite, les dix-huit mille hommes de Wittgenstein et d'York, conduits avec la vigueur que comporte cette circonstance extrême, repoussent les divisions de Ney, aussi maltraitées que celles de Blucher, les refoulent dans Kaja, entrent dans ce village, en débouchent, et se trouvent face à face avec la garde de Napoléon. Au delà du *Floss-Graben*, le prince de Wurtemberg dispute Eisdorf aux troupes de Macdonald.

<small>Mai 1813.

une seconde fois.</small>

À son tour, c'est à Napoléon à tenter un effort décisif, car vainement ses ailes sont prêtes à se reployer sur l'ennemi, si son centre est enfoncé. Mais il a encore sous la main les dix-huit mille hommes et la puissante réserve d'artillerie de la garde impériale. Au milieu de nos conscrits, dont quelques-uns fuient jusqu'à lui, au milieu des balles et des boulets qui tombent autour de sa personne, il fait avancer la jeune garde, et ordonne aux seize bataillons de la division Dumoutier de rompre leurs carrés, de se former en colonnes d'attaque, de marcher la gauche sur Kaja, la droite sur Starsiedel, de charger tête baissée, d'enfoncer à tout prix les lignes ennemies, de vaincre en un mot, car il le faut absolument. Pendant ce temps, la vieille garde, disposée en six carrés, reste comme autant de redoutes destinées à fermer le centre de notre ligne. Napoléon prescrit en même temps à Drouot d'aller avec quatre-vingts bouches à feu de la garde se placer un peu obliquement sur notre droite en avant de Starsiedel, afin de prendre de front la cavalerie qui attaque sans interruption les divisions de Marmont, et de prendre en flanc la ligne d'infanterie de Wittgenstein et d'York.

<small>Napoléon, au milieu du feu, lance la jeune garde sur Kaja, et dispose l'artillerie de la garde sur le flanc de l'ennemi.</small>

Ces ordres donnés sont exécutés à la minute même.

Les seize bataillons de la jeune garde, conduits par le général Dumoutier et le maréchal Mortier, s'avancent en colonnes d'attaque, rallient en chemin celles des troupes de Ney qui peuvent encore combattre, et rentrent dans Kaja sous une pluie de feu. Après avoir repris ce village ils le dépassent, et refoulent sur Klein-Gorschen et Rahna les troupes de Wittgenstein, d'York, de Blucher, culbutées pêle-mêle dans l'enfoncement où sont situés ces villages. Ils s'arrêtent ensuite sur la déclivité du terrain, et laissent à Drouot l'espace nécessaire pour faire agir son artillerie. Celui-ci se servant avec art de l'avantage du sol, dirige une partie de ses quatre-vingts pièces de canon sur la cavalerie ennemie, et avec le reste prend en écharpe l'infanterie de Wittgenstein et d'York, et fait pleuvoir sur les uns et les autres les boulets et la mitraille. Accablées par cette masse de feux, l'infanterie et la cavalerie ennemies sont bientôt obligées de battre en retraite. Au même instant sur notre gauche et au delà du *Floss-Graben*, deux divisions de Macdonald, les divisions Fressinet et Charpentier, abordent l'une Kitzen, l'autre Eisdorf, et les enlèvent au prince Eugène de Wurtemberg, malgré les secours envoyés par Alexandre. A l'extrémité opposée, c'est-à-dire à droite, Bonnet et Compans, conduits par Marmont, rompent enfin leurs carrés, et se portent en colonnes sur le flanc de l'ennemi, derrière lequel Morand fait déjà entendre son canon.

Il est près de huit heures, la confusion des idées commence à envahir l'état-major des coalisés. Frédéric-Guillaume et Alexandre, réunis avec leurs généraux sur l'éminence du haut de laquelle ils apercevaient la bataille, délibèrent sur ce qu'il reste à faire. Blucher plus véhément que jamais, et le bras en écharpe, veut qu'à la tête de la garde russe on se précipite de nouveau sur le centre des Français. Selon lui Miloradovitch arrivera dans la nuit, pour servir de réserve et couvrir la retraite de l'armée s'il faut se retirer. On peut donc risquer sans regret toutes les troupes qui n'ont pas encore combattu. Wittgenstein et Diebitch répondent avec raison qu'on est débordé à droite vers Eisdorf, à gauche vers Starsiedel, que si on insiste on s'expose à être enveloppé, et à laisser au moins une partie de l'armée alliée dans les mains de Napoléon, qu'enfin le chef de l'artillerie n'a plus de munitions. — En présence de telles raisons il n'y a plus qu'à battre en retraite. On en donne l'ordre en effet. Mais Blucher indigné, s'écrie au milieu de l'obscurité qui s'étend déjà sur les deux armées, que tant de sang généreux ne doit pas avoir été versé en vain, que la journée n'est pas perdue, qu'il va le prouver avec sa cavalerie seule, et qu'il fera rougir ceux qui se montrent si pressés d'abandonner une victoire presque assurée. Il restait en effet environ quatre à cinq mille hommes de cavalerie prussienne, principalement de la garde royale, qu'on pouvait encore mener au combat : il les réunit, se met à leur tête, et, bien que la nuit soit commencée, il fond comme un furieux sur les troupes françaises qui se trouvent à la gauche des alliés, en avant de Starsiedel, et qui sont celles du corps de Marmont. Les soldats de ce maréchal fatigués d'une longue journée de combat, étaient à peine en rang. Le premier régiment, le 37ᵉ léger, de récente

Mai 1813.

Blucher, indigné, exécute une dernière charge de cavalerie qui répand quelque trouble dans l'une des divisions de Marmont.

formation, surpris par cette subite irruption de la cavalerie prussienne, se débande. Marmont accouru avec son état-major, est lui-même emporté dans la déroute. Descendu de cheval, marchant à pied le bras en écharpe, il est ramené avec les soldats fugitifs du 37°. Mais les divisions Bonnet et Compans formées à temps, résistent à tous les emportements de Blucher. Malheureusement, au milieu de l'obscurité, tirant indistinctement sur tout ce qui venait vers elles, elles tuent quelques soldats du 37°, plusieurs même des officiers de Marmont, notamment celui qu'il avait envoyé auprès de Napoléon après la bataille de Salamanque, le colonel Jardet.

Ce trouble passager est bientôt apaisé, et nous nous couchons enfin sur ce champ de bataille, couvert de ruines, inondé de sang, que les coalisés sont obligés de nous abandonner après nous l'avoir disputé si longtemps. Mais nous ne possédions plus la belle cavalerie que nous avions autrefois pour courir à la suite des vaincus, et ramasser par milliers les prisonniers et les canons. D'ailleurs devant un ennemi se battant avec un pareil acharnement, il y avait lieu d'être circonspect, et il fallait renoncer à recueillir tous les trophées de la victoire.

Napoléon voulut qu'on restât en place : il savait bien que de Kaja comme d'un roc inébranlable il avait arrêté la fougue de ses ennemis, follement enivrés de leurs succès, et qu'ils ne feraient pas un pas de plus. Il était vrai en effet qu'à partir de ce moment sa fortune devait se rétablir, à une condition toutefois, c'est que sa raison se rétablirait elle-même. Il coucha sur le champ de bataille, attendant le lendemain pour recueillir ce qu'il pourrait des trophées de sa victoire, mais appréciant déjà très-bien quelle en serait la portée.

Mai 1813.

Le lendemain 3 mai, il était à cheval dès la pointe du jour pour faire relever les blessés, remettre l'ordre dans ses troupes, et poursuivre l'ennemi. Il traversa au galop cet enfoncement de terrain, où les villages de Rahna, de Klein-Gorschen et de Gross-Gorschen brûlaient encore, remonta vers la position que les deux souverains alliés avaient occupée pendant la bataille, et vit plus clairement ce qu'on avait voulu essayer contre lui, c'est-à-dire le tourner, tandis qu'il tournait les autres. Mais sa rare prévoyance, en se ménageant à Kaja un pivot solide autour duquel il pouvait manœuvrer en sûreté, avait complétement déjoué le plan de ses ennemis. Avec la cavalerie perdue en Russie il les aurait pris par milliers. Dans l'état des choses, il ne put ramasser que des blessés et des canons démontés, et de ces trophées il en recueillit un grand nombre. Sur les 92 mille hommes de l'armée coalisée, 65 mille à peu près avaient été engagés, mais avec acharnement. De notre côté il n'y en avait pas eu beaucoup plus, car quatre divisions de Ney, deux de Marmont, une de la garde, deux de Macdonald avaient seules participé à l'action. Sur ces corps, la perte était grande des deux côtés. Les Prussiens et les Russes, surtout les Prussiens, avaient perdu au moins vingt mille hommes et nous dix-sept ou dix-huit mille. Nous en avions même perdu plus que l'ennemi jusqu'au moment où la formidable artillerie de la garde avait fait pencher en notre fa-

Résultats de la victoire de Lutzen.

veur la balance du carnage. Les Prussiens s'étaient conduits héroïquement, les Russes sans passion mais bravement. Les uns et les autres avaient montré dans leurs conseils la confusion d'une coalition. Notre infanterie s'était comportée avec le courage impétueux de la jeunesse, et avait eu l'avantage d'être dirigée par Napoléon lui-même. Celui-ci n'avait jamais plus exposé sa vie, plus déployé son génie, montré à un plus haut degré les talents, non-seulement d'un général à grandes vues qui prépare savamment ses opérations, mais du général de bataille qui sur le terrain, et selon la chance des événements, change ses plans, bouleverse ses conceptions, pour adopter celles que la circonstance exige. C'était le cas d'être satisfait, quoique les résultats matériels ne fussent pas aussi considérables qu'ils l'avaient été jadis, quand nous avions toutes les armes à leur état de perfection, et que nous combattions contre des adversaires qui n'avaient pas encore la résolution du désespoir; c'était, disons-nous, le cas d'être satisfait, et pour Napoléon de remercier cette généreuse nation qui lui avait encore une fois prodigué son sang le plus pur, et d'être sage, au moins pour elle! Napoléon allait-il accueillir cette faveur du ciel dans l'esprit où il aurait fallu la désirer et la recevoir, dans l'esprit avec lequel la nation l'avait attendue et payée de son sang, et n'allait-il pas revenir à tous les rêves de son insatiable ambition? C'est ce que les événements devaient bientôt décider.

Pour le moment il n'y avait qu'à profiter de la victoire, et dans l'art d'en profiter Napoléon n'avait pas plus d'égal que dans celui de la préparer. Après avoir passé la journée du 3 mai sur le champ de bataille, et l'avoir employée à ramasser ses blessés, à remettre ensemble ses corps ébranlés par un choc si rude, à recueillir surtout des renseignements sur la marche de l'ennemi, il reconnut promptement à quel point le coup porté aux coalisés était décisif, car malgré leurs fastueuses prétentions, ils rétrogradaient en toute hâte. On n'apercevait sur les routes que des colonnes de troupes ou d'équipages en retraite, et on les voyait sans pouvoir les saisir faute de cavalerie. Mais il était évident qu'ils ne s'arrêteraient plus qu'à l'Elbe, et peut-être à l'Oder. Cette défaite, réelle, incontestable, ne les empêchait pas de tenir le langage le plus arrogant. Alexandre, tout joyeux de s'être bien comporté au feu, osait appeler cette journée une victoire, et, il faut le dire, c'était une triste habitude de ses généraux d'en imposer étrangement sur les événements militaires, comme s'ils n'avaient pas fait depuis deux siècles d'assez grandes choses pour être véridiques. Toutefois, qu'il en fût ainsi chez les Russes, on pouvait le concevoir, car on ment aux nations en proportion de leur ignorance; mais les Allemands auraient mérité qu'on leur débitât moins de mensonges sur cette journée! Pourtant les Prussiens, tout étourdis apparemment d'avoir tenu tête à Napoléon, eurent le courage d'écrire partout, surtout à Vienne, qu'ils avaient remporté une véritable victoire, et que s'ils se retiraient c'était faute de munitions, et par un simple calcul militaire! Calcul soit, mais celui du vaincu qui va chercher ses sûretés loin de l'ennemi dont il ne peut plus soutenir l'approche. Les coalisés

Mai 1813.

Fausseté du langage tenu par les coalisés sur la bataille de Lutzen.

en effet marchèrent aussi vite que possible pour repasser l'Elster, la Pleiss, la Mulde, l'Elbe, et mettre cent lieues de pays entre eux et les Français.

Napoléon après s'être convaincu de l'importance de cette bataille de Lutzen par la promptitude de l'ennemi à battre en retraite, écrivit à Munich, à Stuttgard, à Paris, des lettres pleines d'un juste orgueil, et d'une admiration bien méritée pour ses jeunes soldats. Il alla coucher le 3 au soir à Pegau, et, suivant son usage, se leva au milieu de la nuit pour ordonner ses dispositions de marche. Il se pouvait que les coalisés prissent deux directions, que les Prussiens gagnassent par Torgau la route de Berlin, afin d'aller couvrir leur capitale, et que les Russes suivissent la route de Dresde pour rentrer en Silésie. Il se pouvait au contraire qu'abandonnant Berlin à son sort, et au zèle du prince royal de Suède, les coalisés continuassent à marcher tous ensemble sur Dresde, restant appuyés aux montagnes de la Bohême et à l'Autriche, pour décider celle-ci en leur faveur, en lui affirmant qu'ils étaient victorieux, ou que, s'ils ne l'étaient pas cette fois, ils le seraient la prochaine. L'une et l'autre de ces manières d'agir étaient possibles, car pour l'une et pour l'autre il y avait de fortes raisons à faire valoir. Si en effet il importait fort de demeurer réunis, et de se tenir serrés à l'Autriche, il importait également de ne pas abandonner Berlin et toutes les ressources de la monarchie prussienne aux Français. Napoléon combina ses dispositions dans cette double hypothèse. Si les coalisés se divisaient, il pouvait se diviser aussi, et d'une part envoyer une colonne de 80 mille hommes à la suite des Prussiens, laquelle les poursuivrait à outrance, passerait l'Elbe après eux, puis entrerait victorieuse à Berlin, et d'autre part marcher lui-même avec 140 mille hommes à la suite des Russes, les talonner sans relâche, pénétrer dans Dresde avec eux, puis les rejeter en Pologne. Si au contraire les coalisés ne se séparaient point, il fallait suivre leur exemple, ajourner la satisfaction d'entrer à Berlin, et poursuivre en masse un ennemi qui se retirait en masse. Napoléon, avec une profondeur de combinaisons dont il était seul capable, arrêta son plan de manière à pouvoir se plier à l'une ou à l'autre hypothèse. Il laissa le corps de Ney en arrière pour se remettre de ses blessures, car sur 17 ou 18 mille hommes morts ou blessés de notre côté, ce corps en avait eu 12 mille à lui seul. Il autorisa le maréchal à rester deux jours à Lutzen pour y établir dans un bon hôpital ses blessés les plus maltraités, et préparer le transport à Leipzig de ceux qui étaient moins gravement atteints. Il lui ordonna d'entrer ensuite à Leipzig en grand appareil. Cette ville avait montré un esprit assez hostile pour qu'on ne lui épargnât pas le spectacle de nos triomphes, et la terreur de nos armes. De Leipzig le maréchal devait marcher sur Torgau, et y rallier les Saxons, raffermis probablement dans leur fidélité par la victoire de Lutzen. En les remplaçant avec la division Durutte sous le général Reynier, c'était un corps de 14 à 15 mille hommes dont le maréchal Ney se trouverait renforcé. Napoléon lui donna en outre le maréchal Victor, non-seulement avec les seconds bataillons de ce maréchal réorganisés à Erfurt, mais avec une partie de ceux

Mai 1813.

de 80 mille hommes, qui peut éventuellement marcher sur Berlin ou se replier sur lui.

du maréchal Davout, que celui-ci devait prêter pour quelques jours. Le maréchal Victor pouvait avoir ainsi vingt-deux bataillons, faisant environ 15 ou 16 mille hommes. Enfin restait la division Puthod, la quatrième du corps de Lauriston, laissée avec le général Sébastiani sur la gauche de l'Elbe, pour châtier les Cosaques de Tettenborn, de Donnenberg et de Czernichef. Napoléon prescrivit à cette division de se diriger en toute hâte sur Wittenberg, pour se joindre au delà de Torgau au maréchal Ney. Il s'en fiait de la sûreté du bas Elbe et des départements anséatiques au général Vandamme, qui déjà était à Brême avec une partie des bataillons des anciens corps recomposés, et à la victoire de Lutzen elle-même. Le maréchal Ney, qui de ses 48 mille hommes en conservait 35 ou 36, allait donc recueillir Reynier avec 15 ou 16 mille Français et Saxons, le duc de Bellune avec 15 mille Français, le général Sébastiani avec 14 mille, ce qui devait former un total de 80 mille hommes sous huit jours. C'est à lui que revenait l'honneur de poursuivre Blucher, si Blucher prenait la route de Berlin, et d'entrer dans cette capitale après lui. Napoléon voulait ainsi opposer la fougue de Ney à la fougue du héros de la Prusse. Si au contraire l'ennemi ne s'étant pas divisé, songeait à combattre encore une fois avant de repasser l'Elbe, ce qui était peu vraisemblable, il suffisait de deux jours pour ramener les 80 mille hommes de Ney dans le flanc de l'armée coalisée. Napoléon poursuivant au lieu d'être poursuivi, avait le choix du moment et du lieu où il lui conviendrait de livrer une seconde bataille.

LUTZEN ET BAUTZEN.

Napoléon se réservait le soin de marcher lui-même à la suite de la principale masse des coalisés avec Oudinot et Bertrand, renforcés l'un d'une division bavaroise, l'autre d'une division wurtembergeoise, avec Marmont qui n'avait pas perdu plus de 6 à 700 hommes, avec Macdonald qui en avait perdu à peine 2 mille, avec Lauriston qui en avait laissé 6 ou 700 devant Leipzig, avec la garde enfin, diminuée d'un millier d'hommes, c'est-à-dire avec environ 140 mille combattants. Ces dispositions arrêtées, et après avoir recommandé à Ney de bien remettre ses troupes, d'exiger l'établissement de six mille lits pour ses blessés à Leipzig, de se pourvoir dans la même ville de tout ce dont il aurait besoin, Napoléon partit de Pegau en trois colonnes. La principale, composée de Macdonald, de Marmont, de la garde, et dirigée par le prince Eugène en personne, devait gagner par Borna la grande route de Dresde, celle qui passe par Waldheim et Wilsdruff. La seconde, composée de Bertrand et d'Oudinot, se tenant à quatre ou cinq lieues sur la droite, devait suivre par Rochlitz, Mittwejda et Freyberg le pied des montagnes de Bohême. La troisième, formée du corps de Lauriston seulement, et se tenant à quelques lieues sur la gauche, devait par Wurtzen courir sur Meissen, l'un des points de passage de l'Elbe les plus utiles à occuper, et lier Napoléon avec le maréchal Ney. L'ennemi était assez évidemment en retraite pour qu'on ne fût pas exposé à le trouver en masse sur un point quelconque, et des colonnes de cinquante, de soixante mille hommes, suffisaient pour toutes les rencontres probables. D'ailleurs en quelques heures on pouvait réunir deux

Mai 1813.

Napoléon marche lui-même sur Dresde avec une masse de 140 mille hommes.

de ces colonnes, ce qui permettait de prévenir tout accident, et outre qu'on vivait plus à l'aise, qu'on s'éclairait mieux en suivant les trois routes qui menaient à l'Elbe, on avait aussi la chance d'envelopper par cette sorte de réseau les détachements égarés, qu'on ne pouvait pas prendre à la course faute de cavalerie.

Napoléon partit le 5 mai au matin pour Borna, afin de se mettre à la suite de sa principale colonne. Le prince Eugène le précédait. Arrivé à Kolditz sur la Mulde, ce prince trouva l'arrière-garde des Prussiens postée le long de la rivière, dont les ponts étaient détruits. Il remonta un peu à droite, découvrit un passage pour une colonne et pour une partie de son artillerie, et vint s'établir sur une hauteur qui dominait la grande route de Dresde. Les Prussiens furent alors obligés d'abandonner les bords de la rivière, et de se retirer en toute hâte, en défilant sous le feu de vingt pièces de canon. Ils perdirent ainsi quelques centaines d'hommes, et se retirèrent vers Leissnig, en passant à travers les lignes d'un corps russe qui était en position à Seyfersdorf, en avant de Harta. Ce corps était celui de Miloradovitch, qu'une fausse combinaison avait privé d'assister à la bataille de Lutzen. Miloradovitch était un vaillant homme, impatient de se signaler, comme il l'avait déjà fait tant de fois, et désireux aussi de répondre aux Prussiens, qui se plaignaient fort de ce qu'à Lutzen on avait laissé peser sur eux seuls tout le poids de la bataille, propos assez fréquents entre alliés associés à une œuvre aussi difficile que la guerre. Après s'être ouvert pour laisser défiler les Prussiens,

Miloradovitch reforma ses rangs, et profitant des avantages de sa position, il tint ferme. Le prince Eugène l'attaqua avec vigueur, et ne parvint à le déloger qu'en le tournant. On perdit 7 à 800 hommes de part et d'autre, mais faute de cavalerie nous ne pûmes faire de prisonniers. Les Russes, bien qu'ayant sacrifié plusieurs centaines d'hommes pour ralentir notre marche, furent obligés de nous livrer un grand nombre de voitures chargées de blessés, et d'en détruire beaucoup d'autres chargées de bagages.

On les poursuivit le 6 et le 7 sans relâche, Napoléon voulant arriver à Dresde le 8 mai au plus tard. Les Prussiens avaient pris la route de Meissen, les Russes celle de Dresde, sans qu'on pût encore conclure de cette double direction qu'ils se sépareraient, les uns pour couvrir Berlin, les autres pour couvrir Breslau. Napoléon ayant dirigé le corps de Lauriston par Wurtzen sur Meissen, le pressa de hâter sa marche vers l'Elbe, afin de surprendre, s'il était possible, le passage de ce fleuve, ce qui était d'un grand intérêt, car nous avions des pontonniers et pas de pontons, ce matériel lourd à porter étant fort en arrière. Napoléon avait une autre raison de pousser vivement le général Lauriston sur Meissen pour y franchir l'Elbe, c'était le désir de faire tomber ainsi la résistance qu'on essayerait peut-être de nous opposer à Dresde même. On ne pouvait en effet tenter un passage de vive force auprès de cette ville qu'en s'exposant à la détruire, et c'était déjà bien assez d'avoir fait sauter deux arches de son pont de pierre, accident de guerre auquel elle avait été infiniment

Le 7 on se porta sur Nossen et Wilsdruff. Le viceroi trouva Miloradovitch arrêté dans une bonne position qu'il semblait résolu à défendre. On la lui enleva brusquement, et on lui fit payer par quelques centaines d'hommes cette inutile bravade. Le lendemain 8 mai on parut sur cet amphithéâtre de collines, du haut duquel on aperçoit la belle ville de Dresde, assise sur les deux bords de l'Elbe et au pied des montagnes de Bohême, comme Florence sur les deux bords de l'Arno et au pied de l'Apennin. Le temps était superbe, la campagne émaillée des fleurs du printemps présentait l'aspect le plus riant, et c'était le cœur serré qu'on regardait ce riche bassin, exposé, si l'ennemi résistait, à devenir en quelques heures la proie des flammes. On descendit les gradins de cet amphithéâtre en autant de colonnes qu'il y avait de routes rayonnant vers Dresde, et l'on vit avec joie les noires colonnes de l'armée russe, renonçant à combattre, s'enfoncer dans les rues de la ville, et repasser l'Elbe dont elles brûlèrent les ponts. Depuis la rupture du pont de pierre, on avait pour le service des armées coalisées établi trois passages, un avec des bateaux au-dessus de la ville, un au-dessous avec des radeaux, un dans la ville même, en remplaçant par deux arches en charpente les deux arches de pierre que le maréchal Davout avait fait sauter. On aperçut tous ces ponts en flammes, ce qui annonçait que les Russes cherchaient un asile derrière l'Elbe. Nous entrâmes donc dans la ville principale, c'est-à-dire

LUTZEN ET BAUTZEN.   499

dans la vieille ville, laquelle est située sur la gauche
du fleuve, et les Russes restèrent dans la ville neuve,
située sur la rive droite.

Mai 1813.

A peine nos colonnes entraient-elles dans Dresde,
qu'une députation municipale vint à la rencontre
du prince vice-roi, afin d'implorer sa clémence.
La ville en effet, au souvenir de la conduite qu'elle
avait tenue depuis un mois, était fort alarmée. Elle
avait voulu assaillir les Français, qui ne s'étaient
sauvés que par leur bonne attitude; elle avait reçu
les souverains étrangers sous des arcs de triomphe,
et jonché de fleurs la route qu'ils parcouraient. Elle
avait adressé des instances et même des menaces à
son roi, pour qu'il suivît l'exemple du roi de Prusse,
et, il faut le dire, ce qui était fort légitime de la part
des Prussiens, l'était un peu moins de la part des
Saxons, que nous avions relevés au lieu de les
abaisser. Les habitants attendaient donc avec une
sorte d'effroi ce que Napoléon déciderait à leur égard.
Il était accouru effectivement, et était arrivé aux
portes de la ville un peu après le vice-roi, qui, avec
sa modestie accoutumée, avait renvoyé à son père
la députation municipale.

Napoléon reçut à cheval les clefs de Dresde, en
disant avec hauteur à ceux qui les lui présentaient
qu'il voulait bien accepter les clefs de leur ville, mais
pour les remettre à leur souverain; qu'il leur par-
donnait leurs mauvais traitements envers les Français, mais qu'ils n'en devaient de reconnaissance
qu'au roi Frédéric-Auguste; que c'était en considération des vertus, de l'âge, de la loyauté de ce prince,
qu'il les dispensait de l'application des lois de la

Accueil fait
par Napoléon
à la
députation
municipale
de Dresde.

32.

guerre; qu'ils se préparassent donc à l'accueillir avec les respects qu'ils lui devaient, à relever, mais pour lui seul, les arcs de triomphe qu'ils avaient si imprudemment dressés à l'empereur Alexandre, et qu'ils le remerciassent bien en le revoyant de la clémence avec laquelle ils étaient traités en ce moment, car sans lui l'armée française les eût foulés aux pieds comme une ville conquise; que toutefois ils y prissent garde, et ne fissent rien pour favoriser l'ennemi, car le moindre acte de trahison serait immédiatement suivi de châtiments terribles. Cela dit, Napoléon leur ordonna de préparer du pain pour ses colonnes en marche.

La plus grande discipline fut prescrite aux troupes, et observée par elles. Napoléon cependant voulait franchir l'Elbe pour faire évacuer aux Russes la ville neuve, afin d'éviter les combats d'une rive à l'autre, qui ne pouvaient qu'endommager cette belle capitale. Il ne voulait pas même attendre que le général Lauriston eût exécuté son passage à Meissen, cette opération n'étant pas certaine, et dépendant des obstacles et des moyens que ce général rencontrerait. A peine avait-il donné une heure aux premières dispositions que réclamait le paisible établissement de l'armée, qu'il remonta à cheval pour opérer une reconnaissance des bords de l'Elbe. Au pont de pierre qui est au milieu même de la ville, les arches en bois avaient été incendiées, et bien que le passage fût facile à rétablir, il était impossible de le faire sans provoquer une canonnade, et sans la rendre, ce que Napoléon cherchait à éviter. Les Russes logés dans les maisons qui bordaient la rive droite de l'Elbe lui tirèrent quelques coups de fusil dont il ne tint compte, et il sortit de la ville pour aller reconnaître les passages au-dessus et au-dessous. Au-dessus le passage n'était pas praticable, parce que la rive droite, sur laquelle il fallait aborder, dominait la rive gauche, de laquelle on devait partir. Napoléon descendit au galop au-dessous de Dresde, et suivant le cours de l'Elbe, qui à une petite lieue fait un détour au midi, il trouva à Priesnitz un terrain propre à un passage de vive force. En cet endroit la rive que nous occupions dominait celle qu'occupaient les Russes, et on y pouvait établir de l'artillerie pour protéger les opérations de l'armée. Napoléon disposa toutes choses pour le lendemain même, 9 mai. Quelques bateaux, restes du pont établi au-dessus de la ville, quelques embarcations ramassées par la cavalerie le long du fleuve, avaient été réunis et mis à l'abri des entreprises de l'ennemi pour être employés le jour suivant.

Le lendemain en effet Napoléon, à cheval dès la pointe du jour, descendit à Priesnitz avec une forte colonne d'infanterie et toute l'artillerie de la garde, et fit commencer le passage sous ses yeux. Les Russes étaient rangés sur l'autre rive, et paraissaient résolus à la défendre. Napoléon ordonna l'établissement d'une forte batterie sur les hauteurs de Priesnitz, afin de balayer la plage située vis-à-vis, et fit monter sur-le-champ les voltigeurs dans les embarcations qu'on s'était procurées. Trois cents passèrent à la fois, et chassèrent les tirailleurs russes, tandis que par un va-et-vient continuel d'autres allèrent les rejoindre et les renforcer. Sur-le-champ

Mai 1813.

Choix de Priesnitz pour point de passage.

ils commencèrent un fossé pour se couvrir, pendant que la canonnade s'établissait au-dessus de leur tête. Les Russes amenèrent de l'artillerie, Napoléon en amena davantage, et bientôt ce fut sous le feu de cinquante pièces de canon russes, et de quatre-vingts françaises, que le travail du pont fut continué. Les boulets tombaient de tout côté, et l'un de ces boulets venant heurter un magasin de planches près duquel Napoléon était placé, lui lança à la tête un éclat de bois, qui l'atteignit sans le blesser. — Quelques Italiens rangés en cet endroit cédèrent à un mouvement de peur, pour lui plus que pour eux. — *Non fa male*, leur dit-il, en les qualifiant de quelques expressions plaisantes, et provoquant parmi eux de grands éclats de rire, il les fit, à son exemple, rester gaiement sous une grêle de projectiles.

La place n'étant plus tenable pour les Russes sous les quatre-vingts bouches à feu des Français, ils se retirèrent, et cessèrent d'opposer des obstacles au travail du pont, qui ne devait être achevé que le lendemain 10. Heureusement les Russes avaient aussi évacué la ville neuve, et là le passage pouvait être rétabli sur-le-champ sans provoquer de canonnade. Des madriers furent jetés sur les piliers en pierre des arches détruites, et on put communiquer entre les deux parties de la ville. Nos troupes allèrent occuper le faubourg de Neustadt, ou ville neuve. Ce même jour le général Bertrand et le maréchal Oudinot arrivèrent. Napoléon les répartit entre Dresde et Pirna. Il apprit que le général Lauriston avait rencontré à Meissen la queue des Prussiens, et qu'il avait réussi à franchir l'Elbe sans grande difficulté.

Nous étions donc sur tous les points maîtres du cours de ce fleuve, et en possession tranquille de la capitale de la Saxe. La promesse de Napoléon qui avait dit qu'il renverrait les coalisés plus vite qu'ils n'étaient venus, se trouvait accomplie, car, entré en campagne le 1ᵉʳ mai, il était le 10 possesseur de la Saxe, et avait rejeté les coalisés au delà de l'Elbe.

Mai 1813.

Avant de les suivre plus loin Napoléon résolut de s'arrêter quelques jours à Dresde, pour rallier ses troupes et les faire reposer, pour recueillir les divers corps de cavalerie qui s'apprêtaient à le rejoindre, pour rappeler le roi de Saxe dans ses États, et adapter enfin ses combinaisons militaires à celles des coalisés. Les projets des Prussiens et des Russes n'étaient pas encore parfaitement clairs, et on en recevait des rapports contradictoires. Il semblait cependant qu'ils nous livraient Berlin, et qu'ils mettaient au-dessus de l'intérêt bien grand sans doute de défendre cette capitale, l'intérêt plus grand encore de rester réunis, et surtout de se tenir toujours appuyés à l'Autriche, ce qui rendait la conduite des affaires diplomatiques aussi importante à cette heure que celle des affaires militaires. Napoléon, après avoir de nouveau assigné au corps de Ney la direction de Torgau, ce qui lui laissait la liberté de l'acheminer sur Berlin ou de le ramener sur Dresde, après avoir renouvelé et précisé davantage les ordres qui devaient porter ce corps à 80 mille hommes, s'occupa sur-le-champ des affaires diplomatiques, qui réclamaient en effet toute son attention.

Napoléon, avant de poursuivre les coalisés sur l'Oder, est obligé de s'arrêter quelques jours à Dresde.

Le roi de Saxe avait fui non-seulement ses États, mais la Bavière, au moment même où Napoléon ar-

Parti à prendre à l'égard

rivait, et cela pour aller à Prague se jeter dans les bras de l'Autriche, dont il avait évidemment adopté la politique. Il y avait de quoi lui en vouloir, mais déclarer ce prince déchu, c'eût été proclamer nous-mêmes une défection de plus, donner raison aux Allemands qui disaient que nos alliés étaient traités en esclaves, se mettre en outre un grand embarras sur les bras, car qu'eût-on fait de la Saxe si on ne la lui avait rendue? C'était enfin déclarer trop crûment à l'Autriche comment on considérait et comment on se proposait de traiter cette politique de la médiation, qui était la sienne, et n'était devenue celle du roi de Saxe qu'à son instigation. Napoléon ne contenait jamais son ambition, mais il contenait quelquefois sa colère, et il donna cette fois un exemple d'empire sur lui-même, trop rare dans sa vie. Il feignit de n'avoir pas compris la conduite du roi de Saxe, de l'attribuer à de faux conseils, et de ne voir dans ce monarque qu'un prince troublé mais loyal. Il lui adressa donc l'un de ses aides de camp à Prague, avec la sommation formelle, sous peine de déchéance, de revenir immédiatement à Dresde, d'y amener sa cavalerie, son artillerie, sa cour, tout ce qui l'avait suivi, et de rendre au général Reynier la place de Torgau avec les dix mille Saxons qui l'occupaient. M. de Serra, notre ministre auprès de la cour de Saxe, qui avait accompagné à Prague le roi Frédéric-Auguste, avait ordre de se transporter auprès de lui à l'instant même, et d'exiger une réponse immédiate.

Les déterminations à l'égard de l'Autriche importaient bien davantage, et étaient devenues encore plus délicates qu'auparavant, par suite de ce qui s'était passé à Vienne pendant que Napoléon livrait la bataille de Lutzen et marchait sur Dresde. M. de Narbonne, fort inquiet de ce qui pourrait survenir à Cracovie entre les Russes, les Autrichiens, les Polonais, à la réception des ordres de Napoléon qui enjoignaient aux Polonais de ne pas se laisser désarmer, n'avait cessé d'insister auprès de M. de Metternich pour qu'il prît à ce sujet une résolution satisfaisante. De son côté M. de Metternich, engagé avec les Russes par la convention secrète que nous avons fait connaître, avait toujours éludé, et persisté à dire qu'il lui était impossible d'être à la fois médiateur et belligérant. Enfin M. de Narbonne recevant de Paris par M. de Bassano, de Mayence par M. de Caulaincourt, des instructions plus formelles encore de l'Empereur, qui ne voulait qu'à aucun prix les Polonais déposassent les armes, qui prétendait même continuer à donner des ordres au corps auxiliaire autrichien, crut devoir employer les grands moyens pour amener M. de Metternich à sortir des ambiguïtés dans lesquelles il se renfermait. M. de Narbonne ignorait que dans les archives de l'ambassade se trouvait l'interdiction de présenter aucune note écrite, qui ne partît du cabinet même. En conséquence il se rendit chez M. de Metternich, et lui annonça qu'il allait lui remettre une note, avec sommation de s'expliquer catégoriquement sur le traité d'alliance dont il refusait en ce moment l'exécution littérale. — Jusqu'ici, dit-il, j'ai pris patience, et écouté comme acceptables toutes les excuses au moyen desquelles vous cherchez à éluder vos enga-

Mai 1813.

pendant les événements qui s'étaient accomplis à Lutzen et à Dresde.

Note remise par M. de Narbonne pour obliger

gements, et à dissimuler l'étendue de vos préparatifs, que vous nous avoueriez s'ils étaient faits pour nous. Mais je suis forcé par les événements de Gallicie de provoquer une explication catégorique, et de vous demander si vous êtes, ou si vous n'êtes plus notre allié, si vous entendez enfin manquer au traité d'alliance du 14 mars 1812? Si vous n'y voulez pas manquer, il faut absolument faire agir le corps autrichien auxiliaire, en vous conformant aux ordres de l'empereur Napoléon, et par-dessus tout ne pas songer à désarmer nos alliés. — On ne pouvait placer M. de Metternich dans une position plus embarrassante, et se mettre soi-même envers lui dans une position plus périlleuse. S'il eût été libre, il aurait cédé peut-être, et ordonné quelques hostilités simulées dont il se serait ensuite excusé auprès des Russes par l'intermédiaire de M. de Lebzeltern. Malheureusement il avait promis de ne pas renouveler les hostilités par un engagement, secret mais formel et écrit, que les Russes auraient été autorisés à publier si on l'avait violé. Il n'y avait donc pas moyen de se plier aux exigences de M. de Narbonne, et M. de Metternich fut obligé de lui résister, très-doucement dans la forme, mais très-opiniâtrément dans le fond. — Oui, je suis votre allié, répondit-il à M. de Narbonne; je le suis, je veux continuer à l'être; mais je suis médiateur aussi, et tant que mon rôle de médiateur ne sera pas épuisé par le refus de conditions raisonnables, je ne puis pas redevenir belligérant. — M. de Metternich reproduisit ensuite tout ce système d'argumentation adroite et subtile que l'on connaît déjà, et dont nous n'avions pas intérêt à le faire sortir, tant que nous ne voulions pas en arriver à un éclat avec l'Autriche, et à la guerre avec cette puissance. Puis abandonnant les subtilités, et abordant les considérations de bon sens, M. de Metternich supplia M. de Narbonne de ne pas insister davantage, de ne pas le mettre dans une fausse position, en lui demandant ce qu'il ne pouvait pas accorder, c'est-à-dire la reprise des hostilités contre les Russes. — Si je vous refuse trente mille hommes aujourd'hui, répéta-t-il, c'est pour vous en donner cent cinquante mille plus tard, lorsque nous serons d'accord sur une paix proposable, et acceptable par l'Europe. — Ces paroles fort sages ramenaient la seule, la grande question du moment, celle des conditions de la paix, sur laquelle nous avions complétement tort, et qui devait entraîner notre ruine. M. de Narbonne revenant encore à la charge, M. de Metternich alla jusqu'à lui dire que c'était une faute d'insister à ce point, car il croyait savoir que Napoléon ne voulait pas qu'on poussât à bout la cour d'Autriche. En effet, M. de Bubna revenant de Paris fort touché des soins dont il avait été l'objet, affirmait que Napoléon désirait marcher d'accord avec son beau-père, et que, si on s'y prenait bien, on amènerait bientôt un arrangement raisonnable des affaires européennes. M. de Bubna courut effectivement chez M. de Narbonne, le pressa de ne pas troubler l'intimité prête à renaître entre le gendre et le beau-père, le supplia de prendre patience, lui disant que, moyennant qu'on fût tant soit peu raisonnable, les coalisés le seraient si peu, que de gré ou de force la cour d'Autriche reviendrait à Napoléon, et qu'alors ce n'étaient pas trente mille Autrichiens qu'on aurait, mais deux cent mille.

Ce langage était fort sensé, mais M. de Narbonne, tout plein des dépêches qu'il avait reçues, alarmé de ce qui pourrait arriver si les ordres de Napoléon parvenant à Cracovie à M. de Frimont n'y rencontraient que la désobéissance, si le prince Poniatowski refusant de se laisser désarmer, il éclatait une collision entre les Polonais et les Autrichiens, cédant aussi à l'impulsion de son rôle, qu'il s'était attaché à entendre tout autrement que son prédécesseur M. Otto, crut bien faire en remettant une note formelle par laquelle, invoquant le traité d'alliance du 14 mars 1812, rappelant la confirmation que les Autrichiens lui en avaient plusieurs fois donnée, il sommait la cour de Vienne ou d'exécuter ce traité, ou de déclarer qu'il n'existait plus. Craignant néanmoins après cette démarche la réponse qui pourrait lui être adressée, et voulant la prévenir, il demanda une entrevue à l'empereur François, et admis tout de suite auprès de ce monarque, le conjura de ne pas rejeter l'Autriche et la France, l'une à l'égard de l'autre, dans un état d'hostilité, qui jusqu'ici n'avait amené que des malheurs, et pouvait en entraîner de plus grands encore. L'empereur accueillit M. de Narbonne avec beaucoup de politesse et de calme, lui répéta tout ce que lui avait dit M. de Metternich, ajouta même assez finement que s'il avait voulu s'assurer de l'accord qui existait entre le souverain et le ministre dirigeant, il allait se retirer édifié; que pour lui, il désirait rester l'allié de son gendre, mais sans abandonner un rôle qui était le seul que le peuple autrichien lui vit adopter avec plaisir, celui de médiateur; qu'il y persisterait jusqu'au bout, et ne s'en départirait que lorsqu'il aurait perdu toute espérance d'opérer un rapprochement entre les puissances belligérantes. Il finit, comme M. de Metternich, par dire qu'il était porté à croire que M. de Narbonne, sans doute pour dégager sa responsabilité personnelle, en faisait trop, et allait au delà des vraies intentions de son maître.

Mai 1813.

avec celui de M. de Metternich.

M. de Narbonne insista de nouveau sur les graves conséquences que pourrait avoir un éclat public à Cracovie, sur la nécessité de le prévenir, et refusa de retirer sa note.

M. de Metternich obligé enfin d'y répondre, avait un moyen tout simple de sortir d'embarras, c'était de recourir à la déclaration qu'il avait faite le 12 avril, quand on lui avait proposé d'entrer dans les événements par une action des plus vives. Il avait pris acte alors de ce qu'on lui proposait pour avouer le rôle de médiateur armé, pour annoncer des armements considérables mis au service de la médiation, et pour établir que le traité du 14 mars 1812, en restant en vigueur comme principe d'alliance, n'était plus, quant aux moyens d'action, applicable aux circonstances. S'en référant à cette déclaration, M. de Metternich répondit que la cour de Vienne ne pouvait obtempérer à la demande de faire agir le corps auxiliaire, parce que d'abord cette cour étant devenue médiatrice sur la provocation même de la France, elle ne pouvait plus dès lors se mettre en hostilités avec l'une des puissances belligérantes, et

Forcé de répondre, M. de Metternich déclare que l'Autriche étant devenue médiatrice, ne peut pas être en même temps

Mai 1813.

puissance belligérante.

que, secondement, le corps auxiliaire n'étant que l'un des moyens stipulés par le traité d'alliance, et ces moyens étant reconnus insuffisants pour les circonstances, il convenait d'en ajourner l'emploi.

La réponse était habile, et surtout fâcheuse pour nous, car elle nous condamnait à entendre dire une seconde fois que le traité d'alliance, tout en demeurant virtuellement en vigueur, cessait d'être exécutable, ce qui lui ôtait toute efficacité. Cependant, pourvu qu'il maintînt au moins l'Autriche neutre, il fallait nous en contenter, et ne pas ébranler nous-mêmes ce qui en restait, en fournissant l'occasion de répéter sans cesse qu'il n'était plus applicable aux circonstances. M. de Narbonne était assurément allé trop loin, mais loin dans la voie où on l'avait dirigé, et où on l'avait constamment poussé à marcher plus vite.

Pour atténuer l'effet de sa déclaration, M. de Metternich accorde que le corps polonais ne sera point désarmé en traversant le territoire autrichien.

M. de Metternich, qui ne désirait pas une rupture avec la France, sentit que dans les craintes de M. de Narbonne il y avait cependant quelque chose de fondé, c'était la possibilité d'un éclat entre le prince Poniatowski et le général comte de Frimont, si on persistait à désarmer le corps polonais. Heureusement il était facile d'y remédier, et il n'y manqua pas. Déjà il avait concédé que le bataillon français compris dans l'armée polonaise ne serait point désarmé à son entrée sur le territoire autrichien. Il accorda de même que l'armée polonaise, toujours libre d'ailleurs de ne pas se retirer derrière la frontière autrichienne si elle préférait combattre seule contre les Russes, aurait elle aussi la faculté, si elle voulait traverser la Bohême pour se rendre en Saxe, de conserver ses armes pendant le trajet. Il promit enfin qu'elle trouverait à chaque gîte le logement et les vivres nécessaires. — Il a suffi à l'empereur François, dit M. de Metternich, de savoir que l'empereur Napoléon, dans un sentiment de susceptibilité militaire que justifie sa gloire, ait désapprouvé, quant au corps polonais, l'exécution d'une formalité qui est toute du droit des gens, pour qu'il y ait spontanément renoncé. Pourtant, ajouta M. de Metternich, l'empereur François demande avec instance que le séjour d'un corps en armes sur le territoire neutre soit le plus court possible. —

Mai 1813.

L'inconvénient de ces contestations n'était pas seulement de faciliter à l'Autriche des déclarations dont elle devait plus tard faire un usage funeste pour nous, mais de la porter à désespérer de notre raison, en nous voyant si impérieux, si peu accommodants, et de mûrir ainsi plus vite la fatale résolution qu'autour d'elle tout l'invitait à prendre. On pouvait effectivement, après chaque scène de ce genre, s'apercevoir que M. de Metternich était plus gêné, plus contraint avec nous, c'est-à-dire plus engagé avec nos adversaires. Chaque fois on les entendait eux-mêmes à Vienne se vanter plus hautement de l'avoir conquis, tellement que le retentissement de ces propos arrivait à M. de Narbonne par tous les échos de la cour et des salons.

Cependant le bruit des derniers événements militaires vint heureusement interrompre ces tristes contestations. Tout à coup on apprit qu'une grande bataille avait été livrée, que des torrents de sang avaient coulé, et que nous étions battus, à en croire

Premier effet à Vienne de la bataille de Lutzen.

les propagateurs de nouvelles, qui pour la plupart étaient nos ennemis. Partout on affirmait notre défaite avec une assurance inouïe. On se fondait pour répandre ces rumeurs sur des lettres mêmes de l'empereur Alexandre (non pas, il est vrai, du roi de Prusse, trop sage pour écrire de telles choses), mais sur plusieurs lettres des généraux prussiens. L'empereur Alexandre était si content de lui, les généraux prussiens avaient le sentiment de s'être si bravement battus, qu'ils ne se sentaient presque pas vaincus, bien qu'ils le fussent au point de ne pouvoir tenir nulle part. L'ambassadeur d'Angleterre, lord Cathcart, militaire expérimenté, témoin de la bataille, avait trouvé ces mensonges ridicules, et avait dit lui-même que si on ne remportait que des victoires de ce genre, il faudrait bientôt traiter à tout prix. M. de Metternich avait trop d'esprit pour ajouter foi à de pareilles forfanteries. Pourtant les assertions étaient si positives, qu'il en était surpris, ne croyant pas qu'on pût mentir à ce point, et il en exprima son étonnement à M. de Narbonne. C'est dans ces positions que le grand seigneur, militaire, spirituel et fier, se révélait chez M. de Narbonne avec tous ses avantages. — Nous sommes vaincus, dit-il à tout le monde, soit... Nous verrons dans quelques jours sur quelle route seront les vaincus et les vainqueurs. — Quatre jours après, en effet, on apprit que les soi-disant vaincus étaient aux portes de Dresde, et les soi-disant vainqueurs au delà de l'Elbe. La confusion en fut d'autant plus grande. Dans les salons de Vienne, on se déchaîna contre l'incapacité militaire des deux souverains alliés, mais, au lieu d'être plus porté vers nous, on insista davantage sur la nécessité pour l'Autriche de courir à leur secours, et de s'unir à eux afin de sauver l'Europe d'un joug intolérable.

M. de Metternich se transporta tout de suite chez M. de Narbonne, et, avec une assurance qui n'était pas sans sincérité, lui dit que les victoires de Napoléon ne l'étonnaient point, car il avait basé sur ces victoires tous ses calculs pacifiques; que pour rendre la paix acceptable, il *fallait faire tomber les deux tiers au moins* des propositions russes, anglaises, prussiennes; que la victoire de Lutzen servirait à cela, qu'il y avait compté, et qu'il eût été trompé dans ses espérances s'il en avait été autrement (assertion qui était vraie, quoiqu'elle pût paraître singulière); mais qu'il restait un tiers de ces propositions dont il était impossible de méconnaître la raison, la justice, la sagesse, et qu'il fallait les admettre; qu'il était temps pour le cabinet de Vienne de se saisir enfin de son rôle de médiateur, pris à l'instigation de la France, et avec le consentement des autres puissances belligérantes; que bientôt il serait trop tard, au train dont marchaient les affaires, pour exercer ce rôle utilement; qu'il allait donc expédier immédiatement deux plénipotentiaires, l'un pour le quartier général français, l'autre pour le quartier général russe; qu'il fallait, pour être écouté, choisir des porteurs de paroles agréables à ceux auxquels on les adressait, que le général comte de Bubna ayant paru plaire à Napoléon (nous avons dit qu'il était militaire et homme d'esprit), on le lui renvoyait; que M. de Stadion, célèbre jadis dans le parti anti-français, avait plus de chances qu'un autre d'être bien accueilli au quartier

Mai 1813.

M. de Metternich vient féliciter M. de Narbonne, et paraît pressé, à la vue des événements qui se précipitent, de signifier la médiation autrichienne.

Choix de M. de Bubna pour l'envoyer à Napoléon, et de M. de Stadion pour

général des coalisés, et qu'on allait l'y acheminer; que loin d'être un ennemi dangereux pour la France, il lui serait plus utile qu'un ami, car il mettrait d'autant plus de hardiesse à dire aux Russes et aux Prussiens les vérités qu'il importait de leur faire entendre; que d'accord aujourd'hui avec l'empereur et M. de Metternich sur les conditions de la médiation et de la paix, il était seul capable, en s'appuyant sur les victoires de Napoléon, de faire agréer ces conditions aux puissances belligérantes. — En toutes ces choses M. de Metternich avait raison, et il était doublement habile, car, outre qu'il choisissait dans M. de Stadion un négociateur qui, par cela même qu'il nous était hostile, obtiendrait plus de crédit chez les coalisés, il occupait et compromettait un rival, un antagoniste, le chef en un mot du parti anti-français, du parti qui voulait le plus tôt possible la guerre avec nous. Oter un tel chef à ce parti, c'était pour soi et pour nous la meilleure des conduites.

On annonça donc qu'on allait dépêcher MM. de Bubna et de Stadion pour proposer un armistice, et provoquer une première explication sur les conditions de la paix future. Sans prétendre les imposer à Napoléon, on déclara cependant qu'on prendrait la liberté de lui indiquer celles qu'on jugeait acceptables par toutes les parties belligérantes, et, ne voulant pas en faire mystère à M. de Narbonne, M. de Metternich, qui les lui avait déjà clairement indiquées en plus d'une circonstance, les lui énonça cette fois l'une après l'autre, avec la plus extrême précision. C'était ce que nous avons exposé si souvent, la suppression du grand-duché de Varsovie et sa rétrocession à la Prusse, sauf quelques portions revenant de droit à la Russie et à l'Autriche; c'était la reconstitution de la Prusse au moyen du grand-duché, et de territoires à trouver en Allemagne; c'était l'abandon de la Confédération du Rhin, et enfin la renonciation aux départements anséatiques, c'est-à-dire aux villes de Brême, Hambourg et Lubeck. On devait ne rien dire de la Hollande, de l'Italie, de l'Espagne, pour ne pas soulever des difficultés insolubles, et on ajournerait au besoin la paix maritime, s'il n'y avait pas moyen de s'entendre avec l'Angleterre, afin de conclure tout de suite la paix continentale, qui était la plus urgente. Telles étaient, indépendamment de la restitution des provinces illyriennes que nous avions à peu près promise à l'Autriche, ces conditions qui nous laissaient la Westphalie, la Lombardie et Naples, comme royaumes vassaux, la Hollande, la Belgique, les provinces rhénanes, le Piémont, la Toscane, l'État romain, comme départements français! Telle était la France qu'on nous offrait, et dont nous regardions l'offre comme un outrage! Quant à l'Espagne, on était certain qu'il en faudrait faire le sacrifice pour avoir la paix avec l'Angleterre, mais que ce sacrifice suffirait. M. de Metternich avait eu, disait-il, plus d'une occasion de s'en assurer. On a vu par nos récits antérieurs, que sous ce rapport au moins, il n'y aurait pas difficulté insurmontable de la part de Napoléon.

M. de Narbonne répéta plusieurs fois que Napoléon victorieux n'accepterait pas ces conditions, mais

Mai 1813.

aux conditions de la paix, mais les énoncer avec la plus grande précision.

Ces conditions consistent dans le sacrifice du grand-duché de Varsovie, de la Confédération du Rhin, des villes anséatiques, et des provinces illyriennes.

M. de Metternich répéta à son tour que Napoléon était plus raisonnable qu'on ne voulait le représenter; que d'ailleurs ces conditions étaient inévitables, et qu'il faudrait lutter fortement encore pour les faire agréer aux puissances coalisées.

Restait le roi de Saxe, qu'on savait placé entre la déchéance ou le retour à Dresde, et pour l'Autriche il n'y avait pas sur ce sujet deux partis à prendre. Quelques insensés, à qui les moyens ne coûtaient pas, du moins en paroles, disaient à Vienne qu'il fallait s'emparer de la personne de ce monarque, et l'empêcher ainsi de retomber, en retournant à Dresde, sous le joug de Napoléon. Il n'y avait à penser à rien de pareil, et on ne songea pas un instant à retenir le roi Frédéric-Auguste. Au surplus on n'en aurait pas eu le temps, car il avait été obligé de répondre sur-le-champ à nos sommations, et, quoique en pleurant, de consentir à l'invitation que Napoléon lui avait adressée. Il s'apprêta en effet à partir de Prague avec ses troupes et sa cour, demandant instamment le secret, et le promettant de son côté à l'Autriche, sur les négociations qui avaient eu lieu entre les cabinets de Dresde et de Vienne. Le secret n'était ni bien profond ni bien noir. C'était une adhésion à la politique médiatrice, que le pauvre roi de Saxe avait bien pu considérer comme n'étant pas une trahison, lorsqu'il la voyait suivie et préconisée par le beau-père de Napoléon, sans qu'il en résultât de rupture entre eux. Il fit donc annoncer son arrivée à Dresde sous deux jours, temps qui était rigoureusement nécessaire à une cour aussi peu expéditive, pour faire ses apprêts de voyage. Elle était composée effectivement de beaucoup de princes et princesses, quelques-uns très-vieux, et tous de même honnêteté et de même timidité que le roi.

Lorsque Napoléon apprit successivement tout ce qui vient d'être rapporté, il se mit en mesure de recevoir convenablement son allié, redevenu fidèle; mais auparavant il donna ses instructions à son représentant à Vienne. Il s'aperçut enfin de la faute qu'on avait commise en poussant l'Autriche à entrer si avant dans les événements, et en la provoquant à se constituer médiatrice armée, c'est-à-dire arbitre, quand on ne voulait pas subir son arbitrage. Il s'aperçut aussi de l'erreur dans laquelle il était tombé, en croyant qu'il pourrait engager cette puissance dans ses projets par l'offre des dépouilles de la Prusse, et en ne voyant pas qu'avant tout l'Autriche tenait à reconstituer l'Allemagne pour être indépendante, et ne trouvait pas d'agrandissement territorial qui valût l'indépendance. Mais, comme font souvent les princes qui ne veulent pas avoir tort, il rejeta toute la faute sur son représentant, c'est-à-dire sur M. de Narbonne, qui, avec la mission qu'il avait reçue, avec les instructions dont il était porteur, ne pouvait pas agir autrement qu'il n'avait fait. Toutefois, comme Napoléon aimait ce personnage si distingué, il l'improuva, sans aucune sévérité de langage, d'avoir poussé les choses si loin, d'avoir remis une note malgré les prescriptions du cabinet qui défendaient d'en remettre sans ordre formel, et d'avoir amené M. de Metternich à déclarer par deux fois que le traité d'alliance n'était plus applicable aux circonstances. — Il regrettait, disait-il, qu'on eût

Mai 1813.

Napoléon, en recevant les dépêches de Vienne, s'aperçoit de la faute qu'on a commise, en poussant trop vivement l'Autriche.

Recommanda-

mis l'empereur son beau-père dans une position dont bientôt ce monarque sentirait la fausseté, car les Français n'en étaient encore qu'à leur première victoire, et allaient sous peu de jours en remporter d'autres. Quoi qu'il en soit, l'Autriche, obligée prochainement de revenir en arrière, en serait pour la confusion de ses fausses démarches; mais pour le moment il fallait que M. de Narbonne se montrât calme, réservé sans froideur, et ne demandât, ne répondît plus rien à la cour de Vienne, afin qu'elle reconnût qu'on ne la tenait plus pour alliée, tout en l'acceptant pour médiatrice, sans l'accepter cependant pour médiatrice armée. —

Napoléon malgré ce langage modéré en apparence, était exaspéré au fond du cœur contre l'Autriche et contre son beau-père. Malgré sa prodigieuse sagacité, le penchant à se flatter, penchant auquel cèdent tous les hommes, quelque clairvoyants qu'ils soient, lorsqu'ils se sont mis dans une position où ils ont besoin de s'abuser eux-mêmes, le penchant à se flatter l'avait porté à croire qu'il obtiendrait tout de l'Autriche moyennant qu'il la payât bien, et il était profondément irrité de voir qu'elle trompait si complétement ses calculs. Les conditions qu'on lui mandait, et qui n'auraient pas dû lui paraître nouvelles, lui étaient odieuses. Il avait renoncé dans sa pensée au grand-duché de Varsovie, surtout après avoir reconnu de près les difficultés de cette création; mais au lendemain de cette guerre de 1812, entreprise pour humilier la Russie, pour reconstituer la Pologne, pour appesantir plus que jamais son joug sur l'Europe, au lendemain de cette guerre, se trouver avec la Russie agrandie, avec la Pologne non pas refaite mais irrévocablement détruite, supporter la défection de la Prusse, l'en récompenser même, renoncer au protectorat de la Confédération du Rhin, abandonner les villes anséatiques, cause première de la brouille avec la Russie, c'était une multiplicité de déboires, dont aucun n'affaiblissait sa vraie puissance, mais dont tous étaient un cruel échec pour son orgueil! Au point de vue des véritables intérêts de la France, aucun de ces sacrifices n'était à regretter. Le grand-duché de Varsovie n'était qu'un essai chimérique, tant que la Prusse et l'Autriche ne songeaient pas à reconstituer la Pologne, car c'étaient elles après tout que la Pologne était destinée à couvrir, et puisqu'elles n'en voulaient pas, il était puéril de s'obstiner à leur faire du bien malgré elles. Quant à la Prusse, nous n'avions intérêt, ni par rapport à la Russie, ni par rapport à l'Autriche, à la maintenir si faible! Quant au protectorat du Rhin, c'était un vain titre, odieux aux Allemands, capable uniquement de nous attirer leur haine, sans nous donner sur eux aucune influence réelle. Quant aux villes anséatiques enfin, s'obstiner à les conserver, c'était étendre notre frontière militaire et commerciale au delà de toute raison. C'est à peine, en effet, si nous pouvions défendre le Zuyderzée et le Texel, car au delà du Wahal il n'existait plus de solide frontière pour nous; il avait même fallu tout l'esprit ingénieux de Napoléon pour faire rentrer la Hollande dans un bon système de défense, et encore n'y avait-il que très-imparfaitement réussi. Toutefois la possession de la Hollande offrait de si

Mai 1813.

Ces conditions n'intéressaient que l'orgueil de Napoléon, et nullement la grandeur de la France.

Elles dépassaient

le traité d'alliance du 14 mars 1812, par le mariage de Marie-Louise, par le danger d'une guerre avec la France, par l'inachèvement des préparatifs de l'Autriche, et manifestait, quand il le pouvait en sûreté, des préférences de cœur pour la coalition. Qu'il en fût ainsi, et même plus, on devait, sans avoir lu une seule des dépêches de la diplomatie étrangère, en être convaincu, ne pas s'en étonner, ne pas s'en émouvoir, et accepter comme vrai tout ce que disait M. de Metternich, qui disait vrai en effet lorsqu'il affirmait qu'à certaines conditions il se rangerait de notre côté. Il fallait comprendre que M. de Metternich étant Allemand, ne pouvait et ne devait pas nous aimer, et que s'il nous ménageait c'était par politique, et uniquement pour ne pas compromettre étourdiment son pays avec nous; il fallait profiter de sa prudence même pour en tirer tout le parti possible, mais rien que le parti possible. A la vérité nous raisonnons ici comme la politique, dont l'art consiste à comprendre toutes les situations, à les ménager et à s'en servir, et Napoléon raisonnait comme raisonnent l'orgueil, la victoire et le despotisme. Ces soudaines révélations l'irritèrent, comme si avec son esprit, qui était tout lumière dans le calme des passions, tout flamme et fumée dans l'emportement de ces passions funestes, il n'avait pas dû les prévoir. Un détail notamment l'exaspéra plus que tout le reste. Dans le moment où l'on attendait avec impatience à Vienne des nouvelles de la bataille prévue mais non connue du 2 mai, M. de Metternich, dans ses effusions pour les Russes, avait écrit à M. de Stackelberg que s'il recevait des dépêches, même pendant la nuit, il le

ferait éveiller pour les lui communiquer. C'étaient
de bien grandes attentions pour la Russie, et de la
part surtout d'un ministre qui se disait l'allié persévérant de la France! Puis on avait trouvé une lettre du roi de Saxe au général Thielmann, laquelle,
supposant comme vraisemblable l'arrivée des Français victorieux sur l'Elbe, lui enjoignait, en tenant
la place de Torgau fermée pour les Russes, de la
tenir encore plus fermée pour les Français. Napoléon ne voulut pas voir dans ces instructions si pré-
voyantes le bon et imprévoyant monarque saxon,
mais le renard de Vienne qu'il prétendait reconnaître
à sa finesse. Tout cela rapproché, exagéré, apprécié
par la colère, parut une trahison complète, tandis que
ce n'était que le labeur d'une prudence embarrassée
cherchant à passer à travers mille écueils. Encore une
fois, il fallait profiter des conseils que M. de Metternich nous donnait à nous-mêmes, et de la crainte
que nous n'avions pas cessé de lui inspirer, pour sortir de cette situation en faisant le moins de sacrifices
possible; et comme il ne s'agissait de sacrifier que ce
qui touchait à la vanité, et rien de ce qui appartenait à la puissance réelle, il fallait se soumettre,
de bonne ou mauvaise grâce, mais se soumettre : il
fallait bien après tout payer de quelque chose le
désastre de Moscou! Trop heureux de ne pas le payer
de l'existence elle-même! Qu'on nous pardonne la
répétition de ces inutiles réflexions, cinquante ans
après l'événement, qu'on les pardonne au chagrin
que nous inspire la vue directe et continue des fatales résolutions qui ont perdu non pas Napoléon
seulement (peu importe le sort d'un homme quel

Mai 1813.

Napoléon revient brusquement à la politique conseillée par MM. de Caulaincourt et de Talleyrand, et consistant à mettre l'Autriche de côté pour traiter directement avec la Russie.

qu'il puisse être), mais la grandeur de notre patrie !

Quoi qu'il en soit, Napoléon revint brusquement à la politique qui avait été proposée dans le conseil tenu aux Tuileries en janvier dernier, et fortement appuyée par MM. de Caulaincourt, de Talleyrand et de Cambacérès, celle qui consistait à laisser l'Autriche de côté, sans la heurter toutefois, pour chercher à s'entendre directement avec la Russie. Cette politique, avons-nous dit, sage en ce qu'elle tendait à ne pas trop mêler l'Autriche aux événements actuels, à ne pas lui attribuer un rôle dont elle abuserait contre nous, avait néanmoins un inconvénient pratique des plus graves, c'était la difficulté de s'aboucher avec l'empereur Alexandre. Cette difficulté déjà grande en janvier avait dû s'accroître encore par les derniers événements militaires, par l'espérance dont les Allemands berçaient Alexandre, de faire de lui le libérateur de l'Europe et le premier des monarques régnants. Il est vrai que la bataille de Lutzen, puis après cette bataille une nouvelle victoire à laquelle il était permis de s'attendre, pouvaient dissiper les fumées dont Alexandre était enivré, et faciliter l'abouchement avec lui. Napoléon l'espéra avec cette force d'espérer qui est propre aux esprits puissants, et qui chez eux se convertit en force d'agir, et il fit toutes ses dispositions en conséquence.

Il résolut de continuer cette campagne sans relâche, de frapper le plus prochainement possible quelque coup décisif, d'en profiter pour conclure la paix, mais en s'entendant avec la Russie, même avec l'Angleterre, plutôt qu'avec les puissances allemandes, d'accorder à l'Angleterre le sacrifice de tout ou partie de cette Espagne dont il était dégoûté, dont le monde surtout ne serait pas étonné de le trouver dégoûté, dont l'abandon paraîtrait de sa part un soulagement bien plus qu'un sacrifice, et ne serait certes pas un aveu bien humiliant à faire, car sa faute d'avoir voulu s'en emparer était aujourd'hui le secret de l'univers. En cédant en totalité ou en partie la Pologne à la Russie, en totalité ou en partie l'Espagne aux Bourbons, il lui semblait que tout serait arrangeable, et qu'il ne subirait pas le joug de la Prusse, qui, selon lui, l'avait trahi ostensiblement, de l'Autriche qui le trahissait secrètement, et qu'il s'affranchirait ainsi d'alliés infidèles par des sacrifices devenus inévitables, sur lesquels d'ailleurs la destinée avait rendu deux arrêts de nature à dégager son orgueil, pour la Pologne Moscou! pour l'Espagne l'opiniâtreté invincible des Espagnols! Si la guerre n'amenait pas prochainement un résultat décisif et une négociation, il voulait prolonger cette situation jusqu'à ce que la seconde série de ses armements fût terminée, qu'il eût deux cent mille hommes de plus en bataille, ce qui, avec les premiers trois cent mille qui se complétaient d'heure en heure, composerait un total de cinq cent mille combattants, et lui permettrait de ne plus dissimuler avec l'Autriche, de l'accepter même au nombre de ses ennemis, et alors, placé sur l'Elbe comme jadis sur l'Adige, à Dresde comme jadis à Vérone, au pied des montagnes de Bohême comme jadis au pied des Alpes, d'y essayer dans des proportions bien plus vastes, non pas seulement contre une puissance,

Mai 1813.

Guerre gigantesque résolue par Napoléon, si le projet de s'aboucher directement avec la Russie ne réussit pas.

mais contre l'Europe entière, une nouvelle campagne d'Italie, dans laquelle le général Bonaparte devenu l'empereur Napoléon, resté aussi jeune de caractère, mais devenu plus grand de conception, mûri par une expérience sans égale, renouvellerait à son âge mûr les prodiges de sa jeunesse, prodiges agrandis de tout ce que le temps avait ajouté à sa position, finirait aujourd'hui comme autrefois par des triomphes éclatants, et se reposerait enfin en laissant reposer le monde! Hélas! il ne manquait à ce beau rêve qu'une chose, c'est que l'humanité fût infatigable comme Napoléon, et voulût périr tout entière pour satisfaire l'ambition d'un conquérant, qui au génie d'un géomètre joignait l'imagination d'un poëte épique!

Ces résolutions prises, Napoléon fit ce qu'il faisait toujours, il passa aux dispositions pratiques, car, merveille de contrastes, autant il était chimérique dans les conceptions, autant il était précis et positif dans l'exécution. D'abord il adressa à M. de Narbonne une suite de dépêches (il y en eut jusqu'à trois en un jour sur le même sujet), dans lesquelles on voyait tout le changement qui s'était opéré dans son esprit. Il fallait, disait-il, ne plus rien demander à l'Autriche, mais en même temps ne plus la brusquer, ne plus la sommer surtout, être en un mot à son égard réservé et tranquille, et cependant ne point la tromper, car le mensonge n'était bon à rien. Il fallait lui laisser voir qu'on ne comptait plus sur elle, et qu'on avait compris cette maxime qu'elle répétait si volontiers à chaque occasion, que le traité du 14 mars 1812 *n'était plus applicable aux circonstances*. Ensuite quand elle apprendrait qu'en Italie, en Bavière, en France, on faisait des armements rapides et vastes, il n'était pas nécessaire de les nier, il convenait même d'en donner le véritable chiffre, s'il était mis en doute, en ne leur assignant aucun autre motif que la gravité des événements. Napoléon écrivait encore à M. de Narbonne, que l'Autriche comprendrait certainement cette nouvelle attitude, et qu'il était à désirer qu'elle la comprît; qu'elle devait se dire que son intervention n'était pas indispensable à la France pour s'aboucher avec les autres puissances, qu'entre l'empereur Napoléon et l'empereur Alexandre il y avait une brouille politique et nullement une brouille personnelle, et que les deux souverains n'avaient jamais cessé d'avoir l'un pour l'autre un penchant qui renaîtrait à la première démonstration amicale de Napoléon. *Une mission directe au quartier général russe*, ajoutait Napoléon, *partagerait le monde en deux*. Cette parole révélait toute sa pensée; elle signifiait que M. de Caulaincourt, dont on connaissait l'ancienne intimité avec Alexandre, envoyé à ce prince, ferait changer la face des choses, en mettant dans un camp la France et la Russie, et le reste du monde dans l'autre. Mais il n'en était plus ainsi, depuis qu'on avait si profondément blessé l'orgueil de l'empereur Alexandre; et en tout cas c'était bien imprudent à dire, car il suffisait d'indiquer une telle pensée, pour faire que l'Autriche, sans perdre un jour, une heure, se jetât dans les bras de la Russie, et que les deux mois de temps dont on avait besoin pour convertir en cinq cent mille hommes les trois cent mille

Mai 1813.

Envoi du prince Eugène en Italie pour y organiser une armée de cent mille hommes.

qu'on avait en ce moment, se réduisissent à quelques jours! Heureusement, M. de Narbonne avait trop d'esprit pour commettre la faute de laisser apercevoir cette chance à M. de Metternich. Il pouvait y trouver des motifs de confiance, mais nullement ceux d'une jactance aussi dangereuse qu'inutile.

Napoléon après avoir exprimé sa vraie pensée à M. de Narbonne par l'intermédiaire de M. de Caulaincourt, qui remplaçait à Dresde M. de Bassano retenu encore à Paris, fit appeler le prince Eugène. Le vice-roi, bien qu'il eût des défauts, ceux de son origine à moitié créole, c'est-à-dire un peu de nonchalance et de négligence des détails, et que par ces défauts il eût encouru souvent le blâme de Napoléon, le vice-roi avait néanmoins conquis toute son estime par une rare bravoure, un vif sentiment d'honneur, et une résignation exemplaire à supporter une situation affreuse pendant la retraite. Napoléon lui témoigna sa satisfaction, lui annonça qu'il constituait en faveur de sa fille une fort belle dotation, celle du duché de Galliera, et que cette récompense allait être publiée par le *Moniteur* comme prix des services par lui rendus dans la campagne de 1812. Puis il lui dit qu'il fallait partir tout de suite pour Milan, où il reverrait sa famille de laquelle il était séparé depuis plus d'une année, et se mettrait en mesure de remplir une mission importante. Napoléon lui apprit ce qu'il avait à y faire[1]. Il devait

[1] Ici encore, je ne m'en fie pas à des conjectures. Je raconte les faits d'après des pièces authentiques, d'après des lettres de Napoléon au prince Eugène, lettres où tous ces faits sont rappelés ou consignés, et toujours motivés longuement.

d'abord prendre le commandement non-seulement du royaume de Lombardie, mais du Piémont et de la Toscane, sous le rapport militaire bien entendu, et employer tout l'été à organiser une belle armée d'Italie. Les éléments nécessaires se trouvaient sur les lieux soit en cadres, soit en conscrits déjà instruits. Les cadres du 4ᵉ corps, avec lequel le prince Eugène avait fait la campagne de Russie, venaient de rentrer en Italie, et pouvaient fournir vingt-quatre bataillons. L'armée italienne pouvait en fournir vingt-quatre au moins. Les régiments du Piémont, qui avaient recouvré les bataillons envoyés en Espagne, revenus vides mais plus aguerris que jamais, permettraient de porter à quatre-vingts bataillons peut-être l'armée de la haute Italie. L'artillerie abondait dans cette contrée, et au mois de juillet on devait y avoir facilement cent cinquante bouches à feu attelées. La cavalerie qui aurait dû être prête pour le général Bertrand, et qui ne l'avait pas été pour lui, le serait pour le prince Eugène. Il était donc facile d'avoir là une armée de quatre-vingt mille hommes dans deux ou trois mois, et beaucoup mieux organisée que l'armée avec laquelle on venait de vaincre les coalisés en Saxe, parce qu'on aurait du temps et du repos pour la pourvoir du matériel nécessaire. Enfin Napoléon destinait au prince Eugène des lieutenants du premier mérite, le général Grenier, qui avait reçu récemment une blessure, mais qui allait retourner en Italie pour s'y guérir, et enfin l'illustre Miollis, à la fois savant, homme d'esprit, spartiate et soldat héroïque.

Mai 1813.

Éléments pour la composition de cette armée.

Restait Murat. Ce malheureux prince perdait

Situation

Mai 1813.

de Murat en Italie.

Ses soucis et ses agitations.

presque la tête sous la couronne que Napoléon y avait posée. Profondément atteint dans son orgueil par les paroles insérées au *Moniteur* après son départ de l'armée, craignant d'avoir encouru pour toujours la disgrâce de Napoléon, d'être réservé dès lors avec son royaume de Naples à quelque compensation, à quelque arrangement de paix, ayant prêté l'oreille aux ouvertures que l'Autriche adressait à tous ceux qui avaient envie d'abandonner la France sans l'oser, ayant peur à chaque pas de faire trop ou trop peu, il était dans l'état du roi de Bavière, du roi de Saxe, de tous ces alliés enfin, qui trop honnêtes pour nous trahir ne l'étaient pas assez pour n'y point penser, et avec bien plus de remords qu'eux, car il devait tout à Napoléon, dont il avait épousé la sœur, sœur dont il se défiait même, bien qu'elle n'eût pas moins envie que lui de conserver ce royaume tant aimé, ce royaume cause de leurs fautes et de leurs malheurs! Dans cette situation il y avait des moments où il semblait tomber en délire. Sa santé s'altérait visiblement, et ce héros, si beau à voir sur le champ de bataille de la Moskowa, devenu un faible roi, tourmenté de soucis, perdait à la fois sa beauté, sa sérénité, son courage. Son peuple auquel il avait su plaire, en était saisi de compassion, et comme pour le consoler, le couvrait d'applaudissements, quand il le voyait. Quelquefois ce pauvre Murat songeait à venir se jeter aux pieds de Napoléon, et à lui offrir de commander les restes de sa cavalerie; quelquefois il voulait se donner à l'Autriche, et il avait dépêché à celle-ci un prince Cariati, dont la conduite était devenue à Vienne un tel scandale, que M. de Narbonne avait été obligé de la signaler à Napoléon.

Tout cela chez Napoléon excitait la pitié, mais une pitié sans bienveillance, et il était décidé à y mettre fin. Il ne doutait pas que sur un ordre formel de sa part, appuyé d'une menace positive, menace plus facile à réaliser à l'égard de Naples qu'à l'égard de la Suède, Murat n'accourût à ses pieds, et il résolut d'abord de l'appeler à l'armée, et ensuite d'exiger ses troupes pour les joindre à celles du prince Eugène. Murat avait employé tout son temps, depuis 1808, à créer une armée napolitaine, et il était le seul homme capable d'y réussir, car, outre sa renommée, il avait pour charmer les Napolitains sa belle et gracieuse figure. Environ dix mille soldats de cette armée avaient été dispersés çà et là dans l'immensité des troupes envoyées en Russie, et de ces 10 mille soldats, on en avait sauvé 3 à 4 mille. Mais Murat avait encore sous les armes près de 40 mille hommes parfaitement organisés, et Napoléon imagina d'en prendre 20 mille pour les adjoindre à Eugène. Quand l'Autriche verra cent mille combattants sur l'Adige, dit-il au vice-roi, elle sentira que c'est à elle à compter avec nous, et non pas nous avec elle. — Ces instructions données verbalement au prince Eugène, puis consignées par écrit en plusieurs dépêches, Napoléon lui serra la main avec une affection dont il ne s'était jamais départi envers ce prince, bien qu'il s'en défiât quelquefois, comme de tout ce qui lui était le plus cher, et il le fit partir le jour même.

On a vu quelles dispositions il avait prises pour

Mai 1813.

Napoléon appelle Murat à l'armée, et lui enjoint d'envoyer une partie de ses troupes au prince Eugène.

Napoléon, après avoir donné ses instructions au prince Eugène sur la composition de l'armée d'Italie, le fait partir pour Milan.

Nouveaux

Mai 1843.

Soins donnés aux deux armées de réserve qui s'organisent sur le Rhin et sur l'Elbe.

rassembler une armée à Mayence, avec les cadres revenus d'Espagne. La consommation des hommes, incessante dans la Péninsule, permettant de comprendre ce qui restait dans des cadres toujours moins nombreux, Napoléon comptait sur soixante cadres de bataillons à Mayence, lesquels devaient se remplir chaque jour de conscrits des anciennes classes. Il espérait y joindre aussi les cadres de soixante escadrons de cavalerie, recrutés avec les cavaliers formés dans les dépôts, et montés avec les chevaux tirés de France. En Westphalie, la réorganisation des corps du maréchal Davout et du duc de Bellune devait fournir, comme on a vu, cent douze bataillons, c'està-dire au moins 90 mille hommes d'infanterie. Déjà les vingt-huit seconds bataillons réorganisés à Erfurt étaient réunis sous le duc de Bellune, qui, outre les douze qui lui appartenaient, avait les seize du maréchal Davout. Vingt-huit venaient d'arriver à Brême sous le général Vandamme. Les autres devaient bientôt suivre ceux-là. Lorsqu'ils seraient tous formés, on se proposait, comme nous l'avons déjà dit, de mettre ensemble les quatre bataillons de chaque régiment, de recomposer ainsi les vingt-huit anciens régiments, d'en donner seize au maréchal Davout, douze au maréchal Victor, et de créer une armée de 120 mille hommes, avec une nombreuse artillerie tirée de Hollande et des départements anséatiques, avec le reste de la cavalerie remontée par le général Bourcier. Si le Danemark, objet en ce moment des caresses de l'Angleterre et de la Russie, qui tâchaient de lui arracher, moyennant indemnité, le sacrifice volontaire de la Norvége, nous revenait comme tout le faisait espérer, on pouvait se promettre douze à quinze mille Danois, excellents soldats, ce qui devait porter à 130 mille hommes au moins l'armée du bas Elbe. C'étaient donc trois armées, une à Milan, une à Mayence, une à Hambourg, que Napoléon préparait, indépendamment de ce qu'il avait déjà sous la main, et dont l'organisation avançait à chaque heure, surtout depuis qu'il était à Dresde. Il comptait sur 100 mille hommes en Italie, sur 70 mille à Mayence, sur 130 mille entre Magdebourg et Hambourg, c'est-à-dire sur 600 mille combattants, en comprenant ce qu'il avait en Saxe, force énorme, bien propre à altérer, il faut le reconnaître, la rectitude de son jugement, en lui inspirant une confiance sans bornes.

Mai 1813.

Il adressa au maréchal Davout les instructions les plus précises pour ces diverses organisations, dont une partie devait se faire sous la forte et savante main de ce maréchal. Il lui annonça qu'on lui rendrait bientôt les bataillons qu'on lui avait empruntés pour les prêter au duc de Bellune; il lui prescrivit de rentrer le plus tôt possible dans Hambourg, de profiter pour cela du mouvement projeté sur Berlin, d'exercer partout, et notamment à Hambourg, une justice rigoureuse. Napoléon était exaspéré contre les villes anséatiques, qui venaient d'expulser les douaniers, les percepteurs des impôts, les officiers de police français, et en plusieurs endroits de les assassiner, qui avaient accueilli les Cosaques avec transport, et qui semblaient le but des efforts militaires et diplomatiques de la coalition. Il voulait ramener ces villes sous son autorité par la force et par la terreur,

Le maréchal Davout envoyé à Hambourg.

et s'il fallait les rendre, les rendre ruinées à l'Allemagne. Il ordonna au maréchal Davout de faire fusiller les membres de l'ancien sénat qui s'étaient remis en possession de leur pouvoir, les principaux meneurs qui avaient excité l'insurrection, quelques-uns des officiers de la légion anséatique qu'on avait levée contre nous; il ordonna d'arrêter et de priver de leurs biens les cinq cents principaux négociants, qui passaient pour ennemis de la France; enfin, de saisir partout, sans examen, les denrées coloniales et les marchandises anglaises, qui depuis l'insurrection de Hambourg avaient pénétré par l'Elbe avec abondance. Il y aurait là, disait-il, de quoi payer la guerre dont les négociants de ces pays étaient en partie la cause. Ne se cachant jamais lâchement derrière ses agents, quand il prescrivait des mesures rigoureuses, il voulut que le maréchal Davout, en exécutant ces instructions formidables, déclarât qu'il agissait d'après les ordres formels de l'Empereur, et il comptait, ajoutait-il, sur son inflexibilité connue, pour qu'aucune partie de ces ordres ne restât inexécutée. Heureusement qu'il comptait aussi, sans le dire, sur l'honnêteté et la sagesse de ce maréchal qui, tout rigoureux qu'il était, saurait attendre pour agir que la colère de son maître se fût évaporée en paroles effrayantes. De tous ces ordres la principale partie devait rester sans exécution, et il ne devait en résulter que de grosses contributions, dont l'armée vivrait pendant plus de six mois, depuis Hambourg jusqu'à Dresde.

Napoléon, passant à cheval le temps qu'il n'employait pas à travailler dans son cabinet, avait parcouru les bords de l'Elbe, reconnu Kœnigstein et Pirna, ainsi que tout le pays au-dessus et au-dessous de Dresde, ordonné l'établissement de deux ponts, un en charpente à Dresde même, pour raccorder les parties subsistantes du pont de pierre, et un de radeaux à Priesnitz où l'armée avait opéré un passage de vive force. Il avait fait construire de fortes têtes de pont embrassant l'une et l'autre rive, pour le cas où il serait obligé de se replier sur la ligne de l'Elbe à la suite d'une bataille perdue, et avait veillé lui-même à la création de vastes hôpitaux et de vastes manutentions de vivres, situés sur la rive gauche, afin que rien ne fût exposé aux entreprises de l'ennemi. Tous ces travaux il les faisait exécuter à prix d'argent tiré de son trésor secret, afin d'attirer à lui le peuple de Dresde, qu'il voulait en même temps intimider et satisfaire. Les détachements de cavalerie amenés des dépôts par le duc de Plaisance ayant rejoint, il les avait fondus dans le corps du général Latour-Maubourg, de manière à remettre ensemble les escadrons de chaque régiment. Ce corps était monté ainsi à huit mille beaux cavaliers, et avec trois mille cavaliers saxons qui allaient revenir, avec mille ou deux mille cavaliers bavarois et wurtembergeois qui étaient attendus, devait sous quelques jours s'élever à 12 mille hommes à cheval. Quatre mille hommes de la garde devaient porter à 16 mille le total de notre cavalerie, ce qui composait déjà une force respectable, et indépendante des troupes légères de cette arme que chaque corps avait pour s'éclairer. Des détachements venus des dépôts sous le duc de Plaisance, il restait au moins trois mille

Mai 1813.

pour la sûreté de cette ligne.

Napoléon commence à se procurer une cavalerie assez nombreuse.

cavaliers, destinés au général Sébastiani, pour compléter ses régiments lorsqu'il serait arrivé à Wittenberg. L'armée aurait alors 25 mille hommes à cheval capables de charger en ligne. C'était huit ou dix jours encore à attendre pour passer d'un état presque nul en fait de cavalerie à un état assez imposant. De plus le général Barrois avait amené une seconde division d'infanterie de la jeune garde, et il s'en préparait une troisième en Franconie sous le général Delaborde. Ainsi se complétaient, pendant ces quelques jours de repos à Dresde, les 300 mille hommes qui formaient le premier armement de Napoléon, et qui suffiraient peut-être à dicter des lois à l'Europe coalisée. C'est dans ce repos si actif qu'il attendait le roi de Saxe, sommé de se rendre à Dresde, et le comte de Bubna, annoncé de Vienne avec tant d'appareil.

Le roi de Saxe en effet n'avait pas perdu une heure pour déférer à la sommation de son redoutable allié. Il avait quitté Prague, demandant, comme nous l'avons dit, et promettant le secret à l'Autriche sur tout ce qui s'était passé. Le 12 mai, le vieux roi, entouré de sa famille, de sa belle cavalerie, tant de fois réclamée en vain, arriva par la route de Péterswalde aux portes de Dresde. Napoléon, qui avait résolu de jouer une sorte de comédie, mais grande comme il lui convenait, était sorti de la ville à la tête de sa garde, pour recevoir le monarque saxon, auquel il était heureux, disait-il, de restituer ses États reconquis par les armes de la France. L'armée française était sur pied; le temps était superbe, et tout se prêtait à une scène imposante. Napoléon arrive près du vieux roi, descendit de cheval et l'embrassa affectueusement, comme un prince qui pour le rejoindre se serait arraché aux mains d'ennemis dangereux, et non comme un prince repentant qui revenait à lui ramené par la crainte. Frédéric-Auguste ne put se défendre d'une vive émotion, car s'il avait peur de Napoléon, il l'aimait, n'en ayant reçu que du bien, bien chimérique et écrasant pour sa faiblesse, puisque c'était la lourde couronne de Pologne, mais bien enfin, et en le retrouvant si puissant, si amical, il fut saisi d'un sentiment de reconnaissance. Napoléon l'accueillit avec autant de respect que de dignité, en présence des habitants de Dresde accourus en foule pour assister à cette entrevue, et, du reste, les peuples sont si enfants, que, frappés de ce spectacle, les Saxons furent émus eux-mêmes, et pour ainsi dire apaisés par la vue des deux monarques réconciliés. Il faut ajouter que les Russes s'étaient comportés en Saxe de manière à diminuer beaucoup la haine qu'inspiraient les Français.

Napoléon conduisit Frédéric-Auguste à son palais, qu'il affecta de lui rendre, et dîna le jour même à sa table en très-grande pompe. Il s'était logé provisoirement au palais du roi, mais avec le projet publiquement annoncé de se choisir une demeure plus militaire, moins gênante, et dans l'intention aussi de laisser à son hôte l'apparence d'un prince tout à fait maître chez lui. On cherchait pour Napoléon une maison de campagne aux portes de Dresde, où il pourrait jouir de la plénitude de son temps et de la beauté de la saison, et aurait l'air, qui lui allait si bien, de camper.

Mai 1813.

sort de Dresde pour aller à la rencontre du roi Frédéric-Auguste.

Après ces démonstrations vinrent les épanchements et les explications entre Napoléon et le vieux roi. Ce prince agité fit-il à Napoléon les aveux dont on l'accusa depuis, pour justifier la spoliation d'une partie de ses États? On l'a prétendu en effet, mais tout, dans les documents existants, prouve le contraire. Il est probable que les vues de l'Autriche durent, sans qu'il fût infidèle, se découvrir d'elles-mêmes dans ses récits, et que s'il les révéla, ce fut sans le vouloir, car elles étaient fort claires par elles-mêmes, et peu coupables après tout, bien que Napoléon les prit dans le moment en fort mauvaise part. Il est certain que les révélations qui avaient complétement changé les dispositions de Napoléon à l'égard de l'Autriche, lui étaient parvenues avant le 12 mai, jour de l'entrée du roi Frédéric-Auguste à Dresde, et qu'il avait tout appris soit par M. de Narbonne, soit par les dépêches interceptées, et rien par le roi de Saxe, encore absent de sa capitale.

Napoléon dans cet entretien rassura Frédéric-Auguste sur les suites de la guerre, lui fit partager sa confiance, et lui rendit autant de calme que ce prince pouvait en éprouver au milieu du tumulte des armes, pour lesquelles il était si peu fait. L'union était redevenue entière, et Napoléon voulut surtout qu'elle parût telle, car il lui convenait de se montrer en parfaite intimité avec ses alliés, dont on le disait aussi craint que haï, ce qui était vrai assurément des peuples allemands, mais beaucoup moins de leurs souverains.

Le premier avantage que Napoléon tira de la présence du roi à Dresde, fut de mettre la main sur ses troupes. La cavalerie saxonne était superbe. En la complétant avec quelques recrues, elle devait monter à environ trois mille cavaliers, séduits déjà comme leur roi par les habiles caresses de Napoléon. On la confia le jour même au brave Latour-Maubourg. Quant à l'infanterie enfermée dans Torgau, elle fut exposée à une épreuve assez dangereuse. Le général Thielmann, l'un des patriotes allemands les plus ardents et les plus sincères, s'était fort compromis par sa conduite. Il était allé visiter à Dresde l'empereur Alexandre, lui avait témoigné son dévouement à la cause des coalisés, mais, en sujet soumis, n'avait pas osé lui livrer Torgau, ayant l'ordre de son roi de n'ouvrir cette place qu'aux Autrichiens. Revenu à Torgau il avait été désespéré de voir, après la bataille de Lutzen, son roi retombé dans les mains des Français, et de plus il avait conçu pour son propre compte des craintes assez vives. Cédant au double stimulant du patriotisme et des inquiétudes personnelles, il avait alors essayé d'ébranler la fidélité de ses troupes, et de les amener à passer du côté des Russes, en se fondant sur ce que le roi n'était pas libre, et ne donnait que des ordres arrachés par la force. Bien que ses accents patriotiques retentissent au cœur de ses officiers, il ne put les entraîner, et tous avec leurs soldats demeurèrent fidèles à l'autorité de leur souverain. Il s'enfuit après cette tentative infructueuse au camp d'Alexandre, abandonnant son infanterie, qui dès ce moment rentra sans difficulté sous le commandement du général Reynier, pour les talents et le caractère duquel elle avait conçu une estime méritée.

Mai 1813.

l'armée française.

Mai 1813.

Marche du maréchal Ney sur Torgau.

Pendant ce temps, le maréchal Ney se conformant aux instructions qu'il avait reçues, avait traversé Leipzig, et s'était transporté à Torgau, où il avait recueilli les Saxons. Un peu à gauche, à Wittenberg, ce maréchal avait le duc de Bellune avec ses bataillons réorganisés, à droite le général Lauriston établi avec son corps à Meissen. Le général Sébastiani amenant la cavalerie remontée en Hanovre, et la division Puthod (celle du corps de Lauriston qui était restée en arrière), n'était pas encore arrivé. Néanmoins avec Reynier, Victor, Lauriston, le maréchal Ney avait assez de forces pour marcher sur Berlin, et il en attendait l'ordre avec impatience.

Avant de porter le maréchal Ney plus loin, Napoléon veut connaître les nouveaux projets des coalisés.

Napoléon, avant de le lui expédier, voulait avoir des renseignements précis sur les desseins des coalisés. Déjà il avait porté au delà de l'Elbe le corps du prince Eugène, qui depuis le départ de ce prince avait passé sous le commandement du maréchal Macdonald, et l'avait dirigé sur Bischoffswerda, où ce corps était entré en écrasant une arrière-garde ennemie, et en passant au milieu des flammes. On accusait en ce moment les Russes de vouloir se conduire en Allemagne comme en Russie, c'est-à-dire de brûler les pays qu'ils évacuaient. Il est certain que la malheureuse petite ville de Bischoffswerda venait d'être incendiée, peut-être par les obus, et sans qu'il y eût de la faute de personne. De Bischoffswerda, le maréchal Macdonald s'était dirigé sur Bautzen. Là les rapports étaient devenus plus précis, et les Russes unis aux Prussiens avaient paru

Résolution des coalisés de livrer

résolus à livrer une seconde bataille. Leur résolution était en effet conforme aux apparences. Malgré les pertes qu'ils avaient essuyées, malgré le danger d'une nouvelle défaite, la nécessité de combattre encore une fois entre l'Elbe et l'Oder n'avait parmi eux fait doute pour personne. Reculer davantage, c'était abandonner les trois quarts de la monarchie prussienne, et surtout Berlin qu'on n'avait pas pu défendre directement par l'envoi d'un corps détaché, mais qu'une forte position conservée en Lusace protégeait jusqu'à un certain point. C'était avouer à l'Allemagne, à l'Europe qu'on s'était impudemment vanté après Lutzen, que dans cette journée on avait été tellement battu, qu'il n'y avait plus moyen de s'arrêter nulle part, ni derrière l'Elbe, ni même derrière l'Oder; c'était donner congé aux patriotes allemands auxquels on avait donné rendez-vous sur tous les champs de bataille de la Saxe, c'était donner congé à l'Autriche, qu'on ne retenait qu'à force de promesses, de vanteries, d'exagérations, et surtout à force de voisinage, en restant en quelque façon physiquement attaché à elle. Il fallait donc vaincre ou périr, plutôt que de se laisser arracher des montagnes de la Bohême, au pied desquelles on s'était arrêté en quittant Dresde, et profiter pour s'y défendre de l'un des nombreux cours d'eau qui descendent du *Riesen-Gebirge* à travers la Lusace, et divisent l'espace compris entre l'Elbe et l'Oder. A Bautzen notamment, où passe la Sprée, se trouvait une forte position, double en quelque sorte, car elle offre deux champs de bataille, l'un en avant de la Sprée, l'autre en arrière, position rendue célèbre par le grand Frédéric pendant la guerre de sept ans[1], sur laquelle

Mai 1813.

une seconde bataille à Bautzen, sur la Sprée.

Choix de la position de Bautzen.

[1] Le grand Frédéric y avait livré la bataille dite de Hochkirch.

on pouvait recevoir une et même deux batailles défensives, la gauche aux montagnes de la Bohême, la droite à de vastes marécages. Moitié renommée, moitié avantage du site, on s'était décidé pour cette position de Bautzen, et on était résolu à y combattre avec acharnement. Des 92 mille hommes qu'on avait pu réunir le 2 mai dans les plaines de Lutzen, 20 mille à peu près avaient été perdus ou par le feu ou par la marche, mais on les avait remplacés par 30 mille autres, les uns trouvés en Silésie, au moyen des réserves que la Prusse avait préparées dans cette riche province, les autres tirés du corps qui bloquait les places de la Vistule. Ce corps était celui de Barclay de Tolly, fort de 15 mille Russes, qui venait d'enlever Thorn à une garnison en grande partie bavaroise, dévorée de maladies, et logée dans des ouvrages à peine défensifs. C'était la seule des garnisons de l'Oder et de la Vistule qui eût succombé, et il avait paru aux coalisés beaucoup plus utile de gagner une grande bataille que de bloquer des places, qu'on avait peu de chances de prendre, et qui, situées au milieu de populations extrêmement hostiles, ne pouvaient exercer aucune action au delà de leurs murs. On avait donc rassemblé en avant et en arrière de Bautzen, le long de la Sprée, sous la protection de vastes abatis et de nombreuses redoutes, environ cent mille Prussiens et Russes, très-animés, très-difficiles à forcer dans cet asile, et on était prêt à livrer là une bataille décisive. On avait confié aux généraux prussiens Bulow et Borstell le soin de couvrir comme ils pourraient Berlin et le Brandebourg, aux coureurs de Czernicheff et de Tetten-

LUTZEN ET BAUTZEN.   543

born la tâche de se maintenir sur le bas Elbe, en mangeant, buvant, brûlant, aux dépens des Allemands qu'ils venaient délivrer, et on s'était proposé de résoudre soi-même la grande question européenne sous les yeux de l'Autriche, au pied même de ses montagnes. On avait adressé à celle-ci les plus belles descriptions de la position prise, des forces réunies, et on l'avait suppliée de ne se laisser ni intimider ni séduire par le tyran de l'Europe, qui allait bientôt, disait-on, être réduit aux abois.

Tels étaient les détails que nos espions et nos reconnaissances, poussées maintenant plus loin depuis l'augmentation de notre cavalerie, avaient rapportés de tous côtés. N'ayant passé à Dresde que sept jours, temps strictement nécessaire pour réinstaller le roi de Saxe dans ses États, pour réunir un peu de cavalerie, et pour porter ses corps en ligne, Napoléon prit le parti de marcher tout de suite en avant, et d'aller dissiper une nouvelle fois les fumées dont s'enivrait l'orgueil des coalisés. Déjà le maréchal Macdonald était en vue de Bautzen; il le fit appuyer à droite et le long des montagnes par le maréchal Oudinot, avec deux divisions françaises et une bavaroise, à gauche par le maréchal Marmont avec ses trois divisions, dont deux françaises et une allemande, plus à gauche encore par le général Bertrand, avec une division française, une italienne et une wurtembergeoise. Il avait en même temps tenu le maréchal Ney et le général Lauriston en avant de l'Elbe, en mesure de se porter ou à droite vers la grande armée, ou à gauche sur Berlin. Le maréchal Ney était à Luckau, le général Lauriston à Dobriluch, ce

Mai 1813.

Napoléon prend le parti d'aller livrer une seconde bataille aux coalisés.

Le maréchal Macdonald envoyé devant Bautzen avec les troupes du prince Eugène.

Le maréchal Oudinot, le général Bertrand, le maréchal Marmont, envoyés à l'appui du maréchal Macdonald.

Ney dirigé sur le flanc

dernier liant le maréchal Ney avec la grande armée. (Voir la carte n° 58.) Napoléon leur enjoignit le 15 mai, jour où il reçut les renseignements certains qu'il avait attendus, de se diriger sans délai sur Hoyerswerda, de manière à déboucher sur le flanc et les derrières de la position de Bautzen, laquelle deviendrait difficile à conserver lorsque soixante mille hommes seraient en marche pour la tourner. Voulant utiliser toutes les forces dont il n'avait pas ailleurs un besoin indispensable, Napoléon enjoignit au général Reynier de suivre Ney et Lauriston. Il laissa le maréchal Victor, duc de Bellune, en avant de Wittenberg, comme une menace permanente contre Berlin, menace qui se réaliserait plus tard selon les événements, et il s'apprêta lui-même à partir aussitôt que les mouvements prescrits seraient assez avancés vers le but indiqué, pour que sa présence sur les lieux devînt nécessaire. Déjà la garde elle-même avait été acheminée sur Bautzen, où tendaient en ce moment toutes nos forces, et où allait les suivre l'attention de l'Europe. Ayant 160 ou 170 mille hommes à opposer à 100 mille, quelque forte que fût la position de ceux-ci, Napoléon ne devait guère avoir d'inquiétude sur le résultat. La manœuvre ordonnée au maréchal Ney valait toutes les positions du monde, et l'armée française pour vaincre, aurait pu se passer, même dans son état actuel, de sa supériorité numérique.

Napoléon allait quitter Dresde, lorsque parut enfin M. de Bubna, le 16 mai au soir, venant de Vienne le plus vite qu'il avait pu, afin de regagner le temps qu'on lui avait fait perdre à remanier ses instructions au fur et à mesure des nouvelles qui arrivaient des deux quartiers généraux. Napoléon lui donna audience sur-le-champ, et bien qu'il eût résolu de dissimuler à l'égard de l'Autriche, bien qu'il eût beaucoup de bienveillance personnelle pour M. de Bubna, il lui fit au premier instant un accueil un peu rude. Loin des hommes, il calculait froidement, avec toute l'exactitude de son esprit; quand il les avait devant lui, sa nature ardente recevait de leur présence un stimulant presque irrésistible. Il ne sut pas contenir l'irritation que lui inspiraient les efforts de l'Autriche pour lui faire la loi, à lui gendre et allié, et surtout les prétendues duplicités de M. de Metternich, dont il croyait avoir la preuve. Il s'emporta contre ce dernier, et fit à son sujet des menaces qui, rapportées par un témoin malveillant, auraient pu avoir de funestes conséquences. Heureusement M. de Bubna avait beaucoup d'esprit, par suite beaucoup de penchant pour son glorieux interlocuteur, beaucoup de désir de la paix, et n'était homme à abuser d'aucun des emportements dont il était témoin. Il ne se troubla point, et tira d'abord de son portefeuille une lettre de l'empereur François pour Napoléon. Cette lettre était d'un père et d'un honnête homme, et renfermait l'entière vérité. Tout à la fois affectueuse et sincère, elle montrait à Napoléon la gravité décisive de cette situation, le danger de déterminations irréfléchies, lui traçait clairement la limite qui séparait les devoirs du père de ceux du souverain, et le suppliait avec dignité, mais avec instance, d'écouter pour son propre intérêt et pour celui du monde les ouvertures que M. de Bubna était

Mai 1813.

allait en partir.

Première impression de Napoléon en recevant les communications de M. de Bubna.

Efforts de M. de Bubna pour apaiser Napoléon.

Lettre de l'empereur François à son gendre.

Mai 1813.

L'irritation de Napoléon un peu adoucie.

chargé de lui faire. Cette lettre était propre à émouvoir une nature vive comme celle de Napoléon, et elle produisit effectivement une impression favorable. L'empereur François, plus réservé que M. de Metternich, ayant en outre moins à parler et à agir, avait pu garder plus aisément sa position, avait été moins obligé de caresser alternativement les uns et les autres, n'avait donc pas encouru les mêmes reproches de duplicité, et quand il alléguait d'ailleurs la double qualité de père et de souverain pour expliquer sa double conduite, avait bien raison après tout, car s'il avait accordé à Napoléon sa fille qu'il aimait, et s'il tenait compte de ce lien, il ne devait pas oublier cependant l'intérêt de sa monarchie qui avait de grands dommages à réparer, l'intérêt de l'Allemagne sans laquelle l'Autriche ne pouvait exister, et s'il cherchait à concilier ces intérêts divers, il était certes dans l'exact accomplissement de tous ses devoirs à la fois.

Napoléon écoute avec plus de calme les conditions de paix imaginées par l'Autriche, et laisse voir que l'orgueil est le principal motif de sa résistance à ces conditions.

Napoléon, quoique fort irrité, le sentait bien au fond, et cette lettre l'adoucit visiblement, sans apporter néanmoins beaucoup de changements à ses résolutions. Il écouta les propositions que M. de Bubna avait à lui faire, non pas à titre de conditions, car toutes les formes étaient soigneusement observées envers lui, mais à titre de conjectures sur ce qu'il était possible d'obtenir des puissances belligérantes, à titre de propositions que l'Autriche serait décidée à appuyer comme raisonnables. Ces diverses propositions étaient déjà connues de Napoléon, et s'il n'était pas converti, il était du moins un peu calmé à leur égard. Il les écouta

avec attention, feignant de les entendre énoncer
pour la première fois, demeura tranquille pendant
qu'on les lui exposait, mais peu à peu laissa voir
la vraie raison de ses refus, et cette raison, c'était
l'orgueil, l'orgueil qui souffrait en lui d'abandonner, ou des titres qu'il avait pris avec un grand appareil, ou des territoires qu'il avait annexés solennellement à l'Empire. Le grand-duché de Varsovie
était perdu, il avait péri à Moscou. Sous ce rapport
tout le désagrément était subi. D'ailleurs, la grandeur de la catastrophe avait quelque chose qui était
digne de la destinée de Napoléon. Son parti était
donc arrêté à ce sujet, et au surplus il ne s'agissait pas là de son empire, il s'agissait d'une vaste
combinaison politique, le rétablissement de la Pologne, qu'il avait tentée, disait-il, dans l'intérêt de
l'Europe elle-même, et à laquelle il n'était pas tenu
de se sacrifier, les hommes et la Providence n'ayant
pas voulu l'y aider. Sur un autre sujet, plus grave
peut-être, l'Espagne, Napoléon (ce qui étonna profondément M. de Bubna) ne se montrait plus aussi
absolu, bien qu'il évitât de s'expliquer. Il ne disait
pas ce qu'il céderait relativement à cette question,
mais il paraissait décidé à céder quelque chose, et,
quant à présent, afin d'amener l'Angleterre à négocier, il se déclarait prêt à admettre les insurgés espagnols aux conférences. Ici se révélait, sans que
M. de Bubna pût la pénétrer, la nouvelle disposition
de Napoléon à se montrer plus facile pour la Russie
et l'Angleterre que pour les puissances allemandes.
M. de Bubna qui n'espérait pas tant à l'égard de
la question espagnole, fut surpris et enchanté. Mais

Mai 1813.

Reconstituer la Prusse, abandonner les villes anséatiques et le titre de protecteur de la Confédération du Rhin, est ce qui coûte le plus à Napoléon.

les points mêmes auxquels l'Autriche tenait le plus, étaient justement ceux qui faisaient éprouver à Napoléon les plus pénibles émotions. Récompenser la Prusse de sa défection en la reconstituant, lui était singulièrement antipathique. Pourtant comme il était à la fois violent et prompt à pardonner, sur ce point on pouvait l'adoucir encore. Mais renoncer au titre de protecteur de la Confédération du Rhin, lui semblait une humiliation qu'on voulait lui imposer. L'abandon des départements anséatiques, réunis constitutionnellement à l'Empire, lui semblait une autre humiliation tout aussi difficile à dévorer. M. de Bubna avait beau dire que le titre de protecteur de la Confédération du Rhin était un vain titre, sans aucune utilité pour la France, Napoléon s'armait de cette raison même pour répondre que l'inutilité du titre rendant la chose de nulle valeur, le désir de l'humilier en devenait plus évident. Relativement aux territoires anséatiques, le négociateur autrichien affirmait que ce serait déjà une difficile concession à arracher aux puissances belligérantes que celle de la réunion de la Hollande à la France, mais que pour les territoires anséatiques, l'Angleterre à cause de la mer, la Prusse à cause du voisinage, la Russie à cause du duché d'Oldenbourg, ne consentiraient jamais à nous les accorder. Napoléon avait à leur sujet une raison, qui n'était pas tout à fait d'orgueil, mais de politique, et devant laquelle M. de Bubna était moins armé de bonnes réponses, c'est que la France avait besoin de ces territoires, comme moyen d'échange, pour se faire restituer ses colonies par l'Angleterre. M. de Metternich lui-même s'était placé à ce point de vue dans plus d'un entretien sur cette question. Ici M. de Bubna répondait qu'il n'apportait que des propositions préalables, qui n'avaient rien de définitif, qu'on pourrait débattre plus tard, et modifier au gré de tous; que l'Angleterre étant présente, on pourrait mettre Lubeck, Hambourg, Brême en balance avec la Guadeloupe, l'Ile de France, le Cap, et ne céder les unes que contre les autres; et il faisait de vives instances pour qu'on se réunît au moins dans un congrès, à Prague, par exemple, où l'empereur François se rendrait lui-même, pour être plus près des puissances belligérantes, et pouvoir employer plus efficacement ses bons offices.

Cette entrevue avait duré plusieurs heures. Napoléon paraissait adouci, sans donner à penser toutefois qu'il fût ébranlé, et on convint qu'il reverrait le lendemain M. de Bubna, avant de partir pour rejoindre l'armée. Bien qu'il fût décidé à ne pas subir les conditions qu'on cherchait à lui faire agréer, surtout à ne pas les subir de la part de l'Autriche, bien qu'il se crût en mesure d'imposer d'autres conditions moyennant qu'il eût deux ou trois mois pour achever ses derniers armements, il était cependant frappé de l'utilité d'un congrès, d'abord pour montrer à ses alliés allemands, à la France et à l'Europe des dispositions pacifiques, secondement, pour se ménager ces deux ou trois mois dont il avait besoin afin de compléter ses forces, troisièmement enfin, pour saisir l'occasion de renouer des relations directes avec la Russie et avec l'Angleterre, relations dont il espérait profiter pour s'entendre avec celles-ci

Mai 1813.

Napoléon, quoique à peu près décidé à rejeter les conditions de l'Autriche, feint de négocier pour gagner du temps et pouvoir achever la seconde partie de ses armements.

sans l'intervention des puissances allemandes, et à leur détriment. Il rendrait ainsi à l'Autriche ce qu'elle lui avait fait. Elle s'était servie en quelque sorte de lui pour devenir médiatrice, et devenue médiatrice par lui, elle se servait de la médiation pour lui dicter la paix qu'elle voulait. A finesse, finesse plus grande. Après s'être servi de l'Autriche pour s'aboucher dans un congrès avec les puissances en apparence les plus hostiles, il se passerait d'elle pour traiter, traiterait sans elle, et jusqu'à un certain point contre elle. Les succès diplomatiques étaient autant de son goût que les succès militaires, et il était aussi fier de gagner à un jeu qu'à l'autre, sans compter d'ailleurs que si l'Autriche, ayant égard à ses observations, comme le promettait M. de Bubna, pesait assez fortement sur les puissances coalisées pour leur arracher des conditions plus satisfaisantes, la paix, alors, obtenue et acceptée des mains de son beau-père serait aussi séante que de la main de tout autre. Par ces motifs, Napoléon prit le parti de dissimuler avec l'Autriche, de se montrer touché de ses raisons, d'agréer un congrès à Prague ou autre part, non-seulement un congrès, mais un armistice que des négociateurs envoyés aux avant-postes stipuleraient à la vue des deux armées. Avant que cet armistice fût conclu il espérait gagner encore une bataille, ce qui améliorerait fort sa situation dans le futur congrès, et cet armistice en tout cas lui procurerait le temps de terminer les vastes préparatifs au moyen desquels il croyait pouvoir dicter ses conditions à l'Europe, loin de recevoir les siennes, et lui fournirait de plus l'occasion d'ouvrir des communications avec l'empereur Alexandre, soin dont il était préoccupé au moins autant que de tout autre.

Mai 1813.

Il revit donc le lendemain 17 mai M. de Bubna, et paraissant se rendre à une partie de ses raisons, tout en persistant à affirmer qu'il mourrait les armes à la main, et en ferait mourir bien d'autres avant de consentir à certaines des conditions proposées, il déclara qu'il était prêt à accepter à la fois un congrès et un armistice, et à admettre dans ce congrès les représentants des insurgés espagnols, ce qui avait toujours été pour l'Angleterre la condition essentielle et préalable de toute négociation. M. de Bubna, étonné et ravi d'avoir obtenu tant de choses, surtout la dernière qui était tout à fait inespérée, offrit d'écrire sur-le-champ à M. de Stadion, qui s'était transporté au quartier général russe pour y faire ce que lui M. de Bubna faisait au quartier général français, et de l'informer de l'acquiescement formel que l'empereur Napoléon donnait à la réunion d'un congrès et à la conclusion d'un armistice. La lettre de M. de Bubna pour M. de Stadion, rédigée à l'instant, et corrigée de la main de Napoléon lui-même, disait en substance que nullement enorgueilli par le succès récent de ses armes, l'empereur des Français, impatient de mettre un terme aux maux de l'Europe, consentait à la réunion immédiate d'un congrès à Prague, que même, pour faire cesser plus tôt l'effusion du sang, il était prêt à envoyer des commissaires aux avant-postes afin de négocier une suspension d'armes. Cette dernière condition, que M. de Bubna était si enchanté d'avoir obtenue, était justement celle à laquelle Napoléon tenait le plus,

Napoléon se montre plus disposé à céder qu'il ne l'est, et se prête à ce qu'une proposition porte de Dresde même, au nom de l'Autriche, pour la réunion d'un congrès et la conclusion d'un armistice.

Lettre de M. de Bubna à M. de Stadion, concertée avec Napoléon.

par les raisons que nous venons d'exposer. M. de Bubna fit donc partir la lettre par un courrier qui devait la porter en toute hâte au quartier général russe, pour qu'elle fût remise sans perte de temps à M. de Stadion. Il demanda ensuite à retourner à Vienne, afin d'aller y rejouir l'empereur François et M. de Metternich par l'annonce des excellentes dispositions dans lesquelles il avait trouvé Napoléon, et surtout afin de les préparer à modifier quelques-unes des conditions proposées. Napoléon approuva fort cette nouvelle course de M. de Bubna à Vienne, lui dit avec sincérité que ces modifications pourraient seules donner la paix, et la donneraient certainement si elles étaient suffisantes. Il lui confia en même temps une lettre pour son beau-père. Dans cette lettre affectueuse et filiale, autant que celle de l'empereur François avait été amicale et paternelle, Napoléon laissait voir la véritable plaie qui chez lui était saignante; il disait qu'il était prêt à la paix, mais qu'étant devenu gendre de l'empereur François, il remettait son honneur dans les mains de son beau-père, qu'il y tenait plus qu'à la puissance, plus qu'à la vie, et qu'il était résolu à mourir les armes à la main, avec tout ce que la France comptait d'hommes généreux, plutôt que de devenir la risée de ses ennemis, en acceptant des conditions humiliantes. Il expédia ensuite M. de Bubna, après l'avoir comblé des marques de sa faveur.

Ainsi fut ouverte cette négociation, en partie sincère, en partie simulée de la part de Napoléon, mais entreprise avec une complète bonne foi et un grand zèle par le représentant de l'Autriche, qui se flattait d'avoir rapproché par son savoir-faire les plus redoutables puissances de l'univers prêtes à s'entrechoquer de nouveau. Immédiatement après avoir expédié M. de Bubna, Napoléon fit lui-même ses préparatifs de départ, mais avant de quitter Dresde il voulut tirer de ces négociations entamées le principal résultat qu'il en espérait, et qui consistait à s'aboucher directement avec Alexandre pour échapper à l'influence de l'Autriche. Sous le prétexte de l'armistice, qui devait se négocier tout de suite et à la vue des deux armées si on tenait à prévenir une nouvelle et sanglante bataille, il imagina d'envoyer aux avant-postes M. de Caulaincourt, l'homme désigné entre tous pour un semblable rapprochement, car il avait joui non-seulement de l'estime, mais de toute la faveur d'Alexandre, de sa familiarité la plus intime et la plus journalière. M. de Caulaincourt était même désigné à ce point qu'on pouvait dire qu'il l'était trop, et qu'à son aspect l'intention de Napoléon éclaterait d'une manière frappante, alarmerait la Prusse, mettrait l'Autriche en éveil, peut-être précipiterait les résolutions les plus fatales. Calculant peu quand il désirait, Napoléon était si pressé d'essayer un rapprochement direct avec la Russie, qu'il ne tint aucun compte des inconvénients que nous venons de signaler, et qu'en partant de Dresde il fit partir M. de Caulaincourt avec une lettre pour M. de Nesselrode, datée du 18 mai comme celle de M. de Bubna pour M. de Stadion. Il était dit dans cette lettre qu'en conséquence de ce qui avait été convenu avec M. de Bubna, l'empereur Napoléon se hâtait d'envoyer un commissaire aux avant-postes

Mai 1813.

Napoléon fait choix de M. de Caulaincourt pour aller aux avant-postes s'aboucher avec les représentants des puissances coalisées.

Avantages et inconvénients de ce choix.

pour négocier un armistice, ce qui lui semblait urgent vu le voisinage des armées, et qu'il avait choisi parmi ses grands officiers le personnage jugé le plus agréable à l'empereur Alexandre.

Cela fait, tous les ordres nécessaires ayant été donnés au général Durosnel pour que les têtes de pont de l'Elbe fussent bien armées, pour que les hôpitaux fussent prêts à recevoir beaucoup de blessés, pour que les vivres abondassent en cas de retraite, pour que la population fût fortement contenue pendant les redoutables scènes auxquelles il fallait s'attendre, pour que le faible et bon roi de Saxe, resté tremblant dans son palais, fût rassuré tous les jours contre les faux bruits, Napoléon partit le 18, et s'achemina vers Bautzen, confiant, serein, plein d'espérance, vivant au milieu des périls et du sang, des souffrances d'autrui et des siennes, comme d'autres vivent au milieu des distractions et des plaisirs.

Sur sa route il trouva ruinée, brûlant encore, et veuve de ses habitants presque tous réfugiés dans les bois, la pauvre ville de Bischoffswerda. Le désastre de cette petite cité, bien étrangère aux querelles des potentats qui l'avaient ainsi traitée, toucha la vive et impressionnable nature de Napoléon. Elle le toucha comme vous touche un pauvre animal qu'on a blessé sans le vouloir, et qu'on voit gémissant à ses pieds. Il prescrivit qu'une somme fût prise sur son trésor particulier pour contribuer à la reconstruire, disposition très-sérieusement ordonnée, et qui, privée plus tard d'exécution, ne le fut point par la faute de Napoléon. Il continua ensuite son voyage, et alla coucher à mi-chemin de Dresde à Bautzen.

Le lendemain 19 mai, il fut rendu de très-bonne heure devant Bautzen, où sa garde venait d'arriver, et où ses troupes l'attendaient avec impatience, comptant sur un nouveau triomphe. Il monta aussitôt à cheval, pour faire, suivant sa coutume, la reconnaissance des lieux où il s'apprêtait à livrer bataille. Voici quelle était la position sur laquelle nous allions nous rencontrer encore une fois avec l'Europe coalisée afin de rétablir le prestige de nos armes. (Voir la carte n° 59.)

Mai 1813.

Arrivée de Napoléon devant Bautzen.

Ainsi que nous l'avons déjà dit, cette position était adossée aux plus hautes montagnes de la Bohème, au *Riesen-Gebirge*, terrain neutre, contre lequel les uns et les autres pouvaient s'appuyer avec sécurité, car aucun des belligérants ne devait être tenté de s'aliéner l'Autriche en violant son territoire. A notre droite on voyait donc s'élever ces montagnes couvertes de noirs sapins, puis la Sprée sortir de leur flanc, couler dans un lit profondément encaissé, et passer autour de la petite ville de Bautzen, sous un pont de pierre fortement barricadé. Tout à fait devant soi on découvrait la ville de Bautzen, qu'entourait un vieux mur crénelé, flanqué de tours et armé de canons, puis à gauche la Sprée, qui après avoir circulé à travers des hauteurs boisées, fort inférieures aux montagnes de droite, allait tout à coup se répandre dans un lit ouvert, au milieu de prairies verdoyantes, entremêlées d'étangs, et s'étendant à perte de vue.

Description de la position de Bautzen.

Telle était la première ligne, celle de la Sprée, qui n'était pas facile à emporter. A droite, sur les hautes montagnes et sur leur penchant, on apercevait

Distribution de l'armée coalisée sur la première

des abatis de bois, et derrière beaucoup de canons, de baïonnettes et d'uniformes russes. Au centre, au-dessus et au-dessous de Bautzen, on découvrait aussi un grand nombre de troupes russes, et à gauche, sur les mamelons boisés à travers lesquels la Sprée s'ouvrait un chemin pour s'échapper dans la plaine, on discernait également des masses d'infanterie et de cavalerie, les unes déployées en ligne, les autres postées derrière des ouvrages de campagne, et toutes dénotant par leur équipement qu'elles appartenaient à l'armée prussienne.

Napoléon résolut de forcer dès le lendemain 20 mai cette ligne de la Sprée, que défendaient des troupes nombreuses et bien postées. Ce devait être l'occasion d'une première bataille. Puis il se proposait d'en livrer une autre pour forcer la seconde ligne, qui s'apercevait derrière la première, et qui paraissait plus redoutable encore. Il décida que le lendemain le maréchal Oudinot à droite passerait la Sprée vers les montagnes, soit à gué, soit sur un pont de chevalets, et chercherait à rejeter l'ennemi sur sa seconde position; qu'au centre le maréchal Macdonald enlèverait le pont de pierre construit sur la Sprée en face de Bautzen, et tâcherait d'emporter cette ville d'assaut; qu'un peu au-dessous du centre le maréchal Marmont franchirait la Sprée sur des pontons, entre Bautzen et le village de Nimschütz, et s'établirait dans une bonne position qui se trouve au delà; qu'à gauche enfin le général Bertrand, opérant son passage à Nieder-Gurck, vis-à-vis des derniers mamelons dont la Sprée baigne le pied avant de se répandre dans les prairies, s'efforcerait d'enlever ces mamelons, ou du moins de s'établir dans le voisinage. Telle devait être l'œuvre de la première journée. Pendant ce temps le maréchal Ney, achevant son mouvement sur Hoyerswerda avec une masse d'environ soixante mille hommes, arriverait sur la basse Sprée, à Klix, quatre lieues au-dessous de Bautzen. Il pourrait le lendemain, en forçant le passage à Klix même, attaquer par le flanc la seconde position que Napoléon attaquerait de front. Il n'y avait pas de redoutes ni d'opiniâtreté qui pussent tenir devant cet ensemble de combinaisons.

Dans la journée, et vers le soir du 19, on avait entendu au loin sur la gauche une canonnade assez vive, laquelle, sans inspirer des inquiétudes pour le maréchal Ney, bien capable de se suffire avec ses soixante mille hommes, avait cependant donné lieu de penser que l'ennemi tentait un effort pour empêcher la jonction des deux parties de notre armée. Des aides de camp vinrent dans la soirée apprendre ce qui s'était passé.

Mai 1813.

Combat dans la soirée du 19, entre une division de Bertrand et les troupes de Barclay de Tolly.

Les coalisés prêtant à Napoléon des fautes qu'il n'était pas dans l'habitude de commettre, avaient supposé que le maréchal Ney s'avançait avec son corps seulement, fort suivant eux de vingt-cinq mille hommes tout au plus, après les pertes qu'il avait essuyées à la bataille de Lutzen. Ils avaient détaché Barclay de Tolly, qui depuis son arrivée de Thorn formait en quelque sorte un corps isolé sur les ailes de l'armée principale, et lui avaient adjoint le général d'York avec 8 mille hommes, ce qui portait à 23 ou 24 mille combattants la force de ce détachement.

On imaginait que ce serait assez pour causer un grand dommage au maréchal Ney, grâce à la surprise qu'il éprouverait, à son ignorance des lieux qu'il traversait pour la première fois, et que, sans le détruire, on le mettrait au moins hors de cause pour le jour de la bataille décisive. En conséquence les généraux Barclay de Tolly et d'York s'étaient acheminés de Klix sur Hoyerswerda, l'un tenant la gauche, l'autre la droite.

En ce moment la division italienne Peyri, la seconde du corps de Bertrand, avait été détachée dans la direction de Hoyerswerda, pour tendre la main à Ney qui s'approchait. C'est Napoléon qui en avait donné l'ordre, afin de tenir toujours ses corps en communication. Malheureusement le général Peyri n'avait pas exécuté cette commission délicate avec les précautions convenables. Il ne s'était éclairé ni sur sa droite, par laquelle il pouvait se trouver en contact avec l'armée ennemie, ni devant lui, sur la route où il devait rencontrer Ney. Il tomba donc à l'improviste aux environs de Kœnigswarta avec les sept ou huit mille jeunes Italiens de sa division, au milieu des quinze mille soldats aguerris de Barclay de Tolly, fut assailli, enveloppé, se défendit bravement, mais aurait succombé, si le général Kellermann (le fils du vieux duc de Valmy), arrivant sur la route de Hoyerswerda avec la cavalerie de Ney, ne l'eût dégagé en chargeant les Russes impétueusement. Le général Peyri perdit néanmoins près de deux mille hommes en morts, blessés ou prisonniers, et trois pièces de canon.

Au même instant le général prussien d'York,

placé à la droite de Barclay de Tolly, cherchait le corps de Ney, et venait se heurter non pas à Ney lui-même, mais à son lieutenant Lauriston qui s'avançait avec vingt mille hommes. C'est aux environs du village de Weissig qu'il fit cette fâcheuse rencontre. Il se trouva en présence de la première division de Lauriston, soutint contre elle un combat acharné, mais y laissa plus de deux mille hommes, et fut contraint à se retirer sur la Sprée, où il rejoignit le soir du 19 le corps russe de Barclay de Tolly. La perte était peu de chose pour nous à cause de notre supériorité numérique; elle avait de l'importance pour les coalisés, car elle affaiblissait singulièrement un corps dont ils avaient grand besoin pour la défense des positions qu'il s'agissait de nous disputer.

Mai 1813.

dans la même soirée entre Lauriston et les troupes du général d'York.

Le soir du 19 chacun était revenu à son poste. Barclay de Tolly s'était reporté vers l'extrême droite des coalisés; le général d'York, réduit de 8 mille hommes à 6 mille très-fatigués, était retourné au centre; Ney n'était plus qu'à quelques lieues du village de Klix, où il devait franchir la Sprée; la division Peyri, ramassant ses débris, s'était ralliée autour du général Bertrand du mieux qu'elle avait pu. Ces combats, qui autrefois eussent été considérés comme des batailles, n'étaient plus que les escarmouches de ces luttes gigantesques. Le lendemain, 20 mai, Napoléon mesurant ce qu'il lui fallait de temps pour forcer la première ligne, ne voulut commencer l'action qu'à midi, afin que la nuit fût une limite obligée entre la première opération et la seconde. On employa la matinée à préparer les ponts de chevalets, et les bateaux nécessaires aux divers passages de la Sprée.

A midi, placé de sa personne en face de Bautzen, Napoléon donna le signal, et l'action commença par un feu général de nos tirailleurs qui s'étaient dispersés le long de la Sprée, pour éloigner de ses bords les tirailleurs de l'ennemi. A droite le maréchal Oudinot, se conformant aux ordres qu'il avait reçus, s'approcha de la Sprée vers le village de Sinkwitz avec la division Pactod. Deux colonnes d'infanterie, descendant presque sans être aperçues dans le lit fort encaissé de la rivière, passèrent l'une à gué, l'autre sur un pont de chevalets, et cachées par l'escarpement de la rive droite, débouchèrent sur cette rive avant que l'ennemi eût pu remarquer leur présence. Mais arrivées de l'autre côté de la Sprée, elles se trouvèrent en face des troupes russes, formant l'aile gauche des coalisés. Cette aile gauche, placée sous les ordres de Miloradovitch, se composait de l'ancien corps de Miloradovitch, de celui de Wittgenstein, et de la division du prince Eugène de Wurtemberg. Les deux brigades du général Pactod furent chargées immédiatement par plusieurs colonnes d'infanterie, mais tinrent ferme, donnèrent le temps à la division française Lorencez, la seconde du maréchal Oudinot, de venir se placer sur leur droite, et finirent par rester maîtresses du terrain qu'elles avaient envahi. Le maréchal Oudinot fit passer à leur suite la division bavaroise, et avec ces trois divisions réunies s'avança jusqu'au pied des montagnes de notre droite, surtout de la principale, dite le Tronberg, et entreprit de la gravir sous le feu de l'ennemi, la gauche au village de Jessnitz, la droite dans la direction de Klein-Kunitz.

LUTZEN ET BAUTZEN.

Pendant que ces événements avaient lieu à notre droite, au centre le maréchal Macdonald avec ses trois divisions abordait de front la ville de Bautzen, en débutant par l'attaque du pont de pierre qui était fortement barricadé, et gardé par de l'infanterie. Afin d'ébranler le courage des défenseurs de ce pont, il fit descendre dans le lit de la Sprée une colonne qui franchit la rivière sur quelques chevalets. Le maréchal alors se jeta sur le pont de pierre, l'enleva sans difficulté, et courut sur la ville qu'il enveloppa avec deux de ses divisions. Avec sa troisième, celle du général Gérard, il prit soin d'éloigner la division du prince Eugène de Wurtemberg qui paraissait vouloir se porter au secours de Bautzen. En même temps il fit attaquer les portes de la ville à coups de canon afin de les abattre, et de pénétrer dans l'intérieur baïonnette baissée.

Mai 1813.

Macdonald force ce passage au centre, et attaque Bautzen.

Un peu au-dessous de Bautzen, vis-à-vis de Nimschütz, le maréchal Marmont avait également franchi la Sprée avec ses trois divisions, et s'était porté sur le terrain qui lui était assigné, entre le centre et la gauche de la position générale. Mais pour s'y établir il fallait enlever le village de Burk, défendu par le général prussien Kleist, officier aussi habile que vigoureux. Le maréchal Marmont, avec les divisions Bonnet et Compans, aborda le village de Burk, et l'emporta non sans peine. Au delà commençait la seconde position des coalisés. Un ruisseau fangeux, profond, bordé d'arbres, en formait la première défense. Trois villages, celui de Nadelwitz à droite, celui de Nieder-Kayne au centre, celui de Bazankwitz à gauche, occupaient le bord de ce

Marmont franchit la Sprée au-dessous de Bautzen.

Mai 1813.

ruisseau. Le général Kleist s'était replié sur ces villages, et y avait appelé le général d'York à son secours. Outre ces deux corps prussiens, le maréchal Marmont avait à sa gauche, sur quelques mamelons boisés, Blucher lui-même avec 20 mille hommes, et en arrière à droite la ville de Bautzen, qui n'était pas encore prise. Il ne songeait donc pas à entamer la seconde position des coalisés, et tout ce qu'il désirait c'était de se maintenir sur le terrain qu'il avait conquis. Il fit bonne contenance, et admirablement secondé par ses troupes, il résista à toutes les attaques des Prussiens. Le général Kleist sortit de Bazankwitz sur sa gauche pour l'aborder à la baïonnette, mais le général Bonnet avec les marins supporta la charge, et la repoussa victorieusement. Au même instant la cavalerie de Blucher fondit sur cette brave troupe qui était déjà aux prises avec l'infanterie prussienne. Le 37ᵉ léger et le 4ᵉ de marins la reçurent en carrés, avec une fermeté imperturbable. Tandis qu'il se maintenait de la sorte, le maréchal Marmont pour ne pas avoir à dos la ville de Bautzen, qui était attaquée mais point enlevée, détacha la division Compans sur sa droite, laquelle trouvant une partie des murs de la ville de Bautzen plus accessible, les escalada, et en facilita l'entrée aux troupes du maréchal Macdonald. Sur ces entrefaites le général Bertrand, au-dessous du maréchal Marmont, franchissait la Sprée à Nieder-Gurck, au pied des mamelons où était campé Blucher. Il avait d'abord réussi à traverser la Sprée, qui dans cet endroit se divise en plusieurs bras marécageux, mais quand il lui avait fallu gravir la berge élevée de la

Bertrand franchit également la Sprée, mais est obligé de remettre au lendemain son établissement sur les terrains élevés

rive droite, et déboucher en présence du corps de Blucher, il avait dû s'arrêter, car il se trouvait devant une position extrêmement forte, défendue par tout ce que l'armée prussienne renfermait de plus énergique. Toutefois il avait lui-même occupé un mamelon sur la rive droite de la Sprée, et y avait logé un régiment, le 23°, qui devait y être protégé par toute l'artillerie que nous avions sur la rive gauche. Il était six heures du soir, et la première ligne de l'ennemi était tout entière tombée dans nos mains. A droite, le maréchal Oudinot avait franchi la Sprée et enlevé aux Russes la montagne dite le Tronberg; au centre le maréchal Macdonald avait enlevé le pont de pierre de Bautzen, ainsi que la ville elle-même, et le maréchal Marmont après avoir franchi la Sprée, avait pris pied au bord du ruisseau où commençait la seconde ligne de l'ennemi; à gauche enfin le général Bertrand s'était assuré un débouché au delà de la Sprée, en face des mamelons occupés par Blucher, et formant le point le plus important de la seconde position. Le résultat auquel nous aspirions était donc obtenu, et sans de trop grandes pertes. Certainement, si l'ennemi eût moins compté sur sa seconde ligne, il eût pu nous disputer la première avec encore plus de vigueur. Il l'avait néanmoins vaillamment défendue, et nous avions glorieusement surmonté sa résistance. Ce premier acte était terminé selon nos désirs, et le maréchal Ney arrivant au même instant à Klix, tout promettait un égal succès pour le lendemain, bien que la journée s'annonçât comme plus difficile, par cela seul qu'elle devait être décisive.

Mai 1813.

de la rive droite.

A la chute du jour du 29 mai, toutes les positions de l'ennemi sont enlevées, et la première bataille est complétement gagnée.

Mai 1813.

Napoléon entra dans Bautzen à huit heures du soir, rassura les habitants épouvantés, et vint camper en dehors, au milieu de sa garde formée en plusieurs carrés. Il disposa tout pour l'attaque du lendemain 21.

Description de la seconde position.

Du terrain qu'on avait conquis en passant la Sprée, on pouvait se faire une idée plus exacte de la seconde position qui restait à emporter. (Voir la carte n° 59.) Le ruisseau qui en formait le principal linéament, appelé le Bloesaer-Wasser[1], du nom de l'un des villages qu'il traversait, sortait des sombres montagnes de la droite, et après s'être fait jour à travers leurs contours abruptes, longeait le plateau sur lequel s'élevait Bautzen, en baignait le pied, coulait parmi des saules et des peupliers en contre-bas de Nadelwitz, de Nieder-Kayne, de Bazankwitz, villages en face desquels s'était placé la veille le maréchal Marmont, puis, arrivé à notre gauche, à la hauteur du village de Kreckwitz, tournait en arrière des mamelons boisés sur lesquels Blucher avait pris position, suivait leur revers en rétrogradant jusqu'à Klein-Bautzen, passait ainsi derrière ces mamelons tandis que la Sprée passait par devant, les quittait à un village appelé Preititz, et s'en allait enfin se confondre avec la Sprée à travers la vaste plaine mêlée de prairies et d'étangs dont nous avons parlé.

Distribution de l'armée coalisée sur la seconde position.

La gauche des Russes, composée des anciens

[1] Sur les lieux mêmes que j'ai visités récemment encore, ce ruisseau ne porte aucun nom que celui qu'on donne à la plupart des ruisseaux dans tous les pays, *ruisseau du moulin;* mais, sur un plan allemand fort détaillé et fort bien fait, dont il existe un exemplaire au dépôt de la guerre, il porte le nom de *Bloesaer-Wasser*, que j'emploie ici pour le désigner plus facilement dans le cours de mon récit.

corps de Miloradovitch, de Wittgenstein et de la division du prince Eugène de Wurtemberg, s'était repliée sur l'une des montagnes élevées où le ruisseau du Bloesaer-Wasser prenait sa source entre Jenkwitz et Pilitz, et devait la défendre à outrance contre notre droite établie sur le Tronberg. Le centre, composé des gardes et des réserves russes, chargé de défendre le milieu de la position, s'était placé en arrière du Bloesaer-Wasser, c'est-à-dire à Baschütz, sur un relèvement du terrain qui se trouvait en face de Nadelwitz et de Nieder-Kayne, et s'y était établi sous la protection de plusieurs redoutes et d'une forte artillerie. Le centre des coalisés présentait ainsi un amphithéâtre hérissé de canons, et si, pour l'attaquer, Marmont, la garde et Macdonald, formant le centre de l'armée française, descendaient du plateau de Bautzen, franchissaient le Bloesaer-Wasser à Nieder-Kayne, ou à Bazaukwitz, il leur fallait traverser une prairie marécageuse sous un feu plongeant épouvantable, puis enlever à découvert la hauteur de Baschütz garnie de redoutes.

Vers leur droite, c'est-à-dire vers notre gauche, les coalisés au lieu de s'établir en arrière du Bloesaer-Wasser, s'étaient postés en avant. Attachant avec raison une grande importance à ces mamelons boisés que la Sprée perçait pour déboucher en plaine, et derrière lesquels coulait le Bloesaer-Wasser, ils y avaient laissé Blucher pour les disputer avec sa vigueur accoutumée, de manière que leur ligne, à son extrémité, au lieu de rétrograder comme le Bloesaer-Wasser, présentait une espèce de promontoire avancé. Blucher était là avec vingt mille hommes, attendant que le général Bertrand voulût sortir du pied-à-terre qu'il s'était assuré la veille en passant la Sprée à Nieder-Gurck. Blucher avait à sa gauche, le long du Bloesaer-Wasser, c'est-à-dire à Kreckwitz, les restes très-fatigués de Kleist et d'York, puis, au revers des mamelons, la cavalerie prussienne et une partie de la cavalerie russe pour couvrir ses derrières. Enfin, dans la plaine humide et verdoyante qui s'étendait au delà de ces mamelons, et au milieu de laquelle la Sprée et le Bloesaer-Wasser allaient se confondre, se trouvait sur une légère éminence, marquée par un moulin à vent, Barclay de Tolly avec ses quinze mille Russes. Il était là pour résister aux tentatives du maréchal Ney, dont les coalisés ne pouvaient pas encore apprécier toute l'importance.

C'était donc un ensemble formidable de positions à enlever, car notre droite, sous le maréchal Oudinot, devait se maintenir sur le Tronberg qu'elle avait conquis, le dépasser même, s'il était possible; notre centre sous Macdonald et Marmont, appuyé par la garde, devait descendre au bord du Bloesaer-Wasser, le franchir, traverser la prairie au delà sous le feu des redoutes russes de Baschütz, et emporter ces redoutes. Notre gauche enfin, sous le général Bertrand, avait la difficile tâche de s'élever sur les mamelons défendus par Blucher, et de les lui arracher. On aurait bien pu succomber à cette triple tâche, devant des obstacles de terrain aussi nombreux, derrière lesquels étaient rangés près de cent mille Russes et Prussiens déterminés, si on n'avait eu contre eux que la ressource d'une attaque de front. Mais Ney, arrivé dans la soirée même à Klix avec 60 mille hommes, devait y passer la Sprée, traverser la vaste plaine entremêlée de prairies et d'étangs qui était à notre extrême gauche, et à l'extrême droite des coalisés, forcer tous les obstacles qui seraient sur son chemin, défiler par derrière les mamelons occupés par Blucher, et se diriger sur le clocher de Hochkirch, qu'on apercevait au fond même de ce champ de bataille, recouvert d'un cuivre verdâtre et brillant. De tout côté on voyait ce clocher, et Napoléon l'avait indiqué au maréchal Ney comme but frappant de ses efforts. Le maréchal avait ordre de se mettre en mouvement dès le matin, de franchir la Sprée à Klix coûte que coûte, de déboucher ensuite sur les derrières de l'ennemi, et de faire le plus tôt possible entendre son canon vers Preititz et Klein-Bautzen, sur la route de Hochkirch. C'est ce moment que Napoléon attendait pour faire attaquer Blucher, de front par Bertrand, de flanc par Marmont, pour franchir ensuite le ruisseau du Blœsaer-Wasser, et aller assaillir les redoutes du centre défendues par la garde russe. Il était possible que si Ney avait paru à temps à Klein-Bautzen, Blucher fût non-seulement repoussé, mais pris tout entier. Il était certain au moins que sa retraite devait déterminer celle de toute l'armée ennemie.

Telles étaient les savantes dispositions de Napoléon pour la journée du lendemain 21, lesquelles, ordonnées d'un peu loin, surtout pour Ney qui cheminait à grande distance, laissaient un peu plus à faire que de coutume à l'intelligence de ses lieutenants. Chacun coucha au bivouac sur le terrain qu'il

Mai 1813.

Mouvement de flanc du maréchal Ney, tendant à faire tomber la position de l'ennemi.

avait conquis, par un très-beau temps, et avec pleine confiance dans le résultat de la prochaine journée. Napoléon bivouaqua au milieu des carrés de sa garde, sur le plateau de Bautzen, apercevant du point où il était toutes les positions de l'ennemi, mais non le terrain que Ney devait parcourir, et que lui cachaient les mamelons occupés par l'armée prussienne. En ce moment il se demandait si cette nouvelle bataille ne serait pas prévenue par la réponse à sa lettre du 18, dans laquelle il adhérait au principe d'un armistice proposé par l'Autriche, et annonçait l'envoi de M. de Caulaincourt pour le négocier. Mais le 20 au soir cette réponse ne lui était point parvenue, soit qu'on ne voulût point recevoir M. de Caulaincourt et lui permettre d'approcher l'empereur Alexandre, soit qu'on préférât tenter encore une fois le sort des armes. De ces deux suppositions, la seconde était celle qui convenait le mieux à Napoléon, car il était sûr que la nouvelle bataille provoquerait de sages réflexions chez les plus récalcitrants de ses ennemis. Quoi qu'il en pût être, il se livra à son repos accoutumé la veille des grandes batailles.

Vis-à-vis de lui, dans une position qui correspondait assez exactement à la sienne, à la maison de poste de Neu-Burschwitz, les souverains alliés, agités comme le sont toujours les gens inexpérimentés en présence des situations graves, étaient engagés dans une délibération triste et laborieuse, qui dura toute la nuit. Quant à braver les chances d'une seconde bataille, ils y étaient fermement décidés. Ils avaient reçu la lettre relative à l'armistice et à la mission de M. de Caulaincourt, et leur parti à cet égard avait été arrêté sur-le-champ. Ils s'étaient dit que s'ils admettaient auprès d'eux M. de Caulaincourt, l'Autriche concevrait à l'instant les plus grands ombrages, et ne manquerait pas de voir dans cette admission la probabilité d'un arrangement direct entre la France et la Russie. Ils avaient donc pris la détermination de renvoyer très-poliment M. de Caulaincourt à M. de Stadion, comme au représentant de la puissance médiatrice chargée de tous les pourparlers, même de ceux qui étaient relatifs à l'armistice, et de différer en outre cette réponse jusqu'après le résultat de la bataille, car le parti des patriotes allemands, qui menait directement l'armée prussienne, et indirectement l'armée russe, aurait jeté les hauts cris, si on avait accepté un armistice avant d'y être contraint par la nécessité la plus impérieuse. Résolus à la bataille, les souverains alliés s'étaient mis à en discuter les chances. Le roi de Prusse se flattait peu, l'empereur de Russie beaucoup. Celui-ci était rempli d'un beau feu de guerre qui ne lui laissait pas de repos. Il s'était pour ainsi dire emparé du commandement suprême, et, pour l'exercer plus à son aise, l'avait conféré nominalement au comte de Wittgenstein, qui avait pour inspirateur le général Diebitch. Le commandement réel aurait dû appartenir à Barclay de Tolly, à cause de ses antécédents et de son rang, mais on s'était débarrassé de son inflexibilité en lui assignant une espèce de rôle isolé à l'extrême droite des coalisés, dans les terrains inondés entre le Bloesaer-Wasser et la Sprée, à la position dite du moulin à vent. La discussion entre Alexandre et les nombreux officiers russes et prussiens, qui lui apportaient tour à tour leur avis, et le lui faisaient successivement adopter, roula précisément sur la position de Barclay de Tolly. On avait singulièrement renforcé la gauche sous Miloradovitch; le centre était couvert par les fortes redoutes de Baschütz, et défendu par la garde impériale russe. La droite sur les mamelons était invincible, suivant Blucher, et les Prussiens juraient que ces mamelons deviendraient grâce à eux les Thermopyles de l'Allemagne. Mais Barclay de Tolly pourrait-il résister à Ney, qui semblait se diriger vers lui? Telle était la vraie question. Alexandre, dont le coup d'œil n'était pas encore très-exercé, s'était persuadé que Napoléon voulait lui arracher l'appui des montagnes, et par ce motif il n'entendait affaiblir ce côté au profit d'aucun autre. M. de Muffling, officier d'état-major distingué, qui avait soigneusement reconnu le terrain, insistait sur le danger qui menaçait Barclay de Tolly, et finit par se faire écouter d'Alexandre, porté du reste à écouter tous les donneurs d'avis par bienveillance de caractère et désir honnête de tout comprendre. Mais, sur la réponse du comte de Wittgenstein que Barclay de Tolly avait 15 mille hommes, Alexandre parut rassuré, et tout l'état-major avec lui, excepté M. de Muffling. Puis le jour commençant à paraître il fallut bien terminer la délibération, et courir chacun à son poste.

Napoléon, en effet, y appelait tout le monde, et était au sien de grand matin. De la position où se trouvaient les souverains, on le voyait, sur le plateau de Bautzen, à cheval, donnant des ordres, et tout à fait à portée du canon ennemi. Lord Cathcart, l'ambassadeur britannique, ayant une excellente lunette anglaise avec laquelle on apercevait tous les mouvements de Napoléon, chacun l'empruntait pour voir ce terrible adversaire, et aurait voulu deviner ce qui se passait dans son esprit, comme on discernait ce qui se passait autour de sa personne. Un uniforme jaune et galonné qu'on découvrait à côté de lui, était le sujet d'une extrême curiosité. On se demandait si celui qui était revêtu de cet uniforme ne serait pas Murat, dont le costume était toujours singulier, et si par hasard ce ne serait pas une preuve que la cavalerie française, réorganisée, était enfin arrivée sur le champ de bataille. Bientôt après on sut que cet uniforme jaune était celui d'un postillon saxon, dont Napoléon se servait pour se faire indiquer l'emplacement des villages dont les noms étaient inscrits sur sa carte.

Mais déjà une effroyable canonnade remplissait de ses retentissements la vaste étendue de ce champ de bataille. Le maréchal Oudinot à notre droite était sur les hauteurs du Tronberg, qu'il avait conquises la veille, et les disputait aux Russes de Miloradovitch qui s'efforçaient de les lui reprendre. Au centre, Macdonald, Marmont, immobiles, ayant entre eux les carrés de la garde, et derrière eux la cavalerie de Latour-Maubourg, attendaient les ordres de Napoléon, qui lui-même attendait le succès de la manœuvre confiée au maréchal Ney. Le général Bertrand à gauche, achevant le passage de la Sprée commencé la veille, gravissait avec ses trois divisions l'escarpement de la rive droite, protégé par l'artillerie de la rive gauche. Mais c'était à deux

Mai 1813.

Seconde bataille de Bautzen, livrée le 21 mai.

lieues au-dessous, c'est-à-dire à Klix, que se passait l'événement décisif de la journée. Le maréchal Ney venait effectivement de franchir la Sprée sur ce point, et de refouler les avant-postes de Barclay de Tolly.

<small>Mai 1813.</small>

<small>Marche du maréchal Ney sur le flanc de l'ennemi.</small>

Arrivé au delà de la Sprée, il avait à sa droite le revers des mamelons occupés par Blucher, et les étangs qui longeaient le pied de ces mamelons, devant lui le moulin à vent où était établi Barclay de Tolly, et à gauche les bords marécageux du Bloesaer-Wasser. Il marcha directement et résolûment sur le moulin à vent. A droite il détacha vers Pliskowitz l'une des trois divisions du corps de Lauriston, celle que commandait le général Maison, pour essayer de gravir les mamelons qui étaient couverts d'artillerie et d'uniformes prussiens. A gauche il dirigea les deux autres divisions du général Lauriston sous ce général lui-même, pour passer le Bloesaer-Wasser au-dessous de Gleine, et déborder ainsi la position de l'ennemi.

<small>Ce maréchal attaque et enlève la position de Barclay de Tolly au moulin à vent.</small>

En mouvement dès le matin, ayant passé la Sprée à Klix de très-bonne heure, il aborda également de très-bonne heure la position occupée par Barclay de Tolly. Ce dernier lui lança force boulets, car il avait plus de canons que de soldats. Obligé en effet de garder une ligne fort étendue, du pied des mamelons où était Blucher jusque vers les vastes prairies que traversait le Bloesaer-Wasser, il n'avait au moulin même que cinq à six mille hommes. Mais des boulets n'arrêtaient pas le maréchal Ney. Il continua de s'avancer sur le moulin à vent, et tout énergique qu'était Barclay de Tolly, parvint à le culbuter. Barclay avait en ce moment à ses côtés M. de Muffling, qui avait tant insisté pour attirer sur cette partie de la position l'attention d'Alexandre, et, après l'avoir rendu témoin de sa résistance et de ses périls, il le dépêcha auprès de Blucher pour demander du secours. Craignant, s'il s'obstinait en avant du Bloesaer-Wasser, d'y être refoulé en désordre, il le repassa à Gleine, et alla s'établir sur le penchant des hauteurs qui remplissaient le fond du champ de bataille, pour disputer aux Français les routes de Würschen et de Hochkirch, que toute l'armée coalisée devait suivre en se retirant. Il y rencontra les troupes de Lauriston qui vinrent le harceler, mais contre lesquelles l'avantage des lieux lui permettait de se défendre.

Ney après avoir enlevé le moulin à vent, remonta un peu à droite pour prendre à revers les mamelons où il avait aperçu la masse des troupes prussiennes, et se trouva devant le village de Preititz, qui était situé sur le Bloesaer-Wasser, juste au point où ce ruisseau, après avoir tourné derrière la position de Blucher, se redressait pour déboucher dans la plaine. Il fit emporter ce village par la division Souham, et, une fois là, commença de concevoir quelques doutes sur ce qui lui restait à faire. Il apercevait bien dans le fond le clocher de Hochkirch, but assigné à ses efforts; mais ayant devant lui des masses profondes de cavalerie, auxquelles il n'avait qu'un peu de cavalerie légère à opposer, ayant à gauche Barclay de Tolly dans une position avantageuse, à droite les mamelons occupés par Blucher, séparé de Napoléon par une distance de trois lieues, et par des collines boisées, ce héros, qui éprouvait quelquefois,

Mai 1813.

Ney emporte le village de Preititz sur les derrières de Blucher.

Il s'arrête après s'être rendu maître de ce village.

comme nous avons eu déjà l'occasion de le dire, des hésitations d'esprit, jamais de cœur, s'arrêta pour écouter le canon du reste de l'armée, et ne pas s'engager trop vite.

Pendant ce temps arrivait le secours destiné à Barclay de Tolly, que M. de Muffling avait eu beaucoup de peine à obtenir de l'incrédulité de Blucher et de Gneisenau. Ces deux derniers en effet, lorsque M. de Muffling parvint auprès d'eux, étaient occupés à débiter des harangues patriotiques aux troupes prussiennes, à leur parler de ces Thermopyles germaniques où l'on devait mourir, et ne voulaient pas croire qu'ils fussent menacés d'être pris à revers. Pourtant sur les instances de M. de Muffling, Blucher ordonna à quelques bataillons de Kleist, et à deux de la garde royale, de quitter ses derrières, et d'aller reprendre Preititz.

Effectivement ces bataillons rebroussèrent chemin, donnèrent tête baissée sur Preititz, y trouvèrent la division Souham qui n'était pas sur ses gardes, et lui enlevèrent ce village ainsi que le pont du Bloesaer-Wasser. Ney, surpris de cette brusque attaque, revint à la charge avec sa seconde division, passa à son tour sur le corps des bataillons prussiens, et rentra dans le village de Preititz. Ce village reconquis, il fallait marcher devant soi, rallier Lauriston par la gauche, et suivi de Reynier tourner la position de Blucher, recevoir en carré comme on l'avait fait tant de fois les masses de la cavalerie prussienne, puis gravir les pentes que défendait Barclay de Tolly, et aller couper les routes de Würschen et de Hochkirch, qui devaient servir de retraite à l'aile droite des coalisés. On eût pris là 25 mille Prussiens et 200 bouches à feu, et dissous la coalition. Le général Jomini, chef d'état-major du corps de Ney, adressa de vives instances à l'illustre maréchal pour qu'il en agît ainsi, mais celui-ci voulut attendre que les détonations de l'artillerie, qui venaient seulement de se faire entendre sur sa droite, fussent plus prononcées et plus proches, et qu'il fût moins isolé sur ce champ de bataille si vaste, si compliqué, dont il n'avait aucune connaissance.

Cependant il en avait fait assez pour rendre intenable la position de l'ennemi. Napoléon, impatient de commencer l'attaque, mais ne cédant jamais à ses impatiences sur le champ de bataille, n'avait ordonné le feu de son côté que lorsqu'il avait jugé l'événement mûr. En effet le général Bertrand protégé par l'artillerie de la rive gauche de la Sprée avait gravi les escarpements de la rive droite, et était parvenu à déboucher en face de Blucher. Celui-ci adossé aux mamelons boisés dont nous avons parlé, avait sa droite à ces mamelons, sa gauche au Bloesaer-Wasser et au village de Kreckwitz, son infanterie à ses deux ailes, sa cavalerie au milieu, et une longue ligne d'artillerie sur son front. Le général Bertrand était venu se déployer devant lui, la division Morand à gauche, la division wurtembergeoise à droite, la division italienne en réserve. Entre la position du général Bertrand et la ville de Bautzen se trouvaient Marmont, la garde et Macdonald, souhaitant avec ardeur l'ordre d'entrer en action.

A peine le canon de Ney avait-il retenti sur les derrières de Blucher, que Napoléon s'était empressé

Mai 1813.

Beaux résultats qu'eût obtenus le maréchal Ney en marchant sur Hochkirch.

Événements au centre.

de donner le signal. Marmont ayant outre son artillerie toute celle de la garde, avait ouvert un feu effroyable sur les redoutes du centre qui étaient devant lui, puis avait dirigé une partie de ce feu un peu obliquement sur Kreckwitz et le flanc de Blucher, dont la position était ainsi devenue fort difficile.

Après quelques instants de cette canonnade, Bertrand se mettait en mouvement pour aborder la ligne de Blucher, lorsqu'il vit la cavalerie prussienne fondre sur lui au galop. Mais la division Morand la reçut en carré, sans en être ébranlée, la repoussa à coups de fusil, puis se porta en colonnes d'attaque sur Blucher. Pendant ce temps la division wurtembergeoise s'avançait sur Kreckwitz qui était dans le coude du Bloesaer-Wasser, sur le flanc des mamelons boisés. Le canon de Marmont avait tellement ébranlé les troupes qui gardaient Kreckwitz, qu'un bataillon wurtembergeois s'y élançant avec vigueur parvint à s'en emparer. Blucher voyant son front menacé, attira à lui sa seconde division, celle de Ziethen, et la porta en ligne pour l'opposer au corps de Bertrand. Cette division trouva Morand très-ferme à son poste et ne le fit point reculer, mais elle gagna du terrain sur la division wurtembergeoise, et dépassant Kreckwitz enleva le bataillon qui s'était emparé de ce village. Marmont alors redoubla son feu oblique sur Kreckwitz, tandis que Morand, de la défensive passant à l'attaque, fit plier la division Ziethen, et la poussa sur les mamelons qui servaient d'appui à Blucher. Il aurait fallu en ce moment que Blucher pût attirer à lui toute la garde royale prussienne, le corps de Kleist et une partie des forces russes. Mais à toutes ses demandes de secours on répondit que ces troupes étaient occupées à disputer Preititz sur ses derrières, qu'elles l'avaient même perdu, et que s'il ne se retirait bien vite, loin de s'obstiner à défendre la position que tout à l'heure il appelait les Thermopyles de l'Allemagne, il allait être pris avec son corps d'armée par le maréchal Ney. Devant l'évidence de ce danger, que M. de Muffling eut quelque peine à lui faire comprendre, il se décida, le désespoir au cœur, à battre en retraite, ayant bonne envie de se plaindre de Barclay de Tolly, qui, disait-il, n'avait pas protégé ses derrières, mais ne l'osant pas, et s'en dédommageant par mille invectives contre l'état-major russe, qui avait inutilement accumulé dans les montagnes des forces dont on aurait eu grand besoin sur la droite des alliés. Blucher se retira donc, et passa en vue de Preititz, tout près de Ney qui en était resté maître. Par un bonheur inouï pour lui, tandis qu'il descendait de ces mamelons, où il avait promis de résister à tous les efforts des Français, et en descendait par Klein-Bautzen, Ney croyant plus prudent de les faire évacuer avant de se porter sur Hochkirch, les gravissait par Preititz, de sorte que Ney y montait d'un côté pendant que Blucher en descendait de l'autre. Blucher put donc opérer sa retraite sans fâcheuse rencontre, traversa les lignes de la cavalerie russe et prussienne, qui était demeurée en bataille derrière lui pour le recevoir, et dont le long déploiement avait tant imposé au maréchal Ney.

Mai 1813.

qui étaient nécessaires sur ses derrières, est obligé de battre en retraite.

Mais la victoire n'en était pas moins assurée. Bertrand suivit Blucher en retraite; Marmont avec son corps, Mortier avec la jeune garde, voyant le mou-

Les redoutes du centre enlevées par le corps

vement rétrograde de l'ennemi, descendirent sur le bord du Bloesaer-Wasser, le franchirent, et traversèrent la prairie inondée qui s'étendait au pied des redoutes de Baschütz. La jeune garde les escalada sans grand dommage, car le mouvement de retraite imprimé à la droite des coalisés s'était communiqué au reste de leur armée. Ce mouvement général vint à propos dégager Oudinot, qui, à notre droite, assailli sur le Tronberg par toutes les forces de Miloradovitch, avait été contraint de se replier et de prendre position en arrière, la gauche à Rabitz, la droite à Grubtitz, où il avait trouvé l'appui de l'intrépide Gérard, commandant la droite de Macdonald. Au bruit de la victoire remportée sur toute cette immense ligne, Oudinot reprit l'offensive contre les Russes qui se retiraient, et les poussa vivement. Sur une étendue de trois lieues on se mit à poursuivre les coalisés, mais faute d'un terrain propre à la cavalerie, faute aussi d'en avoir assez, on ne put recueillir en fait de prisonniers et de canons que les blessés et les pièces démontées, dont le nombre au surplus était considérable, et suffisait pour donner un grand éclat à cette victoire. Certes, si le maréchal Ney eût été cette fois aussi téméraire qu'il était intrépide, et il faut reconnaître que sa position, à la distance où il se trouvait de Napoléon, avait dû lui inspirer de l'inquiétude, si l'heureuse audace des temps passés l'avait animé, on aurait ramassé dans cette journée plus de trophées qu'à Austerlitz, à Iéna ou à Friedland, car on aurait pris toute la droite de l'armée ennemie, et notamment Blucher, notre adversaire le plus ardent. Telle quelle, la victoire était des plus brillantes; elle faisait tomber une position formidable, défendue par près de cent mille hommes, et la dernière illusion des alliés, du moins pour cette partie de la campagne. Ils ne pouvaient plus se flatter de nous fermer le chemin de l'Oder; ils ne pouvaient plus surtout, à moins d'un armistice immédiat, rester attachés au territoire de l'Autriche, et par son territoire à sa politique.

Mai 1813.

Quant aux pertes, bien qu'en aient dit depuis les écrivains allemands, elles étaient moindres de notre côté que du côté des coalisés. Ceux-ci ont avoué pour les deux journées une perte d'environ 15 mille hommes en morts et blessés, et elle fut beaucoup plus considérable. La nôtre ne pouvait pas, en s'en rapportant à des états fort précis, être évaluée à plus de 13 mille hommes, en morts ou blessés, bien que nous fussions les assaillants, et que notre tâche fût de beaucoup la plus laborieuse. La situation des combattants explique cette différence. Le maréchal Oudinot, le 21 au matin, occupait une position dominante que les Russes avaient été obligés de lui enlever. Au centre les maréchaux Macdonald et Marmont n'avaient eu, dans cette même journée du 21, qu'à tirer du canon, sans être exposés à souffrir de la canonnade de l'ennemi. Dans l'engagement du général Bertrand contre Blucher, la situation était également difficile pour les deux adversaires, et le général Blucher avait essuyé une horrible canonnade de flanc de la part du maréchal Marmont. Enfin, du côté du maréchal Ney, l'action la plus vive s'était passée au village de Preititz, qu'on s'était pris et repris dans des conditions également meurtrières

Résultats de la victoire de Bautzen.

37.

Mai 1813.

pour les deux partis. Ce qui donna lieu à tous les faux bruits que répandirent les coalisés, suivant leur usage, sur les pertes que nous avions éprouvées, c'est qu'abandonnant le champ de bataille, ils nous laissèrent leurs blessés, et que les habitants de la Lusace, touchés du malheur de tant de victimes la plupart allemandes, se mirent à les ramasser sur le champ de bataille, et à les porter les unes et les autres dans de petites voitures de paysans, quelquefois dans de simples brouettes, soit aux villes les plus prochaines, soit même jusqu'à Dresde. Or, dans ces nombreuses victimes il y avait autant de blessés des coalisés que des nôtres. Sous un rapport seulement nous eûmes à regretter quelques pertes que ne firent pas les coalisés, ce fut sous le rapport des égarés. C'est le titre qu'on donne à ceux qui ne se retrouvent ni parmi les blessés ni parmi les morts, et qui la plupart du temps sont des déserteurs. Il y eut dans la division italienne Peyri et dans les trois divisions allemandes qui servaient dans les corps d'Oudinot, de Ney et de Bertrand, deux à trois mille déserteurs, qui ayant à leur portée les montagnes de la Bohême, allèrent s'y soustraire aux dangers d'une guerre qu'ils faisaient à contre-cœur.

Napoléon se décide à poursuivre l'ennemi l'épée dans les reins.

Au surplus la victoire, ici comme à Lutzen, allait se juger par ses conséquences sinon par ses trophées. Dès le lendemain matin 22 mai, Napoléon voulut poursuivre l'ennemi l'épée dans les reins, le rejeter au delà de l'Oder, et entrer en même temps dans cette ville de Breslau, où s'était célébrée l'alliance de la Russie et de la Prusse, et dans cette ville de Berlin, vraie capitale de ce qu'on appelait la patrie germanique, où fermentaient les passions les plus violentes. Tandis qu'il allait marcher en personne à la suite des souverains battus, il se crut suffisamment fort pour se séparer de l'un de ses corps, celui du maréchal Oudinot, qui avait le plus souffert dans les journées des 20 et 21, qui avait besoin de trois ou quatre jours pour se refaire, et qui était assez aguerri, assez vigoureusement conduit pour qu'on le hasardât sur Berlin. Napoléon lui adjoignit huit bataillons qui tenaient garnison à Magdebourg, et devaient y être remplacés par la division Teste (celle des divisions de Marmont qui était demeurée en Hesse); il y ajouta un millier de chevaux laissés à Dresde, ce qui allait reporter ce corps à 23 ou 24 mille hommes, force suffisante pour battre le général Bulow chargé de couvrir Berlin. Le maréchal Oudinot devait aborder vivement le général Bulow, le rejeter sur l'Oder, et s'avancer ensuite sur Berlin, tandis que Napoléon avec la grande armée elle-même pousserait les coalisés sur Breslau.

Après un repos de quelques heures, Napoléon, le 22 mai au matin, donna ses ordres, puis se porta en avant, se faisant précéder par les généraux Reynier et Lauriston, qui n'avaient presque pas combattu la veille, et par le maréchal Ney, qui marchait après eux. Il suivait avec la garde, et avait derrière lui Marmont, Bertrand et Macdonald. Il lui restait après les pertes des deux journées, après la séparation du maréchal Oudinot, une force totale d'au moins 135 mille hommes, que l'approche du duc de Bellune, arrivant avec ses bataillons réorganisés, devait reporter à 150 mille. C'était plus qu'il

Mai 1813.

Oudinot détaché sur Berlin.

n'en fallait contre un ennemi qui ne comptait pas plus de 80 mille combattants. Il partit donc le 22 au matin, et voulut assister de sa personne à la poursuite, afin d'essayer lui-même sa cavalerie réorganisée tout récemment. Les alliés se retiraient par la route de Bautzen à Gorlitz. On fit route toute la journée par un temps beau, mais extrêmement chaud, à travers un pays très-accidenté, ainsi qu'il fallait s'y attendre en longeant le pied des plus hautes montagnes de la Bohême. (Voir la carte n° 58.) Napoléon, faisant la guerre aux avant-postes comme à vingt ans, dirigeait en personne les manœuvres de détail, avec une précision, une justesse de coup d'œil qu'admiraient tous ceux qui l'accompagnaient, et même des témoins assez peu bienveillants, tels que les officiers d'état-major étrangers obligés de le suivre en qualité d'alliés [1]. Arrivé près de Reichenbach, on aperçut au fond d'un bassin assez ouvert une ligne de hauteurs, sur laquelle l'infanterie ennemie opéra sa retraite, en laissant derrière elle pour la protéger un rideau de cavalerie. Le hardi Lefebvre-Desnoettes, à la tête des lanciers polonais et des lanciers rouges de la garde, fondit sur la cavalerie ennemie avec sa vigueur et sa dextérité accoutumées. Il la repoussa vivement, mais bientôt il attira sur lui une masse de beaucoup supérieure à la sienne. Napoléon, qui avait sous la main les douze mille cavaliers de Latour-Maubourg, les lança sur l'ennemi, et la plaine de Reichenbach nous resta, couverte d'un as-

[1] Entre autres le major saxon Odeleben, qui, attaché à Napoléon comme officier d'état-major, a rendu compte des circonstances les plus minutieuses de la campagne de Saxe.

sez bon nombre de Russes et de Prussiens. Malheureusement nous avions perdu un excellent officier de cavalerie, le général Bruyère, vieux soldat d'Italie, dont un boulet avait fracassé la cuisse. Malgré l'avantage de cette rencontre, Napoléon put s'apercevoir que sa cavalerie, quoique mêlée d'anciens cavaliers revenus de Russie, était réorganisée depuis trop peu de temps pour valoir autant qu'autrefois. La plupart des chevaux étaient en effet blessés ou fatigués. Il put voir aussi que des ennemis animés de sentiments énergiques étaient plus difficiles à entamer dans une retraite, que des ennemis démoralisés faisant la guerre sans passion, comme ceux qu'il poursuivait après Austerlitz ou après Iéna. Néanmoins il avait mené les coalisés fort vite depuis le matin, car vers la chute du jour on avait déjà fait huit lieues au moins. Après le combat de cavalerie livré dans la plaine, le général Reynier avec l'infanterie saxonne occupa les hauteurs de Reichenbach, et on pouvait le soir même aller encore coucher à Gorlitz. Mais à Gorlitz il aurait fallu engager un combat d'arrière-garde, et Napoléon, jugeant que c'était assez, résolut de terminer là les peines de cette journée, et ordonna qu'on dressât sa tente sur le terrain qu'on occupait. Il descendait de cheval, lorsque l'on entendit tout à coup pousser un cri : Kirgener est mort! — En entendant ces mots Napoléon s'écria : La fortune nous en veut bien aujourd'hui! — Mais au premier cri en succéda bientôt un second : Duroc est mort! — Ce n'est pas possible, répondit Napoléon, je viens de lui parler. — C'était non-seulement possible, c'était vrai. Un boulet qui venait de frapper un

jours. Aussi Napoléon était-il profondément ému de cette perte. Sorti de la chaumière où l'on avait placé Duroc mourant, il alla s'asseoir sur des fascines, assez près des avant-postes. Il était là, pensif, les mains étendues sur ses genoux, les yeux humides, entendant à peine les coups de fusil des tirailleurs, et ne sentant pas les caresses d'un chien appartenant à un régiment de la garde, qui galopait souvent à côté de son cheval, et qui en ce moment s'était posé devant lui pour lécher ses mains. Un écuyer étant venu l'arracher à cette rêverie, il se leva brusquement, et cacha ses larmes, pour n'être pas surpris dans cet état d'émotion. Telle est la nature humaine, changeante, insaisissable dans ses aspects divers, et ne pouvant être jugée avec sûreté que par Dieu seul! Cet homme attendri sur le sort d'un blessé, avait fait mutiler plus de quatre-vingt mille hommes depuis un mois, plus de deux millions depuis dix-huit ans, et allait en faire déchirer encore par les boulets quelques centaines de mille!

Napoléon ordonna sur-le-champ une cérémonie publique, où seraient prononcés solennellement les éloges funèbres des maréchaux Bessières et Duroc, par MM. Villemain et Victorin-Fabre. — Je ne veux pas de prêtres, écrivit-il le jour même à l'archichancelier Cambacérès, sans doute sous l'influence de ses dernières querelles avec le clergé. — Il transporta à la fille de Duroc le duché de Frioul, ainsi que tous les dons qu'il avait accordés au père, et désigna M. le comte Molé pour son tuteur.

Mais telle est la guerre! On s'émeut un instant, puis, entraîné par le torrent des événements, on court des funérailles de la veille à celles du lendemain, s'excusant par l'oubli de soi-même de l'oubli d'autrui. Le lendemain 23 mai on entra à Gorlitz, et on franchit la Neiss. Le 24 on franchit la Queiss, et le 25, le Bober. Les coalisés s'étaient séparés en deux colonnes, l'une à notre droite, composée des troupes de Miloradovitch et de la garde russe, l'autre à notre gauche, composée des Prussiens et de Barclay de Tolly, distribution correspondant à celle qu'ils présentaient sur le champ de bataille de Bautzen. Napoléon les suivit toutes deux. Une colonne formée des corps de Bertrand et de Marmont marcha sur la droite par Gorlitz, Lauban, Goldberg, Schweidnitz, en suivant le pied des montagnes. Une autre comprenant les corps de Reynier, de Lauriston, de Ney, la garde, et le quartier impérial, marcha au centre par Gorlitz, Bunzlau, Haynau, Liegnitz, Breslau. Sur notre gauche, le duc de Bellune, précédé de la cavalerie du général Sébastiani, se dirigea vers l'Oder pour débloquer Glogau. Nous étions en pleine Silésie, dans de riches campagnes, sur le territoire du roi de Prusse, que nous n'avions d'autre raison de ménager que celle d'économiser pour nous-mêmes les ressources du pays. Napoléon ordonna la plus sévère discipline, par prévoyance d'abord, et ensuite pour faire avec les Russes un contraste qui fût de nature à frapper les Allemands.

Mai 1813.

Arrivée le 25 mai sur le Bober.

A Haynau la division Maison, la meilleure du corps de Lauriston, essuya une surprise fâcheuse, et même assez meurtrière. Les coalisés se sentant vivement poursuivis, et voulant nous rendre moins pressants, imaginèrent de nous tendre un piège qui nous

La division Maison est surprise à Haynau.

coûtât un peu cher, et le combinèrent avec beaucoup d'art. Dans la plaine de Haynau, où il y avait place pour une nombreuse cavalerie, et où l'on pénétrait après avoir traversé un village, on cacha sur le côté, et hors de vue, cinq ou six régiments de grosse cavalerie, puis on nous montra sur la route directe une espèce d'arrière-garde qui se retirait négligemment. Le général Maison ayant conçu quelques craintes s'avançait avec précaution; mais le maréchal Ney, stimulé par les reproches de Napoléon, qui se plaignait sans cesse de ne pas faire de prisonniers, poussa le général Maison en avant, et se mettant à ses côtés, voulut déboucher vivement dans la plaine. Ils n'avaient pas plutôt franchi le défilé du village, qu'on vit sur la droite un moulin en flammes, et à ce signal (convenu par les ennemis) une innombrable cavalerie fondit sur notre infanterie avant qu'elle eût le temps de se former en carré. La déroute fut grande, malgré tous les efforts du maréchal Ney et du général Maison. On perdit trois ou quatre pièces de canon, et un millier d'hommes sabrés ou dispersés. Le maréchal Ney ne parvint que très-difficilement à dégager sa personne, et le général Maison, après des efforts inouïs, réussit enfin à rallier sa division, mais l'âme dévorée de chagrin, et consentant avec peine à survivre à un accident, qui était quant à lui parfaitement immérité. Les Prussiens payèrent cette aventure, bonne pour eux, de la mort du colonel de Dolffs, le meilleur de leurs officiers de cavalerie après Blucher, et commandant chez eux la réserve de cette arme.

Le lendemain le général Sébastiani, qui marchait

en tête du corps du duc de Bellune vers Glogau, vengea dans les environs de Sprottau l'échec du général Maison, en prenant un immense parc d'artillerie et 500 prisonniers. Ce sont là les alternatives quotidiennes de la guerre; mais ces sortes d'escarmouches étaient en ce moment de peu de conséquence. On arriva le 27 sur la Katzbach, à Liegnitz, et notre corps de gauche, parvenu sur l'Oder, débloqua Glogau. Notre garnison, investie depuis cinq mois, se jeta pleine de joie dans les bras de ses libérateurs. Le général Lauriston ayant de son côté joint l'Oder, arrêta soixante bateaux de vivres et de munitions qui devaient servir au siége de la place, et qui lui furent envoyés pour la ravitailler. Le maréchal Ney n'avait plus qu'une marche à exécuter pour entrer à Breslau.

On s'étonnera sans doute qu'il ne fût plus question d'armistice après la lettre du général de Bubna à M. de Stadion, et après celle de M. de Caulaincourt à M. de Nesselrode, l'une annonçant le projet d'armistice, et l'autre offrant les moyens de le négocier immédiatement. Mais, ainsi que nous l'avons déjà dit, on n'avait pas voulu admettre M. de Caulaincourt afin de ne donner d'ombrage ni aux alliés qu'on avait déjà, c'est-à-dire aux Prussiens, ni à ceux qu'on espérait, c'est-à-dire aux Autrichiens. On avait donc répondu que la médiation de l'Autriche ayant été acceptée, M. de Caulaincourt devait s'adresser à M. de Stadion, représentant de la puissance médiatrice. Cette réponse, signée de M. de Nesselrode, et accompagnée d'ailleurs des témoignages les plus flatteurs pour M. de Caulaincourt,

Mai 1813.

Sébastiani venge à Sprottau l'échec de la division Maison.

Arrivée de l'armée française sur l'Oder, et déblocus de Glogau.

Suite donnée à la proposition d'armistice.

Lettre de M. de Stadion.

Mai 1813.

Napoléon reçoit froidement cette lettre.

Agitation au camp des coalisés.

fut renfermée dans une lettre de M. de Stadion au prince Berthier, et expédiée à ce dernier. Elle disait que d'après le renvoi qui venait de lui être fait, M. de Stadion était prêt à s'aboucher avec M. de Caulaincourt, et avec des commissaires tant russes que prussiens, pour procéder sur-le-champ à la conclusion d'un armistice.

Cette double réponse, différée jusqu'au lendemain de la bataille, fut envoyée le 22 mai, et remise aux avant-postes français. Napoléon l'ayant reçue, et voyant quel accueil on faisait à ses ouvertures, n'avait pas cru devoir se presser avec des gens qui se montraient si fiers, et répondit que lorsque les commissaires se présenteraient aux avant-postes, on les admettrait. Il avait ensuite continué sa marche, et il était, comme on vient de le voir, arrivé à Liegnitz, à une ou deux marches de Breslau.

Dans ce moment une vive agitation régnait parmi les coalisés. Malgré un fol orgueil, provenant chez eux de ce qu'ils nous résistaient un peu mieux qu'autrefois, ils commençaient à sentir les conséquences de deux grandes défaites. Les officiers prussiens, presque tous membres du *Tugend-bund*, avaient une ardeur de sectaires, sectaires d'ailleurs de la plus noble des causes, celle de leur patrie; mais les troupes, dans lesquelles les jeunes soldats se trouvaient en assez forte proportion, se ressentaient des batailles perdues et des retraites rapides. Les Russes étaient beaucoup plus ébranlés que les Prussiens. La guerre, de patriotique qu'elle avait été pour eux, étant devenue purement politique depuis qu'ils avaient franchi la Pologne, ils en supportaient les

LUTZEN ET BAUTZEN.   591

souffrances avec impatience. En outre l'empereur
Alexandre n'ayant pu refuser plus longtemps le commandement à Barclay de Tolly, seul homme capable
de l'exercer quoique impopulaire parmi les soldats,
celui-ci, avec l'ordinaire exactitude de son esprit,
avait cherché à remettre l'ordre dans son armée, et
n'y avait guère réussi au milieu de la confusion
d'une retraite. Il pensait et disait avec sa rudesse
accoutumée, que l'armée russe allait se dissoudre si
on ne la ramenait en Pologne pour s'y refaire pendant deux mois derrière la Vistule, et non-seulement il le disait, mais il voulait agir en conséquence.
Aussi avait-il fallu la volonté formellement exprimée
d'Alexandre pour lui faire abandonner la route de
Breslau, celle qui menait directement en Pologne,
et l'obliger à prendre celle de Schweidnitz. C'est là
qu'on espérait s'arrêter, dans le fameux camp de
Bunzelwitz, si longtemps occupé par Frédéric le
Grand, et dans le voisinage de l'Autriche, voisinage
toujours fortement recommandé par les diplomates
de la coalition. Barclay de Tolly avait obéi, en déclarant toutefois cette conduite politique peut-être,
mais très-peu militaire, et laissant craindre une opposition opiniâtre à des ordres de la même nature,
fussent-ils donnés par l'empereur.

Les Allemands, et Alexandre lui-même, toujours
infatué de son rôle de libérateur de l'Europe, avaient
envoyé à Barclay de Tolly M. de Muffling, qui avait
quelques titres à ses yeux, pour avoir défendu sa conduite dans la journée du 21 mai et mis en grande
évidence ses dangers et ses services. M. de Muffling
avait tâché de l'ébranler dans ses résolutions, mais

Mai 1813.

Barclay
de Tolly,
devenu géné-
ral en chef,
veut
se retirer
en Pologne.

Efforts
qu'on fait
pour retenir

Mai 1813.

Barclay de Tolly.

n'avait rien gagné sur l'inflexibilité de son caractère, et pour réussir à le convaincre l'avait conduit au camp de Bunzelwitz, afin de lui en montrer les avantages. Mais on avait trouvé la place de Schweidnitz qui était l'appui de ce camp, détruite par les Français en 1807, et point relevée encore par les Prussiens en 1813, en outre la position de Bunzelwitz insignifiante comparativement aux moyens dont disposaient les armées modernes. Barclay de Tolly avait soutenu, et avec raison, que les armées coalisées ne tiendraient pas quelques heures dans une position pareille, et qu'elles sortiraient presque anéanties d'une nouvelle rencontre avec Napoléon. Cette visite n'avait donc eu d'autre résultat que de confirmer le général russe dans sa résolution de laisser les Prussiens en Silésie, et d'aller refaire son armée en Pologne, sauf à revenir dans deux mois sur l'Oder. Mais pendant ce temps la coalition pouvait être dissoute.

Nécessité pour les coalisés de consentir à un armistice.

On reconnut bientôt après toutes ces conférences qu'il n'y avait d'autre ressource que de donner suite à l'idée d'un armistice, déjà mise en avant par la diplomatie des puissances belligérantes. On se réunit chez les deux monarques alliés à Schweidnitz, et on tomba d'accord sur la nécessité d'une suspension d'armes, comme unique moyen d'échapper aux difficultés de la situation. Par malheur pour les coalisés, les meneurs prussiens n'en voulaient pas. Le général Gneisenau, membre du *Tugend-bund*, homme de cœur et d'esprit, mais ardent et irréfléchi, rempli des passions de ses compatriotes, successeur du général Scharnhorst dans les fonctions de chef d'état-major de Blucher, tenait tout haut contre le projet d'un armistice un langage des plus violents, et qui pouvait être dangereux avec des têtes aussi vives que celles des officiers prussiens. Pourtant la nécessité de suspendre les hostilités était impérieuse, et l'on convint d'envoyer des commissaires au quartier général français, afin de négocier un armistice. En même temps on essaya d'agir sur les esprits les plus exaltés, en leur promettant de ne poser les armes que pour les reprendre bientôt, et lorsqu'on les aurait reprises, de ne plus les quitter qu'après la destruction de l'ennemi commun. On ne s'en tint pas à l'envoi des commissaires au quartier général, on fit partir M. de Nesselrode pour Vienne. Il devait y exposer les dangers que couraient les puissances belligérantes, l'impossibilité pour elles de se tenir plus longtemps attachées à la Bohême, et, si le cabinet de Vienne ne prenait immédiatement son parti, la vraisemblance d'une retraite forcée en Pologne, laquelle entraînerait infailliblement la dissolution de la coalition, et la perte pour l'Autriche d'une occasion unique de sauver l'Europe et elle-même. Il était armé d'un stimulant puissant, c'était la menace d'un arrangement direct de la Russie avec la France, arrangement direct que l'empereur Alexandre avait repoussé noblement, mais qu'il dépendait de lui de négocier en quelques heures, car il n'avait pour cela qu'à laisser pénétrer M. de Caulaincourt jusqu'à lui. Du reste la seule apparition de ce noble personnage aux avant-postes avait agi déjà sur le cabinet autrichien, et M. de Nesselrode en arrivant à Vienne, devait

Mai 1813.

Envoi de commissaires aux avant-postes français.

Voyage de M. de Nesselrode à Vienne pour décider l'Autriche.

trouver tout produit l'effet qu'on attendait de cet argument. Pour seconder M. de Nesselrode, M. de Stadion avait écrit de son côté, les Prussiens du leur, et tous s'étaient servis de M. de Caulaincourt comme d'un épouvantail qui devait amener le cabinet de Vienne à se décider tout de suite.

M. de Nesselrode partit donc pour la capitale de l'Autriche, tandis que le général Kleist au nom des Prussiens, le général comte de Schouvaloff au nom des Russes, se rendaient aux avant-postes français. Ils y arrivèrent le 29 mai à dix heures du matin. Ils furent reçus par le prince Berthier, qui en référa sur-le-champ à l'Empereur.

Celui-ci était engagé par les réponses qu'il avait faites, et ne pouvait pas refuser de négocier, bien qu'il eût intérêt à battre une dernière fois les coalisés, et à les pousser en désordre sur la Vistule, loin de l'Autriche, qui ne deviendrait certainement pas leur alliée, s'ils étaient rejetés si loin d'elle. Pourtant l'état de sa cavalerie, le désir d'avoir achevé la seconde série de ses armements, afin de tenir tête même à l'Autriche, et de ne conclure que la paix qu'il voudrait, l'espérance d'être prêt en deux mois, et de reprendre alors ses opérations victorieuses après avoir échappé aux grandes chaleurs de l'été, le disposaient assez à une suspension d'armes. Il consentit donc au principe d'un armistice, parce qu'il était lié en quelque sorte, parce que le refus aurait eu une signification trop peu pacifique, et surtout parce qu'il se flattait d'avoir le temps de redevenir par ses armements le maître des conditions de la paix. Mais il entendait garder par les arrangements temporaires

Mai 1813.

Arrivée des commissaires russe et prussien aux avant-postes français.

Motifs de Napoléon pour accepter un armistice.

dont on allait convenir la Silésie jusqu'à Breslau, et la basse Allemagne jusqu'à l'Elbe, Hambourg et Lubeck compris, que ces villes fussent ou ne fussent pas reconquises par les troupes françaises. De plus il voulait que l'interruption des opérations militaires durât deux mois au moins, et que pendant toute la durée de cette interruption les garnisons de ses places de l'Oder et de la Vistule ne mangeassent pas leurs vivres, mais fussent ravitaillées à prix d'argent. M. de Caulaincourt, l'épouvantail de l'Autriche, fut envoyé à Gébersdorf le 30 mai, entre les deux armées, afin de traiter sur les bases que nous venons d'indiquer.

Mai 1813.

M. de Caulaincourt chargé de négocier l'armistice.

Il trouva les commissaires prussien et russe fort animés, affectant de l'être encore plus qu'ils ne l'étaient, beaucoup trop orgueilleux pour leur situation, fort polis toutefois envers l'ancien ambassadeur de France en Russie. M. de Caulaincourt put voir aussi que le sentiment d'une cause juste était d'un grand secours dans les défaites, et que Napoléon aurait une violente lutte à soutenir, s'il persistait à ne rien céder à l'Europe. Les commissaires se montrèrent presque fixés sur les trois points qui suivent. Ils ne voulaient pas abandonner pendant l'armistice Breslau, devenu la seconde capitale des Prussiens; ils ne voulaient pas davantage nous concéder l'occupation de Hambourg, car c'était établir d'avance un préjugé en faveur de la réunion définitive des villes anséatiques à la France, et enfin ils entendaient ne donner qu'une durée d'un mois à l'armistice. M. de Caulaincourt eut sur ces trois points une conférence qui dura dix heures, et parut n'avoir rien gagné après une discussion aussi longue. Il en référa à l'Empereur, qui était à Neumarkt, aux portes de Breslau, et avait eu la prudence, trop rare chez lui, de ne pas entrer dans cette ville, afin de ne pas s'ôter la possibilité de la céder, s'il en fallait faire le sacrifice. Il s'était contenté d'y envoyer un détachement des troupes du maréchal Ney.

Le ton, les exigences des commissaires alliés l'irritèrent singulièrement[1]. Il leur fit répondre que l'armistice ne lui était pas nécessaire, tandis que pour eux il était indispensable; que si on voulait donner à cette suspension d'armes le caractère d'une capitulation, il allait marcher en avant et les rejeter au delà de la Vistule, qu'ils seraient battus une troisième fois, une quatrième, aussi souvent, en un mot, qu'ils s'exposeraient à rencontrer l'armée française; que si, avec une pareille conviction, il consentait à s'arrêter, c'était pour rendre à l'Europe des espérances de paix dont elle avait besoin, et n'être pas accusé d'avoir fait évanouir ces espérances; qu'il voulait la moitié de la Silésie au moins, qu'il n'abandonnerait pas Hambourg, et que quant à Breslau, s'il y renonçait, ce serait pure complaisance de sa part, car il en était maître. Toutefois il évita de s'expliquer d'une manière absolue à cet égard, laissant entrevoir que Breslau serait l'équivalent de Hambourg. Mais il fut péremptoire relativement à la durée de l'armistice, disant que stipuler un mois pour traiter tant de matières si difficiles, c'était tra-

---

[1] Nous possédons aux archives toute la correspondance de Napoléon avec M. de Caulaincourt pendant la négociation de cet armistice, et c'est d'après cette correspondance elle-même que j'écris ce récit.

cer autour de lui le cercle de Popilius, qu'il était habitué à y enfermer les autres, et pas du tout à y être enfermé lui-même, et que voulant sérieusement d'un congrès, il demandait le temps de le tenir, et de le faire aboutir à un résultat. — Par malheur il ne le voulait pas franchement, et cherchait à se procurer le temps d'armer, non celui de négocier.

Mai 1813.

Les commissaires se revirent, et se mirent à disputer sur ces divers thèmes, au village de Pleiswitz, après avoir pris la précaution de stipuler une suspension d'armes provisoire pendant la durée de ces pourparlers. Les commissaires alliés tenaient toujours à leurs prétentions, sans néanmoins se montrer invincibles, car ils avaient de l'armistice un besoin impérieux. De son côté Napoléon venait d'apprendre une nouvelle qui le disposait à être un peu plus accommodant. M. de Bassano, récemment arrivé de Paris à Dresde, s'était transporté à Liegnitz pour y reprendre ses fonctions diplomatiques à la suite du quartier général, et à peine à Liegnitz il y avait été rejoint par M. de Bubna revenant de Vienne, et apportant des explications détaillées sur tous les points que Napoléon avait traités avec lui à Dresde les 17 et 18 mai dernier. Voici ce que M. de Bubna racontait de son voyage et de ses négociations.

Longues discussions.

Circonstance nouvelle qui influe sur la détermination de Napoléon.

De retour à Vienne il avait peint Napoléon comme plus débonnaire encore qu'il ne l'avait trouvé, bien que Napoléon eût feint de se montrer à lui plus accommodant qu'il ne voulait l'être. Il avait surtout fait valoir sa disposition à recevoir les insurgés espagnols dans un congrès, comme une concession inespérée, et mis un grand soin à taire ses emportements contre

Retour de M. de Bubna au quartier général français avec les propositions de l'Autriche modifiées.

M. de Metternich. Il n'avait parlé de ces emportements qu'à M. de Narbonne. Ce rapport très-adroit avait infiniment satisfait l'empereur François et M. de Metternich, qui désiraient l'un et l'autre sortir de cette situation sans la guerre. De plus ils avaient été fort contents des lettres de Napoléon, et avaient tenu un certain compte des répugnances qu'il avait manifestées à l'égard de quelques-unes des conditions proposées. Sur la dissolution du grand-duché de Varsovie, sur son démembrement au profit de la Prusse, de la Russie, de l'Autriche, sur l'abandon de l'Illyrie à cette dernière, ils avaient considéré Napoléon comme rendu, quoiqu'il ne l'eût pas formellement dit à M. de Bubna. Mais puisque M. de Bubna l'avait trouvé plus tenace sur la renonciation au protectorat de la Confédération du Rhin, et sur la restitution des villes anséatiques, l'empereur François et M. de Metternich s'étaient décidés sur ces deux points à admettre quelques modifications, et ils avaient imaginé les suivantes, qui étaient de nature à sauver ce que Napoléon appelait son honneur. Les provinces anséatiques ne seraient restituées pour reconstituer les villes libres de Lubeck, Brême et Hambourg, qu'à la paix avec l'Angleterre. De plus la question de la Confédération du Rhin serait renvoyée également à la paix générale, à celle qui comprendrait toutes les puissances de l'univers, même l'Amérique. Si on ne traitait dans le moment qu'avec la Russie, la Prusse et l'Autriche, on ajournerait ces deux points. Si au contraire on traitait avec tout le monde, Napoléon pourrait bien faire à la paix universelle, qui comprenait la paix maritime et devait lui procurer tant d'avantages et tant de lustre, le sacrifice des deux points contestés.

On avait donc réexpédié sur-le-champ M. de Bubna pour le quartier général français, avec ces deux modifications, qui étaient en effet fort importantes, et l'empereur François avait adressé une nouvelle lettre à Napoléon, dans laquelle, répondant à la prière que celui-ci lui avait faite de soigner son honneur, il disait ces mots : Le jour où je vous ai donné ma fille, votre honneur est devenu le mien. Ayez confiance en moi, et je ne vous demanderai rien dont votre gloire ait à souffrir. — A tous ces témoignages, M. de Bubna devait ajouter la déclaration formelle que l'Autriche n'était encore engagée avec personne, et que si Napoléon acceptait les conditions de paix ainsi modifiées, elle était prête à se lier avec lui par de nouveaux articles joints au traité d'alliance du 14 mars 1812.

Telles étaient les dispositions de la cour de Vienne lorsque M. de Bubna s'était remis en route, et elles étaient sincères, car à ce moment l'Autriche n'avait pas encore entendu parler d'arrangement direct entre la Russie et la France, elle n'avait donc ni mécontentement, ni raison particulière de se hâter, et elle offrait ces conditions parce qu'elle était assurée de les faire agréer à la Russie et à la Prusse par la seule menace de s'unir à Napoléon. M. de Bubna ayant fait diligence, était arrivé le 30 mai à Liegnitz, auprès de M. de Bassano, et avait longuement exposé les propositions qu'on l'avait chargé de faire. Malgré la froideur de M. de Bassano, il les avait exposées avec bonne foi, et avec la chaleur

Juin 1813.

Napoléon obligé de se prononcer sur les propositions de l'Autriche, se résout à l'armistice, pour gagner deux mois, et se mettre en mesure par ses derniers préparatifs de ne subir aucune condition.

d'un homme qui désirait réussir, pour son pays d'abord, et aussi pour sa gloire personnelle. M. de Bassano rendit compte sur-le-champ, et par écrit, de cette conférence à Napoléon, sans dire un seul mot pour appuyer ou combattre des propositions dont le rejet est le plus grand malheur qui soit jamais advenu à la France.

Certes une pareille nouvelle aurait dû sembler bien bonne à Napoléon, car il dépendait de lui de terminer sa longue lutte avec l'Europe, et de la terminer en obtenant un empire magnifique, en obtenant surtout la paix maritime, qui par l'effet qu'elle devait produire aurait couvert bien suffisamment le sacrifice de Hambourg et de la Confédération du Rhin. Malheureusement cette communication l'irrita au lieu de le satisfaire. Il y vit la résolution de l'Autriche d'intervenir immédiatement, ce qui était vrai, et de ne pas laisser prolonger les hostilités sans imposer son arbitrage. Or il fallait, ou qu'il consentît à des conditions dont il ne voulait à aucun prix, même modifiées, ou qu'il courût la chance d'avoir à l'instant même l'Autriche sur les bras, et il ne pouvait être en mesure de faire face à ce nouvel ennemi que sous deux mois. Ce fut donc le coup d'éperon qui le décida à céder sur quelques points contestés de l'armistice. Au lieu d'être accommodant avec l'Autriche qui lui demandait des sacrifices définitifs, il le devint avec la Prusse et la Russie qui n'exigeaient que des sacrifices provisoires. Il écrivit à M. de Bassano en chiffres : Gagnez du temps, ne vous expliquez pas avec M. de Bubna, emmenez-le avec vous à Dresde, et retardez le moment où nous serons obligés d'accepter ou de refuser les propositions autrichiennes. Je vais conclure l'armistice, et alors le temps dont j'ai besoin sera tout gagné. Si pourtant on persiste à exiger pour la conclusion de cet armistice des conditions qui ne me conviennent pas, je vous fournirai des thèmes pour prolonger les pourparlers avec M. de Bubna, et pour me ménager les quelques jours qu'il me faudrait pour rejeter les coalisés loin du territoire de l'Autriche. —

Juin 1813.

Dans le moment, pour son malheur et le nôtre, Napoléon venait de recevoir la nouvelle que le maréchal Davout était aux portes de Hambourg, et serait certainement entré dans cette ville le 1ᵉʳ juin. On était au 3; il imagina donc de résoudre la difficulté de Hambourg, en disant dans l'armistice que relativement aux provinces anséatiques, on accepterait ce que le sort des armes aurait décidé le 8 juin à minuit. Quant à Breslau, il accorda qu'on laisserait entre les deux armées un terrain neutre d'une dizaine de lieues, lequel comprendrait Breslau, et quant à la durée de l'armistice, qu'elle s'étendrait jusqu'au 20 juillet, avec six jours de délai entre la dénonciation de l'armistice et la reprise des hostilités, ce qui conduirait jusqu'au 26 juillet, et ferait près de deux mois. Il envoya ces conditions avec injonction de rompre à l'instant même si elles n'étaient pas admises.

M. de Caulaincourt les ayant présentées le 4 juin, les commissaires, qui avaient ordre de céder si Breslau ne restait pas dans les mains de Napoléon, cédèrent en effet, et cet armistice funeste, qui a été l'un des plus grands malheurs de Napoléon, fut

Signature de l'armistice de Pleiswitz le 4 juin.

Juin 1813.

signé le 4 juin. Il fut convenu qu'on adopterait pour ligne de démarcation entre les deux armées la Katzbach, afin de laisser Breslau en dehors comme neutre; qu'après la Katzbach on prendrait l'Oder, ce qui nous assurait la basse Silésie pour y stationner et y vivre; après l'Oder, l'ancienne frontière qui avait toujours séparé la Saxe de la Prusse, ce qui laissait en notre possession tous les États de la Saxe; enfin la ligne de l'Elbe, depuis Wittenberg jusqu'à la mer, sauf ce qui serait advenu des villes anséatiques. Il fut stipulé en outre que les garnisons bloquées de la Vistule et de l'Oder seraient successivement approvisionnées à prix d'argent. On apprit le jour même que Hambourg et les villes anséatiques étaient rentrées dans les mains du maréchal Davout, ce qui nous en assurait l'occupation pendant la suspension d'armes.

Caractère de ce funeste armistice.

Tel fut ce déplorable armistice, qu'il fallait certainement accepter si on voulait la paix, mais rejeter absolument si on ne la voulait point, car il valait mieux dans ce cas achever sur-le-champ la ruine des coalisés, et que Napoléon au contraire accepta justement parce qu'il était opposé à cette paix, et qu'il désirait se procurer deux mois pour achever ses armements, et être en mesure de refuser les conditions de l'Autriche [1]! Cette faute, qui procé-

[1] Nous n'en sommes point réduits aux conjectures relativement aux motifs de ce fameux armistice si justement blâmé comme une grande faute politique et militaire, puisqu'il donna le temps de se sauver aux coalisés réduits aux abois. Jusqu'ici on avait prêté à Napoléon les motifs les plus ridicules, et qui n'étaient conformes ni à son caractère, ni à son génie. Mais, heureusement pour l'histoire, il écrivit au prince Eugène, à M. de Bassano, au ministre de la guerre, les raisons qui le

dait de toutes les autres, et les résumait à elle seule, faisait partie de cette suite fatale de résolutions follement ambitieuses, qui devaient précipiter la fin de son règne. Elle causa cependant, excepté chez les Prussiens, une fausse et universelle joie dans toute l'Europe, parce qu'elle avait une forte apparence de paix. Napoléon, en faisant entrer son armée dans ses cantonnements, décréta la construction d'un monument placé au sommet des Alpes, et qui porterait ces mots : NAPOLÉON AU PEUPLE FRANÇAIS, EN MÉMOIRE DE SES GÉNÉREUX EFFORTS CONTRE LA COALITION DE 1813. — Cette idée avait bien toute la grandeur de son génie; mais, pour ce peuple français et même pour lui, il eût mieux valu envoyer à Paris un traité de paix stipulant l'abandon de la Confédération du Rhin, de Hambourg, de l'Illyrie, de l'Espagne, avec ces mots : SACRIFICES DE NAPOLÉON AU PEUPLE FRANÇAIS. — Napoléon fût demeuré un personnage, non pas plus poétique, mais plus véritablement grand, et ce noble peuple n'eût pas perdu le fruit de son sang le plus pur versé pendant vingt années.

décidèrent, et on y voit que, forcé de s'expliquer avec l'Autriche sous quelques jours, et exposé dès lors à avoir cette puissance immédiatement sur les bras, il signa l'armistice pour gagner deux mois, temps nécessaire à la seconde série de ses armements. Dans ce cas, on peut dire que la faute de l'armistice ne fut autre que celle même de ne vouloir pas consentir aux conditions de l'Autriche.

FIN DU LIVRE QUARANTE-HUITIÈME
ET DU QUINZIÈME VOLUME.

TABLE DES MATIÈRES

CONTENUES

DANS LE TOME QUINZIÈME.

LIVRE QUARANTE-SIXIÈME.

WASHINGTON ET SALAMANQUE.

Événements qui se passaient en Europe pendant l'expédition de Russie. — Situation difficile de l'Angleterre, détresse croissante du commerce et des classes ouvrières; désir général de la paix. — Assassinat de M. Perceval, principal membre du cabinet britannique. — Sans la guerre de Russie, cette mort, quoique purement accidentelle, aurait pu devenir l'occasion d'un changement politique. — A tous les maux qui résultent pour l'Angleterre du blocus continental s'ajoute le danger d'une guerre imminente avec l'Union américaine. — Où en étaient restées les questions de droit maritime entre l'Europe et l'Amérique. — Renonciation de la part des Américains au système de *non intercourse*, en faveur des puissances qui leur restitueront les légitimes droits de la neutralité. — Saisissant cette occasion, Napoléon promet de révoquer les décrets de Berlin et de Milan, si l'Amérique obtient le rappel des *ordres du conseil*, ou si à défaut elle fait respecter son pavillon. — L'Amérique accepte cette proposition avec empressement. — Négociation qui dure plus d'une année pour obtenir de l'Angleterre la révocation des *ordres du conseil*. — Entêtement de l'Angleterre dans son système, et refus des propositions américaines, fondé sur ce que la révocation des décrets de Berlin et de Milan n'est pas sincère. — Puériles contestations de la diplomatie britannique sur ce sujet. — Napoléon ne se bornant plus à une simple promesse de révocation, rend le décret du 28 avril 1811, par lequel les décrets de Berlin et de Milan sont, par rapport à l'Amérique, révoqués purement et simplement. — L'Angleterre contestant encore un fait devenu évident, les Américains sont disposés à lui déclarer la guerre. — Dernières hésitations de leur part dues aux procédés malentendus de Napoléon, et aux dispositions des divers partis en Amérique. — État de ces partis. — Fédéralistes et républicains. — Le président Maddisson. — La guerre résolue d'abord pour 1811 est remise à 1812. — Les violences redoublées de l'Angleterre, et surtout la *presse* exercée sur les matelots américains, décident enfin le gouvernement de l'Union. — Le président Maddisson propose une suite de mesures militaires. — Vive agitation dans le congrès, et déclaration de guerre à l'Angleterre. — Importance de cet événement, et conséquences qu'il aurait pu avoir sans le désastre de Russie, et sans les événements d'Espagne. — État de la guerre dans la Péninsule. — Dégoût croissant de Napoléon pour cette guerre. — Situation dans laquelle il avait laissé les choses en partant pour la Russie, et résolution qu'il avait prise de déférer le commandement en chef au roi Joseph. — Comment ce commandement avait été accepté dans les diverses armées qui occupaient la Péninsule. — État des armées du nord, de Portugal, du centre, d'Andalousie et d'Aragon. — Résistance à l'autorité de Joseph dans tous les états-majors, excepté dans celui de l'armée de Portugal, qui avait besoin de lui. — Projets de lord Wellington, évidemment dirigés contre l'armée de Portugal. — Joseph, éclairé par le maréchal Jourdan, son major général, discerne parfaitement le danger dont on est menacé, et le signale aux deux armées du nord et d'Andalousie, qui sont seules en mesure de secourir efficacement l'armée de Portugal. — Refus des généraux Dorsenne et Caffarelli, qui sont successivement appelés à commander l'armée du nord. — Refus du maréchal Soult, commandant en Andalousie, et ses longues contestations avec Joseph. — Situation grave et difficile de l'armée de Portugal, placée sous l'autorité du maréchal Marmont. — Opérations préliminaires de lord Wellington au printemps de 1812. — Voulant empêcher les armées d'Andalousie et de Portugal de se porter secours l'une à l'autre, il exécute une surprise contre les ouvrages du pont d'Almaraz sur le Tage. — Enlèvement et destruction de ces ouvrages par le général Hill les 18 et 19 mai. — Après ce coup hardi, lord Wellington passe l'Aguéda dans les premiers jours de juin. — Sa marche vers Salamanque. — Retraite du maréchal Marmont sur la Tormès. — Attaque et prise des forts de Salamanque. — Retraite du maréchal Marmont derrière le Douro. — Situation et force des deux armées en présence. — Le maréchal Marmont, après avoir appelé à lui la division des Asturies, et réuni environ quarante mille hommes, n'attendant plus de secours ni de l'armée du nord, ni de celle d'Andalousie, ni même de celle du centre, se décide à repasser le Douro, afin de forcer les Anglais à rétrograder. — Il espère les éloigner par ses manœuvres, sans être exposé à leur livrer bataille. — Passage du Douro, marche heureuse sur la Tormès, et retraite des Anglais sous Salamanque, à la position des Arapiles. — Le maréchal Marmont essaye de manœuvrer encore autour de la position des Arapiles, afin d'obliger lord Wellington à rentrer en Portugal. — Au milieu de ces mouvements hasardés, les deux armées s'abordent, et en viennent aux mains. — Bataille de Salamanque, livrée et perdue le 22 juillet.

— Le maréchal Marmont, gravement blessé, est remplacé par le général Clausel. — Funestes conséquences de cette bataille. — Pendant qu'on la livrait, le roi Joseph, qui n'avait pu décider les diverses armées à secourir celle de Portugal, avait pris le parti de la secourir lui-même, mais sans l'en avertir à temps. — Inutile marche de Joseph sur Salamanque à la tête d'une force de treize à quatorze mille hommes. — Il passe quelques jours au delà du Guadarrama, afin de ralentir les progrès de lord Wellington, et de dégager l'armée de Portugal vivement poursuivie. — Grâce à sa présence et à la vigueur du général Clausel, on sauve les débris de l'armée de Portugal qu'on recueille aux environs de Valladolid. — État moral et matériel de cette armée, toujours malheureuse malgré sa vaillance. — Profond chagrin de Joseph menacé d'avoir bientôt les Anglais dans sa capitale. — N'ayant plus d'autre ressource, il ordonne, d'après le conseil du maréchal Jourdan, l'évacuation de l'Andalousie. — Ses ordres impératifs au maréchal Soult. — Après avoir poursuivi quelques jours l'armée de Portugal, lord Wellington, ne résistant pas au désir de faire à Madrid une entrée triomphale, abandonne la poursuite de cette armée, et pénètre dans Madrid le 12 août. — Joseph, obligé d'évacuer sa capitale, se retire vers la Manche, et, désespérant d'être rejoint à temps par l'armée d'Andalousie, se réfugie à Valence. — Horribles souffrances de l'armée du centre et des familles fugitives qu'elle traîne à sa suite. — Elle trouve heureusement bon accueil et abondance de toutes choses auprès du maréchal Suchet. — Le maréchal Soult, averti par Joseph de sa retraite sur Valence, se décide enfin à évacuer l'Andalousie, et prend la route de Murcie pour se rendre à Valence. — Dépêches qu'il adresse à Napoléon afin d'expliquer sa conduite. — Hasard qui fait tomber ces dépêches dans les mains de Joseph. — Irritation de Joseph. — Son entrevue avec le maréchal Soult à Fuente de Higuera le 3 octobre. — Conférence avec les trois maréchaux Jourdan, Soult et Suchet sur le plan de campagne à suivre pour reconquérir Madrid, et rejeter les Anglais en Portugal. — Avis des trois maréchaux. — Sagesse du plan proposé par le maréchal Jourdan, et adoption de ce plan. — Les deux armées d'Andalousie et du centre réunies marchent sur Madrid vers la fin d'octobre. — Temps perdu par lord Wellington à Madrid; sa tardive apparition devant Burgos. — Belle résistance de la garnison de Burgos. — L'armée de Portugal renforcée oblige lord Wellington à lever le siège de Burgos. — Alarmé de la concentration de forces dont il est menacé, lord Wellington se retire de nouveau sous les murs de Salamanque, et y prend position. — Pendant ce temps Joseph, arrivé sur le Tage avec les armées du centre et d'Andalousie réunies, chasse devant lui le général Hill, l'expulse de Madrid, rentre dans cette capitale le 2 novembre, et en part immédiatement pour se mettre à la poursuite des Anglais. — Son arrivée le 6 novembre au delà du Guadarrama. — L'armée de Portugal, qui s'était arrêtée sur les bords du Douro, se joint à lui. — Réunion de plus de quatre-vingt mille Français, les meilleurs soldats de l'Europe, devant lord Wellington à Salamanque. — Heureuse occasion de venger nos malheurs. —

Plan d'attaque proposé par le maréchal Jourdan, approuvé par tous les généraux, et refusé par le maréchal Soult. — Joseph, craignant qu'un plan désapprouvé par le général de la principale armée ne soit mal exécuté, renonce au plan du maréchal Jourdan, et laisse au maréchal Soult le choix et la responsabilité de la conduite à tenir. — Le maréchal Soult passe la Tormes à un autre point que celui qu'indiquait le maréchal Jourdan, et voit s'échapper l'armée anglaise. — Lord Wellington n'ayant que quarante mille Anglais et tout au plus vingt mille Portugais et Espagnols, enveloppé par plus de quatre-vingt mille Français, réussit à se retirer sain et sauf en Portugal. — Juste mécontentement des trois armées françaises contre leurs chefs, et leur entrée en cantonnements. — Retour de Joseph à Madrid. — Fâcheuses conséquences de cette campagne, qui, s'ajoutant au désastre de Moscou, aggravent la situation de la France. — Joie en Europe, surtout en Allemagne, et soulèvement inouï des esprits à l'aspect des malheurs imprévus de Napoléon. 1 à 150

LIVRE QUARANTE-SEPTIÈME.

LES COHORTES.

Rapide voyage de Napoléon. — Il ne se fait connaître qu'à Varsovie et à Dresde, et seulement des ministres de France. — Arrivée subite à Paris le 18 décembre à minuit. — Réception le 19 des ministres et des grands dignitaires de l'Empire. — Napoléon prend l'attitude d'un souverain offensé, qui a des reproches à faire au lieu d'en mériter, et affecte d'attacher une grande importance à la conspiration du général Malet. — Réception solennelle du Sénat et du Conseil d'État. — Violente invective contre l'idéologie. — Afin d'attirer l'attention publique sur l'affaire Malet, et de la détourner des événements de Russie, on défère au Conseil d'État M. Frochot, préfet de la Seine, accusé d'avoir manqué de présence d'esprit le jour de la conspiration. — Ce magistrat est condamné, et privé de ses fonctions. — Napoléon, frappé du danger que courrait sa dynastie, s'il venait à être tué, songe à instituer d'avance la régence de Marie-Louise. — L'archichancelier Cambacérès chargé de préparer un sénatus-consulte sur cet objet. — Soins plus importants qui absorbent Napoléon. — Activité et génie administratif qu'il déploie pour réorganiser ses forces militaires. — Ses projets pour la levée de nouvelles troupes, et pour la réorganisation des corps presque entièrement détruits en Russie. — Il reçoit des bords de la Vistule des nouvelles qui le détrompent sur la situation de la grande armée, et qui lui prouvent que le mal depuis son départ a dépassé toutes les prévisions. — Joie des Prussiens lorsqu'ils acquièrent la connaissance entière de nos désastres. — A leur joie succède une violence de passion inouïe contre nous. — Arrivée de l'empereur Alexandre à Wilna, et son projet de se présenter comme le libérateur de l'Allemagne. — Actives menées des réfugiés allemands réunis autour de sa personne. — Efforts tentés auprès du général d'York, commandant le corps prussien auxiliaire. — Ce corps en retraite de Riga sur Tilsit abandonne le maréchal Macdonald, et se livre aux Russes. — Dangers du maréchal Macdonald resté avec quelques mille Polonais au milieu des armées ennemies. — Il parvient à se retirer sain et sauf sur Tilsit et Labiau. — Le quartier général français évacue Kœnigsberg, et se replie du Niémen sur la Vistule. — Macdonald et Ney, l'un avec la division polonaise Grandjean, l'autre avec la division Heudelet, couvrent comme ils peuvent cette évacuation précipitée. — Officiers, généraux et cadres vides courant sur Dantzig et Thorn. — Il ne reste au quartier général que neuf à dix mille hommes de toutes nations et de toutes armes, pour résister à la poursuite des Russes. — Murat démoralisé se retire à Posen, et finit par quitter l'armée en laissant le commandement au prince Eugène. — Effet que produit dans toute l'Allemagne la défection du général d'York. — Mouvement extraordinaire d'opinion secondé par les sociétés secrètes, et vœu unanime de se réunir à la Russie contre la France. — Immense popularité de l'empereur Alexandre. — Premières impressions du roi de Prusse, et son empressement à désavouer le général d'York. — Son embarras entre les engagements contractés envers la France, et la contrainte qu'exerce sur lui l'opinion publique de l'Allemagne. — Il se retire en Silésie, et prend une sorte de position intermédiaire, d'où il propose certaines conditions à Napoléon. — Contre-coup produit à Vienne par le mouvement général des esprits. — Situation de l'empereur François qui a marié sa fille à Napoléon, et de M. de Metternich qui a conseillé ce mariage. — Leur crainte de s'être trompés en adoptant trop tard la politique d'alliance avec la France. — Désir de modifier cette politique, et de s'entremettre entre la France et la Russie, afin d'amener la paix, et de profiter des circonstances pour rétablir l'indépendance de l'Allemagne. — Sages conseils de l'empereur François et de M. de Metternich à Napoléon, et offre de la médiation autrichienne. — Comment Napoléon reçoit ces nouvelles arrivant coup sur coup à Paris. — Il donne un nouveau développement à ses plans pour la reconstitution des forces de la France. — Emploi des cohortes. — Levée de cinq cent mille hommes. — Napoléon convoque un conseil d'affaires étrangères pour lui soumettre ces mesures, et le consulter sur l'attitude à prendre à l'égard de l'Europe. — Sans repousser la paix, Napoléon veut en parler, en laisser parler, mais ne la conclure qu'après des victoires qui lui rendent la situation qu'il a perdue. — Diversité des opinions qui se produisent autour de lui. — La majorité se prononce pour de grands armements, et en même temps pour de promptes négociations par l'entremise de l'Autriche. — Napoléon, à qui il convient de négocier pendant qu'il se prépare à combattre, accepte la médiation de l'Autriche, mais en indiquant des bases de pacification qui ne sont pas de nature à lui concilier cette puissance. — Réponse peu encourageante adressée à la Prusse. — Immense activité administrative déployée pendant ces négociations. — État de l'opinion publique en France. — On déplore les fautes de Napoléon, mais on est d'avis de faire un grand et dernier effort pour repousser l'ennemi, et de conclure ensuite la paix. — Aux levées ordonnées se joignent des dons volontaires. — Emploi que fait Napoléon des 500 mille hommes mis à sa disposition. — Réorganisation des corps de l'ancienne armée sous les maréchaux Davout et Victor. — Création, au moyen des cohortes et des régiments provisoires, de quatre corps nouveaux, un sur l'Elbe, sous le général Lauriston, deux sur le Rhin, sous les maréchaux Ney et Marmont, un en Italie, sous le général Bertrand. — Réorganisation de l'artillerie et de la cavalerie. — Moyens financiers imaginés pour suffire à ces vastes armements. — Napoléon, tandis qu'il s'occupe de ces préparatifs, veut faire quelque chose pour ramener les esprits, et songe à terminer ses démêlés avec le Pape. — Translation du Pape de Savone à Fontainebleau. — Napoléon y envoie les cardinaux de Bayane et Maury, l'archevêque de Tours et l'évêque de Nantes, pour préparer Pie VII à une transaction. — Le Pape déjà d'accord avec Napoléon sur l'institution canonique, est disposé à accepter un établissement à Avignon, pourvu qu'on ne le force pas à résider à Paris. — Lorsqu'on est près de s'entendre, Napoléon se transporte à Fontainebleau, et par l'ascendant de sa présence et de ses entretiens décide le Pape à signer le Concordat de Fontainebleau, qui consacre l'abandon de la puissance temporelle du Saint-Siége. — Fêtes à Fontainebleau. — Grâces prodiguées au clergé. — Rappel des cardinaux exilés. — Les cardinaux revenus auprès du Pape lui inspirent le regret de ce qu'il a fait, et le disposent à ne pas exécuter le Concordat de Fontainebleau. — Napoléon feint de ne pas s'en apercevoir. — Content de ce qu'il a obtenu, il convoque le Corps législatif, et lui annonce ses résolutions. — Marche des événements en Allemagne. — Enthousiasme croissant des Allemands. — Le roi de Prusse, dominé par ses sujets, se montre fort irrité des refus de Napoléon, et s'éloigne de plus en plus de notre alliance. — Les Russes, quoique partagés sur la convenance militaire d'une nouvelle marche en avant, s'y décident par le désir d'entraîner le roi de Prusse. — Ils s'avancent sur l'Oder, et obligent le prince Eugène à évacuer successivement Posen et Berlin. — Nouveau mouvement rétrograde des armées françaises, et leur établissement définitif sur la ligne de l'Elbe. — Le roi de Prusse séparé des Français, et entouré des Russes, se livre à ceux-ci, et rompt son alliance avec la France. — Traité de Kalisch. — Arrivée d'Alexandre à Breslau, et son entrevue avec Frédéric-Guillaume. — Effet produit en Allemagne par la défection de la Prusse. — Insurrection de Hambourg. — Demi-défection de la cour de Saxe, et retraite de cette cour à Ratisbonne. — Influence de ces nouvelles à Vienne. — Le peuple autrichien fort ému commence lui-même à demander la guerre contre la France. — La cour d'Autriche, ferme dans sa résolution de rétablir sa situation et celle de l'Allemagne sans s'exposer à la guerre, s'efforce de résister à l'entraînement des esprits, et d'amener la France à une transaction. — Conseils de M. de Metternich. — Napoléon, peu troublé par ces événements, profite de l'occasion pour demander de nouvelles levées.

— Sa manière de répondre aux vues de l'Autriche. — Ne tenant aucun compte des désirs de cette puissance, il lui propose de détruire la Prusse, et d'en prendre les dépouilles. — Choix de M. de Narbonne pour remplacer à Vienne M. Otto, et y faire goûter la politique de Napoléon. — Napoléon avant de quitter Paris se décide à confier la régence à Marie-Louise, et à lui désigner le gouvernement intérieur de la France. — Ses entretiens avec l'archichancelier Cambacérès sur ce sujet et ses pensées sur sa famille et l'avenir de son fils. — Cérémonie solennelle dans laquelle il investit Marie-Louise du titre de régente. — Avant de partir il a le temps de voir le prince de Schwarzenberg, dont il écoute à peine les communications. — Confiance dont il est plein. — Chagrin de l'Impératrice. — Départ pour l'armée.

134 à 391

LIVRE QUARANTE-HUITIÈME.

LUTZEN ET BAUTZEN.

Suite de la mission du prince de Schwarzenberg. — Ce prince quitte Paris après avoir essayé de dire à l'Impératrice et à M. de Bassano ce qu'il n'a osé dire à Napoléon. — Ce qui s'est passé à Vienne depuis la défection de la Prusse. — La cour d'Autriche persévère plus que jamais dans son projet de médiation armée, et veut imposer aux puissances belligérantes une paix toute favorable à l'Allemagne. — Efforts de cette cour pour ménager des adhérents à sa politique. — Ce qu'elle a fait auprès du roi de Saxe, retiré à Ratisbonne, pour en obtenir la disposition des troupes saxonnes et des places fortes de l'Elbe, et la renonciation au grand-duché de Varsovie. — L'Autriche ayant obtenu du roi Frédéric-Auguste la faculté de disposer de ses forces militaires, en profite pour se débarrasser de la présence du corps polonais à Cracovie. — Ne voulant pas rentrer en lutte avec les Russes, elle conclut un arrangement secret avec eux, par lequel elle doit retirer sans combattre le corps auxiliaire, et ramener le prince Poniatowski dans les États autrichiens. — Négociations de l'Autriche avec la Bavière. — M. de Narbonne arrive à Vienne sur ces entrefaites. — Accueil empressé qu'il reçoit de l'Empereur et de M. de Metternich. — M. de Metternich cherche à lui persuader qu'il faut faire la paix, et lui laisse entendre qu'on ne pourra obtenir qu'à ce prix l'appui sérieux de l'Autriche. — Il lui insinue de nouveau quelles pourront être les conditions de cette paix. — M. de Narbonne ayant reçu de Paris ses dernières instructions, transmet à la cour de Vienne les importantes communications dont il est chargé. — D'après ces communications, l'Autriche doit sommer la Russie, la Prusse et l'Angleterre de poser les armes, leur offrir ensuite la paix aux conditions indiquées par Napoléon, et si elles s'y refusent, entrer avec cent mille hommes en Silésie, afin d'en opérer la conquête pour elle-même. — Manière dont M. de Metternich écoute ces propositions. — Il paraît les accepter, déclare que l'Autriche prendra le rôle actif qu'on lui conseille, offrira la paix aux nations belligérantes, mais à des conditions qu'elle se réserve de fixer, et pesera de tout son poids sur la puissance qui refuserait d'y souscrire. — M. de Narbonne, s'apercevant bientôt d'un sous-entendu, veut s'expliquer avec M. de Metternich, et lui demande si, dans le cas où la France n'accepterait pas les conditions autrichiennes, l'Autriche tournerait ses armes contre elle. — M. de Metternich cherche d'abord à éluder cette question, puis répond nettement qu'au aura contre quiconque se refuserait à une paix équitable, en ayant du reste toute partialité pour la France. — Évidence de la faute qu'on a commise, en poussant sui-même l'Autriche à devenir médiatrice, d'alliée qu'elle était. — Tout à coup on apprend que le corps d'armée du prince de Schwarzenberg rentre en Bohême, au lieu de se préparer à reprendre les hostilités, que le corps polonais doit traverser sans armes le territoire autrichien, que le roi de Saxe se retire de Lisbonne à Prague pour se jeter définitivement dans les bras de l'Autriche. — Nouvelles réclamations de M. de Narbonne. — Il insiste pour que le corps autrichien, conformément au traité d'alliance, reste aux ordres de la France, et demande formellement si ce traité existe encore. — M. de Metternich refuse de répondre à cette question. — M. de Narbonne attend, pour insister davantage, de nouveaux ordres de sa cour. — Surprise et irritation de Napoléon, arrivé à Mayence, en apprenant la retraite du corps autrichien, et surtout le projet de désarmer le corps polonais. — Il ordonne au prince Poniatowski de ne déposer les armes à aucun prix, et enjoint à M. de Narbonne, sans toutefois provoquer un éclat, de faire expliquer la cour d'Autriche, et de tâcher de pénétrer le secret de la conduite du roi de Saxe. — Napoléon, au surplus, se promet de mettre bientôt un terme à ces complications par sa prochaine entrée en campagne. — Ses dispositions militaires à Mayence. — Bien qu'il ait préparé les éléments d'une armée active de 300 mille hommes, et d'une réserve de près de 200 mille, Napoléon n'en peut réunir que 190 ou 200 mille au début des hostilités. — Son plan de campagne. — Situation des coalisés. — Forces dont ils disposent pour les premières opérations. — L'Autriche ne voulant pas se joindre à eux avant d'avoir épuisé tous les moyens de négociation, ils sont réduits à 160 ou 170 mille hommes pour un jour de bataille. — Composition de leur état-major. — Mort du prince Kutusof, le 28 avril, à Bunzlau. — Marche des coalisés sur l'Elster, et de Napoléon sur la Saale. — Habiles combinaisons de Napoléon pour se joindre au prince Eugène. — Arrivée de Ney à Naumbourg, du prince Jérôme à Mersebourg. — Beau combat de Ney à Weissenfels le 29 avril, et jonction des deux armées françaises. — Vaillante conduite de nos jeunes conscrits devant les masses de la cavalerie russe et prussienne. — Arrivée de Napoléon à Weissenfels, et marche sur Lutzen le 1er mai. — Mort de Bessières, duc d'Istrie. — Projets de Napoléon en présence de l'ennemi. — Il médite de marcher sur Leipzig, d'y passer l'Elster, et de se rabattre ensuite dans le flanc des coalisés. — Position assignée au maréchal Ney, près du village de Kaja, pour couvrir l'armée pendant le mouvement sur Leipzig. — Tandis que Napoléon veut tourner les coalisés, ceux-ci songent à exécuter contre lui la même manœuvre, et se préparent à l'attaquer à Kaja. — Plan de bataille proposé par le général Diebitch, et adopté par les souverains alliés. — Le corps de Ney subitement attaqué. — Merveilleuse promptitude de Napoléon à changer ses dispositions, et à se rabattre sur Lutzen. — Mémorable bataille de Lutzen. — Importance et conséquences de cette bataille. — Napoléon poursuit les coalisés vers Dresde, et dirige Ney sur Berlin. — Marche vers l'Elbe. — Entrée à Dresde. — Passage de l'Elbe. — Maître de la capitale de la Saxe, Napoléon somme le roi Frédéric-Auguste d'y revenir sous peine de déchéance. — Ce qui s'était passé à Vienne pendant que Napoléon livrait la bataille de Lutzen. — M. de Narbonne recevant l'ordre de faire expliquer l'Autriche relativement au corps auxiliaire et au corps jobonais, insiste auprès de M. de Metternich, et lui remet une note catégorique. — Prières de M. de Metternich pour détourner M. de Narbonne de cette démarche. — M. de Narbonne ayant persisté, le cabinet de Vienne répond que le traité d'alliance du 14 mars 1812 n'est plus applicable aux circonstances actuelles. — On reçoit à Vienne les nouvelles du théâtre de la guerre. — Bien que les coalisés se vantent d'être vainqueurs, les résultats démontrent bientôt qu'ils sont vaincus. — Satisfaction apparente de M. de Metternich. — Empressement du cabinet de Vienne à se saisir maintenant de son rôle de médiateur, et envoi de M. de Bubna à Dresde pour communiquer les conditions qu'on croirait pouvoir faire accepter aux puissances belligérantes, ou pour lesquelles du moins on serait prêt à s'unir à la France. — Napoléon, en apprenant ce qu'a fait M. de Narbonne, regrette qu'on ait poussé l'Autriche aussi vivement, mais la connaissance précise des conditions de cette puissance l'irrite au dernier point. — Il prend la résolution de s'aboucher directement avec la Russie et l'Angleterre, d'annuler ainsi le rôle de l'Autriche après avoir voulu le rendre trop considérable, et de faire contre elle des préparatifs militaires qui la réduisent à subir la loi, au lieu de l'imposer. — En attendant, ordre à M. de Narbonne de cesser toute insistance, et de s'enfermer dans la plus extrême réserve. — Napoléon envoie le prince Eugène à Milan pour y organiser l'armée d'Italie, et prépare de nouveaux armements dans la supposition d'une guerre avec l'Europe entière. — Réception du roi de Saxe à Dresde. — Napoléon se dispose à partir de Dresde, afin de pousser les coalisés de l'Elbe à l'Oder, en leur livrant une seconde bataille. — Leur plan de s'arrêter à Bautzen et d'y combattre à outrance étant bien connu, Napoléon au lieu d'envoyer le maréchal Ney sur Berlin, le dirige sur Bautzen. — Arrivée de M. de Bubna à Dresde au moment où Napoléon allait en partir. — Habileté de M. de Bubna à supporter la première irritation de Napoléon, et à l'adoucir. — Explication qu'il donne des conditions de l'Autriche. — Modifications avec lesquelles Napoléon les accepterait peut-être. — Napoléon feint de se laisser adoucir, pour gagner du temps et pouvoir achever ses nouveaux armements. — Il consent à un congrès ou seront

TABLE DES MATIÈRES DU QUINZIÈME VOLUME.

appelés même les Espagnols, et à un armistice dont il se propose de profiter pour s'aboucher directement avec la Russie. — Départ de M. de Bubna avec la réponse de Napoléon pour son beau-père. — A peine M. de Bubna est-il parti que Napoléon, conformément à ce qui a été convenu, envoie M. de Caulaincourt au quartier général russe, sous le prétexte de négocier un armistice. — Départ de Napoléon pour Bautzen. — Distribution de ses corps d'armée, et marche du maréchal Ney, avec soixante mille hommes, sur les derrières de Bautzen. — Description de la position de Bautzen, propre à livrer deux batailles. — Bataille du 20 mai. — Seconde bataille du 21, dans laquelle les formidables positions des Prussiens et des Russes sont emportées après avoir été vaillamment défendues. — Le lendemain 22, Napoléon pousse, l'épée dans les reins, les coalisés sur l'Oder. — Combat de Reichenbach et mort de Duroc. — Arrivée sur les bords de l'Oder et occupation de Breslau. — Détresse des souverains coalisés, et nécessité pour eux de conclure un armistice. — Après avoir refusé de recevoir M. de Caulaincourt de peur d'inspirer des défiances à l'Autriche, ils envoient des commissaires aux avant-postes afin de négocier un armistice. — Ces commissaires s'aboucheront avec M. de Caulaincourt. — Leurs prétentions. — Refus péremptoire de Napoléon. — Pendant les derniers événements militaires, M. de Bubna se rend à Vienne. — Il y fait naître une sorte de joie par l'espérance de vaincre la résistance de Napoléon aux conditions de paix proposées, moyennant certaines modifications auxquelles on consent, et il revient au quartier général français. — Napoléon, se sentant serré de près par l'Autriche, allègue ses occupations militaires pour ne pas recevoir immédiatement M. de Bubna, et le renvoie à M. de Bassano. — S'apercevant toutefois qu'il sera obligé de se prononcer sous quelques jours, et qu'il aura, s'il refuse leurs conditions, les Autrichiens sur les bras, il consent à un armistice qui sauve les coalisés de leur perte totale, et signe cet armistice funeste, non dans la pensée de négocier, mais dans celle de gagner deux mois pour achever ses armements. — Conditions de cet armistice, et fin de la première campagne de Saxe, dite campagne du printemps...................... 394 à 603

FIN DE LA TABLE DU QUINZIÈME VOLUME.

www.ingramcontent.com/pod-product-compliance
Lightning Source LLC
Chambersburg PA
CBHW051330230426
43668CB00010B/1212